감추어진 일반성: 최적성이론의 음운론적 불투명성

감추어진 일반성: 최적성이론의 음운론적 불투명성

John J. McCarthy

경북대학교출판부

역자 손형숙(孫亨琡)
현 경북대학교 인문대학 영어영문학과 교수
경북대학교 문리과대학 영어영문학과 졸업, BA, MA
University of Illinois, Urbana-Champaign 언어학과 졸업, Ph.D.
Harvard University, MIT 객원교수

역자 **손형숙**(孫亨琡)은 경북대학교 인문대학 영어영문학과 교수이다. 경북대학교 문리과대학 영어영문학과를 거쳐(BA, MA), 일리노이 주립대학교(University of Illinois, Urbana-Champaign) 언어학과를 졸업하였으며(Ph.D.), 하바드 대학교 옌칭 연구소와 MIT 언어학과의 객원교수로 연구 활동을 하였다. 저서로 *Underspecification in Korean Phonology*(1987, University of Illinlois)가 있고, 역서로 『생성문법의 음운론』(Michael Kenstowicz 1994, 공역, 한신문화사)이 있으며, 최적성이론에 기반하여 성조 관련 운율음운론, 외래어 음운론, 음운대립, 활용통일성, 평준화 등 다양한 음운 현상에 관심을 가지고 다수의 논문을 발표하였다.

저자 **John J. McCarthy**는 매사추세츠 주립대학교(University of Massachusetts, Amherst)의 최우수교수(Distinguished University Professor)로서 언어학과에 재직 중이다. 그는 *A Thematic Guide to Optimality Theory*(2002)와 *Doing Optimality Theory*(2008) 외 다수의 책의 저자인 동시에, *Optimality Theory in Phonology: A Reader*(2003)를 포함한 네 권의 책의 (공동)편집자이며, 현재 *Phonology*, *Linguistic Theory*, 그리고 *Natural Language and Linguistic Theory*와 같은 주요 학술지의 편집위원으로 있다. 그 외에도 최적성이론에 관한 수많은 영향력 있는 논문을 통하여 이 이론의 발전에 지대한 공헌을 하였으며, 이 이론의 진보에 선도적 역할을 맡고 있다.

역자 서문

지난 반세기 동안 음운론은 변형생성이론이라는 큰 패러다임을 근간으로 하여, 규칙기반 이론에서 제약기반 이론으로 그 축을 이동하며 발전해 왔다. 1993년 Prince and Smolensky에 의하여 원고 상태로 최적성이론(OT)이 소개된 이래, 지금까지 OT 자체의 거듭된 변형과 진화에도 불구하고, OT는 규칙에 기반한 생성음운론의 모든 장점을 고스란히 살리면서 그것의 단점만 보완한 온전한 이론으로 발전하지는 못한 감이 있다. OT의 이론적 진보에 가장 큰 걸림돌로 대두된 것은 음운론적 불투명성 문제이다.

OT는 규칙의 존재나 규칙간의 순서를 부정한다. 그러나 OT의 발전 과정에서 규칙순을 연상케 하는 OT의 수정 이론이 줄기차게 등장한 점으로 미루어 볼 때, 문제 해결의 핵심이 도출에 있다는 생각을 완전히 배제하지 못했다고 할 수 있다. 이 책에서 제안하는 후보연쇄이론은 병렬식 접근방식에 기초한 OT의 기본체계를 그대로 유지하면서 여기에 도출 방식을 접목한 것이다. 이 이론은 생성부(GEN)를 중심으로 고전 OT의 문법 구조를 재구성함으로써 병렬주의에 연속주의를 이식한 일종의 하이브리드 이론이다.

역자가 불투명성 문제에 대한 John J. McCarthy 교수의 새로운 접근방식을 처음 접한 것은 2006년 봄학기 MIT 언어학과의 콜로키움을 통해서였다. (그때 역자는 이 학과에서 연구년을 보내는 중이었다). 이 접근방식은 기존의 OT에 연쇄라는 형태로 순차적 도출 방식을 가미한 이론으로서 OT-CC(OT with candidate chain: 후보연쇄를 가진 OT)라고 지칭하였다. 그 당시 출판이 진행 중이었던 이 책의 이론적 제안은 그 해 여름 불투명성을 주제로 한 인디애나 주립대학교의 음운론 학회에서 저자 자신의 집중 강의를 통하여 비교적 소상히 소개되었다. 필자는 이 이론이 불투명성에 대한 근원적인 해결책이라고 생각하고, 이 책을 번역하여 한국에 소개할 뜻을 가지게 되었다.

번역 과정에서 역자는 가급적이면 음운론과 음성학에서 널리 통용되는 용어를 사용하려고 노력하였으며, 새로운 이론 소개에 필요하다고 판단되는 경우에 한하여 용어를 최소한 조정하였다. 역자 나름대로의 노력에도 불구하고 번역된 글에 전달상의 문제가 있거나 부자연스러운 부분이 있다면 이는 전적으로 역자의 책임이며, 아울러 이는 유려한 문체로 난제를 갈파한 원저자에게 몹시 죄송한 일임을 미리 밝혀둔다.

원래 음운이론으로 출발한 최적성이론은 음성학과 같은 접합분야의 연구뿐만 아니라 인접한 학문으로 그 영역이 넓어져가고 있다. 이러한 시점에서 본 역서가 OT의 수정 이론을 올바로 전달함으로써 학문적 발전과 학제간 소통에 다소나마 보탬이 되기를 바란다. 특히, 순차적 도출에 기초하여 음운론에 대한 이해를 도모하는 연구자에게, 이 역서가 연속주의와 병렬주의의 절묘한 조합 이론에 조금이나마 수월하게 다가갈 수 있는 길잡이 구실을 할 수 있다면, 역자로서 이보다 더 큰 보람이 없을 것이다. 보이는 것 때문에 감추어진 보이지 않는 것을 이해하기 위해서, 보이는 것을 보지 않는 혜안을 터득하는 것이 그리 어려운 일만은 아니기를 바랄 뿐이다.

끝으로, 초기 번역 자료를 읽고 의견을 개진해준 대학원 세미나 강의의 박사과정 학생들, 특히 수차례에 걸친 수정과 색인 작업에 도움을 준 임신영에게 고마움을 전한다. 아울러 수많은 음운기호를 세밀하게 확인하고 때로는 제작해야 하는 번거로움에도 불구하고 이 책의 출판을 기꺼이 맡아준 경북대학교출판부에 감사를 드린다. 마지막으로 본 역서의 한국 출판을 허락해준 Equinox 출판사에 심심한 사의를 표한다.

2009년 8월 복현동 연구실에서

손형숙

Foreword to Korean Translation

What is the role of derivations in phonology? In *The Sound Pattern of English* (*SPE*) (Chomsky & Halle 1968), rules are applied in a sequence, and there are many intermediate steps between underlying and surface representations. In Optimality Theory (Prince & Smolensky 1993/2004), there are no intermediate steps, and the mapping from underlying to surface representations is direct. In this book, I argue for a theory that lies somewhere in between *SPE* and *OT*. This theory, called OT with Candidate Chains (OT-CC), uses an OT grammar to construct and evaluate a derivation.

OT-CC is a fusion of what I regard as the best ideas from these two phonological traditions. The *SPE* tradition contributes the idea that there is a gradual, step-by-step route from underlying to surface representation. The OT tradition contributes the notion of relative harmony, which refers to performance on a constraint hierarchy. In OT-CC, the path from underlying to surface representation exhibits a gradual but consistent improvement in harmony.

In this book, the main evidence for OT-CC comes from phonological opacity. The essence of phonological opacity is best described by this book's title, *Hidden Generalizations*. When a phonological generalization is opaque, it is hidden from view because of the effects of another generalization. This book's main argument is that OT's concept of harmony and *SPE*'s derivations combine to offer a better theory of opacity than either one alone can offer. Familiar concepts like *SPE*'s rule ordering or OT's GEN are given a fresh look and a new perspective in OT-CC.

Readers will find things here that may prove useful as they analyze Korean or other languages. They will also find a gateway to other recent research on derivational approaches to OT. Wolf (2008) argues for an OT-CC approach to the morphology-phonology interface, in which morpheme spell-out is one of the steps in a gradual derivation. In McCarthy (2007a, b, c, 2008a, b, c), I apply a version of this approach to autosegmental spreading, consonant cluster simplification, metrically-conditioned syncope, and other phenomena. Kimper (2008) uses it to solve a problem in language variation, while Pruitt (2008) incorporates it into a restrictive theory of stress typology.

I hope that the ideas and analyses in this book and these other works will encourage readers to consider a derivational approach to OT and will inspire them to put their own mark on this theory.

I am indebted to Hyang-Sook Sohn for undertaking the difficult task of translating this book. A talented phonologist in her own right, Sohn is well known for her articles on paradigm uniformity and accent in Korean. I am very fortunate to have such a translator.

John J. McCarthy
Distinguished University Professor
University of Massachusetts, Amherst

References

Chomsky, Noam & Morris Halle (1968). *The Sound Pattern of English*. New York: Harper & Row.

Kimper, Wendell (2008). Local optionality and harmonic serialism. Manuscript. Amherst, MA: University of Massachusetts Amherst. [Available on Rutgers Optimality Archive, ROA-988.]

McCarthy, John J. (2007a). Derivations and levels of representation. In Paul de Lacy (ed.) *The Cambridge Handbook of Phonology*. Cambridge: Cambridge University Press. 99-117.

McCarthy, John J. (2007b). Restraint of analysis. In Sylvia Blaho, Patrik Bye & Martin Krämer (eds.) *Freedom of Analysis*. Berlin and New York: Mouton de Gruyter. 203-231. [Available on Rutgers Optimality Archive, ROA-844.]

McCarthy, John J. (2007c). Slouching towards optimality: Coda reduction in OT-CC. In Phonological Society of Japan (ed.) *Phonological Studies 10. Tokyo*: Kaitakusha. 89-104. [Available on Rutgers Optimality Archive, ROA-878.]

McCarthy, John J. (2008a). The gradual path to cluster simplification. *Phonology* **25**. 271-319. [doi:10.1017/S0952675708001486.]

McCarthy, John J. (2008b). Harmony in Harmonic Serialism. Manuscript. Amherst, MA: University of Massachusetts Amherst. [Available on Rutgers Optimality Archive, ROA-1009.]

McCarthy, John J. (2008c). The serial interaction of stress and syncope. *NLLT* **26**. 499-546. [DOI: 10.1007/s11049-008-9051-3.]

Prince, Alan & Paul Smolensky (1993/2004). *Optimality Theory: Constraint Interaction in Generative Grammar*. Malden, MA, and Oxford, UK: Blackwell. [Revision of 1993 technical report, Rutgers University Center for Cognitive Science. Available on Rutgers Optimality Archive, ROA-537.]

Pruitt, Kathryn (2008). Iterative foot optimization and locality in stress systems. Manuscript. Amherst, MA: University of Massachusetts Amherst. [Available on Rutgers Optimality Archive, ROA-999.]

Wolf, Matthew (2008). *Optimal Interleaving: Serial Phonology-Morphology Interaction in a Constraint-Based Model*. Doctoral dissertation, University of Massachusetts Amherst. [Available on Rutgers Optimality Archive, ROA-996.]

감사의 글

메사추세츠 주립대학(University of Massachusetts)에 있는 나의 동료 교수와 학생들은 이 책과 이 책이 나오기까지 선행된 연구들을 맨 처음 들어준 분들이었으며, 이 책을 출판하기까지 많은 도움을 주었다. 그래서 Leah Bateman, Michael Becker, Tim Beechey, Della Chambless, Andries Coetzee, Paul de Lacy, Kathryn Flack, Maria Gouskova, Shigeto Kawahara, Mike Key, John Kingston, Elliott Moreton, Steve Parker, Joe Pater, Lisa Selkirk, Jen Smith, Anne-Michelle Tessier, Adam Werle, 그리고 Matt Wolf에게 특별히 감사를 표하고자 한다. 필자는 남캘리포니아 대학(University of Southern California)의 단기 강좌에서도 이 연구 결과를 발표할 기회를 가졌다. 주최자인 Ania Łubowicz와 Rachel Walker, 또 USC의 다른 참석자들, 그리고 Eric Bakovic, Bruce Hayes, Nicole Nelson, Jason Riggle, Colin Wilson과 Kie Zuraw에게 감사를 드린다. 이분들의 질문과 견해는 대단히 소중한 것이었다. 뿐만 아니라, 필자는 노르웨이 트롬쇠(Tromsø)에서 개최된 제2차 음운론학회(Second Old World Conference in Phonology)에서 이 연구에 관하여 강의를 하였다. 이런 기회와 매우 유용한 피드백을 제공해준 데 대하여, 조직위원장인 Curt Rice와 다른 참가자 여러분들께 감사를 드린다. Bedouin Arabic에 대하여 이메일로 보낸 수많은 질문에 신속하게 답변해 준 Hamza Al-Mozainy는 필자에게 큰 의지가 되었다. 수년에 걸쳐서, 필자는 불투명성 및 이와 관련된 주제에 대하여 여러 차례 Alan Prince와 유익한 논의를 해왔다.

Kathryn Flack은 여러모로 도움을 주었을 뿐만 아니라, 원고 전체를 읽고 논증이나 설명에서 부족한 점을 지적해 주었으며, 정확하지 못한 여러 곳을 수정하여, 전반적으로 이 책이 편집 이전보다 훨씬 더 훌륭한 책이 되도록 도와주었다.

최적성이론의 진보(Advances in Optimality Theory) 총서의 편집자인 Armin Mester와 Ellen Woolford의 후원에 감사의 마음을 전한다. 필자는 이 총서에서 연이어 출간될 것으로 믿어 의심치 않는 많은 책들 가운데 이 책이 첫 번째 출간물이 된 데 대하여 기쁘게 생각한다.

너무 늦게 발견되어서 출판에 반영하지 못한 정오표나 추가 사항에 대해서는 필자의 홈페이지 http://people.umass.edu/jjmccart를 참조하도록 독자들에게 권고하는 바이다.

이 책은 나의 어머니 Joan T. (Condon) McCarthy(1928년 6월 9일-2005년 11월 17일)의 영전에 바친다. '우리가 이제는 거울로 보는 것 같이 희미하나 그때에는 얼굴과 얼굴을 대하여 볼 것이요, 이제는 내가 부분적으로 아나 그때에는 나를 아신 것 같이 내가 온전히 알리라.'

John J. McCarthy
Distinguished University Professor
University of Massachusetts, Amherst

목차

감추어진 일반성 **제1장**

문제와 결과의 개관

1.1 음운론적 불투명성이란 무엇이며 왜 중요한가?

언어의 소리 체계란 바로 그 — 체계이다. 이 말은 체계가 구조의 다양한 규칙성을 나타낸다는 뜻이다. 그러나 만약 음운론이 범주적 진실(categorical truth)을 표현하는 규칙성을 다루는 데 그친다면, 이는 그다지 흥미로운 대업이 되지 못할 것이다. 실제로는, 음운 연구와 이론은 범주적 진실로까지 미치지 않는 일반성을 다루는 일에 상당 부분 관여하고 있다.

어떤 때에는 일반성에 어휘적 예외가 있다. 또 어떤 때에는 더 우선적인 요건 때문에 일반성이 뒤로 밀려나기도 한다(예시 및 논의는 §2.3을 보라). 이 책은 또 다른 이유에서 진실이라고 여겨지지 않는 일반성에 관한 것이다: 이러한 일반성에 의하여 기술되는 진실은 음운 체계의 다른 양상들 때문에 감추어져 있다. 이처럼 일반성이 부분적으로 모호하게 되는 경우, *불투명(opaque)*하다고 한다(이 용어의 출처에 대해서는 §2.2에서 설명한다).

이 책에 예시가 많이 포함되어 있으므로, 지금으로서는 몇 가지 예만 가지고도 충분하겠다. 영어에서, 과거시제 접사는 [t]나 [d] 뒤에서 [əd]로 발음된다: *planted,* *braided*. 그렇지만 [t]가 비음 뒤에서 탈락될 수 있기 때문에, 때로는 이러한 일반성이 감추어진다: *planted*는 [plæntəd]라고 정확하게 발음할 수도 있으나 대개는 [plænəd]라고 발음한다. [t]가 없는 경우에도, 접사는 여전히 [əd]로 발음되므로, *planted*는 절대로 *planned*와 합류되지 않는다. 다른 예를 들자면, 영어의 어떤 방언에서는 [æ]와 동일 음절의 [ŋ] 사이에 고모음화된 후전이음(offglide)을 첨가한다: [bæe̯ŋ] *bang*. 그러나 [ŋ]가 장소동화에 의해서 /n/으로부터 도출된 경우, 일반성은 감추어지고 성립하지 않는 것처럼 보인다: [mæŋkɑjnd], *[mæe̯ŋkɑjnd] *mankind*.[1]

이 경우 및 이와 유사한 경우에, 일견 의심의 여지 없이 타당성을 가진 것 같은 일반성이 겉보기에 타당성이 없는 것으로 판명된다. '겉보기에'라고 말하는 이유는 이러한 일반성이 표면구조에 대한 개략적 기술에 그치는 한 타당성이 없기 때문이다: 표면형 [plænəd] *planted*에서, 과거시제 접사는 [t]나 [d]가 선행하지 않음에도 불구하고 [əd]로 발음되며, 표면형 [mæŋkɑjnd]에서 [æ]는 뒤에 [ŋ]가 후행하는데도 후전이음을 가지고 있지 않다. 그렇지만 심층적 의미에서 보면, 일반성은 진정으로 타당하든지, 아니면 적어도 원칙적인 이유가 있어서 타당하지 않은 것이다. [plænəd]의 [ə]는 어떤 식으로든 plant의 기저형의 /t/에 대한 반응이며, [mæŋkɑjnd]에서 후전이음이 빠진 것은 어떤 식으로든 [ŋ]의 기저에 있는 /n/을 반영한 것이다. 나아가, 이러한 불투명성에 대한 일반성은, *planted*에서 /n/ 뒤에서 /t/가 소실된다든지 *mankind*에서 /n/이 후행하는 자음 [k]로 동화되는 것과 같은, 언어의 다른 규칙성과 상호작용하고 있으며, 또 이에 영향을 받고 있는 것이 확실하다.

예나 지금이나 음운론 연구의 상당 부분은 불투명성에 대한 이해에 집중되어 있다. 불투명성에 대한 최초의 가장 성공적인 이론은 *도출(derivation)*이다. 영어의 과거시제 접사 /-d/ 앞에 [ə]를 삽입하는 규칙이 [t] 탈락 규칙보다 선행한다면, [ə]

---

1) *mankind* 예는 Donegan and Stampe(1979: 148–149)에서 인용한 것이다. 이 책에는 이것 외에도 영어의 평상시 발화(casual speech)와 방언 변이에 나타난 여러 가지 불투명한 상호작용이 기술되어 있다.

규칙에는 기저의 /t/가 아직 그대로 있는 표시가 보이게 된다: /plænt-d/ → $_{ə\text{-삽입}}$ [plæntəd] → $_{t\text{-탈락}}$ [plænəd]. 이와 마찬가지로, [æ]와 [ŋ] 사이에 후전이음을 삽입하는 규칙의 순서가 비음의 장소동화보다 앞선다면, 활음삽입 규칙에는 기저의 /n/이 여전히 존재하는 표시가 보이게 된다: [mænkɑjnd] → $_{ɐ\text{-삽입}}$ *변화 없음* → $_{n\text{-동화}}$ [mæŋkɑjnd]. 좀 더 근자의 연구에서는 음운 구조의 다변화와 같은 것을 도출에 대한 대안으로 모색하고 있다. 이 부분의 연구는 §2.2와 §2.3에서 검토한다.

불투명성에 대한 분석이 생성음운론의 주요 논제 가운데 하나였다고 해도 과언이 아니다. 비록 Chomsky가 이러한 용어로 표현한 것은 아니더라도, 불투명성은 구조주의적 음소주의를 반박하는 Chomsky(1964: 75ff.)의 주된 논증이다. 그는 Joos(1942)의 유명한 Canadian English 예를 인용하는데, 여기서 [ɹʌjɾəɹ] *writer*와 [ɹɑjɾəɹ] *rider*의 구분은 도출과정에서 규칙순을 달리한 결과라는 것이다: 무성 자음 /t/ 앞에서 음절핵음 [ɑj]를 [ʌj]로 고모음화하는 규칙이 비강세 음절 앞에서 /t/와 /d/가 유성 설탄음 [ɾ]로 합류되게 하는 규칙보다 먼저 적용된다. 불투명성은 1968년부터 1980년 사이에 이루어진 생성음운론의 규칙순에 관한 방대하고 다양한 연구문헌의 주요 논제이기도 하다(§2.2를 보라). 그리고 불투명성은 이와 같은 시기에 기저표시의 추상성에 대한 찬반 논쟁의 중심에 서 있었다(Kenstowicz and Kisseberth 1977: 1장, 1979: 6장을 참조하라). 불투명한 규칙은 기저형의 추상적 부분이 표면구조에 영향을 미칠 수 있는 유일한 방법이기 때문에, 추상적 기저형은 여기에 적용되는 규칙이 불투명할 때 비로소 의미가 있다. 최근 몇 년간, 불투명성은 표면구조에 대한 제약에 주로 의존하거나 혹은 전적으로 제약에만 의존하는 음운이론에 대한 중요한 도전으로 재부상하고 있는데, 이는 불투명한 작용이 표면구조에서는 드러나지 않는 조건을 참조하기 때문이다.

불투명성이 음운 연구의 대상으로서 끊임없이 등장하는 한 가지 이유는 불투명성을 진지하게 다루는 다른 대안이 만족스럽지 못했기 때문이다. 고전구조주의 음운론은 모든 확실한 음운론적 일반성이 이음의 분포에 대하여 범주적으로 참인 기술

(categorically true statements)이라는 명제에 기반을 두고 있다. 그러므로 구조주의를 반박하는 Chomsky의 논증 방식은 이러한 의미에서 참이 아닌 일반성을 나타내는 예를 인용하여, 구조주의자들 스스로가 이미 표방한 바 있는 우려들을(예컨대, Joos 1957에 기고된 여러 논문을 참조하라) 되풀이하는 것이다. Chomsky and Halle(1968)에 대한 반작용으로, 후기의 연구는 음운 규칙은 표면에서 참인 일반성(surface-true generalizations)을 기술해야 하며 규칙 간에는 적용 순서가 정해져 있지 않아야 한다는 입장을 취했다(§2.2.3을 보라). 만약 이 입장이 옳다면, 불투명한 과정이란 더 이상 생산적인 것이 못 되는 음운 변화의 어휘화된 잔여물에 지나지 않을 것이다. 비록 불투명하더라도, 위에서 인용한 바와 같이 생산적이고, 가변적이며, 낮은 단위에서 일어나는 영어의 음운 과정이 화자의 활성화된 음운론적 지식의 일부가 아니라는 것은 수용하기가 어렵다(음운 작용이 생산적이더라도 불투명할 수 있다는 증거는 §2.2.3과 §4.3.3에 더 많이 제시되어 있다). 음운 지식을 표면에서 참인 일반성으로 환원할 수 있다는 생각은 지적인 종국임이 판명되었다. 규칙으로 공식화되건 아니면 제약으로 공식화되건 간에, 음운론적 일반성은, 비록 불투명할지라도, 언어 지식에서 생산적이며 활성화된 양상을 띨 수 있다.

불투명성에 대한 진지한 접근은 모두 한 가지 질문에 대한 해답을 얻기 위한 시도이다: 음운론적 일반성이 모두가 참이 *될 수는* 없는 경우에, 어느 것이 참*이며* 어느 것이 참이 아닌가? 도출은 이 질문에 대한 한 가지 해답이 된다: 도출 과정의 후기 단계에서 성립하는 일반성은, 참에 관한 한, 도출 과정의 초기 단계에서 성립하는 일반성보다 우선권을 갖는다. 예를 들어서, 무성 장애음 앞에서는 [ʌj]가 나타나고 유성 장애음 앞에서는 [ɑj]가 나타나는 일반성은 도출 과정의 초기 단계에서는 참이지만, 비강세 음절 앞에서 /t/와 /d/가 설탄음 [ɾ]로 합류되는 후기 단계에서는 참이 아니다. [ʌj]에 대한 초기의 일반성은 표면에서 참이 아니지만, [ɾ]에 대한 후기의 일반성은 표면에서 참이다. 후기의 일반성 때문에 더 이상 참이 되지 못하는 초기 일반성의 또 다른 예는, [æ]와 동일 음절의 [ŋ] 사이에 후전이음이 있어야 한다는 요구조건이다. 이때, 도출 과정은 일시적인 참을 기술하는 일반성을 허용한다. 구조주의(structuralism) 및 자연생성음운론(Natural Generative Phonology)과 같이, 모든 일반성이 반드시 항구적인 참을 기술하도록 요구하는 음운이론에서는 불투명성 분석이 불가능하다. 최적성이론(Optimality Theory)(Prince and Smolensky 2004)은 일반성이 표면에서 참이어야 한다고 요구하지 않으며, 등급순위를 통하여 일반성 간의 경쟁을 다룬다. 등급순위는 불투명성에 대하여 부분적인 이론을 제공하는데, 어쩌면, 이 책에서 제안한 변화를 통하여 온전한 이론을 제공할 수 있을지도 모르겠다.

1.2 이 책은 불투명성에 대하여 무엇을 주장하고자 하는가?

이 책의 주된 논제는 불투명성에 대하여 — 그리고 일반 음운이론으로서 — 가장 훌륭한 이론은 최적성이론(앞으로 OT라 함)과 도출이론의 통합이라는 것이다. OT에서 후보는 단순히 표면형뿐만 아니라 일련의 중간형도 포함한다고 논증하고자 하는데, 여기서 각각의 중간형은 바로 앞 단계의 형태와 최소한의 차이를 보인다. 그러면, 하나의 후보는 기저형과 표면형을 연결하는 데 필요한 연속적 작용에 관한 정보를 제공한다. 예를 들어서, *planted* 예에서, 승자후보는 순서대로 배열된 *n*-개의 연쇄 <plænt-d, plæntəd, plænəd>이며, 경쟁 후보 가운데에는 *<plænt-d, plænd>도 있다. *mankind* 예에서, 승자후보는 <mænkɑjnd, mæŋkɑjnd> 이며, 가장 중요한 경쟁 후보로 *<mænkɑjnd, mæŋkɑjnd, mæẽŋkɑjnd>가 있다. 이처럼 순서대로 배열된 *n*-개의 형태를 *후보연쇄(candidate chains)*라고 부른다. 이 이론을 *후보연쇄를 포함한 OT(OT with candidate chains)* 혹은 줄여서 OT-CC라고 부른다(OT-CC의 선행 이론에 대해서는 §3.2.3을 참조하라).

후보연쇄는 세 가지 적형 조건의 지배를 받는데, 구체적인 내용은 §3에서 더 상세히 설명하기로 한다. 첫째, 모든 연쇄는 *충실하게 시작된다(faithfully initiated)*. 이는 한 연쇄에서 첫 번째 형태는, 음절화 같은 것을 제외하고는, 기저표시와 동일해야 한다는 뜻이다.

둘째, 연쇄는 *점진적으로 이탈한다(gradually divergent)*. 이 조건은 앞서 이미 암시한 바 있다: 연쇄의 연속적인 형태는 그 이웃한 형태와 최소한의 차이를 나타내므로, 입력형에서 출력형으로 가는 경로는 작은 단계로 진행된다.

셋째, 연쇄는 *조화적으로 향상한다(harmonically improving)*. 연쇄의 모든 형태는 해당 언어의 제약위계에 견주어 볼 때, 선행형보다 더 조화적이다. 점진성 요건 때문에, 연쇄에 나타난 한 형태의 후행형은 최종 표면형은 아닐 수 있지만, 반드시 더 조화적이어야 한다.

문법에 의한 후보연쇄의 평가에는 몇 가지 낯익은 속성이 있다: 유표성제약은 연쇄의 마지막 형태, 즉 연쇄의 출력형을 평가하며, 충실성제약은 연쇄의 최초 형태와 최종 형태 사이의 차이를 측정한다. 새로운 형태의 제약인 PREC('선후순서(precedence)'에서 따옴)은 연쇄에서 충실성 위배의 발생 순서를 선호하는 차례로 표시한다. 예를 들어서, 입력형 /mænkɑjnd/에 대한 승자 연쇄는 불투명한 <mænkɑjnd, mæŋkɑjnd>이다. 이에 대한 투명한 경쟁자 *<mænkɑjnd, mæŋkɑjnd, mæe̤ŋkɑjnd>는 PREC(DEP, IDENT(Place)) 제약 때문에 패자가 되는데, 이 제약은 IDENT(Place)를 위배하여 /n/을 [ŋ]로 전사하는 과정이 DEP을 위배하여 후전이음 [e̤]를 삽입하는 과정보다 선행해서는 안 된다고 명시한다.

이 제안은 두 가지 원론적인 질문을 제기한다: 왜 하필이면 *OT에* 도출을 끌어들여서 불투명성을 분석해야 하는가? 왜 하필이면 OT에 *도출을* 끌어들여서 불투명성을 분석해야 하는가? 이러한 질문과 이에 유발되는 문제점은 진지하게 고려해야 할 사항들이다.

왜 하필이면 OT인가? 불투명성은 규칙기반 음운론을 주창하는 학자의 OT에 대한 비평에서 단연 주종을 이룬다(§2.3을 보라). 그러나 이러한 비평들은 안목이 선택적이라는 문제를 안고 있는데, 이들은 OT가 가지고 있는 불투명성에 대한 문제에만 주목하여, 설명력의 부족이라든가 유형론적인 예측의 부재와 같이, 전형적으로 규칙기반 음운론이 앓고 있는 진정한 문제를 간과하고 있다. Chomsky and Halle(1968)의 전통에 자리 잡은 규칙기반 음운론의 중요한 과오는 언어이론에서 여타의 목표보다도 기술상의(descriptive) 완전성을 부각시키려 했다는 것인데, 이는 우선순위를 잘못 정한 것으로서, 가장 풍부한 기술적 자원을 가진 이론이 반드시 승리하게 되어 있다는 의미이다.

음운 체계를 설명하고 체계의 유형론적 가능성을 제한하는 OT의 진정한 장점을 여기서 검토할 필요는 없겠다(확신이 필요한 독자라면 McCarthy 2002b를 참조하면 될 것이다). OT에는 장점이 많으므로, 만약 불투명성이 OT의 주요 약점이라면, 대업을 포기하기보다는 약점을 보완할 방안을 모색하는 것이 마땅할 것이다.

왜 하필이면 도출인가? OT에서 불투명성을 수용하기 위한 방안이 여러 가지 있었는데, 대부분의 방안에 한 가지 공통된 특징이 있다는 것을 §2.3에서 논증한다: 이들은 기저형도 표면형도 아닌 제 삼의 표시단계에 의존하는데, 이는 불투명한 교체 현상의 분석에서 매우 중요한 부분이다. 여기서 사용하고 있는 의미에서 볼 때, 도출이라고 단정 지을 만한 속성이란 제 삼(혹은 제 사 혹은 제 오)의 표시 단계가 존재한다는 점이다. 그러므로 불투명성에 대하여 상당히 완벽한 OT식 접근방식에서 도출 내지는 이와 유사한 과정이 필요한 역할을 감당했음을 이미 보여 주었다고 해도 틀린 말이 아니다. 그러나 불투명한 교체 현상을 총체적으로 고려해 볼 때, OT에 도출 과정을 끌어들이는 식의 이런 제한적인 방안은 충분하지 못한 것으로 판명된다. 그래서 후보연쇄라는 좀 더 풍부한 도출이론이 OT에 필요하다는 점을 §3에서 논증하기로 한다.

만약 후보연쇄가 OT에서 환영받을 만한 부가 조항이라면, 단순히 불투명성의 혼잡에서 벗어나기 위한 통로 그 이상의 무언가를 제공해 줄 수 있어야 한다 — 실제로 후보연쇄는 그 이상을 제공한다. 우선, 후보연쇄에 대한 적형 요건은 후보집합의 크기를 대폭 제한하는 효과를 갖는다. GEN이 수행할 수 있는 삽입 작용의 회수에 자연스럽게 제한을 가할 방법이 없기 때문에, 고전 OT(classic OT)[2]는 후보의 길이에 상한선을 부과하지 못하며, 따라서 특정 입력형에 대한 후보집합의 크기에 대해서도 상한선을 부과할 수 없다. 그러나 조화향상 요건은 모든 입력형과 모든 제약위계에 대하여, 후보연쇄가 그 길이에 있어서 상한선이 있다는 점을 확실하게 한다(§3.2.2를 참조하라).

둘째로, 기저표시에서 표면표시로 나아가는 데 어떤 종류의 전사(mapping)가 가능한지에 대해서 제한을 가하기 위하여, 조화향상과 점진성 요건이 협력하여 작용한다. 고전 OT에서는, 언어 L에서 /A/ → [B]의 전사에 대한 필요충분조건은, 언어 L의 제약위계에 의하면, /A/로부터 도출된 다른 어떤 후보보다 [B]가 더 조화적이라는 것이다. 후보연쇄이론에서는, 이 조건이 여전히 필수조건이기는 하지만, 충분조건은 못 된다: [B]가 /A/의 출력형으로 가능하자면, /A/와 [B]를 연결하는 적형 연쇄가 있어야 한다. 점진성 요건 때문에 중간 형태인 [C]가 연쇄에 포함되어야 한다고 가정해 보자: <A, C, B>. 그러면 언어 L의 위계에 의거하여, [C]는 [A]보다는 더 조화적이어야 하고 [B]보다는 덜 조화적이어야 한다. 때로 이것은 고전 OT에서는 서로 충돌하지 않기 때문에 등급순위를 매길 수 없었던 제약들에 대하여 L의 제약위계가 등급순위를 매겨야 한다는 의미가 되기도 한다. 더 중요한 것은, 때로는 L에서 /A/ → [B]의 전사가 불가능하다는 의미도 된다는 것이다. 이러한 방식으로, 후보연쇄이론은 전국적(global) 최적화를 행사하는 OT의 능력에 제한을 가한다. 이 점이 연쇄이론과, 도출 과정에서 향상이니 진전이니 하는 유사한 개념을 가지고 있지 않은 표준 도출 모델 간의 주요 차이점이기도 하다(§3.2.4.3을 보라).

이 책의 마지막 장에서는 불투명한 음운현상이 상당히 많이 있는 두 언어의 사례를 제시한다. 필자의 학문적 배경과 지식으로 인하여 이 두 언어가 모두 Arabic의 지역어

2) 이 책 전반에 걸쳐서, *사실상* 표준이 된 접근방식에 대한 줄임말로 '고전 OT(classic OT)'라는 표현을 사용하는데, 이는 Prince and Smolensky(2004)의 독창적 제안과 조응기반(correspondence-based) 충실성제약(McCarthy and Prince 1995, 1999)을 통합한 이론이다. 고전 OT의 특성 가운데에는 유표성제약과 충실성제약으로 제한된 보편적이고 유한한 제약 부문인 제약부(CON)와, 모든 음운 과정의 효과를 병렬 방식으로 보여 주는, 완전한 표시 상태의 출력형 후보들을 평가하는 단 한 개의 평가부(EVAL)가 있다.

들이지만, 서로 관련이 없는 다른 언어에서 찾아볼 수 있는 불투명한 상호작용을 대표하는 예로서 손색이 없으리라고 믿는다. 나아가, 논의될 대부분의 음운 과정은 공통 조상으로부터 물려받은 유물이라기보다는, 독자적으로 발전한 혁신적 양상을 띤다. 불투명성 연구에 나타난 좀 더 복잡한 여러 문제는 두 개의 음운 과정이 상호작용하는 것 이상을 보여주기 위한 아주 심도 있는 분석에서만 제기될 것이기 때문에(cf. Cathey and Demers 1970), 이러한 사례 연구는 이론적 제안서에 반드시 첨가되어야 할 부가물이다.

1.3 이 책은 어떻게 읽어야 하는가?

OT를 처음으로 접하는 독자는 이 책으로 출발하지 말고, Kager(1999a)와 같은 개론 교재나 McCarthy(2002b)와 같은 개관서로 시작하기 바란다. 이 두 책은 어느 것이나 아래 장에 나오는 내용을 이해하고 비평적으로 평가하는 데 충분한 배경 지식을 제공할 것이다. 아마도 대부분의 독자는 §2와 §3을 차례대로 읽어 나가서, §4의 광범위한 분석 사례를 보고자 할 것이다. OT 이전 및 이후의 불투명성에 대한 종전의 연구에 익숙한 독자라면 §2를 자세히 읽기보다는 전반적으로 훑어 내려가도 될 것이다. 이론에 대한 연습을 선호하는 독자라면 §1.2의 후보연쇄에 대한 간단한 소개를 바탕으로 §4를 읽고자 하겠지만, 이것은 추천할 만한 것은 아니다.

제2장

불투명성, 도출, 그리고 최적성이론

2.1 개관

이 장은 불투명성이 무엇이며 규칙기반 음운론에서 이를 어떻게 분석했는지를 설명함으로써 (§2.2에서) 시작한다. 그리고 나서 논의는 (§2.3에서) '고전(classic)' 최적성이론에 대한 기술, 고전 OT에서 불투명성이 제시하는 문제점, 나아가서 이를 수용하기 위해서 고전 이론을 어떻게 수정할 것인가에 대한 다양한 방안으로 넘어간다. (§2.4에서) 내리는 결론은 규칙기반 음운론의 연속도출 과정에 근본적으로 옳은 점이 있다는 것이며, 이는 §3에서 고전 OT의 필수적인 요소를 모두 유지하는 틀 속에서 연속도출과 유사한 방안을 허용하는 제안으로 나아간다.

2.2 불투명성과 도출

2.2.1 표시 단계

생성음운론은 두 개의 주요한 표시 단계, 즉 기저형과 표면형을 인정한다. 기저단계에서, 모든 형태소는 고유의 표시를 가지고 있다. 예를 들어서, 영어의 복수 접미사의 세 가지 주요 표면 교체형은 — [-z], [-s], 그리고 [-əz] — /-z/와 같은 단일 기저표시에서 음운 규칙에 의하여 도출된다. *Children*의 /-ən/과 *geese*의 /-i:-/와 같은 복수 이형태소와 같이, 형태소의 불규칙형(suppletive)이나 이형태소적인 교체형만 상이한 기저표시를 필요로 한다.

불규칙형이 없이 형태소가 교체할 때, 그 기저표시는 분석자와 언어학습자에 의하여 발견되어야 한다. 독일어의 [bʊnt]/[bʊntə] 'multi-colored/pl.' 및 [bʊnt]/[bʊndə] 'federation/pl.'와 같은 어형변화(paradigm)에서는 서로 다른 기저표시가 필요한데, 그 이유는 유·무성 동화의 형태가 다르기 때문이다: /bʊnt/ 'multi-colored'는 어형변화에서 전부 무성으로 나타나고, /bʊnd/ 'federation'는 유성과 무성 사이에 교체한다. 이론과 실제에 있어서, 가설상의 기저표시와 표면에서 관찰된 어형변화 간의 관계는 때로 이보다 덜 명시적이다.

최근의 몇몇 연구에서는 기저표시 단계를 설정하는 데 대한 대안을 모색한다. 이러한 접근방식은 단일 표시 단계, 즉 표면형만 인정한다는 의미에서 단층적(monostratal)이다. 서술음운론(Declarative Phonology)(Scobbie, Coleman, and Bird 1996)에서, 기저표시에 대한 연구는 형태소를 기술하는 제약을 통하여 이루어진다. 형태소가 교체하는 경우에 이러한 기술은 결정적으로 불완전하다: 예를 들어서, 독일어의 [bʊnt]/[bʊndə]의 경우에, 'federation'에서 어말에 치경 폐쇄음이 와야 된다는 제약이 필요하지만, 유·무성에 대해서는 아무런 언급이 없다. 또 다른 단층적 접근방식에서는 순전히 표면형 간의 관계에 의해서만 음운적 일반성을 나타내려고 시도한다(예: Albright 2002, Burzio 2002).

이러한 맥락에서, 생성음운론이 기저표시 단계를 설정한 이유를 검토해 볼 만하다(증거에 대한 개관으로는 Kenstowicz and Kisseberth 1979: 6장을 참조하라). 주요 논증은 어형변화에서 나오는데, 어떤 표면형과도 상이한 기저형을 통하여 매개될 때에만 표면형 간의 관계가 밝혀지는 그런 어형변화를 근거로 하고 있다. Schane(1974)의 (2-1)의 Palauan 예는 잘 알려진 경우이다. 비강세 모음은 [ə]로 약화되고 각 단어에는 강세가 하나만 허용되기 때문에, 'cover an opening'과 'pull out' 같은 2음절 어근에서 약모음이 아닌 모음이 한 개 이상 표면에 나타나는 법이 없다. 가설상의 기저표시인 /daŋob/와 /teʔib/는 어형변화표에 나타난 서로 다른 활용형이 강세를 받을 때 나타나는 모음의 자질을 기록한 것이다. 이러한 기저표시에는 이들 형태소에 대하여 예측 불가능한 모든 음운 정보가 포함되어 있다. 생성음운론에서, 어근의 기저표시는 관련된 단어가 하나의 집합을 이루도록 이어 주는 접합부이므로, 모든 단어의 표면형이 그 언어의 문법에 의하여 도출될 수 있도록 기저표시에 충분한 정보가 포함되어야 한다(Palauan과 유사한 경우에 기저표시를 뒷받침하는 상세한 논증은 §4.3.3을 참조하라).

(2-1) Palauan의 모음약화

기저형	현재중간형	미래분사형	
/daŋob/	mə-ˈdaŋəb	dəˈŋob-l	'cover an opening'
/teʔib/	mə-ˈteʔəb	təˈʔib-l	'pull out'

영어의 음성 체계(The Sound Pattern of English(앞으로 *SPE*라 칭함), Chomsky and Halle 1968)의 전통을 이어받은 생성음운론은 기저단계와 표면단계 사이의 중간단계로서 어떤 수의 단계도 인정한다. 이러한 중간단계는 음운 규칙을 연속적으로 적용한 결과이다. 만약 어떤 언어의 문법에 *n*개의 규칙이 있다면, *n*-1개의 중간표시 단계를 가지게 되는데, 여기서 각각의 중간표시는 도출 중인 언어 형태를 잠재적으로 상이한 방식으로 표시한 것이다. 예를 들어서, Palauan에서, *SPE* 이론은 강세는 할당되었지만 모음약화는 아직 적용되지 않은 중간단계를 필요로 한다: /daŋob-l/ $\rightarrow_{\text{강세}}$ [daˈŋobl] $\rightarrow_{\text{모음약화}}$ [dəˈŋobl]. 실제로, *SPE*는 동시적용으로 동일한 결과를 가져올 수 있을 경우에도 규칙이 하나씩 차례대로 적용되어야 한다고 요구한다.

2.2.2 도출

기저에서 표면표시 단계로 전사되는 것은 무엇이나 도출이다. 이런 의미에서, 음운론의 다층적 이론은, 고전 OT를 포함하여, 무엇이든 도출적인 성향을 갖는다. 그러나 다양한 다층적 이론은 각 이론이 설정하는 도출 과정의 복잡성과 내적 조직에 있어서 상당히 차이가 난다.

규칙과 표시에 대한 *SPE*의 다른 가설에서 멀리 벗어난 최신 연구에서조차 종종 도출에 대한 *SPE* 식의 접근방식을 가정하기 때문에, 이 접근방식은 상당한 인기를 누리고 있다(§2.2.6을 참조하라). *SPE*에서는, 문법은 순서가 정해진 규칙의 목록으로 구성되어 있다. 규칙 *i*의 출력형이 규칙 *i*+1의 입력형을 제공하는 방식으로, 엄격한 순서에 따라 차례대로 규칙이 적용된다. 그러므로, 각 규칙의 출력형은 (마지막 규칙을 제외하고) 기저단계와 표면단계 사이의 중간표시 단계가 된다.

Kiparsky(1968)를 시초로 이루어진 중요한 성찰은 규칙들이 서로 간에 상이한 기능적 관계를 갖는다는 것이다. 가장 흥미롭지 않은 것은 두 개의 규칙이 전혀 상호작용하지 않는 경우이다 — 어두의 모음삽입과 어말 장애음의 무성음화가 그 예가 될 것이다. 그러나 두 규칙이 상호작용하는 경우, 이들 간의 기능적 관계는 흔히 급여(feeding)나 출혈(bleeding)의 관계로 분류된다.

규칙 A가 추가적으로 규칙 B의 입력형을 조성할 경우, 규칙 A가 규칙 B를 *급여(feed)*한다고 한다. 만약 A가 실제로 B보다 선행하면, A와 B는 급여순(feeding order)의 관계에 있다. (만약 B가 A를 선행하면, 이 두 규칙은 역급여순(counterfeeding order)의 관계에 있는데, 이는 §2.2.3에서 설명하기로 한다.) 급여순의 일례는 Classical Arabic의 모음삽입과 자음삽입 간의 상호작용이다. 자음군으로 시작하는 단어는 어두에 첨가되는 [ʔi]를 (만약 후행 모음이 [u]라면, [ʔu]를) 받는다. (2-2)의 도출에 나타난 바와 같이, 어두에 첨가되는 [ʔi]는 어두 자음군 앞에 적용되는 [i] 삽입(= 규칙 A)과 어두 모음 앞에 적용되는 [ʔ] 삽입(= 규칙 B) 사이의 급여순에 의한 상호작용의 결과이다.

(2-2) Classical Arabic의 급여순

기저형	/dˤrib/	'beat(m. sg.)!'
모음삽입	idˤrib	
[ʔ] 삽입	ʔidˤrib	
표면형	[ʔidˤrib]	

만약 규칙 A가 규칙 B의 잠재적인 입력형을 제거한다면, 규칙 A는 규칙 B를 출혈(bleed)한다고 한다. 만약 실제로 A가 B보다 선행한다면, A와 B는 출혈순(bleeding order)의 관계에 있다. (만약 B가 A보다 선행한다면, 이들은 역출혈순(counterbleeding order)의 관계에 있는데, 이에 대해서도 §2.2.3에서 설명하기로 한다.) 예를 들어서, Arabic의 남부 Palestinian 지역어(variety)에서 순행동화인 인두음화(pharyngealization)(= 규칙 B)는 전설고모음, 그 가운데서도 [i]에 의해서 봉쇄된다. 모음 [i]가 세 개의 자음으로 구성된 자음군에 삽입될 때(= 규칙 A), (2-3)에 나타난 바와 같이, 이 모음 역시 동화를 봉쇄한다(Davis 1995).

(2-3) 남부 Palestinian Arabic의 출혈순

기저형	/batˤn-ha/	'her stomach'
모음삽입	batˤinha	
순행동화	*봉쇄*	
역행동화	bˤaˤtˤinha	
표면형	[bˤaˤtˤinha]	

급여순과 출혈순에는 어떤 공통점이 있다: 규칙이 급여순이나 출혈순으로 적용될 때, 규칙에 의하여 도출된 구조는 기저표시에 이미 존재하는 유사한 구조와 똑같이 취급된다. 예를 들어서, Classical Arabic의 [ʔ] 삽입 과정은, /al-walad-u/ → [ʔalwaladu] 'the boy(주격)'에 나타난 바와 같이, 기저에서 모음으로 시작하는 단어에 적용되며, (2-2)의 중간표시 [idˤrib]에 나타난 바와 같이, 도출과정에서 모음으로

시작하는 단어에도 적용된다. 이와 마찬가지로, (2-3) 및 /sˤiħħa/ → [sˤiħħa], *[sˤiˤħˤħˤaˤ] 'health'에 나타난 바와 같이, 삽입모음이든 비삽입모음이든 똑같이 [i]는 Palestinian Arabic에서 순행동화를 봉쇄한다. 급여순과 출혈순의 상호작용에서, 결과는 눈에 보이는 그대로이다: 도출구조와 비도출구조가 동일할 경우, 이들은 동일한 음운적 행동을 나타낸다. 역급여순과 역출혈순 상호작용에서는 단연코 그렇지 않다.

2.2.3 도출에서 불투명성

만약 규칙 A가 규칙 B를 급여하고, B가 A보다 선행하는 순서로 이 두 규칙이 적용된다면, 이 두 규칙은 *역급여순(counterfeeding)*에 있다고 한다. 예를 들어서, Bedouin Arabic 방언에는(§4.3.3을 참조하라), 비어말 개방음절에서 단모음 /a/를 고모음으로 고모음화하는 과정(= 규칙 A)과, 비어말 개방음절에서 단모음인 고모음을 탈락시키는 과정(= 규칙 B)이 있다. 고모음화는 탈락 규칙에 대한 새로운 입력형을 조성할 잠재력을 가지고 있으므로, 이 두 과정은 급여순의 관계에 있다. 그러나 (2-4)에 나타난 바와 같이, 이들의 규칙순은 실제로는 역급여순이다. 고모음화에 의해서 도출된 고모음은 기저의 고모음과는 다른 취급을 받으며 기저의 고모음만이 탈락 규칙에 저촉된다. 규칙이 급여순으로 적용될 때에는 도출구조와 기저구조가 동일하게 행동하지만, 규칙이 역급여순으로 적용될 때에는 도출구조와 기저구조가 다르게 행동한다.

(2-4) Bedouin Arabic의 역급여순[1]

기저형	a. /dafaʕ/	'he pushed'	b. /ʃarib-at/	'she drank'
모음탈락	—		ʃarbat	
고모음화	difaʕ		—	
표면형	[difaʕ]		[ʃarbat]	

---

1) (2-4)의 도출에는 출혈순 상호작용도 들어 있다: [ʃarbat]의 도출에서 탈락은 고모음화를 출혈시킨다.

규칙 A가 규칙 B를 출혈하지만 B가 A보다 선행하여 적용되는 *역출혈순* *(counterbleeding)*에서도 동일한 현상이 나타난다. 동일한 Arabic 방언에는, 연구개음이 전설모음 앞에 올 때 연구개음을 구개음화하는 과정도 있다(§3.3.3을 참조하라). 탈락 규칙(= 규칙 A)이 구개음화(= 규칙 B)를 출혈하는데, 그 이유는 탈락 규칙이 연구개음의 구개음화를 가져다 줄 전설 고모음을 제거하기 때문이다. 그러나 이들의 규칙순은 (2-5)에 나타난 바와 같이 역출혈순이다. 전설 고모음은, 표면형에 나타나지 않을 경우에도, 인접한 연구개음이 구개음화하도록 유도한다. 이와 같은 효과는 역출혈순에서 전형적이다.

(2-5) Bedouin Arabic의 역출혈순

	a.	b.
기저형	/ħa:kim-i:n/	/t-ħakum-in/
구개음화	ħa:k^{j}imi:n	—
모음탈락	ħa:k^{j}mi:n	tħakmin
표면형	[ħa:k^{j}mi:n]	[tħakmin]
	‘ruling(남성 복수)’	‘they(여성) rule’

역급여순과 역출혈순 상호작용의 결과는 음운론적 불투명성이다. 불투명성에 대한 Kiparsky(1973: 79, 1976: 178-179)의 정의는 (2-6)에 나타나 있다. 이 정의에서 (c) 조항은 모든 중화 과정을 기술하므로, 현재 논의의 관심사와는 무관하다. 그러므로 (a)와 (b) 조항에 초점을 맞추기로 한다.

(2-6) 불투명성(Opacity)

아래의 특성 중 어느 하나라도 가지고 있는 표면구조가 존재한다면, *A* → *B*/ *C*___*D* 형태의 음운 규칙 P는 *불투명(opaque)*하다:

a. *C*___*D*의 환경에 A가 나타나는 경우,

b. *C*___*D*가 아닌 다른 환경에 P에 의해서 도출된 *B*가 나타나는 경우,

혹은 c. *C*___*D*의 환경에 P에 의해서 도출되지 않은 *B*가 나타나는 경우.

(2-4)의 /dafaʕ/ → [difaʕ]의 도출 과정에서, 고모음탈락 규칙은 이 정의의 (a) 조항 하에서 불투명하다: [difaʕ]는 개방음절에서(= *C*___*D*) [i](=A)를 가지고 있다. 역급여순으로 적용되는 규칙은 (a) 조항 유형의 불투명성을 생산하는데, 이때 당연히 규칙 적용을 받아야 할 것으로 보이지만 실제로는 적용을 받지 않는 그러한 음운 구조가 표면형에 포함된다.[2]

(2-5)의 /ħa:kim-i:n/ → [ħa:k^jmi:n]의 도출에서, 구개음화 규칙은 이 정의의 (b) 조항 하에서 불투명하다: [ħa:k^jmi:n]은 구개음화(=*P*)에 의하여 도출된 [k^j](=*B*)를 가지고 있지만, [k^j]는 전설모음에(= *C*___*D*) 인접해 있지 않다. 역출혈순으로 적용된 규칙은 이런 종류의 불투명성을 생산하는데, 이 경우에는 어떻게 해서 표면형이 도출되었는지를 보여 주는 환경도 없으면서 표면형이 도출된 음운 구조를 포함하고 있다.

역급여순과 역출혈순의 상호작용은 언어개별적인 규칙순을 뒷받침하는 최상의 — 따지고 보면, 유일한 — 증거를 제공한다. 그러니까, 임의로 정해 놓은 언어개별적인 규칙순에 대한 회의론에 자극을 받은 나머지, 불투명한 상호작용이 살아 움직이는 음운 과정을 포함한다는 점을 부인하기 위해서 진력하였다는 것은 놀라운 일이 아니다 (cf. §1.1). 자연생성음운론(Natural Generative Phonology)(NGP)의 주창자에 의하면, 확실한 음운 규칙이라면 표면에서 참인 일반성을 기술해야 하며, 이들 규칙은 무순(unordered)이어야 한다(Hooper [Bybee] 1976, 1979, Vennemann 1972, 1974). 그러므로 NGP는 불투명한 음운 작용은 더 이상 생산성이 없는 음운 변화의 어휘화된 잔여물에 지나지 않는다는 입장을 견지한다 — 불투명한 규칙이란 '심리적으로 실재가 없다(not psychologically real)'고 했다. (OT의 맥락에서 이와 유사한 견해를 옹호하는 최근의 연구로는 Green(2004), Mielke, Hume, and Armstrong(2003), 그리

---

2) 어휘적 예외도 음운 과정을 겪었어야 했지만 겪지 않은 것처럼 보일 수 있다. 불투명성에 대한 Kiparsky의 정의는 음운 과정의 상호작용에 의한 효과로 국한되며 예외성은 배제한다. '내적인(internal)' 불투명성(예외성)과 '외적인(external)' 불투명성 (2-6) 사이의 유용한 구분에 대해서는 Laferriere(1975)를 참조하라.

고 Sanders(2002, 2003) 등이 있다.) 사실, 1970년대의 추상성에 대한 찬반 논쟁의 대부분은, 모두는 아니더라도, 기저표시와 표면표시 사이의 불일치 정도에 대하여 제한을 가할 방안을 다루었는데(Kenstowicz and Kisseberth 1977: 1장, 1979: 6장), 불투명한 규칙이 적용될 때에만 추상적인 기저형이 출력형에 영향을 미칠 수 있기 때문에, 이 논쟁은 실제로는 불투명성에 관한 논증이었다.

불투명한 규칙과 지나치게 추상적인 기저형에 근거한 분석이 의심스러웠던 것도 사실이지만, 불투명한 상호작용을 전적으로 부인하는 것도 경험적으로 뒷받침하기 어려운 지나친 반작용이다. Bedouin Arabic의 예는 시사하는 바가 크다. (자세한 논의는 §4.3.3을 참조하라.) Al-Mozainy(1981)는 이 언어의 불투명한 음운 과정이 살아 움직이며 생산적이라는 논거를 몇 가지 제시한다. 첫째, 이 과정은 차용어에서 활성화되어 있다. 둘째, (2-7)에 나타난 바와 같이, 고모음탈락은, 불투명하다고는 해도, 외부연성(external sandhi)에 왕성하게 적용된다. 만일 어떤 음운 과정이 외부연성에 적용된다면, 이를 어휘화된 것이라고 할 수는 없는데, 그 이유는 통사론에서 제공하는 무한대 숫자의 단어 배열을 모두 열거하기란 불가능하기 때문이다.[3]

(2-7) Bedouin Arabic에서 구 단위의 모음탈락(Al-Mozainy 1981: 50–51)

/ka:tib al-ʒawa:b/	ka:t.bal.ʒu.wa:b	'writing the letter'
	*ka:.t**i**.bal.ʒu.wa:b	
/tiʕtˤu:nih al-muse:ʕi:di/	tiʕ.tˤu:n.hal.m.se:.ʕi:.di	'you give it to the one
	*tiʕ.tˤu:.n**i**.hal.m.se:.ʕi:.di	from the clan of
		Musai`īd'

3) Hayes(1990)의 '사전편집(precompilation)' 개념은 외부연성에서 발생하는 형태화된 교체를 어휘적으로 열거하는 방법을 제공한다. 그러므로 사전편집이란 형태론적인 모음변화(mutation)와 같은 현상을 위한 것이다. 이것은 의도로 보나 고안된 형태로 보나, 형태론적 혹은 문법적 조건이 붙지 않는 Bedouin Arabic의 고모음탈락과 같은 예에는 부적합하다.

셋째로, 고모음화가 생산적인 규칙이라는 가장 강력한 증거는 일종의 유희 언어(play language)에서 나온다. 고모음화는 보통 비어말 개방음절의 단모음 /a/에 영향을 미치지만, 규칙적으로 고모음화가 적용되지 못하는 음운 조건이 있다: 후음성(guttural) 자음([ʔ], [h], [ʕ], [ħ], [χ], [ʁ]) 뒤에서나, 혹은 [a] 모음 바로 앞에 오는 후음성 자음이나 설정성 공명음([l], [r], [n]) 앞에서는 고모음화가 적용되지 않는다. Bedouin Arabic에는 어근의 자음 위치를 변환하는 은어(secret language)가 있는데, 이것은 때로 고모음화될 잠재성이 있는 모음에 대한 후음성 자음이나 설정성 공명음의 상대적 위치에 영향을 미친다. 이렇게 되면, (2-8)에 나타난 바와 같이, 이러한 일반성과 정확하게 일치하여 모음의 고모음화가 일어나거나 일어나지 않는다. 다른 은어 자료는 구개음화도 불투명하지만 생산적임을 보여 준다(§3.3.3을 참조하라). 요약하면, Bedouin Arabic의 불투명한 음운 작용도 살아 움직이는, 생산적인 음운 과정이다. (생산적인데도 불투명한 음운 과정을 보여 주는 더 많은 예는 Donegan and Stampe(1979)를 참조하라.)

(2-8) 은어에서 고모음화에 의한 교체

/dafaʕ/	기저표시
difaʕ	위치변환이 일어나지 않은 형태
fidaʕ	예상한 대로 고모음화가 일어난 형태
daʕaf	후음성 자음 + [a] 앞에서 고모음화가 일어나지 않은 형태
faʕad	〃
ʕadaf	후음성 자음 뒤에서 고모음화가 일어나지 않은 형태
ʕafad	〃

이런 종류의 증거는 불투명성이 음운적 일상의 한 단면임을 보여 주기는 하지만, 어떤 유형의 불투명성은 회의적인 반응을 얻었으며, 또 이것이 마땅한 것이기도 하다. 유명한 예가 *SPE*의 /ɹixt/ → [ɹɑjt] *right*이다. 요지는, 몇몇 분석이 의심스럽다고 해서 이들이 이론적 구조물 전체를 배격해야 할 근거는 아니라는 점인데, Bedouin

Arabic에서처럼 온전한 분석에 의하여 이론적 구조물이 강력한 지지를 받고 있을 경우에는 특히 더 그렇다.

1970년대에 각별히 관심을 끈 한 유형의 불투명성은 요크공작식 도출(Duke-of-York derivation)이다(Hogg 1978, Pullum 1976). 어린아이들의 노랫말[4]에서 그 이름의 시조가 된 공작처럼, 기저의 /A/가 규칙에 의해서 중간단계의 /B/로 바뀌지만, 이후의 규칙에 의하여 [B]가 다시 [A]로 바뀐다. 요크공작의 편력과는 달리, 이 행위는 겉보기처럼 무의미한 것만은 아니다: 일시적으로 [B] 단계에 있는 동안, 이전의 /A/는 A에 영향을 미치는 음운 작용을 불투명하게 피해 나가든가, 혹은 B에 의해서 유발되는 음운 작용을 야기할 수 있다. 그렇지만 흔히 보면, 요크공작식 도출은 순차적 규칙 적용에 대한 절대적 신봉에서 생겨난 부산물에 지나지 않는다. 이 논제는 §2.3.2에서 예시를 통하여 다시 다루기로 한다.

2.2.4 동시적용

규칙 적용에 대한 논의를 하다 보면 종종 순차적 도출에 대한 중요한 대안을 간과하게 된다: 이 대안이 동시적용(simultaneous application)이다. 많은 경우, 규칙은 일반성을 상실하지 않으면서 동시적용이 가능하므로, 어떤 현상이 동시적용에 부합하고 어떤 현상이 부합하지 않는지를 검토해 볼 필요가 있다(논의는 Anderson 1974: 64-67, Donegan and Stampe 1979: 150, Hyman 1993: 204ff., Koutsoudas 1976, Koutsoudas, Sanders, and Noll 1974: 5-8을 참조하라).

동시적용이란 다소 익숙하지 않은 개념이므로, 규칙기반 음운론에서 이것이 의미하는 바가 무엇인지를 명확히 할 필요가 있다. 음운 규칙은 규칙의 입력형에서 충족되어야 하는 형태 — 규칙의 구조적 기술(structural description) — 그리고 규칙의 출력형에서 발효되어야 하는 변화 — 규칙의 구조적 변화(structural change)를 기술한다.

---

4) 아, 그 멋진 요크공작(Duke of York) 할아버지, / 공작님한테 군사 만 명 있었다네; / 그 군사더러 행진하여 언덕을 올라가라 하더니, / 다시 행진하여 언덕을 내려오라 하였네.

만일 두 개의 규칙이 동시에 적용된다면, 두 규칙의 구조적 기술은 정확하게 동일한 표시를 분석하는 셈이다. 이는 어느 규칙도 다른 규칙의 구조적 변화가 가져다 주는 정보에 접근할 길이 없다는 뜻이다. 이와는 대조적으로, 순차적 규칙 적용에서는, 나중에 적용되는 규칙은 먼저 적용되는 규칙의 구조적 변화에 의해서 발생하는 정보에 언제나 접근 가능하다.

불투명한 상호작용은 흔히 동시적용과 양립할 수 있지만, 투명한 상호작용은 반드시 순차적 적용을 필요로 한다. 예를 들어서, 구개음화와 탈락 규칙이 동시에 적용된다면, (2-5)에 /ħa:kim-i:n/ → [ħa:kʲmi:n]의 역출혈순 도출도 가능하다. 구개음화 규칙의 구조적 기술은 [i] 앞에 있는 [k]를 분석하며, 따라서 탈락 규칙이 [i]를 탈락시킬 목적으로 동일한 입력형을 분석하고 있다는 사실과는 전혀 무관하게 [k]가 구개음화된다. 이런 불투명한 도출에서 중요한 것은, 탈락 규칙이 구개음화를 선행해서는 안 된다는 것이며, 또 이런 필수 요건은 (2-5)에서처럼 탈락에 앞서 구개음화를 먼저 적용한다든가, 혹은 이 두 규칙을 동시에 적용시킴으로써 원칙적으로 달성 가능하다는 점이다.

이와 마찬가지로, 고모음의 탈락과 저모음의 고모음화가 동시에 적용된다면, (2-4)에 /dafaʕ/ → [difaʕ]의 역급여순도 가능하다. /dafaʕ/에서 고모음탈락 규칙의 구조적 기술은 충족되지 않지만, 고모음화 규칙의 구조적 기술은 충족되므로, 실제로 고모음화 규칙만 적용된다. 이런 불투명한 도출에서 중요한 점은, 고모음화 규칙의 출력형에 모음탈락 규칙이 적용되어서는 안 된다는 것이다. 이 필수조건은 (2-4)에서처럼 모음탈락에 앞서 고모음화 규칙을 먼저 적용한다든가, 혹은 이 두 규칙을 동시에 적용함으로써 원칙적으로 충족될 수 있다.

그러나 급여순과 출혈순 상호작용은 동시적용과 양립할 수 없다. 예를 들어서, (2-2)에 /dˤrib/ → [ʔidˤrib]의 급여순 도출에서, 모음삽입이 적용되어야 비로소 [ʔ] 삽입의 구조적 기술이 충족되므로 순차적 적용이 필요하다. (2-3)에 /batˤn-ha/ → [bˤaˤtˤinha]의 출혈순 도출에서, 모음삽입과 순행동화의 동시적용은 *[bˤaˤtˤinˤhˤaˤ]

의 결과를 낳게 되는데, 여기서 삽입모음은 동화를 받지도 않거니와 봉쇄하지도 않는다.

규칙의 동시적용은 (규칙 간에 상호작용이 전혀 없는 경우가 아니라면) 전형적으로 불투명한 상호작용을 생산하지, 투명한 상호작용을 생산하지 않는다는 점이 흥미롭다. 비록 고전 OT가 몇 가지 음운 과정의 효과를 동시에 나타내는 후보들을 평가하지만, 고전 OT는 투명한 상호작용은 구조적으로 설명해 낼 수 있어도 불투명한 작용은 설명하지 못한다(§2.3.3을 참조하라). 이러한 차이점이 발생하는 이유는 규칙과 OT의 유표성제약이 상이한 단계의 표시를 분석하기 때문이다. 규칙의 구조적 기술은 규칙의 *입력형(input)*에 의하여 충족되는데, 이것은 때로 기저표시와 동일하다. OT의 유표성제약의 구조적 기술은 최종 *출력형(output)*, 즉 표면표시에서 충족된다. 불투명성은 표면형 이전 단계의 표시에서 성립되는 조건을 참조해야 하는 반면에, 투명성은 표면표시에서 성립되는 조건을 참조해야 한다.

2.2.5 규칙순 이론

*SPE*에서는, 규칙이 적용되는 순서가 *외재적(extrinsic)*인데, 이는 언어개별적인 문법에 의하여 규칙에 순서가 부과되며, 대개 규칙의 형태나 기능으로 미루어 규칙의 순서를 예측할 수 없음을 의미한다. 대략 1969년부터 1980년에 이르기까지, 규칙순의 양상에 대하여 일부 혹은 전부를 예측해 낼 수 있는가에 대한 질문을 두고 방대한 양의 연구가 전개되었다. (개략적 검토는 Anderson(1979: 15-18)과 Iverson(1995)을 참조하고, 좀 더 광범위한 논의는 Anderson(1974)과 Kenstowicz and Kisseberth (1977: 4, 6장)를 참조하라.)

Classical Arabic에 대한 *SPE* 식의 음운론에는 (2-2)에서 관찰한 순서대로 규칙이 적용되도록 하기 위해서 모음삽입이 [ʔ] 삽입보다 선행한다는 취지의 기술이 반드시 포함되어야 한다. 이 이론의 몇몇 수정판(예: Anderson 1974, Koutsoudas, Sanders, and Noll 1974)에는 급여순이 무표적이라든가 자연스럽다는 근거에서,

규칙순에 대한 이러한 기술이 불필요하다는 이유로 이를 제거하였다. 어떤 의미에서 급여순이 자연스러운 것인가? 규칙의 구조적 기술이 충족될 때 도출 과정의 어느 시점에서든지 규칙이 자유롭게 적용될 수 있다면, 그 결과는 (2-2)와 동일할 것이다. 급여순은 규칙의 적용 가능성을 극대화한다. §2.2.2에서 지적한 바와 같이, 규칙이 표면구조에 대한 진정한 일반성을 강요한다는 점을 확보하는 데에도 급여순이 도움이 된다: [ʔ] 삽입은 모음삽입보다 후행함으로써 모음삽입에 의하여 급여되기 때문에, Arabic에는 모음으로 시작하는 단어가 없다. Donegan and Stampe(1979: 157)의 용어로 표현하자면, 모음삽입과 [ʔ] 삽입이 역급여순으로 적용되면 이것은 후자에 대하여 '제약'으로 작용하게 되는데, 이렇게 되면 [ʔ] 삽입이 도출된 표시에 작동하는 것을 금지하게 되고 따라서 [ʔ]-삽입의 일반성이 범주적으로 참이 되지 못하게 만든다.

일반적으로 급여순을 자연스럽다고 여기고 그 다음으로 자연스러운 순서가 존재한다고 믿고 있지만, 다른 자연스러운 규칙순이 출혈순인지 아니면 역출혈순인지에 대한 질문에 있어서는 이 시기의 문헌에서 의견의 일치를 보지 못하고 있다. 이 논제에 대한 초기 연구에서, Kiparsky(1968)는 역사적 변화는 급여순을 최대화하고 출혈순을 최소화하려는 경향이 있다고 주장하였다. 언어가 자연스러운 규칙순 쪽으로 이끌린다고 가정할 때, 이는 급여순과 역출혈순이 자연스러운 것임을 의미한다. Anderson (1974)은 이 개념을 국부적 순서매김(local ordering)이라는 자신의 이론으로 통합시키는데, 이 이론에 따르면, 급여순과 역출혈순이 기정치 경우(default case)가 되며, 이보다 우위에 올 수 있는 것은 언어개별적인 임의 규정뿐이라는 것이다. Anderson이 증거로 제시한 분석 가운데에는, 두 개의 규칙 간에 자연스러운 상호작용이 유지되다가 이 두 규칙이 단일 언어 내에서 다른 순서로 적용되는 분석이 포함되어 있는데, 이러한 분석은 모두 논란의 여지가 없지 않다. (이런 의미에서 규칙순이 '국부적(local)'이라는 것이다: 이 이론은 순서매김을 두 규칙 간의 국부적 관계로 파악하지, *SPE* 식으로 순서가 정해진 규칙들의 전국적(global) 목록으로 파악하지는 않는다. §3.2.3을 참조하라.) Koutsoudas, Sanders, and Noll(1974)도 역출혈순이 자연스럽다고 주장한다.

다른 일단의 연구는 역출혈순이 아니라 출혈순이 자연스럽다는 입장을 취했다(Iverson 1974, Kenstowicz and Kisseberth 1971, Kiparsky 1971). 분석에 대한 이견을 제쳐 두면, 논쟁은 실제로는 자연스러운 순서를 결정하는 원칙에 관한 것이다. 만일 급여순과 역출혈순이 자연스러운 것이라면, 이들을 자연스럽게 만드는 것은 규칙 적용 가능성의 최대화를 선호하는 원칙이다: 만일 A가 B를 급여한다면, A는 규칙이 적용될 수 있는 기회를 부가적으로 제공하는 것이고, 만일 A가 B를 출혈하지 못하게 된다면, A는 B가 적용될 수 있는 기회를 빼앗아 버리지 못하는 것이다. 만일 급여순과 출혈순이 자연스러운 것이라면, 이들을 자연스럽게 만드는 것은 규칙 투명성의 최대화를 선호하는 원칙이다: 역급여순과 역출혈순이 불투명성을 불러오는 데 비하여, 급여순과 출혈순은 투명성을 불러오는데, 이 경우 음운적 일반성의 효과가 표면구조에 그대로 가시화된다.

1970년대에 이루어진 연구 가운데, 규칙순에 대한 이런저런 원칙들이 논의되었는데, 이 원칙들 간의 우선순위에 대한 제안도 있었다(Anderson 1974: 217-218, Iverson 1976). 몇몇 학자에 의하면(예: Koutsoudas, Sanders, and Noll 1974), 이 연구 프로그램의 궁극적인 목표는 규칙 적용의 선후 관계에 대한 보편적 원칙을 택하여, 언어개별적인 규칙순에 관해서는 일체의 기술을 배제하는 것이었다. 이러한 입장을 반박하는 명백한 논거로서 오직 규칙순에서만 차이가 나는 Canadian English의 두 방언과 같은 예가 인용되었으리라고 생각되지만(Bromberger and Halle 1989, Joos 1942), 실제로는 논증을 하기가 그다지 쉬운 일이 아니다(Iverson 1995: 612-613). 언어개별적인 규칙순을 뒷받침해 줄 압도적인 논거도 없었거니와, 규칙순을 정하는 원칙에 관한 일반적인 의견의 일치도 전혀 이루어지지 않았다. 그 대신, 규칙순에 대한 보편성을 찾으려는 연구가 이루어질 만큼 이루어졌다는 묵시적인 합의와 더불어 십 년이라는 세월이 끝나게 되었다.

2.2.6 후기의 발전

1980년경에 이르러 규칙순이라는 논제에 대한 관심이 쇠미해졌다(중요한 예외가 Goldsmith(1993b)이다). 그러나 음운론 연구의 초점이 다른 데로 옮겨 가자, 규칙순 및 상호작용에 관한 문제는 이따금씩 새로운 맥락에서 재부상하였다.

비단선음운론(Nonlinear Phonology)과 미명세이론(Underspecification Theory)의 발전은 Goldsmith(1976a), Kahn(1976), Liberman(1975), Liberman and Prince(1977), Clements and Ford(1979), McCarthy(1981), Prince(1983), 그리고 Archangeli(1984)와 같은 연구로 시작되었는데, 이 이론의 발전은 분석적 중압감을 음운 규칙에서 음운 표시에 대한 적형제약으로 옮겨 놓았다. 다변화된 음운표시 이론이라면 원칙적으로는 언어개별적인 규칙순에 대한 필요성을 약화시키겠지만, 이러한 연구 경향은 실제로는 별로 호응을 얻지 못했다.

그러나 음운 표시상의 제약을 만족시키기 위해서는, 도출 과정의 어느 시점이든지 필요하다면 자동적으로 적용되는 새로운 유형의 지속성 규칙(persistent rules)이 필요하게 되었다(Chafe 1968, Myers 1991a). 예를 들어서, 도출 과정에서 자음이 비음절화되면, 지속성 규칙에 의하여 이 자음은 곧장 인접한 음절에 붙는다: /patika/ → $[pa]_σ[ti]_σ[ka]_σ$ → 어중모음탈락 $[pa]_σt[ka]_σ$ → 지속성 규칙 $[pat]_σ[ka]_σ$. 이때, 지속성 규칙의 중요한 역할은 적형 조건의 위배를 수정하는 것이며, 그렇게 함으로써 도출 단계의 시작과 끝뿐만 아니라 중간단계에서도 이 조건이 반드시 존중되도록 보장해 준다. 물론, 지속성 규칙의 자유로운 (재)적용 가능성은 §2.2.5의 말미에서 언급한 바 있는 규칙 적용의 최대화 선호 원칙과 맥락을 같이한다.

이와 관련된 1980년대 이후의 또 다른 발전은 어휘음운론(Lexical Phonology)이다(많은 연구 가운데서도, Kaisse and Hargus 1993b, Kaisse and Shaw 1985, Kiparsky 1982, 1985, Mohanan 1982). 어휘음운론은 *SPE*의 순환적 규칙 적용 이론을 확장한 이론이다. 어떤 규칙은 순환적(cyclic) 규칙으로 분류되는데 — *SPE*에서, 영어의 강세규칙이 여기에 속한다 — 이 순환성으로 인하여 규칙들은 계속해서 더 큰 단위의 형태론적 혹은 통사론적 구성소로 반복해서 적용된다. 순환(cycle)은 아래와 같이 파생을 초월한 유사성을 설명해 준다:[5]

(i) ˌ*Kalama*ˈ*zoo*와 ˌ*Winnepe*ˈ*saukee*와 같은 단일 형태소 단어는 주강세 앞에 세 개의 경음절이 오면 정상적인 영어의 강세 패턴을 보인다. *ac*ˌ*credi*ˈ*tation*과 *i*ˌ*magi*ˈ*nation* 같은 파생어는 *ac*ˈ*credit*와 *i*ˈ*magine*의 영향을 받아서 이 패턴을 이탈한다.

(ii) 공명음으로 끝나는 폐쇄음절은 강세 앞의 음절에 올 때 보통 강세를 받지 않는다: ˌ*seren*ˈ*dipity,* ˌ*gorgon*ˈ*zola,* ˌ*Pennsyl*ˈ*vania*. 그러나 같은 종류의 음절이라도 ˌ*au*ˌ*then*ˈ*ticity*와 ˌ*con*ˌ*dem*ˈ*nation*과 같은 파생어는 ˌ*au*ˈ*thentic*과 *con*ˈ*demn*의 영향을 받아서 강세를 받는다.

*SPE*에서는, 파생어에 나타난 비정상적인 강세를 괄호묶음(bracketing) 장치와 강세규칙의 순환적 적용에 의하여 설명한다. 강세규칙은 *[accredit]ation*이나 *[authentic]ity*의 내부 구성소에 먼저 적용되고 나서, 그 다음에 바깥 구성소에 적용된다. 첫 번째 순환에서 할당된 주강세는, 두 번째 순환에서 강세규칙이 재적용되어서 새로운 주강세가 더 오른쪽으로 할당되면, 제2강세로 바뀐다. *Kalamazoo*와 *serendipity* 같은 단일 형태소 단어는 내부 순환이 없으므로, 강세규칙을 단 한 번만 적용받는 효과를 나타낸다.

어휘음운론은 순환적 적용을 특정 음운 규칙 적용에 대한 예외가 아니라 표준으로 받아들인다는 점에서 *SPE*와 입장을 달리한다. 뿐만 아니라, 어휘음운론은 문법에 더 많은 구조를 부과하여, 음운부을 층위(strata)라고 불리는 별개의 부문으로 나눈다. 최소한, 이런 층위가 두 개 있는데, 어휘부(lexical)와 후어휘부(postlexical)가 그것이다. 어휘부 층위에 대한 입력형은 기저표시이고, 어휘부 층위에 대한 출력형은 후어휘

---

5) 출력형-출력형 조응을 이용한 이 자료의 OT 분석으로는 Pater(2000)를 보라.

부 층위에 대한 입력형이 된다. 그리고 후어휘부 층위의 출력형은 표면표시이다. 비록 특정 요건이 이중으로 부과되는 사례가 더러 있기는 하지만(Borowsky 1986, Kiparsky 1984: 141-143, Myers 1991b), 각각의 층위는 독자적인 음운부의 문법이다(§2.3.4.2를 참조하라). 어휘부의 층위는 실제로는 여러 개의 층위로 구성되어 있으며, 각각의 어휘부 층위에는 상이한 집합의 형태론적 과정과 음운론적 과정이 작동한다는 것이 일반적인 가정이다. 예를 들어서, *-ity*와 같은 영어의 접미사는 어휘부의 제1 층위에서 접사로 첨가되며, 여기가 강세할당 규칙이 적용되는 곳이기도 한 것이다. *-ness*와 같은 접미사는 어휘부의 제2 층위에 이르기까지 첨가되지 않는데, 이 층위에 오면 강세할당 규칙이 더 이상 활성화되지 않는다. 이것이 바로 *-ity*와 같은 접미사는 강세 결정에 영향을 미치는 데 비하여, *-ness*와 같은 접미사는 강세에 대하여 중립적인 이유이다. 해당 층위의 각 접사가 첨가됨에 따라, 규칙이 어휘부의 각 층위 내에서 순환적으로 적용된다는 점 또한 때로 필요한 가정이다: 예를 들면, /period/ → *ˈperiod* → *periˈodic* → *perioˈdicity*는 모두 어휘부의 제1 층위에서 일어난다.

어휘음운론은, 문법(=층위) 내에서의 규칙은 일렬로 엄격히 순서가 정해져 있다는 *SPE*의 가정을 견지한다. 이러한 문법 내부의 엄격한 순서매김에도 불구하고, 동일한 규칙이 전체 도출 과정의 다른 지점에서 재적용됨을 관찰할 수 있다. *SPE*에서와 마찬가지로, 순환은 한 번의 기회를 제공한다: 여러 개의 접사가 첨가되면, 동일 층위 내에서 규칙의 재적용이 가능하다. 그러나 접사첨가가 전혀 없는 경우라도, 규칙이 한 개 이상의 층위에 할당된다면 그 규칙은 재적용이 가능하다(이러한 경우는 드물지 않다). 만일 어떤 규칙이 한 개 이상의 층위의 문법에 포함되어 있다면, 나중에 오는 층위에 도달할 때에는 이 규칙은 그냥 재적용 될 따름이다. 이렇게 하여 어휘음운론은 무표적인 급여순 원칙이나 규칙 적용 최대화 원칙을 옹호하기 위해서 이전에 제시되었던 몇몇(어쩌면 모든) 증거들을 재분석할 수 있게 되었다. 일례로, Kiparsky(1984)는 Icelandic의 *u*-움라우트와 어중모음탈락의 상호작용을 재분석하였는데, 이 예는 이전에 Anderson(1974)이 국부적 규칙순을 옹호하기 위한 증거로 인용한 것이다. 어휘음운론 접근방식은, *u*-움라우트와 어중모음탈락 사이에 어떤 순서가 급여순이 되든지 간에 어느 한쪽의 급여순으로 적용되게 하는 것이 아니라, *u*-움라우트가 어중모음탈락보다 선행하는 방식으로 층위 내부의 순서를 정한다. 그렇지만 뒤에 오는 층위에서 이 규칙을 재적용함으로써, 어휘음운론은 *u*-움라우트가 어중모음탈락보다 후행하는 것을 허용한다.

규칙을 다른 층위로 할당하는 것은 규칙에 외재적 순서(extrinsic ordering)를 부과하는 한 가지 방법이다: 만약 규칙 A가 제1 층위에만 적용되고 규칙 B가 제2 층위에만 적용된다면, A는 필수적으로 B보다 선행한다. 그러므로 규칙을 층위로 할당하는 방식은 *SPE* 방식의 외재적 규칙순의 효과를 재생산하는 데 사용될 수 있다. 이렇게 되면 몇 가지 의문이 생긴다: 층위 내부의 외재적 규칙순은 정말로 필요한 것인가? 동일 층위에 있는 모든 규칙은 동시적용이 되거나 혹은 보편적으로 예측 가능한 순서로 적용될 수 있는가? 일반적으로 어휘음운론에 관한 연구라고 보기 어려운 연구에서는 이러한 문제에 대하여 논의된 바가 있었지만(Goldsmith 1993a, Lakoff 1993), 어휘음운론의 주류 연구에서는 이러한 문제를 제기한 적도 없었으며, 이에 대한 해답은 더더구나 없었다. 하여간에, 앞으로 §2.3.4.2에서 보게 되는 바와 같이, 이 질문은 지금까지도 이어지고 있다.

이러한 진전을 제외하면, 규칙순과 불투명성에 대한 일반적인 합의는 1980년 이후의 시기에는 큰 변화가 없었다. 대부분의 음운론 학자들은, 아마도 강력한 확신이 있어서라기보다는 흥미를 잃어서, 규칙의 상호작용에 대하여 계속해서 *SPE* 모델과 같은 무언가를 가정하였다.

2.3 최적성이론에서 불투명성

2.3.1 고전 OT의 특성

이 장의 취지는 OT에 대한 입문도 전체적인 개관도 아니다(전자에 대해서는

Kager(1999a)를 참조하고, 후자에 대해서는 Prince and Smolensky(2004) 혹은 McCarthy(2002b)를 참조하라). 그보다는, 불투명성을 분석하는 데 있어서 특별히 중요한 의미를 띠는 OT의 여러 양상을 검토하는 데 그 목적이 있다.

OT에서는, 특정 언어의 문법은 바로 제약의 등급순위(ranking)이다. 등급순위는 언어마다 다르며, 그래서 특정 두 제약 간의 등급순위 관계는 일반적으로 예측 가능하지 않다. 언어개별적인 등급순위는 언어의 차이를 설명하는 한 방법이기 때문에, 제약 자체는 보편적이며 그래서 CON(제약부)이라 불리는 보편적인 제약 부문에서 제약을 가져온다는 영가설(null hypothesis)을 채택하는 것이 (절대적으로 필요한 것은 아니더라도) 합리적이다. 고전 OT에서 기본적으로 가정하는 바와 같이, 만약 CON이 정말로 보편적이라면, OT가 본질적으로 언어에 대한 유형론적(typological) 이론이라고 말하는 것이 옳다. 다시 말해서, OT가 CON에 대한 특정 가설과 결부되어 인간 언어에서 가능한 모든 문법과 오직 가능한 문법만을 예측해 내는 것이다.

고전 OT에서, CON의 제약은 두 가지 유형으로 제한된다: 유표성제약은 어떤 출력형을 다른 출력형보다 선호하는 방식으로 출력형을 평가하며, 충실성제약은 입력형과 출력형 간의 동일성을 유지하는 전사를 선호하는 방식으로 입력형-출력형 전사를 평가한다. 여기서 채택한 의미에서 볼 때, 고전 OT는 충실성제약이 입력형과 출력형 간의 조응(correspondence) 관계에 의하여 공식화된다는 가정도 수용한다(McCarthy and Prince 1995, 1999). CON의 실질적인 속성, 특히 유표성제약에 대해서는 별로 아는 바가 없기 때문에, OT의 경험적 연구는 대부분 CON의 세부적인 모습을 발전시켜 나가는데 초점을 맞추고 있다. 이 가운데 몇몇 연구는 반충실성제약(antifaithfulness) (Alderete 2001a, 2001b) 혹은 형태소 실현(morpheme realization) (Kurisu 2001)과 같이, 유표성도 충실성도 아닌 유형의 제약이 존재한다는 제언을 하기에 이르렀다. 그러나 이러한 개념은 여기서 고전 OT라고 부르는 이론의 한계를 훨씬 넘어선 것이다.

OT는 본질적으로 비교적인 성격을 띤다. 가장 단순한 경우, 평가 부문인 EVAL은 공통된 입력형으로부터 도출된 두 개의 가능한 출력형을 비교하는 일에 언어개별적인 제약위계를 적용한다. 후보(candidates)라고 불리는 이 두 개의 출력형 중에서, 좀 더 조화적인(harmonic) 것은 후보들이 서로 다르게 반응하는 최상위 제약에서 더 좋은 성적을 거둔 후보이다.[6] 이런 의미에서, 가장 조화적이거나 최적인 후보는 다른 어떤 경쟁자보다 더 조화적인 후보이다.

Moreton(2003)은 고전 OT가 *조화향상(harmonic improvement)* 요건을 함의한다는 것을 보여 주었다. 모든 후보집합에는 Con의 충실성제약을 모두 지킴으로써 완전히 충실한 후보가 적어도 한 개 포함된다고 가정하라.[7] 만일 OT 문법의 출력형이 이렇게까지 완전히 충실한 후보가 아니라면, 그것은 그 언어의 제약위계에 견주어서 완전히 충실한 후보보다 덜 유표적인 후보이어야 한다. Moreton은 이러한 결과에 관한 공식적인 증명을 제시하지만, 그 배후의 직관 또한 명확하다: 고전 OT 문법에는 유표성제약과 충실성제약만 존재하기 때문에, 충실성제약을 위배하는 유일한 이유는 상위의 유표성제약을 만족시키기 위해서이다. 약식으로 표현하자면, 그 자리에 가만히 있거나 더 좋아질 수는 있어도, 더 나빠질 수는 없다는 것이다.

2.3.2 고전 OT에서 음운 과정의 상호작용

Prince and Smolensky(2004)의 제2장과 McCarthy and Prince(1993b)의 부록에서 논제를 이탈한 내용을 제외하면, 고전 OT는 보통 *병렬주의(parallelism)*의 가정을 담고 있다. 이것은 평가대상 후보들이 몇 가지 음운 과정의 효과를 동시에 보여 줄 수 있다는 의미이다 — 즉, 음운 과정의 효과들이 병렬 방식으로 평가된다는 것이다. 그러므로 고전 OT는 2층위(bistratal) 이론이다: 이 이론은 두 단계의 표시, 입력형과 출력형을 인정하되, 이 두 단계 사이에는 아무것도 인정하지 않는다. 분명히 이

---

6) 이 공식화는 Jane Grimshaw 덕분이다.

7) '적어도'라는 제한조건은 주어진 입력형에 대하여 완전히 충실한 후보가 한 개 이상 있을 수 있음을 의미한다. 충실성제약에 의하여 보호되지 않으면서 후보들이 서로 다를 수 있는 그런 차원이 있다면 이것이 가능하다. 음절화가 표준 예이다. 더 자세한 논의는 McCarthy(2002a, 2003c)와 §3.2.4.1을 참조하라.

점이 규칙의 숫자만큼이나 많은 중간단계의 표시를 가지고 있는 *SPE*와 아주 다른 점이다(§2.2.1을 참조하라).

일반적으로, 음운 과정의 투명한 상호작용은 병렬주의 방식과 전적으로 양립 가능하다. 우선, 기저의 /dˁrib/가 표면에서 [ʔidˁrib]가 되어서 모음삽입과 [ʔ] 삽입의 두 가지 음운 과정의 효과를 나타내는, (2-2)와 같은 급여순의 상호작용을 고려해 보자. 따로 떼어 보면, (2-9)와 (2-10)에 제시한 바와 같이, 각 음운 과정은 무엇보다도 유표성제약이 충실성제약을 지배하는 기본적 등급순위를 가지고 있다.[8] *Complex-Onset과 다른 유표성제약 때문에 /dˁrib/의 어두 자음군에 대한 충실한 음절화는 불가능하다. 하위 등급순위의 반삽입제약인 Dep을 위배하는 것이 여기서 택한 차선책이다. 어두 모음의 충실한 음절화는 Dep보다 상위에 있는 Onset을 위배하는 것이다. 이 두 유형의 삽입 사이에 나타난 급여순의 상호작용은 *Complex-Onset과 Onset을 동시에 만족시킨 결과일 따름이다. /dˁrib/로부터 도출된 후보 가운데에는 모음삽입과 [ʔ] 삽입이 모두 일어난 후보가 있다. (2-11)의 도표에 예시된 바와 같이, 이 후보가 상위등급의 두 제약이 선호하는 후보이다.

(2-9) *Complex-Onset >> Dep

/dˁrib/	*Comp-Ons	Dep
→ ʔidˁrib		2
dˁrib	W_1	L

8) 이 책에서, 비교 도표(comparative tableaux) 사용은 Prince(2002)를 따른다. 승자후보는 화살표의 우편에 나타나고, 패자후보들은 그 아래 줄에 있다. 아래첨자로 표시된 숫자는 친숙한 별표의 나열을 대신해서 후보에 의하여 초래된 위배표시의 횟수를 나타낸다. 패자후보의 줄에서는 제약의 효과가 W와 L로 표시되는데, 제약이 승자에게 유리하면 W, 패자에게 유리하면 L로 표시된다. 이러한 주석 표시는 대체되기 전에 사용된 느낌표 표시와 음영처리보다 훨씬 더 유용하고 알기 쉽다. 예를 들어서, 어떤 도표든지 그것이 충분한지 여부를 쉽게 확인할 수 있다: 모든 L은 같은 줄에 있는 어떤 W보다 반드시 더 하위에(≈도표의 오른쪽에) 있어야 하며, 모든 패자후보 줄은 적어도 한 개의 W를 반드시 포함하고 있어야 한다.

(2-10) ONSET >> DEP

/al-walad-u/	ONSET	DEP
→ ʔalwaladu		1
alwaladu	W_1	L

(2-11) 급여순 상호작용

/dˤrib/	ONSET	*COMP-ONS	DEP
→ ʔidˤrib			2
dˤrib		W_1	L
idˤrib	W_1		L_1

§2.2.4에서 투명한 상호작용은 음운 규칙의 동시적용과 양립이 불가능함을 밝힌 바 있다. 그 이유는, 규칙의 구조적 기술은 그 규칙의 입력형을 분석하며, 급여를 받는 규칙의 구조적 기술이 충족되는 것은 급여를 하는 규칙이 적용되고 난 후에야 비로소 가능하기 때문이다. 그러나 OT에서는, 유표성제약의 구조적 기술이 출력형을 분석하며, 급여순 상호작용은 단순히 그러한 제약을 만족시킨 결과이다. 이런 의미에서 고전 OT는 병렬주의를 표방한다: (2-11)에서처럼, 상위 등급순위의 유표성제약은 두 개 혹은 그 이상의 음운 과정의 동시 효과로 인하여 입력형과 차이가 나는 후보를 선호할 수 있다.

다른 유형의 투명한 상호작용인 출혈순에서도 상황은 마찬가지이다. 차이점은 출혈순 상호작용에는 유표성제약 간의 마찰이 포함될 수 있다는 것이다. 예를 들어서, (2-3)에서 /batˤn-ha/ → [bˤaˤtˤinha]의 전사 과정은 인두음화라는 순행동화를 유발하는 유표성제약이 두 개의 다른 유표성제약에 의하여 결정적으로 지배됨을 보여주는데, 하나는 [i]의 인두음화를 금지하는 제약이고, 다른 하나는 어중의 3자음군을 배제하는(그래서 [i] 삽입을 요구하는) 제약이다. 이런 식으로, [bˁaˁtˁinha]는 인두음화된 [i]를 가진 *[bˁaˁtˁiˁnˁhˁaˁ] 같은 차선 후보보다 선호되고, 또 3자음군을 가진 *[bˁaˁtˁnˁhˁaˁ]보다 선호된다.

고전 OT의 병렬식 평가를 거치면 요크공작식 도출과 같은 것을 해야 할 필요성도 배제된다(§2.2.3을 참조하라). 그 일례가 종전에 Nootka라고 알려진 Nuuchahnulth 언어에 있다(Campbell 1973, Kenstowicz and Kisseberth 1977: 171ff., McCarthy 2003c, Sapir and Swadesh 1978).[9] 이 언어에는 음절 끝에서 연구개음과 구개수음을 비원순음화하는 음운 과정 (2-13)뿐만 아니라, 원순모음 뒤에서 연구개음과 구개수음을 원순음화하는 음운 과정 (2-12)가 있다(음절 경계는 마침표로 표시되어 있다). 이 두 음운 과정은 상호 급여순의 관계에 있다: (2-14)에서처럼, 연구개음이나 구개수음이 원순모음 뒤에 올 때, 원순음화는 비원순음화가 적용될 입력형을 조성하고, 비원순음화는 원순음화가 적용될 입력형을 조성한다. *SPE* 전통에서, 이러한 종류의 갈등은 규칙순에 의해서만 해결될 수 있었으므로, 사실 상호 급여적인 관계는 규칙순을 예측해 내려는 학자들에게는 특별한 도전이었다(§2.2.5). 임의로 정한 규칙순은 (2-14)에 주어져 있다. 비원순음화가 도출 과정의 후반부에서 관여하므로, 이 규칙은 음절말 자음이 비원순음이라는, 표면에서 참인 일반성을 기술한다. 따라서 원순음화의 일반성에 관한 진실이 상처를 받는다: 어떤 연구개음과 구개수음은 원순모음 뒤에서도 비원순상태로 존재한다.

(2-12) Nuuchahnulth의 원순음화

기저형	/ħaju-qi/	'ten on top'
원순음화	ħa.ju.q^{w}i	
표면형	[ħa.ju.q^{w}i]	(cf. [hi.ta.qi] 'on top')

9) Nuuchahnulth 자료와 관련한 도움에 대하여 Adam Werle에게 감사한다.

(2-13) 비원순음화

기저형	/ɬa:kʷ-ʃitɬ/	'to take pity on'
비원순음화	ɬa:k.ʃitɬ	
표면형	[ɬa:k.ʃitɬ]	(cf. [ɬa:.kʷiq.nak] 'pitiful')

(2-14) 요크공작식 도출

기저형	/mˀu:q/	'throwing off sparks'
원순음화	mˀu:qʷ	
비원순음화	mˀu:q	
표면형	[mˀu:q]	(cf. [mˀo.qʷak] 'phosphorescent')

OT에서는 /mˀu:q/에서 [mˀu:q]를 도출하기 위해서 중간단계인 [mˀu:qʷ]를 거칠 필요가 없다. 그보다는, 유표성제약 간의 마찰이 문제이며, 여타의 모든 제약 간 마찰에서 그러하듯이, 상충하는 제약의 등급순위를 조정함으로써 마찰을 해소한다. (2-15)에서는, 두 개의 유표성제약을 임시로 도입하여, 음절말에서 비원순자음을 선호하는 제약이 어떻게 상위 등급순위의 제약이 되는지를 보여 준다. 이 환경에서 일어나는 자음의 원순음화에 대한 예측 가능성을 설명하자면, 두 제약은 모두 충실성제약 IDENT(round)보다 상위의 등급순위에 있다.

(2-15) $*K^{w}]_{\sigma}$ >> *uK >> IDENT(round)

/mˀu:q/	$*K^{w}]_{\sigma}$	*uK	ID(round)
→ mˀu:q		1	
mˀu:qʷ	W_1	L	W_1

(2-14)의 *SPE* 방식의 분석과 (2-15)의 OT 분석을 비교해 보면 유용하다. 이러한 비교는 왜 병렬주의가 OT에서 영가설이 되며 또 그렇게 되어야만 하는지를 보여 준다. *SPE* 모델에서는, 규칙순이 규칙 간의 우선순위 관계를 정립하는 한 방식이며,

그래서 Nuuchahnulth와 같은 경우에, 선행하는 규칙은 표면에서 참인 일반성을 기술하지 않더라도, 마지막 규칙은 그 일반성을 기술한다는 의미에서, 마지막 규칙이 우선권을 갖는다. OT에서는, 제약들 간의 우선순위 관계는 이들 간의 등급순위에 의해서 확립되며, 위의 예는 등급순위가 적어도 몇 가지 규칙순의 적용을 대신할 수 있음을 보여 준다. 그러면, 영가설은 OT가 도출 과정의 중간단계를 포함하여, 규칙순과 그 모든 장식적 장치를 필요로 하지 않는다는 것이다. 그 대신에, OT에는 제약의 등급순위가 있는데, 이는 독자적으로 필요한 것이다. 매우 강력한 이 주장은 분명 이론의 여지가 없지 않으며, 그래서 불투명성이 주요 과제로 대두된다.

그러나 OT에서 불투명성을 고찰하기 전에, 병렬주의를 반박하며 *SPE* 식의 연속도출을 선호하여 진전된 몇몇 개념적 논증을 검토하는 것이 시의 적절하다. 이러한 개념적 주장 중의 하나는 순차적 규칙이 정신적 언어처리(mental computation) 체계의 모델을 정확하게 구축한다는 것이다(Bromberger and Halle 1997). 복잡성 도출이론(Derivational Theory of Complexity)의 실패는 적어도 통사론의 경우 이러한 발상이 완전히 예상을 빗나갔음을 보여 주었고(Fodor, Bever, and Garrett 1974), 이는 음운론에서도 마찬가지이다(Goldsmith 1993b). 만일 생성문법의 목표가 언어능력(competence) 모델을 구축하는 것이라면(Chomsky 1965), 이러한 모델이 정신적 언어처리 방식을 충실히 모사해 내는지의 여부에 관한 질문은 실로 범주상의 오류이다.

순차적 규칙 적용을 선호하는 또 다른 논거는 언어 역사의 측면에서 볼 때 이것이 이치에 맞다는 것이다(Bromberger and Halle 1989): 공시적 규칙순은 통시적 음운 변화의 연대기적 순서와 일치한다. 이러한 견해의 가장 큰 문제점은 언어 변화에 대하여 그릇된 개념을 가지고 있다는 것이다. 만일 Y세대의 언어학습자가 음운 변화에 혁신을 일으킨다면, 이들은 X세대의 음운적 문법 말미에다 규칙 하나를 덧붙이는 정도에 그치는 것이 아니다 — Y세대는 X세대의 내재적 문법에 대하여 직접적인 접근이 가능하지 않기 때문에, 이런 일은 불가능하다. Y세대의 학습은 전적으로 X의 실제 발화에 의해서만 정보가 전달되는데, 이때 발화는 Y의 인식체계(perceptual system)를 통하여 여과 과정을 거친다. X의 발화는 X의 문법에 대한 간접 증거만 제공하는데, 이 증거는 부정적 증거의 부재와 같이 익히 알려진 한계에 부딪치기 쉽다. 이러한 관점에서 볼 때, 규칙순의 끝부분에 규칙을 또 쌓아 올린다고 해서 문법이 변화하리라고 예상하지도 않거니와, 반드시 이런 변화가 관찰되는 것도 아니다.

2.3.3 고전 OT에서 불투명성[10]

고전 OT는 유표성과 충실성의 두 가지 유형의 제약만 인정하며, 아울러 기저형과 표면형의 두 단계 표시만 인정한다. 유표성제약은 이 두 단계 가운데 하나인 표면구조만 참조할 수 있다. 충실성제약은 두 단계를 모두 참조하지만, 한 가지 일 밖에 하지 못한다: 동일성을 요구하는 일이 그것이다. 불투명성에 대한 표준도출 접근방식은 중간단계의 표시에 의존하지만(§2.2.3을 참조하라), 고전 OT에는 중간단계가 없다. 나아가, 표면구조의 평가에 대한 유표성제약의 한계는 역출혈순 불투명성의 분석에 바람직하지 못한 영향을 미친다.

역출혈순 불투명성에서는, 조건을 이루는 환경이 표면구조에 없는데도 음운 과정이 발생한다. 예를 들어서, (2-5)의 Bedouin Arabic에서, 표면에 모음이 후행하지 않는데도 불구하고 /k/가 구개음화한다: /ħa:kimi:n/ → [ħa:k^{j}mi:n]. 다시 말해서, /k/ → [k^{j}]의 불충실한 전사는, 입력형에서는 보이지만 출력형에서는 보이지 않는 음운적 조건에 대한 반응이다. 유표성제약은 출력형을 평가하는 것으로 제한되기 때문에, 표면에 더 이상 존재하지도 않는 모음 앞에서 /k/가 구개음화하는 이유를 설명하기 위해서, 전설모음 앞에서 [k]보다 [k^{j}]를 선호하는 유표성에 호소할 수는 없다. (2-16)의 도표를 보면 문제점이 명확한데, 이 도표는 [ħa:k^{j}mi:n]이 *[ħa:kmi:n]

10) 불투명성이 고전 OT이론에 제기하는 과제에 대한 논의와 관련하여 선행 연구문헌이 많이 있는데, 여기에는 Archangeli and Suzuki(1996, 1997), Black(1993), Booij(1997), Cho(1995), Clements(1997), Chomsky(1995), Goldsmith(1996), Halle and Idsardi(1997), Idsardi(1998), Jensen(1995), Kager(1997, 1999b), McCarthy(1996, 1999), McCarthy and Prince(1993b), Noyer(1997), Paradis(1997), Prince and Smolensky(2004), Roca(1997b), Rubach(1997), 그리고 Hermans and van Oostendorp(eds)(1999)에 기고한 여러 논문들이 있다.

으로 인해서 조화적으로 종속되는(harmonically bounded) 것을 보여 준다.

(2-16) 고전 OT에서 역출혈순 불투명성[11]

/ħa:kim-i:n/	*iCV	MAX	*ki	ID(back)
→ ħa:kʲmi:n		1		1
a. ħa:kmi:n		1		L
b. ħa:kʲimi:n	W_1	L		1
c. ħa:kimi:n	W_1	L	W_1	L

(2-16)에서 (a) 줄에 W는 없으면서 L이 하나 있으므로, 후보 (a)는 내정된 승자(intended winner)가 조화적으로 종속되게 만든다. 더욱이, 이 후보는 내정된 승자보다 더 충실하면서 덜 유표적이기 때문에, 고전 OT에서 다른 어떤 충실성제약이나 유표성제약을 도입하더라도 이러한 조화종속(harmonic bounding) 상태를 무너뜨릴 수가 없다. (융합(coalescence)을 통한 대안적 분석은 §2.3.4.1을 참조하라. OT-CC의 구개음화 분석은 §3.3.3을 참조하며, 어중모음탈락 분석은 — 임시제약 *iCV는 빠짐 — §4.3.3을 참조하라.)

이 경우 및 다른 역출혈순 불투명성의 경우에, 불충실한 전사를 조장하는 조건이 표면구조에서 불분명하기 때문에, 고전 OT의 유표성제약으로는 설명할 수 없는 이유로 인하여 불충실한 전사가 발생한다. (이 경우를 포함하여) 역출혈순 불투명성을 나타내는 특별한 예들에 대하여 여러 분석이 제안된 바 있었지만, 현재 비평의 대상이 된 고전 OT 가운데 일반적인 해결책은 없다.

역출혈순 불투명성과는 대조적으로, 역급여순 불투명성은 원칙적으로 고전 OT에

11) 도표 (2-16) 중간의 수직 겹선은 제공된 정보를 바탕으로 해서는 등급순위를 정할 수 없는 두 구역의 제약을 분리하기 위해서 사용된 것이다. 즉, 이 겹선을 가로지른 등급순위 관계에 대해서는 아무런 주장도 하지 않는다.

서 수용 가능하다. (2-4)에서 기저의 /i/는 탈락하지만(/ʃarib-at/ → [ʃarbat]), /a/에서 도출된 [i]는 탈락하지 않는(/dafaʕ/ → [difaʕ], *[dfaʕ]) Bedouin Arabic의 예를 고려해 보자. 위에서와 같이, **i*CV가 충실한 [ʃaribat]보다 [ʃarbat]를 선호하는 제약을 뜻한다고 하자. 그러면 이 제약은 MAX를 지배한다. **a*CV가 충실한 [dafaʕ]보다 [difaʕ]를 선호하는 제약을 뜻한다고 하자. 그러면 이 제약은 IDENT(+low)를 지배한다. (2-17)의 도표는 이 네 가지 제약만으로는 원하는 출력형 [difaʕ]를 얻어 낼 수 없음을 보여 준다. 이러한 모순에서 벗어나자면, (2-17)에서 (a)의 패자보다도 원하는 승자에 유리한 제약이 필요하다. MAX-A라고 부를 수 있는 이 제약은 /a/ → Ø으로의 전사를 막는다. MAX-A는 충실성제약의 공식적 요건을 충족한다: 이 제약의 요구조건은 기저구조와 표면구조 간의 동일성이다. (2-18)에 나타난 바와 같이, **i*CV보다 상위에 있는 MAX-A는 [difaʕ]에 유리하도록 올바로 작용한다. 나아가, /ʃarib-at/와 같은 형태에서 MAX-A는 고모음의 어중모음탈락에 대한 분석과도 충돌하지 않는다. (완전한 분석은 §4.3.3을 참조하라.)

(2-17) MAX-A 없이는 [difaʕ]가 불가능함

/dafaʕ/	**a*CV	ID(low)	**i*CV	MAX
→ difaʕ		1	1	
a. dfaʕ		L	L	W_1
b. dafaʕ	W_1	L	L	

(2-18) 고전 OT에서 역급여순 불투명성

/dafaʕ/	MAX-A	**a*CV	**i*CV	ID(low)	MAX
→ difaʕ			1	1	
a. dfaʕ	W_1		L	L	W_1
b. dafaʕ		W_1	L	L	

이론상으로는, 이러한 설명 방식은 역급여순 불투명성을 나타내는 모든 경우로 일반화될 수 있으며, 따라서 이 방식은 절반의 불투명성 문제에 대하여 이미 준비된 해결책을 고전 OT에 제공한다. 그러나 실제로는, 이것은 좋은 방식이 못 된다. 모든 종류를 총망라하여 역급여순 관계를 다루자면, 아주 강력한 충실성이론을 필요로 하게 될 것이며, 이는 우리가 바라는 것 이상의 혹은 다른 방식으로 접근하였을 때 필요로 하는 것보다 훨씬 더 강력한 이론을 필요로 하게 될 것이 분명하다. 이 예는 Bedouin Arabic의 또 다른 역급여순 관계에도 나타난다. 개방음절에서 /a/가 [i]로 고모음화하는 과정은 어말 자음군을 갈라놓는 모음삽입 과정에 의하여 급여되지 않는다: /gabr/ → [gabur], *[gibur] 'grave'. (2-18)과 같은 방식으로 이 현상을 분석하자면, 다음과 같은 정의를 가진 충실성제약이 필요하다: '기저의 저모음과 조응 관계에 있는 고모음이 표면에 나타날 때마다 위배표시를 할당하라. 단, 이때 표면의 고모음 뒤에 오는 후행 음절의 모음은 기저에 조응자가 없다.' 다시 말해서, [gabur]의 역급여순 작용은 후행하는 음절의 모음이 삽입에 의한 것일 때에만 적용되는 일종의 IDENT(+low) 같은 제약을 필요로 한다. 실제로 존재하지 않으며 존재할 것 같지도 않은 유형론적인 예측을 가능하게 하는 충실성이론에는 이와 같은 제약이 반드시 내포되어 있다. 이 점은 여기서 예시하지 않고, §2.3.4.1에서 국부결합(local conjunction)과 같은 제약을 허용하는 충실성이론에 대하여 논할 때 다시 돌아가기로 한다.

고전 OT는 투명한 상호작용을 선호하는 쪽으로 본질적인 편향성을 가지고 있다(§2.3.2). 역급여순 불투명성은 필요 이상으로 강력한 충실성이론을 요구하며, 역출혈순 불투명성은 대체로 다루기가 어렵다. 불투명성은 음운 체계에서 확실한 근거를 가진 특성이기 때문에, 고전 OT는 수정이 필요하다. 문제는 어떻게 수정하느냐이다.

2.3.4 고전 OT에서 불투명성에 대한 종전의 접근방식

불투명성에 대한 분석을 OT로 통합하는 방안에 대하여 여러 가지 다른 제안들이 이루어져 왔다. 몇몇 방안은 근자에 이루어지거나 오래가지 못한 것들인 데 비하여, 어떤 방안들은 이 이론의 초기 연구로까지 거슬러 올라간다. 논의의 목적상, 이들을 네 개의 넓은 범주로 나누어 볼 수 있다.

i) 음운 표시나 제약부문인 CON의 실질적 속성의 변화(§2.3.4.1). 표시를 강화하거나 새로운 제약을 생성함으로써 불투명성을 나타내는 몇몇 경우 혹은 모든 경우를 분석하는 것이 목적이다. (앞장의 말미에서 논의된 접근방식이 그 일례이다.)

ii) 도출과정의 중간단계 및 규칙순 같은 것을 OT에 도입(§2.3.4.2).

iii) 도출과정의 중간단계에 해당하는 등가물은 도입하되, 규칙순에 해당하는 직접적인 등가물은 도입하지 않음(§2.3.4.3).

iv) 불투명성을 기저의 대립을 보존하기 위한 장치로 재해석(§2.3.4.4).

2.3.4.1 새로운 실질적 가정에 의한 불투명성

이 장에서는 불투명성에 대한 분석상의 주된 부담을 실질적인 문제에 대한 가정에 두는 접근방식을 기술한다. 세 계통의 접근방식을 차례대로 논의하기로 한다: 표면구조를 다변화 하여 불투명한 과정이 투명하게 재분석되도록 허용하는 *표시의존 접근방식(representational approaches)*; 역출혈순 불투명성을 *분절음 융합(segmental coalescence)*의 한 형태로 재분석하는 방안; 그리고 역급여순 불투명성을 *국부제약결합(local constraint conjunction)*을 이용한 충실성 효과로 재분석하는 방안 등 세 가지이다.

불투명성에 대한 표시의존 접근방식(Representational approaches). 불투명성 문제는 OT의 가장 초기 연구인 Prince and Smolensky(2004)에서 제기되었다. Lardil(pp. 145, 148)과 Fula(p. 255)의 두 언어를 분석하는 과정에 이 논제가 부상한다.

Lardil의 주격 형태에서, 어말 모음은 탈락한다(Hale 1973): /jilijili/ → [jilijil] 'oyster species(주격)' (cf. 비미래형 목적격 [jilijili-n]에서는 접미사 /-n/이 첨가되어

탈락이 없음). 이러한 어말모음탈락(apocope) 작용으로 인하여 음절말음 위치에서 허용되지 않는 자음이 어말에 노출되면, 이 자음도 탈락한다(Wilkinson 1988): /ŋawuŋawu/ → [ŋawuŋa] 'termite'. 그러므로 어말모음탈락은 자음탈락을 급여한다. 결정적인 것은, 어말모음탈락이 자음탈락에 의하여 급여되지 않아야 한다는 것이다. 만약 급여가 가능하다면, (/murkunima/ 'nullah' 로부터 *[murkun]을 도출하는 경우와 같이) 적법한 음절말음이 나타나거나 아니면 (/kurumpuwa/ 'tata-spear'로부터 *[kuru]를 도출하는 경우와 같이) 단어의 최소 요건인 2모라 단어가 될 때까지 어말모음탈락과 자음탈락을 통해서 단어를 잠식하는 경우를 예상하게 된다. 이것이 역급여순 불투명성의 한 예이다.

Fula에는 겹자음을 참조하는 과정이 두 가지 있다. 하나는 장모음 뒤에서 겹자음을 단자음화하는 것이고, 다른 과정은 겹지속음을 폐쇄음으로 강화하는 것이다(Paradis 1988). 이 두 작용이 역출혈순으로 상호작용하여, 기저의 겹지속음은 단자음화되더라도 강화(hardening) 작용을 겪는다: /la:w:i/ → [la:bi] 'roads'.

Prince and Smolensky가 이 두 예에 적용한 분석적 전략은 충실성제약의 실행과 밀접한 연관이 있다. 충실성제약이 없으면 유표성제약은 고삐가 풀린 것처럼 행동하여 모든 입력형을 일괄적으로 [ba]와 같은 가장 무표적인 출력형으로 몰아가므로(cf. Chomsky 1995: 380fn.), 충실성제약은 OT에서 필수불가결하다. 그러므로 충실성이라는 개념은 이것이 없으면 OT가 실패작이라고 할 만큼 주요한 성찰이다. 실행상의 자세한 내용은 불투명성 분석과 관련이 있기는 하지만, 훨씬 덜 중요하다. Prince and Smolensky(2004)에서 채택한 실행 방식은 McCarthy and Prince(1993b)에서 포함(Containment)이라고 명명한 원칙에 근거를 두고 있다: 기저표시에 있는 모든 음운적 물질은 모든 출력형 후보에 보존되어야 한다.

그러므로 포함은 글자 그대로의 탈락 과정이란 존재하지 않는다는 것을 함의한다. 그 대신, 세 가지 부가적 가정이 연합하여 작용함으로써 탈락의 효과를 달성하는데, 이 가정들은 모두 여타 연구에 전례가 있는 것들이다:

(i) 기저표시에는 운율구조, 특히 음절화가 결여되어 있다.

(ii) 음운적 물질은 운율구조에 포함되지 않은 상태로 있을 수도 있다.

(iii) 운율구조에 포함되지 않은 음운적 물질은 음성적 해석을 받지 못한다.

따라서, [jilijil]의 어말 /i/와 같이 탈락한 분절음은 출력형에는 존재하되 음절구조상 미분석(unparsed) 상태에 있는 것이다: [ji]$_\sigma$[li]$_\sigma$[jil]$_\sigma$i, 혹은 좀 더 간결하게는 [jilijil<i>]로 표시된다. /la:w:i/ → [la:bi]와 같은 단자음화 과정에서는, 기저의 모라가 출력형에 보존되지만, 이 경우에도 음절상 미분석 상태에 있는 것이다. 두 상황 모두 Parse 가족의 제약을 위배하는 것으로서, 이 제약들은 분절음, 모라 및 다른 구조적 요소들이 반드시 운율구조에 포함되도록 하는 요구조건을 가지고 있다. 통사적 탈락에 대한 일부 이론은 이와 매우 유사한 것이다(예: Chomsky 1995).

포함은 불투명성의 여러 사례에 분석적 전략을 제공한다. 예를 들어서, Prince and Smolensky의 Lardil 분석에서, 어말모음탈락(apocope)은 '(주격의 경우) 어말 모음은 분석되지 않아야 한다'라는 Free-V 제약을 만족시킨 결과이다(p. 123). [ŋawuŋa<wu>]에서, 어말 모음은 제약의 요구조건대로 미분석 상태에 있으며, 선행하는 [w]는 적법한 음절말음이 아니기 때문에 분석되지 않는다. 그렇지만, 만약 '어말'이라는 것이 '분석이 되든 안 되든 간에, 가장 오른쪽 분절음'을 의미한다면, 어말 모음은 [u]이고, 따라서 [a]는 어말의 지위를 주장하지 못한다 — 그래서 선행하는 [a]를 분석하지 않는 것은 이유 없이 Parse를 위배하는 것이 된다. 그러면 어말모음탈락은 기저에서 어말에 위치한 모음에만 영향을 미칠 수 있기 때문에, 어말모음탈락은 자기 자신을 급여할 수 없다. (이것은 /wuŋkunuŋ/에서 단어의 마지막 모음이되 어말 모음은 아닌 모음이 어말모음탈락을 겪지 않는 이유도 설명한다: [wuŋkunu<ŋ>] 'queen-fish'.)

Fula에서는, 겹지속음의 강화와 탈겹자음화(degemination)에 의한 전사 과정(/la:w:i/ → [la:bi])이 어떻게 해서 탈겹자음화만 가진 전사 과정(/la:w:i/ → *[la:wi])

보다 더 조화적인지를 설명해야 한다. *[la:wi]는 겹자음으로 발음되지 않기 때문에, 이것은 원래 겹자음으로부터 강화음이 된 [la:bi]에 패배하지 않아야 한다. Prince and Smolensky의 해결책(p. 255)은 여기서도 포함 개념에 의존한다. /la:w:i/에서 겹자음 /w/에 연결된 두 개의 골격 위치(skeletal positions)는 그야말로 절대로 탈락할 수 없으며, 그보다는, [la:bi] 및 *[la:wi]와 같이 탈겹자음화를 겪은 후보형에서 두 개의 골격 위치가 존재하되, 그 가운데 하나가 음절상 미분석 상태에 있다는 것이다. 겹지속음을 회피하려는 유표성제약에 의하면, '겹자음'이란 골격 위치가 음절화되는지의 여부와 상관없이, 두 개의 골격 위치에 연결된 한 개의 자음으로 정의된다. 그러면, 이 유표성제약은 발음에 민감한 것이 아니라 음운 표시에 민감하며, *[la:wi]의 음운 표시에는 '겹자음' 지속음이 들어 있는데, 그 이유는 포함 개념에 따르면 이것이 /la:w:i/에서 도출되기 때문이다. 이 제약에 관한 한, 한번 겹자음이면 영원한 겹자음인 것이다.

이 불투명성 이론은 OT 그 자체에 어떠한 수정도 요구하지 않으며, 이 점이 이 이론을 매력적으로 만든다. 그런데 여기에는 두 가지 유형의 경험적인 문제가 있다: 하나는 이 이론에 쉽사리 수용할 수 없는 불투명한 상호작용이 관찰된다는 점이고, 다른 하나는 만약 이 이론이 옳다면 불투명해야 함에도 불구하고 투명한 상호작용이 존재한다는 점이다. 차례대로 각각 검토하기로 한다. (이와 관련된 논의로는, McCarthy and Prince(1995, 1999)에서 지적한 포함이론에 대한 비평도 참조하라.)

포함 모델의 기본적인 예측은 음절화가 출력형에만 존재하기 때문에 음절화는 항상 음운과정과 투명한 방식으로 상호작용한다는 것이다. 분절음 구조에서는 아니더라도 음절화에 있어서는, 발음과 음운표시는 서로 간에 일치한다. 따라서, Bedouin Arabic에서 /gabr/ → [gabur]와 같은 경우(§2.3.3)는 문제가 된다: 개방음절에서 /a/가 [i]로 고모음화하는데 [ga.bur]에는 개방음절이 존재한다. 불투명한 방식으로 참조할 수 있는 음절화, 즉 /a/가 폐쇄음절에 위치한 이전 단계의 음절화가 존재하지 않는 것이다. 이와 일반성을 같이하는 또 다른 예는 Levantine Arabic에서 찾아볼 수 있다(§4.2를 참조하라). 어말 자음군이 모음삽입에 의하여 해소될 때, '초중(superheavy)' 음절로 끝나는 단어의 일반적인 패턴과 일관성을 이루는 방식으로, 강세가 삽입 이전의 어말 음절에 할당된다: /katab-t/ → [kaˈtabit] 'I wrote'. 표면에 동일한 음절구조를 가지면서도 모음삽입을 겪지 않은 형태는 강세 위치가 다르다: /katab-it/ → [ˈkatabit] 'she wrote'. 포함 모델에서는 음절화가 필연적으로 투명하므로, 강세와 음절화/모음삽입 간의 이러한 불투명한 상호작용을 설명할 길이 없다.

다른 문제점은, 특기할 점이 없어야 될 여러 투명한 과정이 탈락 후 미분석 상태로 남아있는 분절음에 걸려들고 만다는 것이다(cf. Beckman 1997: 27-31). 예컨대, Maltese에는 장애음 자음군의 유성 역행동화라는 전적으로 투명한 작용이 있다(Borg 1997). 완전히 투명하기 때문에, 이 과정은 어중모음탈락에 의하여 생성되는 자음군에도 영향을 미친다: /ni-ktib-u/ → [ˈnigdbu] 'we write'. 포함 모델 하에서는, 어떤 분절음도 그야말로 탈락하는 것이 아니기 때문에, 어중모음탈락은 나열된 분절음 간의 인접성 관계에 영향을 주지 않는다. 따라서, 유성동화는 인접하지 않은 일련의 자음에 영향을 끼치는 셈이다: [ˈnigd<i>bu]. 어떤 언어에서도 명백한 모음을 가로질러서 유성동화가 관찰된 전례가 없기 때문에, 이것은 놀랄 만한 결과이다. 두 개의 분절음 사이에 분석 상태의 분절음이 발생하지 않는다면 두 분절음을 인접한 것으로 간주하는, 좀 더 치밀한 인접성(locality) 이론을 채택함으로써 이러한 문제를 피할 수는 있겠지만, 이런 식으로 나아가면 모음이 말음인지의 여부를 결정하는 데 있어서 미분석 상태의 분절음이 중요하게 작용하는, Lardil의 포함기반 분석과는 일관성이 없어진다.

포함이론에 (필수불가결한 것은 아니라고 하더라도) 일반적으로 수반되는 가정은 모음삽입이 그야말로 분절음을 끼워 넣는 것이 아니라 운율상의 과대분석(overparsing)이라는 것이다(Broselow 1982, Ito 1986, 1989, Lowenstamm and Kaye 1986, Piggott and Singh 1985, Selkirk 1981b 외 다수를 따라서). 과대분석에서는, 비어 있는 구조적 위치를 가지고 음절이 형성된다. 이러한 빈 위치의 음성적 내용은 체제 외적으로 — 다시 말해서, 순수 음운 문법 밖에서 — 결정된다. 분절음의 내용물이 결여된 이러한 위치는 분절음 구조와 운율구조 사이의 불일치에 불리하게 작용하는 FILL 가족의 충실성제약을 위배한다. 일례: Classical Arabic의 [ʔidˤrib]에 해당하는 음운적 출력형은 [ONdˤrib]이며, 여기서 O와 N은 각각 채워지지 않은 음절두음과 음절핵음을 나타낸다. O를 [ʔ]로, N을 [i]로 음성화(spell-out)하는 것은 OT의 음운 문법에 의하여 도출된 출력형 구조를 해석하는 차후의 모듈에서 이루어진다.

삽입된 분절음의 음성적 정체성은 음운부 외적으로 제공되기 때문에, 분절음에 관한 음운 과정들은 마치 이 분절음이 존재하지 않는 것처럼 불투명하게 다루어야 되는 반면, 이미 앞서 이유를 밝힌 바와 같이, 음절에 민감한 과정들은 모음삽입을 투명하게 취급해야 한다. 모음삽입이 분절음 관련 음운 과정과 불투명하게 상호작용하는 경우가 실제로 존재한다. 예를 들어서, Herzallah(1990: 109-110)는 모국어인 북부 Palestinian Arabic 방언의 사례를 보고하는데, 이 방언에서 모음 [i]는 선행하는 인두음화한 /rˤ/로 하여금 인두음성을 상실하게 한다: [ʔɑfrˤɑz] ~ [jifriz] 'he classified ~ he classifies'. 그러나 삽입모음 [i]는 이러한 효과를 보이지 않는다: /fɑrˤm/ → [fɑrˤim] 'cutting'. 이러한 관찰은 음운 문법이 그 역할을 다한 후에야 삽입모음의 음가에 관한 정보가 결정된다는 주장과 일치한다. 반면에, (2-3)의 예는 이 점에 있어서 삽입모음 [i]가 비삽입모음 [i]와 똑같이 행동함으로써 삽입모음 [i]가 인두음화의 확산을 봉쇄하는 남부 Palestine 방언을 보여 준다. 그러므로 모음삽입은 분절음 관련 과정에 대한 불투명한 상호작용을 일관성 있게 보여 주지 않는다. 그보다는, 언어개별적으로 상호작용이 투명하기도 하고 불투명하기도 하다. 이것은 FILL을 기반으로 한 모음삽입 모델의 예측과 상반된다.

앞서 살펴본 바와 같이, 충실성에 대한 포함이론은 불투명성에 대한 이론이기도 하지만, 전적으로 성공적이라고도 할 수 없다. 두 가지 주요 문제점이 확인되었다.

포함이론 하에서, 탈락한 분절음은 분절음의 인접성(adjacency) 조건에만 의존하는 음운 과정에서는 일관성있게 가시적이어야 하지만, 음절구조에 의하여 결정되는 조건에 의존하는 음운 과정에서는 일관성 있게 비가시적이어야 한다. 이것은 전자의 경우에는 불투명한 상호작용을, 그리고 후자의 경우에는 투명한 상호작용을 예측하지만, 이 두 가지 예측에 모두 반례가 있다. 모음삽입의 빈 마디 이론(empty-node theory) 하에서, 삽입 분절음은 분절음의 인접성 조건에 의존하는 음운 과정에서는 일관성 있게 비가시적이어야 하지만, 순전히 음절구조에 의해서 결정되는 음운 과정에서는 일관성 있게 가시적이어야 한다. 이것은 전자의 경우 불투명한 상호작용을, 그리고 후자의 경우에는 투명한 상호작용을 예측하지만, 여기서도 두 가지 예측에 모두 반례가 있다. 이러한 불투명성 이론은 내재적 단순성 및 이에 따른 매력에도 불구하고 경험적 타당성의 결여로 인하여 성공을 거두지 못한다.

이후의 몇몇 연구에서는 이 불투명성 이론을 향상시켜서 이론에 좀 더 강력한 기술적 능력을 부여하는 방안을 모색하고 있다(Goldrick 2000, Goldrick and Smolensky 1998). 혼선표시(Turbidity)라고 불리는 이 접근방식의 중요한 개념은, 운율구조와 분절음 구조 사이에 *연관이 있다(is associated with)*는 식의 대칭적인 관계가 두 개의 비대칭적인 관계로 나뉜다는 것이다: 즉, 분절음은 운율구조를 *투사(project)*하고, 운율구조는 분절음으로 *발음(pronounced)*된다. 대개, 운율(prosody) *p*가 분절음(segment) *s*로 발음된다는 조건과 오직 이 조건하에서만 *s*가 *p*를 투사함으로써, 이 두 관계가 상호 협력하여 작동한다.

혼선표시이론에서 불투명성의 특징은 투사(Project)와 발음(Pronounce) 관계 간의 불일치이다. 보상적 장음화(compensatory lengthening)가 전형적인 예를 제시한다.[12] 보상적 장음화는 역출혈순 불투명성의 한 유형이다: 탈락한 분절음이 모라를 투사하지만, 모라가 다른 분절음으로 발음됨으로써 이 분절음을 장음화한다. 예컨대, Turkish에서 음절말음 /h/는 지속음이나 비음 앞에서 수의적으로

12) 보상적 장음화에 대해서는 어떤 연구보다도 Hayes(1989)와 Wetzels and Sezer(eds)(1986)을 보라.

탈락되는데, 이 경우 선행하는 모음이 장음화한다(Sezer 1985: 230): [kahve] ~ [ka:ve] 'coffee'. [ka:ve]의 표시는 (2-19)에 나타나 있는데, 상향 및 하향 화살표는 각각 투사와 발음 관계를 나타낸다. 이 표시에서, 분절음 [a]와 [h]는 각각 한 개의 모라를 투사하지만(상향 화살표), [h]에 의해서 투사된 모라는 [a]로 발음된다 (하향 대각선 화살표).

(2-19) 혼선표시이론에서 보상적 장음화

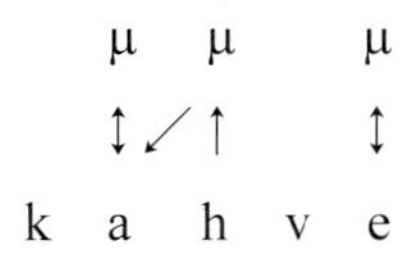

혼선표시이론에서 유표성제약은 투사와 발음 간의 관계에 의하여 정의된다. 한 제약은, (2-19)의 [h]처럼, 음절말음의 자음이 모라를 투사할 것을 요구한다. 이 제약은 [h]가 자신이 투사한 모라로 발음되는지의 여부와는 무관하다. 다른 유표성제약은 모든 모라가 어떤 분절음으로 발음되어야 함을 요구조건으로 삼는다. 이 제약은 모라가 이를 투사한 분절음으로 발음되는지의 여부와는 무관하다. 비록 투사와 발음 간의 이러한 불일치가 가능할지라도 — (2-19)가 그 예인데 — 이것은 유표적이며, 따라서 상호성(Reciprocity)이라고 불리는 제약을 위배한다. 개략적으로 말하면, 이것이 이 이론에서 불투명성 분석을 구축하는 방식이다.

모든 종류의 불투명한 상호작용을 다루자면 혼선표시이론을 어떻게 확장해야 될까? 공존하는 두 개의 음운표시, 즉 발음 표시와 투사 표시가 필요할 가능성이 매우 높다. 이러한 두 개의 표시가 (2-19)에서는 한데 겹쳐 있지만, (2-19)는 모든 종류의 불투명한 상호작용을 대표하는 것은 아니다. 유용한 일례가 Bedouin Arabic의 /gabr/ → [gabur] 경우인데, 여기서 [a]는 도출된 개방음절에서 고모음화하지 않는다. 혼선표시 용어로 표현하자면, 이것은 [gabur]가 반드시 두 개의 공존하는 음절 분석으로 표시되어야 하는데, 한 음절 분석에서는 [b]가 [gab] 음절의 음절말음으로 투사되고, 다른 음절 분석에서는 [b]가 [bur] 음절의 음절두음으로 발음되어야 함을 의미한다. Palestinian Arabic의 /fɑrˤm/ → [fɑrˤim]과 같은 현상을 설명하자면 투사/발음 간의 구분을 분절음 간의 단선적 선후 관계로 확장해야 된다. 분절음의 배열에서 [rˤ]의 후행음으로 발음되는 것은 삽입모음 [i]이지만, [rˤ]의 후행음으로 투사되는 것은 [m]이다. 간략히 말해서, 음운적 요소가 서로 연관되어 있는 모든 방식에 있어서 투사/발음 간의 불일치가 일어날 수 있다. 이것은 두 개의 유표성제약 집합을 가진 두 개의 완전한 음운표시가 존재함을 의미한다. Reciprocity는 두 개의 표시 사이에 어긋난 것을 점검하는 기능을 유지하며, Reciprocity의 위배가 불투명성의 원천이 된다.

이렇게 볼때, 혼선표시이론은 기저형과 표면형 외에 별도로 표시 단계를 하나 더 설정하는 불투명성 이론들과 많은 공통점을 가지고 있다. 아울러 이 이론은 몇 가지 한계점도 공유하고 있다. 이러한 한계점은 §2.3.4.2에서 검토하기로 한다.

분절음 융합(Segmental coalescence). 분절음 융합은 특이한 불투명성 이론같이 들릴 수도 있지만, 대부분의 OT 문헌에서 이 이론은 그런 역할을 담당하고 있다. 이것은 역출혈순 불투명성이라는 다소 공통적인 형태에 적용되어 왔는데, 이때 한 분절음이 탈락한 인접 분절음으로 동화하는 현상이 관찰된다. (2-5)의 구개음화/어중모음탈락의 상호작용이 전형적인 예이다: /ħa:kim-i:n/ → [ħa:kʲmi:n]. 구개음화가 동화의 결과라는 가정하에서 보면 이 도출은 불투명하지만, 구개음화와 어중모음탈락이 연합하여 분절음 융합이라는 하나의 음운 과정으로 나타난다는 가정하에서 보면 이 도출은 투명하게 분석될 수 있다. 기저의 /k_1i_2/ 연쇄가 융합하여 출력형에서 단일 분절음 [$k^j_{1,2}$]로 나타난다. 실질적인 탈락도 없고, 입력형-출력형 간의 조응 관계에도 문제가 없으므로, Max가 만족된다. 결과적으로 나타나는 분절음이 구개음화되는 것은 [$k^j_{1,2}$]가 기저의 조응자 중의 하나인 /i_2/의 색조 자질(color features)에 충실하기 때문이다. 다른 대안: /i/가 탈락될 때 모음의 자질표시인

[−back]이 남고, 이 자질이 선행하는 /k/와 자립분절적으로 재연결된다. 이 경우, MAX는 위배되지만, 자질표시 제약인 MAX(−back)은 위배되지 않는다. 대략 이런 식의 분석은 Causley(1997), Gnanadesikan(1997, 2004), Lamontagne and Rice(1995), McCarthy and Prince(1995), Pater(1996) 및 그 외 다수에서 찾아볼 수 있다.

불투명성에 대한 이러한 대안에는 장점이 있기도 하지만, 여기에는 문제점도 있다. 한 가지 지엽적인 우려는 Bedouin Arabic의 구개음화가 탈락하는 /i/로 국한되는 것이 아니라는 점이다. 표면에 나타나는 전설모음도 구개음화를 유발하므로, 융합 분석과 자립분절 분석이 함의하는 바와 같이, 구개음화는 불가분하게 유발음의 탈락과 직결되어 있는 것이 아니어야 한다. 좀 더 전반적인 우려는, 관찰된 역출혈순 상호작용이 융합이라고 간주할 만한 상황으로 국한되지 않는다는 점이다. 예를 들어서, Donegan and Stampe(1979: 153)는 모음 사이에서 일어나는 영어의 /t/-설탄음화와 모음에 선행하는 유음의 수의적인 탈음절성화(desyllabification) 사이에 역출혈순 상호작용이 있다고 지적한다: /ʃætɹ̩ɪŋ/ → $_{t\text{-설탄음화}}$ [ʃæɾɹ̩ɪŋ] → $_{\text{수의적}}$ [ʃæɾɹɪŋ] *shattering*. 이런 불투명한 상호작용을 단일 융합 과정으로 재분석하는 것은 불가능하다. 또 다른 예의 출처는 Kenstowicz and Kisseberth(1979: 292–294)이다: Tunica(Gulf, Luisiana)에서 /V_1ʔɑ/ 연속음에서 /ɑ/는 /V_1/의 색조 자질로 동화하고 /V_1/은 강세가 없으면 탈락함으로써, 교체현상이 일어난다. 그 결과, /ˈhipu-ʔɑki/ → [ˈhipʔɔki] 'she dances'와 같은 경우에 /ɑ/가 탈락된 모음에 동화하여, 역출혈순 상호작용이 발생한다. 탈락+동화의 결합은 다음의 세 가지 이유로, 융합이라는 단일 과정으로 축소될 가능성이 희박하다: (i) /ˈhɑrɑ-ʔuhki/ → [ˈhɑrʔuhki] 'he dances'와 같은 경우에 동화와는 무관하게 독자적으로 탈락이 발생한다; (ii) /ˈʧu-ʔɑki/ → [ˈʧuʔɔki] 'she takes'와 같은 경우에 탈락과는 무관하게 독자적으로 동화가 발생한다; (iii) 인접하지 않은 분절음의 융합은 검증된 사례가 없는 듯하며 사실상 불가능하다(§3.2.4.3을 참조하라).

국부제약결합(Local constraint conjunction). §2.3.3에서 언급한 바와 같이, 충실성 제약 이론이 정교한 이론으로서 손색이 없다면 고전 OT는 역급여순 불투명성을 수용할 수 있다. (이에 필적하여 역출혈순 불투명성을 다룰 수 있는 방법은 없다.) 충실성제약의 *국부결합(local conjunction)*이야말로 한층 더 강화된 이 충실성이론을 CON에 편입시키기에 알맞은 장치라고 제안들을 하였다(Ito and Mester 2003c, Kirchner 1996, Moreton and Smolensky 2002).

국부제약결합은 CON의 내부 구조에 관한 이론으로서 Smolensky(1995)에 의하여 제안되었다. 복합 제약은 단순 제약들을 결합함으로써 구축된다. (더 단순한 제약들은 더 이상 축소가 불가능하다고 볼 수도 있고, 아니면 그 자체를 국부결합의 산물로 볼 수도 있다.) 제약 A와 B의 국부결합인 $[A\&B]_\delta$는 A와 B가 모두 위배되는 범위 δ가 나타날 때마다 한 번 위배가 되는 제약으로 정의된다. 유표성제약의 결합은 가장 설득력 있는 예를 제공한다. 음절말음은 NO-CODA 제약에 의해서 유표성이 표시되고, 유성 장애음은 NO-VCD-OBST 제약에 의해서 유표성이 표시된다. 분절음의 범위 내에서 이 두 제약의 국부결합인 $[\text{NO-CODA} \& \text{NO-VCD-OBST}]_{Seg}$는 이 두 유표적 속성의 결합인 음절말음 위치에서의 유성 장애음에 불리하게 작용한다. 일반적으로, 유표성제약의 국부결합은 서로 매우 근접한 위치에서 유표적 구조가 공기(cooccurrence)하는 것을 금지한다.

역급여순 불투명성에서는, 서로 가까운 위치에서 불충실한 전사가 발생할 수 없다. 예를 들어서, Bedouin Arabic에서 /gabr/ → [gabur]의 역급여순 작용은 인접한 음절 범위에서 IDENT(low)와 DEP의 국부결합을 필요로 한다: $[\text{IDENT(low)}\&\text{DEP}]_{Adj\text{-}\sigma}$. 개방음절의 고모음화 과정을 설명하는 유표성제약((2-20)의 *aCV)보다 상위에 $[\text{IDENT(low)}\&\text{DEP}]_{Adj\text{-}\sigma}$의 등급순위를 매김으로써, 이 제약을 만족시키는 불투명한 형태 [gabur]가 이를 위배하는 투명한 형태 *[gibur]보다 더 조화적이라는 것이 보장된다.

(2-20) 국부결합에 의한 역급여순 불투명성[13]

/gabr/	[ID(low)&DEP]$_{Adj-\sigma}$	*COMP-CODA	*aCV	DEP	ID(low)
→ gabur			1	1	
a. gibur	W_1		L	1	W_1
b. gabr		W_1	L	L	

이것은 역급여순 불투명성에 대하여 특히 세련된 이론이지만, 모든 종류의 불투명성 현상을 설명할 수는 없으며, 또 존재 가능성이 있을 것 같지 않은 일종의 유사 불투명성을 예측한다(McCarthy 1999: 365-366, 2002a, 2003a, Padgett 2002). 이 문제의 원인은 국부결합 이론의 핵심과 직결된다: 진정한 역급여순 불투명성은 음운 과정의 금지된 *상호작용(interaction)*이 문제가 되지만, 국부결합은 음운 과정의 *근접성(proximity)*을 통제한다. 상호작용과 근접성은 두 개의 매우 다른 성질이며, 이 둘을 혼동하는 것은 잘못이다.

Bedouin Arabic의 예는 이런 잘못을 예시한다. [gabur] 예는 삽입모음이 고모음이 될 잠재성이 있는 모음을 가진 음절보다 *후행*할 때 고모음화가 봉쇄됨을 보여 준다. 반면에, (2-21)은 (이탤릭체의) 삽입모음이 (볼드체의) 고모음화된 모음보다 *선행할* 때에는 고모음화가 봉쇄되지 않음을 보여 준다. 결합된 제약 [IDENT(low)&DEP]$_{Adj-\sigma}$은 고모음화와 모음삽입이 발생하는 음절의 순서에 관계없이, 이 두 과정이 인접한 음절에서 발생하는 것을 금지하기 때문에 이러한 구분을 할 수 없다.

(2-21) Bedouin Arabic에서 인접한 음절의 모음삽입과 고모음화

/tˤarad ʁanam-ih/ [tˤa.ra.d*i*ʁ.n**i**.mih] 'he pursued his sheep'

이것은 결합의 범위에 대하여 보다 정교한 이론으로 해결될 성질의, 단순한 기교적

13) *COMPLEX-CODA(*COMP-CODA) 제약은 동일 음절 내의 음절말 자음군에 의해서 위배된다.

결함에 불과한 것이 아니다. 그보다는, 기본적으로 원칙상의 실패인 것이다. 고모음화가 삽입모음 *앞에서는* 금지되지만 *뒤에서는* 허용되는 것은 우연이 아니다. 삽입모음이 후행하면, 후행하는 삽입모음이 고모음화할 잠재성이 있는 모음을 개방음절로 바꾸어 놓기 때문에, 모음삽입은 고모음화와 상호작용한다. 그러나 삽입모음이 선행하면, 고모음화할 잠재성이 있는 모음이 개방음절에 위치하는지의 여부에 대하여 선행하는 삽입모음이 아무런 영향을 미치지 않기 때문에, 모음삽입은 고모음화와 상호작용하지 않는다. 국부결합은 상호작용 대신 — 인접한 음절을 범위로 삼는 — 근접성(proximity)을 이용하는데, 불투명성의 진정한 토대는 상호작용이다. 음운과정은 보통 국부적 조건에 의하여 결정되기 때문에, 불투명성을 대표하는 자격으로 근접성을 사용해도 대부분 무방하지만, 이와 같은 예들은 진정으로 문제가 되는 것이 근접성이 아니라 상호작용임을 보여 줌으로써, 근접성과 상호작용 간의 동반적 효과를 분리시킨다.

국부결합의 근접성 = 상호작용의 등식에 대한 문제점을 파악하는 또 다른 방법은 부적절한 범위에서 충실성제약을 국부적으로 결합한 효과를 살펴보는 것이다. 예를 들어서, [IDENT(low)&DEP]$_{Wd}$ 제약은 — 범위가 더 큰 단위라는 점을 제외하면, Bedouin Arabic과 동일한데 — 동일한 단어 내에서 어디든지 모음이 삽입되면 고모음화를 봉쇄하게 된다. 만약 Bedouin Arabic에 이런 제약이 있다고 한다면, 기저의 /samiʕ-t-k/ 'I heard you(남성형 단수)'는 예상되는 [s**i**miʕt*a*k]가 아니라 [s**a**miʕt*a*k]로 전사될 것이다. 우리가 알고 있는 어떤 언어에도 이런 종류의 과대불투명성(hyperopacity)은 나타나지 않는데, 과대불투명성이 있으면 역급여순 행동은 상호작용하는 국부적 환경에서 상호작용이 없는 멀리 떨어진 환경으로 확장된다. 그럼에도 역급여순 불투명성에 대한 국부결합 이론에서는 바로 이런 예측이 가능한 것처럼 보이는데, 그 이유는 결합의 범위가 결합된 제약과는 무관하게 임의로 설정되기 때문이다(Alderete 1997, Ito and Mester 2003a: 105ff.).

국부결합에 의하여 제약들을 모아붙여 부적절한 조합을 만들 때 이와 유사한 문제가 발생한다. 어말 장애음의 무성음화도 있다는 점을 제외하고는 Bedouin Arabic과 동일한 어떤 언어가 있다고 상상해 보자. 결합된 제약 [IDENT(low)&IDENT(voice)]$_{Adj\text{-}\sigma}$는 인접한 음절에 무성음화된 장애음이 있을 때마다 고모음화를 봉쇄하게 될 것이다: /katab/ → [**k**a**tap**]. 이런 종류의 과대불투명성은 검증된 전례가 없다 — 다시 말해서, 두 개의 음운 과정이 본질적으로 상호작용이 불가능한 경우에 하나의 과정이 다른 과정을 봉쇄하는 예는 어디에도 찾아볼 수 없다.

이런 몇 가지 문제점을 보완하기 위하여 국부결합에 제한을 부과하려는 시도가 있었다(Bakovic 1999, Fukazawa and Miglio 1998, Hewitt and Crowhurst 1996, Ito and Mester 2003a: 102ff., 2003c, Łubowicz 2002, 2006). 이러한 제안들은 전형적으로 두 제약이 공유하는 공식적 속성에 의존하는데, 이는 두 제약이 결합 가능한지, 혹은 결합한다면 이들의 범위가 무엇이 될지를 결정하기 위해서이다. 이러한 제안서 가운데 이 장과 다른 연구(McCarthy 1999, 2002a, 2003a, Padgett 2002)에서 기술한 문제점을 다루는 데 있어서 아주 성공적이라고 할 만한 것은 없었다. 이러한 실패의 원인은 멀리서 찾을 것이 아니다: 역급여순 불투명성은 음운 과정의 금지된 상호작용에 관한 문제이며, 음운 과정의 상호작용은 충실성제약의 공식적 속성을 검토하는 것만으로 결정할 수 있는 것이 아니다.[14] 두 과정이 상호작용을 하는지 또 어떤 조건하에서 상호작용하는지는 개별언어에서 포착되는 환경에 달려 있는 문제이다. 여기서는 이러한 환경에 민감한 불투명성 이론이 필요하다. 규칙순이 그러한 이론의 일례이지만, 다른 이론들은 이 장과 다음 장에 걸쳐 논의하기로 한다.

---

14) 결합된 제약이 그야말로 보편적 CON에 존재한다고 간주할 것인지 아니면 그저 CON에 내재한다고 간주할 것인지의 여부에 관계없이(이 구분에 대해서는 Ito and Mester 2003a: 24를 보라), 제약의 결합 가능성과 범위에 대한 문제가 발생한다. 어느 쪽이 되든지 간에, 언어 이론은 어떤 논리적 가능성은 왜 발생하지 않는지를 설명해야 한다.

2.3.4.2 연속도출 및 규칙순과 유사한 방식

규칙기반 음운론은 불투명성을 설명하기 위하여 연속도출(serial derivations)을 이용하므로, 규칙을 사용하지 않는 이론인 OT에서 도출 및 규칙순 효과를 재구축하는 것이 가능한지 여부를 반문하는 것은 당연하다. OT 문법의 출력형은 표면형이 아니라 또 다른 OT 문법의 입력형이라고 가정하는 것만으로도, 다단계의 연속도출을 달성할 수 있다. 두 번째 문법이 첫 번째 문법과 동일한지의 여부에 따라 실질적인 실행에 차이가 난다. 여기서 논의할 접근방식은 다음과 같다: 조화연속주의(harmonic serialism)로 알려진 연속적 단일문법 OT(single-grammar serial OT); 때로 다층위 OT(Stratal OT)로 알려진 연속적 다중문법 OT(multi-grammar serial OT); 그리고 흔히 OO 조응(OO correspondence)이라고 불리는 출력형-출력형 충실성(output-output faithfulness) 이다.

조화연속주의(Harmonic serialism). 조화연속주의에서는, OT 문법의 출력형은 동일한 문법의 입력형으로 송부된다(McCarthy 2000a, 2002b: 159-163, 2007a, Prince and Smolensky 2004: 6-7, 94-95). 문법을 한 번 순회한 출력형이 이전 단계에서 순회한 출력형과 동일한 시점인 '수렴(convergence)'에 이를 때까지 이 과정이 계속된다. (Moreton(2003)에서 논의된 이유로 한정된 횟수의 순회를 통하여 수렴에 이르는 것이 보장된다.)

가장 단순한 형태의 조화연속주의는 불투명성을 다루는 데 놀라울 정도로 비효율적임이 판명되었다. 역출혈순 불투명성을 다루는 데 있어서 이 이론은 고전 OT보다 더 나을 바가 전혀 없다. (2-16)에서, /k/를 구개음화해야 할 동기가 표면구조에 보이지 않기 때문에, /ħaːkim-iːn/ → [ħaːk^{j}miːn]과 같은 역출혈순 불투명성의 예를 다루는 데 고전 OT가 서투르다는 것을 살펴보았다. 조화연속주의도 더 나을 바가 없다. (2-16)에서와 마찬가지로, 1차 문법순회에서는 투명한 전사인 /ħaːkim-iːn/ → *[ħaːkmiːn]을 막을 방안이 없다. 일반적으로, 역출혈순 불투명성으로 고전 OT가 문제가 될 때마다 조화연속주의도 문제가 되는데, 그 이유는 조화연속주의가 고전

OT이론을 되풀이하는 것에 지나지 않기 때문이다.

조화연속주의는 어떤 종류의 역급여순 불투명성에 대해서는 실제로 고전 OT보다 못하다. (2-18)에서 알맞은 충실성제약을 설정함으로써 고전 OT가 역급여순 상호작용을 수용할 수 있음을 상기하라. Bedouin Arabic에서, /a/가 [i]로 변화하는 동일한 환경에서 /i/가 탈락하기 때문에, 필요한 것은 /a/ 탈락에 특별히 불리하게 작용하는 제약인 MAX-A이다. 그러나 조화연속주의 체제하에서는 MAX-A가 아무 소용이 없다. 도표 (2-22)에 나타난 바와 같이, 1차 문법순회에서는 /dafaʕ/가 [difaʕ]로 전사된다. 도표 (2-23)에 나타난 바와 같이, 1차 순회의 출력형은 2차 순회의 입력형이 되며, 2차 순회의 입력형 자격이 된 [difaʕ]는 *[dfaʕ]로 전사된다. 3차 순회에서는, 3차 순회의 입력형 자격이 된 [dfaʕ]가 자기 자신으로 전사되어서, 수렴이 일어난다 — 잘못된 출력형으로 수렴된다.

(2-22) 조화연속주의: 1차 문법순회

/dafaʕ/	MAX-A	*aCV	*iCV	ID(low)	MAX
→ difaʕ			1	1	
a. dfaʕ	W_1		L	L	W_1
b. dafaʕ		W_1	L	L	

(2-23) 조화연속주의: 2차 문법순회

[difaʕ]	MAX-A	*aCV	*iCV	ID(low)	MAX
→ dfaʕ					1
a. difaʕ			W_1		L
b. dafaʕ		W_1		W_1	L

(2-23)의 문제는 다음과 같다: [difaʕ]를 입력형으로 하면, MAX-A는 더 이상 첫음

절의 모음이 탈락하지 않도록 보호해 주지 못한다. 2차 및 그 이후의 문법순회가 다가오면, EVAL은 더 이상 원래 입력형의 정보를 접할 수가 없다. 이러한 이유로, 역급여순 불투명성은 일반적으로 조화연속주의를 이용하여 분석될 수가 없다. (이와 관련된 논의는 Norton 2003: 247ff.를 참조하라.)

조화연속주의의 이러한 실패는 단일문법으로 OT를 연속적으로 실행하는 것이 불투명성 분석에 있어서 값어치 있는 일이 아님을 보여 준다. 그렇지만 조화연속주의가 OT-CC와 어떤 중요한 연관이 있음을 §3.2.3에서 보게 될 것이다.

연속적 다중문법 OT(Multi-grammar serial OT). 어휘음운론(Lexical Phonology)의 주요 논제는 한 언어의 음운 체계가 단계(levels) 혹은 층위(strata)라고 불리는 일련의 독자적인 모듈로 구성되어 있는데, 이들 각각은 그 자체로서 *SPE* 문법을 이룬다는 것이다(§2.2.6을 참조하라). 층위는 보통 어휘부의 상이한 형태론적 하위체계 혹은 단어-내부 음운론과 구 단위 음운론 간의 차이점과 연관되어 있다. 층위 간에는 순서가 있으며, 한 층위의 출력형은 다음 층위의 입력형이 된다. 마지막 층위나 후어휘부(postlexical) 층위의 출력형은 실제 표면형이다.

층위가 *SPE* 문법이라고 가정하는 것에서 층위가 OT 문법이라고 가정하는 것까지의 거리는 작은 걸음마처럼 보이므로, 이러한 행보는 거의 OT 태동 때부터 지지를 받아 왔다. OT 문법을 연속적으로 연결시키려는 이러한 생각은, 비록 실행상의 세부사항은 다르더라도, LP/OT, 도출 OT(Derivational OT) 혹은 다층위 OT(Stratal OT)와 같은 이름으로 통하는 모든 접근방식의 공통점이다. 이 책에서는, 이러한 기본 가정을 수용하는 이론을 통칭하기 위해서 다층위 OT라는 이름을 사용하기로 한다.[15]

---

15) 어휘음운론의 취지를 살린 OT의 모듈식, 연속적 실행은 많은 연구 가운데서도 다음과 같은 연구에서 제안하고 논의하였다: Bermúdez-Otero(1999, 출판 예정), Cohn and McCarthy(1994/1998), Hale and Kissock(1998), Hale, Kissock, and Reiss(1998), Ito and Mester(2001, 2003b, 2003c), Kenstowicz(1995), Kiparsky(2003, 출판 예정), McCarthy(2000b), McCarthy and Prince(1993b),

다층위 OT는 규칙기반 음운론의 불투명한 규칙순 효과를 재생산하기 위해서 층위의 순서를 이용한다. 만약 규칙기반 분석에서 규칙 A가 역급여순으로 규칙 B를 선행한다면, 다층위 OT의 재분석은 두 개의 층위를 설정한다. 제1 층위의 문법은 규칙 A에 해당하는 전사에 영향을 미치고, 제2 층위의 문법은 규칙 B에 해당하는 전사에 영향을 미친다. 규칙 A의 출력형이 규칙 B의 입력형이 되는 것과 마찬가지로, 제1 층위의 출력형은 제2 층위의 입력형이 된다. 층위와 형태론적 하위체계 간에 상관관계를 가정하기 때문에, 불투명성에 대한 다층위 OT 가설은 형태론과 불투명성 간에 아무런 연관도 짓지 않는 규칙기반 가설보다 다소 더 강력하다.

각각의 층위는 OT 문법이므로, 층위 내부의 상호작용은 고전 OT에서처럼 필연적으로 투명하다. 게다가, 상이한 층위는 층위마다 서로 *상이한* OT 문법이다 — 즉, 상이한 층위는 보편적 제약 집합인 Con의 상이한 순위 변환이다. 이러한 가정은 다층위 OT의 불투명성 이론에 필수불가결한 요소이다. 이것이 없으면, 다층위 OT는 조화연속주의의 또 다른 형태가 될 것인데, 앞에서 이미 조화연속주의가 실패한 불투명성 이론임을 살펴보았다.

이렇게 되면, 불투명성에 대한 다층위 OT의 주요한 분석적 전략이란, 층위의 순서를 통하여 음운 과정의 역출혈순 혹은 역급여순에 대한 정보를 제공하는 방식으로, 상호 불투명하게 작용하는 음운 과정을 서로 다른 층위로 분리시키는 것이다. 예를 들어서, Bedouin Arabic의 /ħa:kim-i:n/ → 구개음화 [ħa:kʲim-i:n] → 어중모음탈락 [ħa:kʲmi:n]에서 구개음화와 어중모음탈락 간의 역출혈순은, 구개음화가 일어나는 층위가 어중모음탈락이 일어나는 층위보다 선행해야 함을 보여준다. 층위는 형태론적 하위체계나 어휘부/후어휘부 간의 구별과 상관관계가 있기 때문에, 정확하게 어느 층위와 연관이 있는지를 결정하기 위해서 때로는 다른 증거를 사용할 수도

Orgun(1996b), Potter(1994), Rubach(2000), 그리고 Hermans and van Oostendorp(eds)(1999)와 Roca(ed.)(1997a)에 기고한 여러 논문들.

있을 것이다. 어중모음탈락은 단어에서뿐만 아니라 구 단위에서도 일어나므로((2-7)을 보라), 이것은 후어휘부 층위에서 발생해야 한다. 역급여순으로 구개음화가 어중모음탈락보다 선행하기 위해서는, 구개음화가 좀 더 앞선 층위에서 일어나야 하며, 따라서 어휘부 층위에서 일어난다. (2-24)에서 보여 준 바와 같이, 어휘부 층위의 OT 문법은 입력형 /ħa:kim-i:n/을 취하여, 구개음화는 일어나되 어중모음탈락은 일어나지 않은, [ħa:kʲimi:n]으로 전사한다. 이제 (2-25)에서 후어휘부 층위의 문법은 [ħa:kʲimi:n]을 입력형으로 취하여, 어중모음탈락을 겪은 [ħa:kʲmi:n]으로 전사한다. 이 두 층위에서 Max와 **iCV*가 어느 등급순위에 있는가 하는 점에서 두 층위가 일관성이 없다는 점에 주목하라. 어느 모로 보나, 이 두 층위는 서로 다른 OT 문법인 것이다.

(2-24) 어휘부 층위

/ħa:kim-i:n/	Max	*ki	*iCV	Id(back)
→ ħa:kʲimi:n			1	1
a. ħa:kmi:n	W_1		L	L
b. ħa:kʲmi:n	W_1		L	1
c. ħa:kimi:n		W_1	1	L

(2-25) 후어휘부 층위

/ħa:kʲimi:n/	* iCV	*ki	Max	Id(back)
→ ħa:kʲmi:n			1	
a. ħa:kmi:n			1	W_1
b. ħa:kʲimi:n	W_1		L	
c. ħa:kimi:n	W_1	W_1	L	W_1

불투명성 이론으로서의 다층위 OT에는 두 가지 주요한 문제점이 있다. 첫째, 다층위 OT는 관찰된 모든 종류의 불투명한 상호작용을 다룰 수 있을 만큼 강력하지 않다. 둘째, 다층위 OT는 관찰된 바가 전혀 없기도 하거니와 불가능해 보이는 음운체계를 필요 이상으로 과잉 예측하기 때문에, 지나치게 강력하기도 하다. 이렇게 되면 다층위 OT의 예측과, 알려진 불투명성 상호작용의 유형 간에는 쌍방향으로 불일치가 발생한다.

다층위 OT가 충분히 강력하지 못하다는 논거는 §2.2.6의 끝부분에서 이미 시사한 바 있다. 다층위 OT처럼, 규칙기반 어휘음운론은 층위 간에 불투명한 규칙순이 발생할 가능성을 허용한다. 그러나 규칙기반 어휘음운론의 각 층위가 *SPE* 문법이기 때문에, 층위 내부에서도 불투명한 규칙순이 가능하다. 일반적으로, 어휘음운론의 연구 과제는 불투명한 규칙순을 포함하여 층위 내부에서 규칙순을 배제하려는 노력을 기울이지 않았다. 외재적 규칙순(extrinsic ordering)을 배제해야 한다는 논증을 펼친 어휘음운론 이전의 광범위한 연구문헌에 비추어 볼 때, 명백한 가설을 추구하지 못한 점은 적어도 그 이유가 무엇인지를 모르면 놀랍게 여겨진다:[16] 그 이유는 자명하게도 가설이 잘못되었다는 것이다. 즉, 규칙기반 어휘음운론에 대한 연구는 층위 내부의 불투명한 규칙순을 배제하는 방향으로 발전하지 못하였는데, 그 이유는 Kiparsky(1984)의 Icelandic 분석이나 Kiparsky(1985)의 Catalan과 Russian 분석에서처럼 그러한 규칙순에 결정적으로 의존하는 어휘음운론 분석이 적지 않았기 때문이다.

예를 들어서, Catalan에는 비음의 장소동화(nasal place assimilation)와 어말자음군 단순화(final cluster simplification) 사이에 역출혈순 관계가 있다. Kiparsky에

---

16) 층위가 외재적 규칙순의 필요성을 제거할 수 있다는 가설은 Goldsmith(1993a)와 Lakoff(1993)에 의하여 다소 상이한 이론적 맥락에서 추구되었다. 이들의 이론은 동일층위 내부에서 규칙순을 허용하지 않기 때문에 LP와 구별되고, 입력형의 환경을 참조할 수 있는 '두 단계'의 규칙을 사용하기 때문에 다층위 OT와도 구별된다. (다층위 OT의 유표성제약은 고전 OT의 유표성제약과 마찬가지로, 출력형 환경만 참조할 수 있다.)

의하면, 모음으로 시작하는 단어 앞에서 자음군이 후어휘부의 재음절화 과정에 의하여 구조될 수 없기 때문에, 자음군 단순화는 어휘부 층위에 할당되어야 한다: *pont antic* 'old bridge'는 *[ˌpɔn.tən.ˈtik]이 아니라 [ˌpɔ.nən.ˈtik]으로 발음된다. (2-26)에 나타난 바와 같이, 비음의 장소동화가 자음군 단순화보다 선행해야 하므로 비음의 장소동화도 어휘부 층위에 적용되어야 한다. 다른 많은 어휘음운론 분석에서처럼, 이 경우에 나타난 결과는 층위 내부의 불투명한 (역출혈) 순서이다.

(2-26) Catalan의 역출혈순(Kiparsky 1985: 96-97)

기저형	/bɛn-k/
장소동화	[bɛŋk]
자음군 단순화	[bɛŋ]
표면형	[ˈbɛŋ]
	'I sell'

Bedouin Arabic은 불투명한 규칙순에 대한 이론으로서 층위 간의 규칙순이 불충분함을 보여 주는 또 다른 예를 제공한다(자세한 내용은 §4.3.3을 참조하라). 규칙기반 분석에서 고모음의 탈락은 역급여순으로, 저모음의 고모음화보다 선행해야 한다: /dafaʕ/ → $_{\text{탈락}}$ *DNA*[17] → $_{\text{고모음화}}$ [difaʕ] ((2-4)를 참조하라). 탈락은 구 단위의 음운 과정이므로, 나중에 후어휘부 층위에서나 일어나야 함을 (2-7)을 통하여 알고 있다. 그런 반면에, 고모음화는 구 단위의 과정이 아니다 — 이 규칙은 단어 내부에서만 적용되며, 단어 경계를 건너서 재음절화를 통하여 개방음절 환경이 발생할 때에는 절대로 적용되지 않는다. 그러므로 고모음화는 어휘부의 마지막 층위보다 더 뒤에서 발생할 수가 없다. 고모음화는 어휘부 규칙이고 탈락은 후어휘부 규칙이기 때문에, 이 두 과정은 이들이 할당된 층위에 의하여 내재적으로 순서가 정해지며, 따라서

17) *DNA*는 'does not apply(적용 불가)'를 뜻한다.

고모음화가 탈락보다 *반드시* 선행해야 한다. 그러나 이 순서에 의하면 두 과정은 역급여순이 아니라 급여순이 되기 때문에, 이것은 정면으로 배치되는 결론이다. 고모음화가 어휘부 규칙이기 때문에 어휘부 층위는 /dafaʕ/를 [difaʕ]로 전사하며, 탈락이 후어휘부 규칙이기 때문에 후어휘부 층위는 (/difiʕ/ 'was pushed'가 [dfiʕ]로 전사되는 것과 마찬가지로) [difaʕ]를 *[dfaʕ]로 전사한다.

이 예에 대해서는 좀 더 언급할 필요가 있다. (2-18)에서 보여 준 바와 같이, 고전 OT에서는 MAX-A 제약이 있으면 역급여순 상호작용 분석이 가능하다. 설사 그 표면형이 [a]가 아닌 다른 무엇일지라도, 이 제약은 기저의 /a/는 무엇이든지 탈락되지 않도록 방지한다. 그러나 MAX-A는 다층위 OT에서는 아무 소용이 없다. 문제는 어휘부 층위의 출력형인 [difaʕ]는 후어휘부 층위의 입력형이 되고, 따라서 후어휘부의 음운부는 이 단어의 첫 음절에서 입력형 [i]를 만나게 된다는 것이다. MAX-A는 입력형의 [i]가 탈락되지 않도록 보호해 주지 않는다. 다층위 OT에서, 충실성제약은 각 층위에 국한되어 있다: 이 제약들은 층위의 입력형과 출력형 간에 동일성을 요구하여, 원래의 기저표시인 /dafaʕ/에 접근할 길이 없다. [difaʕ]의 첫 모음이 그 전에 /a/였다는 정보는 후어휘부 층위에 도달할 시점에는 소실되어서 복구할 길이 없으며, 그래서 MAX-A나 다른 어떤 제약도 층위 할당에 의해서 급여순 관계에 놓인 두 음운 과정 사이의 역급여순 상호작용을 설명할 수가 없다. 그렇다면, 이 예에 관한 한, 다층위 OT가 고전 OT보다 실제로 더 못한가?

Catalan과 Arabic 예에는 불투명한 상호작용을 층위 간의 규칙순으로 축소하고자 노력한 이론들의 몇 가지 일반적인 특성이 드러난다. 만약 규칙 A가 역출혈순으로 규칙 B보다 선행한다면, A는 B가 처음으로 적용된 층위보다 앞선 층위에 적용되어야 한다. A는 계속해서 이후의 층위에 적용될 수도 있겠지만, A의 최초 적용은 B의 최초 적용보다 앞서야 한다. 규칙 A가 역급여순으로 규칙 B보다 선행한다면, A는 B가 처음으로 적용된 층위보다 앞선 층위에 적용되어야 하며, 또 A는 B의 최초 층위나 후속하는 어떤 층위에도 적용되어서는 안 된다. 다층위 OT의 이러한 함의 관계는, 최초 층위에 적용되는 B와의 역출혈순이라든지 혹은 최후 층위에 적용되는 A와의 역급여순과 같이, 어떤 상황이 불투명성 이론에서 확실한 반례가 될지를 말해 준다. 구체적인 예측은 이러하다: Bedouin Arabic의 어중모음탈락과 같은 후어휘부 과정은 절대로 불투명하지 않다. 이 과정이 실제로는 불투명하다는 것을 보여 주는 다양한 예시는 §4.3을 참조하라.

앞서 논의된 예에서 볼 때, 관찰된 모든 종류의 불투명한 상호작용을 설명하기에는 다층위 OT의 전제가 불충분한 듯하다(이와 유사한 지적으로 Noyer 1997: 515, Paradis 1997: 542, Roca 1997b: 14ff., Rubach 1997: 578도 참조하라). 다층위 OT 및 이 이론의 변이 이론을 뒷받침하는 연구문헌은 층위 간의 불투명한 상호작용을 제시하는 일과, 감응이론(sympathy theory)과 같은 불투명성에 대한 OT의 다른 접근 방식을 반박하는 논증을 펴는 일에 대부분 초점을 맞추어 왔다(§2.3.4.3). 이에 필적할 만한 연구로서, 관찰된 모든 종류의 불투명한 상호작용을 설명하는 데 있어서 다층위 OT가 충분하다고 주장하는 연구는 없는 것으로 안다. 어휘음운론의 연구문헌 및 여기서 설명한 증거는 이 주장에 대하여 이의를 제기한다.

다층위 OT는 단일 언어에서 성층 간의 차이점에 제한을 두지 않기 때문에 지나치게 강력한 이론이기도 하다. 바로 이 점에 대하여 규칙기반 어휘음운론과 다층위 OT 사이에는 심각한 차이점이 있지만 대부분 이를 감지하지 못한다. 어휘음운론의 각 층위는 *SPE* 문법이며 다층위 OT의 각 층위는 OT 문법이다. 그렇지만, 규칙기반 어휘음운론의 문헌은 층위 간의 차이에 제약을 가하는 문제에 대하여 대단히 주의를 기울였기 때문에, 이런 외견상의 유사성에는 오해의 소지가 있다. 이 문제를 어떻게 해결할 것인가에 대하여 논증이 훌륭한 (이론의 여지가 없는 것은 아니지만) 진지한 제안들이 있다. 초기 제안들은 어휘부와 후어휘부의 음운 과정을 분리하는 원칙의 형태를 취했다(예: Kaisse and Hargus 1993a: 16–17, Kiparsky 1983, Mohanan 1982): 어휘규칙(lexical rules)은 구조보존적(structure-preserving)이며 (즉, 중화하거나 음소적이며), 어휘규칙은 단어로 한정되며, 어휘규칙은 도출환경(derived environments)에서만 적용되며, 어휘규칙은 명사, 동사, 형용사의 어휘 범주에만 적용되며, 어휘규칙에만 예외가 있으며, 어휘규칙만 단어 내부의 형태적 구조에 민감하며, 어휘규칙은 범주적(categorical)이어서 차등적(gradient)으로 적용되지 않는다. 이러한 일단의 연구는 강범주가설(Strong Domain Hypothesis)에서 절정을 이루었다(Borowsky 1986, Kiparsky 1984, Myers 1991b, Selkirk 1982b): 어휘부이든 후어휘부이든 간에, 모든 층위는 *SPE* 유형의 단일문법을 공유한다. 관찰된 바 층위 간의 차이점은, 어떤 규칙으로 하여금 어휘부 층위에 적용되지 못하도록 방지하는 구조보존(structure preservation)과 같은 언어보편적인 원칙과, 어떤 규칙이 언제 그만 적용되는지에 대한 언어개별적인 임의 규정의 결합을 통하여 얻을 수 있다. 분명히 이와 같은 접근방식은 각 층위를 독자적인 *SPE* 문법이라고 보는 어휘음운론 원래의 논제보다 훨씬 더 제한적이다.

그러나 이러한 제한적인 형태의 어휘음운론은 다층위 OT에서 재구축될 수 없다. 예를 들어서, 구조보존은 강범주가설의 주춧돌이 되지만, 다층위 OT에서는 구조보존과 유사한 원칙을 발전시킬 가망이 없다. 구조보존 원칙에 의하면 어휘부 층위에서의 규칙 적용은 이미 기저표시에 존재하지 않는 분절음이나 구조를 생성할 수 없다. 다시 말해서, 비록 기저표시에 대한 적형조건이 후어휘부 층위에서 완화되거나 정지될지라도, 이 조건은 어휘부 층위 전체에 걸쳐서 규칙 적용에 대한 조건으로 끈질기게 따라 다닌다.

두 가지 이유에서 구조보존과 유사한 OT식 원칙은 존재하지 않는다:

첫째, 문법이 제약의 등급순위에서만 차이가 난다는 가설은 기저표시에 대한 언어개별적인 조건이 있을 수 없음을 내포한다(McCarthy 2002b: 70-71, Prince and Smolensky 2004). 이러한 요건은 기저의 풍부성(richness of the base)(ROTB)이라고 불린다(§3.5.2도 참조하라). ROTB 하에서는, 입력형에 대한 제한을 통하여 문법이 아무런 도움도 받지 않으므로 관찰된 음소배열 패턴에 대한 책임은 문법 그 자체에 있다. 입력형에 대하여 아무런 제한이 없기 때문에, 입력형에 대한 이 제한들이 어휘부 층위 전체에 걸쳐서 지속적으로 영향을 미친다는 것은 언어도단인 셈이다.

둘째, OT에는 어휘부의 어떤 제약이 이후의 층위에서 정지된다는 식의 규칙기반 어휘음운론의 개념을 재구축할 방법이 없다. 유표성제약을 강등시키거나 충실성제약을 상향조정함으로써 작동 정지 효과를 흉내낼 수 있으리라는 것은 순진한 생각이다. 그런데 실제에 있어서, OT는 강등(demotion) 혹은 상향조정(promotion)이라는 것과 활성화중지(deactivation)라는 것 사이에 단순한 등식을 제시하지 못한다. 등급순위가 낮은 유표성제약이라고 할지라도 상위의 충실성제약이 해당 사항이 없는 상황에서는 활성화될 수 있다. 따라서, 전체적인 제약의 위계 및 입력형 전체를 꼼꼼히 따져 보지 않고는, 유표성의 강등이나 충실성의 상향조정에 따른 구체적인 영향을 예단하기 어렵다. Prince and Smolensky(2004: 27ff.)는 충실성제약에 대해서 이 점을 강조하며, 중첩어에 대한 무표성의 출현(emergence of the unmarked)은 유표성제약에 대해서 동일한 내용을 예시한다(Alderete *et al.* 1999, McCarthy and Prince 1994). Panini의 법칙(Panini's Theorem) (Prince and Smolensky 2004: 97-99)과 같이, 제약의 실질적인 활성화중지에 대한 조건이라고 알려진 것들은 너무나 구체적인 조건을 가지고 있어서, 층위 간에 허용된 차이점을 규정하는 데 별 소용이 없다.

이렇게 되면, 규칙기반 어휘음운론에서 발전된, 층위 간의 차이에 대하여 제한을 가하는 이론은 다층위 OT에서 층위 간에 차이가 있다는 점을 주지시켜 주지도 못하고, 어쩌면 그렇게 할 수도 없다는 말이 된다. 이 문제는 다층위 OT의 주창자들이 모르고 있는 바가 아니어서, 이들은 한 언어 내에서 상이한 층위에 나타난 제약위계들을 연관지을 단순한 원칙을 개발하려고 시도해 왔다. 일례: Kiparsky(1997: 17)는 유표성제약의 등급순위는 한 언어의 모든 층위에 걸쳐서 불변이며, 따라서 층위 간의 차이는 충실성제약의 상향조정 및 강등으로 제한된다고 제안한다. 또 다른 예: Koontz-Garboden(2003)은 Kiparsky와의 개인적인 의견 교환을 인용하면서, 층위 간의 등급순위 재조정(reranking)은 후행하는 층위에서 제약을 지배적(undominated) 지위로 상향조정하는 것으로 제한된다고 제안한다(즉, 층위 *n*에 있는 하위 등급순위의 제약(들)이 *n*+1 층위에서는 지배적 지위에 놓인다는 점을 제외하고는, 층위 *n*+1은 층위 *n*과 동일하다). 다층위 OT의 연구문헌에서 이러한 가설에 대한 반례를 찾는 것은 어려운 일이 아니다. 예를 들어서, Ito and Mester(2001: 274-276)는, 첫 번째 가설과는 반대로, German에서 어휘부와 후어휘부 층위는 유표성제약의 등급순위에서 차이가 난다고 논증한다. 두 번째 가설은 구어체 Arabic에 대한 Kiparsky(2003)의 어중모음탈락 분석과 일관성이 없다. 이 분석에서, 어중모음탈락은 경음절을 회피하는 제약을 만족시킨 결과이다. 이 제약은 선행하는 어간 층위보다 단어 층위에서 더 높은 등급순위로 상향조정된다. 그러나 상향조정된다고 해서 지배적 지위로 높아질 수는 없다; 이 언어에는 어중모음탈락의 효과를 피해 가는 몇몇 경음절이 있기 때문에, 경음절을 회피하는 제약은 반드시 지배를 받아야 한다. 만약 이 제약이 지배적 지위에 있다면, 그 언어에는 어떤 경음절도 존재할 수가 없다.

요약하면, 다층위 OT는 층위 간의 차이에 대한 어휘음운론의 제한적 이론을 재현하지도 못했고 어쩌면 재현할 수도 없으며, 지금으로서는 작동할 만한 대안이 있는 것도 아니다. 이러한 제한이 결여되어 있으므로, 다층위 OT는 한 언어의 층위 간의 차이가 언어와 언어 사이만큼이나 크게 차이가 나도 이를 허용한다. 층위란 그저 Con의 등급순위에 불과하여, 동일 언어의 다른 층위에 나타난 Con의 등급순위에 얽매이지 않는다. 언어유형론과 학습 가능성의 관점에서 볼 때, 이것은 환영할 만한 결론이 못 된다.

출력형-출력형 충실성(Output-output faithfulness). 출력형-출력형 조응(output-output correspondence) 이론은 형태론적으로 관련이 있는 출력형 간에 충실성 관계를 설정한다(Benua 1997, Kenstowicz 1996a, Pater 2000 및 그 외 다수). '어기(base)'라고 불리는 출력형에서 이 출력형에 접사가 첨가되어 도출된 다른 형태로 충실성제약에 의하여 정보가 유입된다. Kager(1999b)에 나타난 바와 같이, OO 조응은 음운적 불투명성에 적용될 수 있다. 만약 불투명할 잠재성이 있는 과정을 어기가 투명한 방식으로 겪거나 혹은 겪지 못한다면, OO 충실성제약은 관련된 형태로 하여금 어기를 강제로 닮게 함으로써 이 정보를 전달할 수 있다. 예를 들어서, Bedouin Arabic의 /ħa:kim-i:n/ → [ħa:kʲmi:n]에서 불투명하게 구개음화된 연구개음은 구개음화가 투명하게 적용된, 접사첨가가 없는 단수 어기 형태 [ħa:kʲim]을 참조하여 설명할 수 있다. 이것은 공식적으로는 출력형-출력형 충실성제약인 OO-IDENT(back)을 내세워서, 이를 이에 대응하는 입력형-출력형 충실성인 IO-IDENT(back)보다(도표 (2-16)에서 간단하게 IDENT(back)으로 지칭함) 상위의 등급순위에 둠으로써 설명 가능하다. 이런 식으로, 음운론적으로 특별히 주목할 만한 내용이 없는 [ħa:kʲim]에서 연구개음의 구개음화가 나머지 다른 활용형으로 전파되며, 심지어는 유발음인 전설모음이 표면구조에 나타나지 않는 형태로까지 전파된다.

그러나 OO 충실성은 불투명성 이론으로서는 충분하지 않다. 이 이론을 반박하는 세 가지 주요한 논증이 있다(Benua 1997, Booij 1996, 1997, Ito and Mester 1997b, Karvonen and Sherman [Ussishkin] 1998, McCarthy 1999: 385-387, Noyer 1997, Paradis 1997, Rubach 1997도 참조하라).

첫째, OO 충실성을 포괄적인 불투명성 이론으로 사용하면서, 동시에 OO 조응관계에서 무엇이 어기가 될 것인지에 대하여 원칙이 서 있는 이론을 갖는다는 것은 불가능하다. 형태론적으로 기본적인 형태는 음운 과정이 투명한 것이고, 여기서 도출된 형태는 음운 과정이 불투명한 것이기 때문에, [ħa:kʲmi:n]의 예는 매력적이다. 그러나 Bedouin Arabic에서 /gabr/ → [gabur]의 역급여순의 경우에, [gabur] 'grave'

보다 형태론적으로 더 기본적인 단어는 없다. 고모음화가 적용되지 않는 현상이 투명하게 설명될 수 있는 활용형은 [gabri] 'my grave'와 같은 도출형태뿐이다. 분명, [gabur] 'grave'가 [gabri] 'my grave'에서 도출되었다는 주장은 이치에 맞지 않지만, OO 충실성을 이용하여 [gabur]에서 고모음화되지 않은 모음을 설명하자면 바로 이렇게밖에 할 수가 없다.

불투명성 이론으로서 OO 충실성을 반박하는 또 다른 논증은 음운 과정의 (비)적용이 활용형 *어디에도* 투명하지 *않은* 경우가 존재한다는 것이다. McCarthy(1999)에서 Tiberian Hebrew의 모음삽입 분석이 그 예이다. (2-27)과 같은 교체 현상은 표면형 [ˈpɛlɛ]가 어말에 성문 폐쇄음을 가진 기저형 /pɛlʔ/에서 도출되었음을 보여 준다. 규칙기반 분석에서(Malone 1993: 59-60, 93-94, Prince 1975: 37ff.), 이러한 전사는 (2-28)에 제시된 불투명한 규칙순으로 적용된 세 가지 음운 과정의 결과이다.[18] 모음삽입은 강세를 불투명하게 만들고, [ʔ] 탈락은 모음삽입을 불투명하게 만든다.

(2-27) 기저형 /pɛlʔ/의 교체

/pɛlʔ/	ˈpɛlɛ	'a wonder' (출애굽기 15장 11절)
/pɛlʔ-akaː/	pilʔăˈxaː	'your wonder' (시편 89장 6절)
/pɛlʔ-iːm/	pəlaːˈʔiːm	'wonders' (예레미야 1장 9절)

(2-28) Tiberian Hebrew의 /pɛlʔ/ → [ˈpɛlɛ] 도출

기저형	/pɛlʔ/
어말 폐쇄음절 강세규칙	ˈpɛlʔ
어말자음군 모음삽입	ˈpɛlɛʔ
어말 [ʔ] 탈락	ˈpɛlɛ
표면형	[ˈpɛlɛ]

18) (2-28)의 과정은 불투명하기는 해도, 거의 예외가 없다. 어말 폐쇄음절의 강세나 어말의 [ʔ] 탈락에 대하여 예외적인 어휘는 없는 것으로 안다. 어말 자음군의 모음삽입에 대한 유일한 어휘적 예외는 Persian으로부터의 차용어인 [neːrd] 'nard'(아가서 4장 14절)와, 한 번밖에 사용된 기록이 없는 어구인 [qoʃtˤ] 'truth'(잠언 22장 21절) 두 단어이다.

OO 충실성을 이용하여 불투명한 강세와 모음삽입을 분석하기 위해서는, 최소한 [pɛ]의 강세 및 [l]과 [ʔ] 사이의 모음삽입이 투명하게 발생한 활용형을 찾아야 할 것이다. 이런 활용형은 존재하지 않는다. 나머지 다른 활용형은 모음으로 시작하는 접미사를 가진 단어로 구성되어 있다. 이러한 접미사로 인해서, 강세가 [pɛ]로까지 후퇴하는 일은 없으며 모음삽입은 불필요하게 된다. 그러므로 OO 조응제약으로는 불투명한 이 현상들을 설명할 길이 없다.

OO 충실성에 대한 동일한 문제점이 — 어형변화 어디에도 투명성이 없다는 점 — 기저의 음운적 대립이 절대 중화작용(absolute neutralization)을 겪을 때마다 발생한다. 예를 들어서, Maltese에서 기저의 인두음 /ʕ/는 표면에서는 항상 탈락하면서도, 여러 음운 과정의 조건으로 작용하는 것처럼 보인다(Borg 1997, Brame 1972). 이러한 음운 과정 중의 하나는 인두음에 인접한 모음을 저모음화하는 것이다: /nimsiħ/ → [nimsaħ] 'I wipe'. 이 과정은 탈락한 /ʕ/로 인해서 적용 조건이 불투명해진다: /nismiʕ/ → [nisma] 'I hear'. /smiʕ/의 어형변화 어디에도, 그리고 실제로 표준 Maltese의 다른 어떤 단어에도, 저모음화의 조건이 투명하게 보이도록 /ʕ/가 표면에 보존되어 있는 예가 없다.

OO 충실성을 불투명성 이론으로 보는 시각에 대한 Hebrew 및 Maltese의 비판은 활용통일성(paradigm uniformity)에 근거한 접근방식에도 똑같은 강도로 적용된다 (Downing, Hall, and Raffelsiefen(eds), (2005)를 참조하라). 활용통일성은 활용형 간에 어느 방향으로든지 정보가 흐를 수 있게 하므로, 형태론적으로 복잡한 형태가 단순한 형태에 영향을 미칠 수가 있다. 그러나 투명성 요건을 만족시키는 활용형이 없을 경우에는, 이처럼 증대된 자유라도 불투명성 분석에는 아무 소용이 없다.

OO 충실성을 불투명성에 대한 이론으로 보는 시각에 반대하는 마지막 논증은 OO 충실성이 불투명한 행동을 과다하게 예측하는 경우가 있다는 것이다. Levantine Arabic에서(§4.2를 보라), 강세와 모음삽입은 서로 불투명하게 작용하여, [ˈkatabit] 'she wrote' (/katab-it/로부터) vs. [kaˈtab*i*t] 'I wrote' (/katab-t/로부터)의 표면형

대립으로 이어진다. /katab-it/ → [ˈkatabit]에서 강세는 투명하게 할당되지만, /katab-t/ → [kaˈtab*i*t]에서는 마치 삽입모음이 존재하지 않는 것처럼, 강세가 불투명하게 할당된다. [kaˈtab*i*t] 'I wrote'의 불투명한 강세를 OO 충실성 용어로 설명하자면, 이 형태가 강세에 관한 한, 왜 [ˈkatabit] 'she wrote'라든지 [ˈkatab] 'he wrote' 같은 형태가 아니라, [kaˈtabna] 'we wrote' 같은 활용형의 예에서 단서를 취하는지를 설명해야 한다. 더욱이, 상위 등급순위의 OO 충실성이나 활용통일성 제약이 하필이면 삽입모음을 가지고 있는 형태인 [kaˈtab*i*t]에만 영향을 미치는 이유를 설명해야 할 것이다. [kaˈtab*i*t]에 영향을 미치는 OO 충실성제약이라면 어형변화 전체에 걸쳐서 모든 강세 교체를 저지할 것이 확실하며, 따라서 일관성 있게 두 번째 음절에 강세를 기대함 직하다: 'she wrote'의 의미로 *[kaˈtabit], 'he wrote'의 의미로 *[kaˈtab] 등. 이러한 사실을 설명하는 OO 충실성 분석이라면 별로 희망이 없을 듯하다.

불투명성 이론으로서 OO 충실성의 부적절성은 전적으로 예측하지 못한 바는 아니다. OO 충실성은 형태론적으로 관련이 있는 형태 간에 음운적 유사성을 밝히는 이론으로서는 합리적이지만, 불투명성의 감추어진 일반성과는 상당히 거리가 멀다.

2.3.4.3 중간도출형과 유사한 방식

감응이론(sympathy)(McCarthy 1999, 2003c), 대상지정 제약(targeted constraints)(Wilson 2000), 강화 입력형(enriched inputs)(Sprouse 1997, 1998), 그리고 비교유표성(comparative markedness)(McCarthy 2003a, 2003d)은 후보 평가에서 입력형도 출력형도 아닌 제삼의 형태를 이용하려는 의지를 공유하는 OT의 네 가지 불투명성 이론이다. 감응이론이 다른 접근방식보다 더 광범위하게 검토되었기 때문에, 이 장에서의 논의는 전적으로 여기에 초점을 맞추고자 한다.[19]

19) 감응이론과 이 이론의 적용에 대해서는 상당히 광범위한 연구문헌이 있다(Bakovic 2000, Davis 1997a, 1997b, de Lacy 1998, Dinnsen et al. 1998, Fukazawa 1999, Harrikari 1999, Ito and Mester 1997a, 1997b, 1998, Jun 1999, Karvonen and Sherman[Ussishkin] 1997, 1998, Katayama 1998, Kikuchi 1999, Lee 1999, McGarrity 1999, Merchant 1997, Odden 1997,

감응이론에서, 제삼의 형태는 감응후보(sympathetic candidate)라고 불린다. 감응후보란 글자 그대로 후보로서, 실제 출력형과는 다르지만 일종의 출력형이다. 감응후보는 실제 출력형이 위배하는 어떤 충실성제약을 만족시킴으로써 실제 출력형과는 다르다. 이 충실성제약은 선택자(selector)라고 불린다. 선택자를 따른다는 점을 제외하면, 감응후보는 가급적이면 조화적이다. 간단히 말해서, 이것은 선택자를 따르는 모든 후보 가운데 가장 조화적인 후보이다. 예를 들어서, (2-5)의 Bedouin Arabic의 구개음화/어중모음탈락의 상호작용에서, 선택자 제약은 MAX이며, 따라서 실제 출력형에는 어중모음탈락이 있지만 감응후보에는 없다. 그러나 감응후보는 다른 모든 점에서 최대한 조화적이기 때문에, 그 언어의 다른 모든 (투명한) 음운적 효과를 드러낸다. 그러므로 입력형 /ħa:kim-i:n/의 감응후보는, 전설모음 앞에서는 연구개음의 구개음화가 반드시 일어나야 하기 때문에 구개음화는 겪되 어중모음탈락은 적용되지 않은, [ħa:k^{j}imi:n]이다.

감응후보는 감응제약(sympathy constraints)을 통하여 실제 출력형의 선택에 영향을 미친다. 감응제약은 충실성제약처럼 보이지만, 이들은 입력형과의 유사성이 아니라 감응후보와의 유사성을 평가한다. (2-29)에 제시한 바와 같이, 제약의 등급순위가 올바로 설정되면, 감응제약은 구개음화가 없는 투명한 형태 [ħa:kmi:n]보다는 구개음화를 겪음으로써 감응후보인 [ħa:k^{j}imi:n]과 일치하는 불투명한 형태 [ħa:k^{j}mi:n]을 선호한다. (2-29)에서 두 후보 (b)와 (c)가 선택자 제약인 MAX를 준수한다. 이들 중에서, *_ki_를 만족시킴으로써 (b)가 더 조화적이므로 이것이 감응후보가 된다. (순환성을 피하기 위해서, 감응제약 그 자체는 감응후보를 결정하는 데 있어서 무시되어야 한다.) 감응제약 IDENT(back)$_{Sym}$은 감응후보의 구개음화와 일치하는 후보에 의해서 만족되며, 이렇게 하여 (a)를 배제한다. (2-16)의 논의로부터 고전 OT에서 (a)는 내정된 승자를 조화적으로 종속되게 만든다는 점을 상기하라. 감응제약은 이러한 조화종속 관계를 무너뜨린다.

Parker 1998, Sanders 1997, Walker 1998, 2003, Wilbur 1998).

(2-29) 감응이론에서 역출혈순 불투명성

/ħa:kim-i:n/	ID(back)Sym (감응제약)	*iCV	*ki	MAX (선택자)	ID(back)
→ ħa:k^{j}mi:n				1	1
a. ħa:kmi:n	W_1			1	L
b. ħa:k^{j}imi:n (감응후보)		W_1		L	1
c. ħa:kimi:n	W_1	W_1	W_1	L	L

감응후보 [ħa:k^{j}imi:n]은 (2-5)의 연속도출의 중간단계와 동일하다. 이것은 우연이 아니다. 감응이론이 고전 OT에서 요구하는 변화는 다층위 OT와 같은 도출적 접근방식에서 요구되는 변화와 크게 다르지 않다. 감응후보의 선택은 별개의 조화적 평가를 필요로 하는데, 이때 단 하나의 충실성제약인 선택자는 지배적 지위로 상향조정된다. 등급순위 재조정의 가능성이 좀 더 제한적이라는 점을 제외하면, 이것은 다층위 OT에서 상이한 층위의 문법들과 다를 바가 없다. 게다가, 감응후보와 실제 출력형 후보 간에는 근본적인 비대칭성이 있다: 감응후보는 실제 출력형의 선택에 영향을 미치지만, 실제 출력형은 감응후보의 선택에 영향을 미치도록 허용되지 않는다. 이러한 비대칭성은 연속도출에서 필요한 속성이다: 도출의 초기 단계는 후기 단계에 영향을 미치지만, 그 역은 성립하지 않는다.

감응이론을 반박하며 다양하게 이의가 제기되었지만(Bye 2001, Idsardi 1997, Ito and Mester 2001, Kiparsky 2000, McMahon 2000), 가장 큰 문제는 다중으로 불투명하게 상호작용하는 음운 과정의 분석일 것이다. 다중 상호작용의 가장 유명한 예는 Yawelmani Yokuts이다. (이 언어의 참고문헌으로는 Archangeli 1985, Archangeli and Suzuki 1996, 1997, Cole and Kisseberth 1995, Dell 1973, Goldsmith 1993a, Hockett 1973, Kenstowicz and Kisseberth 1977, 1979, Kisseberth 1969, Kuroda 1967, Lakoff 1993, Newman 1944 (원래 출처), Noske

1984, Prince 1987, Steriade 1986, Wheeler and Touretzky 1993, Zoll 1993이 있다.)

Yawelmani에는 불투명하게 상호작용하는 음운 과정이 세 가지 있다:

a) *모음높이에 따라 층화된 원순조화(rounding harmony)* : 접미사 모음은 선행하는 모음과 높이가 일치하면 선행 모음의 원순성을 취한다. 예: 고모음을 가진 비미래형(nonfuture) 접미사 /-hin/은 다음과 같이 교체한다: [dubh**u**n] 'lead by the hand' vs. [bokʔh**i**n] 'find'; cf. [xathin] 'eat', [xilhin] 'tangle'. 이와는 대조적으로, 비고모음을 가진 의혹형(dubitative) 접미사 /-al/은 다음과 같이 교체한다: [kʔoʔ**o**l] 'throw' vs. [hud**a**l] 'recognize'; cf. [maxal] 'procure', [gijʔal] 'touch'.

b) *장모음의 저모음화(lowering)* : 기저에서 장모음인 고모음은 중모음이 된다. 예: /ʔili:-hin/ → [ʔil**e:**hin] 'fan', /cʔuju:-hin/ → [cʔuj**o:**hun] 'urinate'.

c) *폐쇄음절 단모음화(shortening)* : 장모음은 어중 및 어말 폐쇄음절에서 단모음화한다. 예: /s̺a:p-hin/ → [s̺**a**phin] 'burn', /pana:-al/ → [pan**a**l] 'arrive'.

규칙기반 분석 혹은 이에 해당하는 다층위 OT 분석(Kiparsky 2001)에서, 이러한 세 가지 음운 과정은 (2-30)에 제시한 규칙순으로 적용되어야 한다. (Yawelmani의 다른 분석으로는 §3.3.5를 보라.) 다른 적용순으로는 하면 안 된다. 만약 원순조화와 저모음화의 순서가 바뀐다면, 접미사의 고모음은 원래 고모음이었던 어근의 모음과 조화하지 못하게 되는데, 그 이유는 장모음이던 어근 모음이 저모음화해 버렸기 때문이다: /ʔu:t̪-hin/ → 저모음화 [ʔ**o:**t̪-hin] → 조화 *DNA* → 단모음화 *[ʔ**o**t̪hin]. 그리고 만약 저모음화와 폐쇄음절 단모음화의 순서가 바뀐다면, 도출된 단모음은 저모음화하지 못하게 된다: /ʔu:t̪-hin/ → 조화 [ʔu:t̪h**u**n] → 단모음화 [ʔ**u**t̪hun] → 저모음화 *DNA* → 표면형 *[ʔut̪hun].

(2-30) Yawelmani의 규칙기반 혹은 다층위 OT 도출

기저형	/ʔu:t̪-hin/	‘steal’
원순조화	ʔu:t̪hun	
장모음의 저모음화	ʔo:t̪hun	
폐쇄음절 단모음화	ʔot̪hun	
표면형	[ʔot̪hun]	

단일 감응후보를 선택하는 단일 선택자 제약을 가지고는 Yawelmani의 불투명한 다중 상호작용 분석이 불가능하다는 것은 놀라운 일이 아니다. 두 개의 선택자 제약, 두 개의 감응후보, 그리고 두 개의 감응제약이 반드시 필요하다. 선택자 가운데 하나는 반단모음화 제약 MAX-μ이며, 이것은 입력형 /ʔu:t̪-hin/으로부터 감응후보인 [ʔo:t̪hin]을 선호한다. 다른 선택자는 IDENT(high)인데, 이것은 감응후보 [ʔut̪hun]을 선호한다. 각 감응후보는 자기 나름의 감응제약을 가지고 있다. 감응후보 [ʔo:t̪hin]의 역할은 실제 출력형 [ʔot̪hun]의 어근 모음의 높이를 결정하는 것이다. 이 일은 IDENT(high)$_{\text{MAX-}\mu}$라는 감응제약을 통하여 이루어진다. (아래 첨자 MAX-μ는 해당 감응후보의 선택자를 이 감응제약에 지수로 표시하기 위해서이다.) 다른 감응후보 [ʔut̪hun]은 [ʔot̪hun]의 접미사 모음의 원순성을 결정한다. 이 일은 IDENT(round)$_{\text{IDENT(high)}}$라는 감응제약을 통하여 이루어진다. 요약하면, 출력형의 모음높이는 MAX-μ에 의하여 선택된 감응후보에서 취하는 반면, 출력형의 원순성은 IDENT(high)에 의하여 선택된 감응후보에서 온다.

그렇지만, 일단 감응이론에 다중 불투명성을 취급할 수 있는 분석적 자원이 추가로 제공되면, 이 이론은 과다생성(overgeneration)이라는 심각한 위험에 처한다. Kiparsky (2001)는 단순하면서도 주목할 만한 예를 제시한다. CON에 유표성제약 NO-CODA와 더불어, 구체적으로 자음과 모음에 대한 충실성제약인 DEP과 MAX만 있다고 가정해 보자. (2-31)에 나타난 바와 같이, DEP-V와 MAX-C는 각기 선택자 역할을 할 수

있다. 입력형 /pam/과 더불어, No-Coda가 Dep-V와 Max-C를 모두 지배하는 등급순위가 주어진다면, Dep-V는 음절말음이 될 잠재성이 있는 자음을 탈락으로 처리한 감응후보 [pa]를 선택하고, Max-C는 음절말음이 될 잠재성이 있는 자음을 모음삽입으로 처리한 감응후보 [pamə]를 선택한다. 감응제약은 이러한 두 개의 감응후보를 특정한 방식으로 닮은 출력형을 선호한다. 감응제약 Dep-C$_{\text{Dep-V}}$는 Dep-V에 의하여 선택된 감응후보 [pa]에 존재하지 않는 자음을 전혀 가지고 있지 않은 후보를 선호한다. 이것은 Dep-C$_{\text{Dep-V}}$가 [pa]의 자음탈락을 본 딴 형태를 선호함을 의미한다. 이와 마찬가지로, 감응제약 Max-V$_{\text{Max-C}}$는 Max-C에 의하여 선택된 감응후보 [pamə]에 존재하는 모음을 모두 가지고 있는 후보를 선호한다. 이것은 Max-V$_{\text{Max-C}}$가 [pamə]의 모음삽입을 본 딴 형태를 선호함을 의미한다.

(2-31) 감응이론에서 바람직하지 못한 결과

/pam/	Dep-C$_{\text{Dep-V}}$ (감응제약)	Max-V$_{\text{Max-C}}$ (감응제약)	No-Coda	Dep-V (선택자)	Max-C (선택자)
→ paə				1	1
a. pam	W$_1$	W$_1$	W$_1$	L	L
b. pamə (Max-C에 의한 감응후보)	W$_1$			1	L
c. pa (Dep-V에 의한 감응후보)		W$_1$		L	1

(2-31)의 문제는 이런 종류의 불투명한 상호작용은 검증된 바도 없거니와 불가능하다는 데 의심의 여지가 없다는 점이다. 감응후보들은 No-Coda를 만족시키는 두 가지 상이한 방법, 모음삽입과 자음탈락을 반영한다. 두 가지 방식 중 한 가지만 해도 충분한데도, 감응제약은 승자로 하여금 No-Coda를 만족시키는 두 가지 방식의 효과, 즉 모음삽입과 자음탈락을 모두 재생산하도록 강요한다. 분명한 것은, [paə]를

배제하기 위해서 제약을 추가로 도입할 수도 있겠지만, 이런 종류의 국부적인 수리는 일반적인 핵심을 간과하게 한다. 이것은 결코 검증된 불투명한 상호작용이 아니며, 불필요한 비충실성, 즉 일종의 과대불투명성(hyperopacity)이다. 그러니까, 감응에 다중 불투명성을 다룰 수 있는 능력을 부여하는 것은 (2-31)처럼 존재할 가능성이 없는 결과를 생산할 수 있는 능력도 부여하는 것으로 보이게 된다.

감응이론에 대한 마지막 논평. Bye(2001, 2003), Jun(1999), 그리고 Odden(1997)은 감응형(sympathetic form)을 평가대상 후보의 일부로 삼는 변이 형태의 감응이론을 도입한다. 이 개념을 수행하는 한 가지 방법은 후보를 단일 형태가 아니라, 어떤 순서로 이루어진 쌍으로 간주하는 것이다: *(감응형, 출력형)(sympathetic-form, output-form)*. 예를 들어, Bedouin Arabic에서 승자후보는 ([ħa:kʲimi:n], [ħa:kʲmi:n])이 되고, 이것은 (2-32)에 열거한 것과 같은 다른 후보에 대항하여 경쟁을 벌인다. 이들과 같은 후보들을 평가하기 위해서 제약 체계를 구축하는 방법은 다양하다. (2-32)의 오른쪽에 있는 설명은 제약이 무엇에 민감할 필요가 있는지를 가늠하게 해 준다. 앞으로 §3에서 살펴보게 되겠지만, 후보연쇄(candidate chains)는 이와 다소 유사한 개념이다.

(2-32) *(감응형, 출력형)*으로 표시된 후보들

([ħa:kʲimi:n], [ħa:kʲmi:n])	승자
([ħa:kʲimi:n], [ħa:kmi:n])	구개음화의 불일치
([ħa:kimi:n], [ħa:kmi:n])	감응형에 구개음화 미적용
([ħa:kmi:n], [ħa:kmi:n])	감응형에 어중모음탈락 적용

2.3.4.4 대립보존 장치로서 불투명성

Donegan and Stampe(1979), Kaye(1974, 1975), Kisseberth(1976), 그리고 Gussmann(1976)은 불투명한 규칙순에는 기능적 설명이 있다고 제안한다. 일반적인 개념은 불투명성이 음소 간의 대립을 보존하며, 이렇게 되면 투명한 규칙순으로 규칙이 적용될 때 발생하게 될 중화작용을 피할 수 있다는 것이다.

Kaye(1974)는 Ojibwa(미국과 캐나다의 Algonquian)에서 가져온 (2-33)과 같은 역출혈순을 검토한다. 이것이 역출혈순인 이유는 만약 규칙이 반대 순서로 적용된다면, 자음군 단순화가 장소동화가 적용될 기회를 박탈하여, 적형이 아닌 *[takoʃʃ**in**]을 도출하기 때문이다(cf. Catalan). Kaye는 기능적 차원에서 불투명한 순서가 이해가 된다는 점에 주목한다: 표면형을 듣고 있는 청자에게는, '… *ŋ*가 기저의 분절음 목록의 일부가 아니라는 사실과 위에서 인용한 규칙이 주어진다면, 기저표시가 *k*로 끝난다는 것이 당장 분명해진다. … *ŋ*가 나올 수 있는 유일한 출처는 후행하는 연구개 폐쇄음으로 비음이 동화한 결과뿐이다'(Kaye 1974: 144). Kaye는 불투명성의 이러한 기능적 동기를 설명하기 위해서 '회복가능성(recoverability)'이라는 용어를 사용한다.

(2-33) Ojibwa의 역출혈순(Kaye 1974: 140)

기저형	/takossin-k/	
장소동화	takossiŋk	
자음군 단순화	takossiŋ	
표면형	[takoʃʃiŋ]	'(if) he arrives'

Donegan and Stampe(1979: 145-151)는 역급여순에 대하여 이와 다소 유사한 점을 지적한다. 이들의 견해에 의하면, 음운론은 음성적 (조음적)(articulatory) 목표와 음운적 (인지적)(perceptual) 목표 사이에 빚어진 갈등의 결과이다. 음운 과정의 투명한 상호작용은 아마도 조음상의 편이(articulatory ease)를 극대화하기 때문에, 여기에는 음성적인 동기가 들어 있다. 표면에서 참이 아닌 종류의 불투명한 상호작용은, 이들의 의미에서 본다면, 음운적인 동기를 가지고 있는데, 그 이유는 불투명성이 '음성을 음운적 의도에 더 가까이 다가가게 하기 때문이다'(p. 147). 일례로, Donegan and Stampe는 영어의 *plant it*의 비음탈락과, 모음 사이에서 일어나는 설탄음화를

인용한다. (2-34)에 나타난 바와 같이, 어떤 화자들에게는, 이 규칙들이 불투명하게 상호작용한다. ([plæ̃t ɪt]을, 다른 화자들이 동일 음운 과정에 대하여 투명한 상호작용을 통하여 생산하는 [plæ̃ɾ̃ ɪ̃t]과 비교하라.) Donegan and Stampe의 관점에서 본다면, 이 예와 다른 역급여순 예들은 *plant it, plan it*과 같이 '음운적으로 상이한 두 표시가 합류되는 것을 방지해 준다'(p. 147). 투명한 형태 [plæ̃ɾ̃ ɪ̃t]와 이에 비하여 조음상의 어려움이라는 관점에서 더 큰 비용을 치르는 불투명한 형태 [plæ̃t ɪt]를 비교해 가면서, 합류를 회피하고자 하는 바램을 저울질해야 한다.

(2-34) 영어의 *plant it*의 역급여순

기저형	/plænt ɪt/
[nasal] 동화	plæ̃nt ɪt
[t] 설탄음화	*[t]가 모음 사이에 있지 않기 때문에 적용 불가*
비음탈락	plæ̃t ɪt
표면형	[plæ̃t ɪt]

Łubowicz(2003)는 PC('대립보존(preserve contrast)'에서 따옴) 이론이라고 불리는 최적성이론의 체계를 발전시키는데, 이 이론은 불투명성의 기능적 동기에 대한 이러한 개념에 공식적 토대를 부여한다. Flemming(1995), Padgett(2003) 및 그 외 다수의 학자들과 더불어, 그녀는 음운적 평가의 대상은 개별 형태가 아니라 자신이 시나리오(scenarios)라고 부르는, 대립체계라고 가정한다. (예: German의 /bʊnd/ 'federation'의 시나리오는 [bʊnt]를 포함하여, 논리적으로 가능한 모든 최소 대립쌍을 포함한다.) 이러한 조처는 Con으로 하여금 중화를 방지하는 제약들을 포함하게 하는데, 불투명하게 작용하지 않으면 상실되고 말 대립을 보존하는 데 있어서 불투명한 상호작용이 도움이 되는 바로 그 환경에서 이 제약들이 불투명한 상호작용을 선호할 수 있다.

Łubowicz는 PC이론을 무엇보다도 역급여순 불투명성에 적용한다. Bedouin

Arabic의 /gabr/ → [gabur]와 같은 예를 들어 보자((2-20)을 보라). 개방음절에서 고모음화되지 않은 모음이 출력형에 들어 있기 때문에, 이것은 음절의 개방성이 원래부터 있던 것이 아님을 암시한다. PC이론은 시나리오에 대한 제약을 도입함으로써 이러한 직관을 공식적으로 표현하는데, 이 제약들 가운데는 PC_{IN}(V/Ø)라는 제약이 있다. 이 제약은 입력형 시나리오에서 성립하는, 모음과 영 사이의 대립을 중화하는 출력형 시나리오에 의해서 위배된다. 중요한 것은, PC_{IN}(V/Ø) 제약은 대립이 어떻게 보존되어야 하는가에 대해서는 언급하지 않는다는 점이다. 다른 제약과의 상호작용에 따라서, 이것은 있는 그대로 보존될 수도 있고, 혹은 다른 분절음으로 전이될 수도 있다. 그래서 만약 /pat/와 /pati/가 모두 [pati]로 전사된다면, PC_{IN}(V/Ø)가 위배되지만, 만약 /pat/는 [pati]로 전사되고 /pati/는 [padi]로 전사된다면 이 제약이 위배되지 않는다.

Arabic의 경우, PC_{IN}(V/Ø)는 (2-35)와 같은 시나리오를 평가한다. (기저형 /gabur/는 가설적인 형태이며, 시나리오는 실제 단어가 아니라 가능한 단어를 다룬다.) 고모음화를 봉쇄하고, 따라서 불투명한 시나리오를 택하기 위해서는 PC_{IN}(V/Ø)가 고모음화를 선호하는 유표성제약 **a*CV를 결정적으로 지배해야 한다. (2-36)에서 〚PC_{IN}(V/Ø) >> **a*CV〛 등급순위의 효과는, 모음삽입으로 인하여 중화될 위협에 처해 있는, 모음과 영 사이의 기저의 대립이, 선행하는 음절 모음의 음가로 전이된다는 것이다. 이 간략한 분석은 몇 가지 중요한 문제점에 대하여 대강 얼버무리기는 하지만, PC이론이 어떻게 작동하며 불투명성을 어떻게 설명하는지에 대한 이해를 도와주기에는 충분하다.

(2-35) PC이론에서 Arabic의 시나리오들

a. 투명한 작용

/gabur/ → [gibur]

/gabr/ → [gibur]

b. 불투명한 작용

/gabur/ → [gibur]

/gabr/ → [gabur]

(2-36) PC이론에서 역급여순 불투명성

/gabur/ /gabr/	PC_{IN}(V/Ø)	*COMP-CODA	*aCV	DEP	ID(low)
→ /gabur/→[gibur] /gabr/→[gabur]			1	1	1
a. /gabur/→[gibur] /gabr/→[gibur]	W_1		L	1	W_2
b. /gabur/→[gibur] /gabr/→[gabr]		W_1	L	L	1

Łubowicz가 역출혈순 불투명성에 대하여 논의한 것은 아니지만, PC이론은 Kaye의 Ojibwa 예와 같은 경우에도 적용 가능한 것처럼 보인다. 관련된 두 개의 시나리오가 (2-37)에 주어져 있다. 투명한 시나리오가 분명히 덜 유표적이고 더 충실하지만, 그럼에도 불투명한 것이 승리한다. 이런 일이 발생하자면, PC_{IN}(V/Ø)는 투명한 시나리오를 선호하는 유표성제약과 충실성제약보다 상위에 있어야 한다. 등급순위에 대한 이러한 논증은 (2-38)에 제시되어 있다. /k/와 Ø 간의 대립이 선행하는 자음으로 전이됨으로써 대립이 보존된다는 것이 기본 개념이다.

(2-37) PC이론에서 Ojibwa의 시나리오들

a. 투명한 작용

/...in/ → [...in]

/...ink/ → [...in]

b. 불투명한 작용

/...in/ → [...in]

/...ink/ → [...iŋ]

(2-38) PC이론에서 역출혈순 불투명성

/...in/ /...ink/	PC_{IN}(C/Ø)	*COMP-CODA	*ŋ	ID(coronal)
→ /...in/ → [...in] /...ink/ → [...iŋ]			1	1
a. /...in/ → [...in] /...ink/ → [...in]	W_1		L	L
b. /...in/ → [...in] /...ink/ → [...ink]		W_1	L	L

PC이론은 불투명한 상호작용에 대하여 모든 근본 원리를 급진적으로 바꿔서 기술하기 때문에, 지금까지 살펴본 불투명성 이론 중에서 가장 독창적인 이론이다. 그러나 이 이론에도 문제가 없지 않은데, 그중 가장 심각한 문제를 (2-38)의 Ojibwa 예를 가지고 예시하기로 한다. PC_{IN}(V/Ø) 제약은 (a)의 투명한 경쟁자보다 불투명한 승자를 선택한다. 이것은 예외를 허용하지 않는 것처럼 보이지만, 어떻게 보면 PC 제약은 지나치게 작동이 잘 된다. (2-38)에서 불투명한 시나리오의 승리는 Ojibwa에 독자적으로 비음 장소동화 과정이 있다는 사실과 무관하다(예: [takoʃʃiŋkipan] '(if) he arrived then'). (2-38)에서, 승자는 [nk]보다 [ŋk]를 선호하는 유표성제약을 전혀 참조하지 않고도 (a)를 누르고 이긴다. 그러므로 (2-38)의 분석은 대립이 어떻게 보존되는가와, 이 언어에 비음 장소동화 과정이 독자적으로 존재한다는 것 사이에 아무런 연관을 짓지 않는다.

대폭 수정을 가하지 않는다면, 이는 PC이론이 근본적으로 부자연스러운 방식으로 대립을 보존하도록 용인한다는 의미인데, 그 이유는 대립이 그 동기에 있어서 유표성 제약에 의존하지 않기 때문이다(Łubowicz 2003: 148-153). 예를 들어서, Ojibwa에서 /k/와 Ø 사이의 대립은 원칙적으로는 선행하는 모음을 원순음화함으로써 보존될 수도 있다: /...in/ → [...in], /...ink/ → [...yn]. Ojibwa나 다른 어떤 언어에서도 /...ink/를 [...ynk]로 투명하게 전사하는 과정이 존재할 가능성은 없을 듯하지만,

PCin(V/Ø)를 *y나 IDENT(round)보다 상위에 둠으로써 이런 결과가 가능해진다.

불투명성에 대하여 검증된 사례는 이와 같지 않다. Ojibwa의 불투명한 과정은 그 종류에 있어서 다른 언어의 투명한 과정과 다르지 않다. 우리가 실제로 언어에서 찾아볼 수 있는 불투명한 과정들은 자연스럽다. OT식의 용어로 나타내면, 이는 그 과정들에 대한 책임이 충실성보다 상위에 오는 유표성이라는 식의 표준 등급순위에 있음을 의미하는데, 그 이유는 CON의 보편성과 결부시켜 보면, 이러한 등급순위가 이 이론에서 음운적 자연성을 설명하는 유일한 수단이기 때문이다. 이 결과를 통하여 OT의 불투명성 이론이라면 갖추어야 될 이론적 타당성에 대한 강력한 선결 조건이 확립된다.

2.4. 지금까지 얻은 내용은 무엇인가?

불투명성에 대한 선행 연구를 검토한 결과로서 가장 놀라운 점은 아마도 기저표시에도 표면표시에도 존재하지 않는 구조가 담당하는 구심적 역할일 것이다. 대립보존을 예외로 하면 (§2.3.4.4), 상당히 완벽한 모든 불투명성 이론은 규칙에 의해서든 제약에 의해서든, 기저도 아니고 표면도 아닌 어떤 표시를 결정적으로 참조한다. *SPE*에서는(§2.2.3), 이것은 정해진 순서대로 적용되는 규칙을 가진 연속도출의 중간 단계이다. 다층위 OT에서는(§2.3.4.2), 이것은 한 층위의 출력형으로서, 다음 층위의 입력형이기도 하다. 감응이론, 대상지정 제약, 그리고 비교유표성에서는(§2.3.4.3), 이것은 실제 출력형보다 더 충실한 후보이다. 그리고 포함이론이나 혼선표시이론에서는(§2.3.4.1), 도출의 중간단계에 해당하는 구조가 정확하게 표시 단계는 아니지만, 그럼에도 불구하고 출력형에 공존하되 발음되지 않는 구조로 존재한다.

국부결합(§2.3.4.1)과 대립보존(§2.3.4.4)에 대한 논의는 또 다른 점을 강조한다: 불투명성은 과정이 상호작용한 결과이다. 불투명성에 대한 이해는 OT에서 '과정'이 무엇을 의미하는지에 대한 이해와 분리될 수 없으며, 또 서로 다른 과정들이 어떻게 음운적 전사에 대하여 상반된 요구를 할 수 있는지에 대한 이해와도 분리될 수 없다. 불투명성은 언어의 음운부와 깊은 연관이 있으며, 타당성 있는 불투명성 이론이라면 이 점을 반드시 인식해야 한다.

이 모든 것을 감안할 때, 근본적 진실이 불투명성에 대한 도출식 관점에 있다는 결론에 도달하게 된다. 그러나 매우 타당한 이유로, OT는 규칙 및 그에 따른 규칙순의 존재를 부정한다(McCarthy 2002b: 3장, Prince and Smolensky 2004: 2-5, 9장). OT를 연속도출이나 이와 유사한 방식과 융합하고자 한 이전의 시도가 크게 성공을 거두지 못했다는 점도 살펴보았다(§2.3.4.1-§2.3.4.3). 그렇다면, OT의 핵심적 특성과 기본적 결과물을 잃어버리지 않으면서 도출 방식에 대한 성찰을 이용하는 것이 다음 과제이다. 다음 장에서는 바로 이 작업을 수행하기 위한 제안서를 제시한다.

감추어진 일반성 제3장

후보연쇄와 음운론적 불투명성

3.1 서론

최적성이론에서, 모든 음운 교체는 표면구조에 대한 적형조건의 결과이다. 이 주장은 OT의 기본 구조에서 나온 것이다: 교체는 기저표시에 대한 불충실성을 뜻하며, 불충실성은 무엇이든 유표성제약에 의하여 강제되어야 한다. 유표성제약이 바로 표면구조의 적형성에 대한 조건이다.

§2에서 논의된 증거가 암시하는 바에 의하면 앞 문단의 문두에 나오는 보편적 양화사는 지나치게 강력하다. 역출혈순 불투명성에서는, 표면구조에 가시적으로 드러나지 않는 이유로 인해서 교체가 발생한다. 역급여순 불투명성에서는, 표면구조에 가시적으로 나타나지도 않고 또 충실성 때문이라고 하기에도 앞뒤가 맞지 않는 이유로 인해서 예상되는 교체가 발생하지 않는다. 그러므로 불투명성과 관련하여 확고한 음운 분석이 존재한다면 이는 고전 OT의 몇몇 전제에 대한 도전이 된다.

규칙기반 생성음운론에서, 음운론적 불투명성은 도출에 기인한다. 도출에서, 규칙은 기저구조와 표면구조 사이의 여러 중간 단계의 표시를 생산하며 여기에 영향을 미친다. 불투명성에 대하여 매우 성공적인 OT의 접근방식들은 몇 가지 공통점을

가지고 있다: 이 이론들도 도출 혹은 이와 유사한 무엇을 체계 내에 포함한다(§2.3.4를 참조하라).

불투명성에 대한 모종의 도출적 접근방식이 불가피하다고 여겨진다. 그렇다면, 도출적 통찰을 OT에 담아낼 수 있는 가장 좋은 방법은 무엇일까? 결과적으로 얻게 될 OT의 수정 이론은 충분히 검증되어서 널리 알려진 유형의 불투명한 상호작용을 다룰 수 있는 분석적 자원을 넉넉히 가지고 있어야 한다. 이상적으로는, 수정 이론도 불투명성에 대하여 부과 가능하면서도 흥미로운 제한을 가하게 될 것이다. 확실한 것은 수정 이론이 공모성, 언어유형론, 언어학습 및 다른 여러 문제들에 대한 OT의 핵심적 결과물을 포기하지 말아야 한다는 것인데, 그 이유는 그렇게 하지 않으면 이 수정 작업이 무의미한 일이 될 것이기 때문이다.

이 장에서는 이러한 의무조항들을 달성하는 고전 OT의 수정 이론을 발전시킨다. 핵심적 차이점은 후보에 대한 정의를 바꾸는 데 있다: 후보란 단일 출력형이 아니라, 최소한의 음운적 차이로 입력형과 출력형을 연결하는 형태들의 연쇄이다. 후보연쇄(candidate chains)는 고전 생성음운론에서 도출과정의 단계와 비슷하지만, 동시에 이들과 결정적으로 다르기도 하다. 이러한 OT 수정 이론을 OT-CC(후보연쇄를 가진 OT(OT with candidate chains)라는 의미로)라고 부른다.

이 장은 다음과 같이 구성되어 있다. §3.2에서 연쇄이론을 나열한다. 이 절에서는 불투명성에 대해서는 논의하지 않으며, 그 대신 연쇄의 공식적 특성 및 불투명성과는 무관한 몇 가지 흥미로운 결과와 예측을 확립하는 데 역점을 둔다. 연쇄이론은 §3.3에서 불투명성 문제에 적용된다. 이 절에서는 연쇄에서 불충실한 전사의 순서를 조절하는 PREC 제약을 도입한다. §4의 좀 더 자세한 분석을 개략적으로 단순화한 역출혈순과 역급여순 불투명성의 예와 Yawelmani에서 불투명성의 다중 상호작용을 예로 들어서 이 이론을 예시한다. 학습가능성 문제는 §3.4에서 간략히 논의하며, 충실성이 불투명성과 연관되어 있는 방식은 §3.5의 논제이다. 끝으로 §3.6에서, OT이론이든 아니든 §2에서 논의된 불투명성에 대한 다양한 대안적 접근방식과 OT-CC를 비교한다.

3.2 연쇄이론

3.2.1 기본사항

OT-CC에서, 후보는 단일 형태가 아니라 형태들의 연쇄이다. (이 기술은 정확하게 맞는 말은 아니다. §3.3.2에서 실제 후보는 핵심적인 정보를 제외한 나머지는 모두 버린 축소판 연쇄임을 보게 될 것이다.) 연쇄는 일련의 중간형태를 통하여 입력형과 출력형을 연결하는, 차례대로 배열된 *n*개의 형태로서, 각각의 중간형태는 바로 앞이나 뒤에 오는 형태와 최소한의 차이로 다르다. 연쇄의 마지막 구성소는 출력형이며, 연쇄에서 출력형은 고전 OT에서 출력형과 똑같은 지위를 갖는다. 연쇄는 차례대로 배열된 *n*개의 형태이므로, 이 형태들을 표시하기 위해서 궤적표시법(vector notation)을 사용하기로 한다: 예: <pat, pati, pat͡ʃi>는 음절말음을 해소하는 [i] 삽입과 [i] 모음에 의하여 유발되는 구개음화의 투명한 상호작용을 표시하는 연쇄이다.

연쇄의 적형성에는 세 가지 조건이 있다: (i) 연쇄의 첫 번째 구성소는 입력형에 *완전히 충실해야(fully faithful)* 한다. (ii) 연쇄의 연속적인 형태들은 입력형에서 시작하여 *점진적으로(gradually)* 차이점을 누적해 나가야 한다. (iii) 연쇄의 형태들은 *국부적으로 최적의(locally optimal)* 상태에 있다. 이 장에서 다음 단락과 그 이하의 절은 이러한 주장을 상세히 설명하며 다른 대안적 공식화를 고려한다.

(i) **충실한 첫 번째 구성소(Faithful first member)**(§3.2.4.1). 입력형 /in/에 기초한 모든 후보연쇄의 첫 번째 구성소는 /in/의 *완전히 충실한 분석(fully faithful parse)*이다.[1] /in/의 완전히 충실한 분석이란 어떤 충실성제약도 위배하지 않는 /in/에 대한 분석이다. 그러므로 완전히 충실한 분석은 충실

---

1) 모든 입력형에 대하여 전적으로 충실한 분석이 존재한다는 점에 대해서는 Moreton(2003)을 그리고 비교유표성이론(comparative markedness theory)에서 이 분석의 역할에 대해서는 McCarthy(2002a, 2003a)를 보라.

성제약에 의하여 보호되지 않는 음운적 특성에 있어서는 /in/과 다를 수 있다. /in/의 완전히 충실한 분석에는 한 개 이상이 있을 수 있다. 그리고 실제로 연쇄를 시작하는 구성소는 (iii)의 국부적 최적성 원칙에 의하여 결정된다.

(ii) **점진성(Gradualness)**(§3.2.4.2). 한 형태의 특정 위치에서 기본충실성제약(basic faithfulness constraint)[2]을 단 한 번만 위배하면 이것이 *국부적 불충실 전사(localized unfaithful mapping)* 혹은 LUM이다. 점진성은 서로 연관된 두 가지 요건을 구체화한다: 후보연쇄에서 연속적인 형태는 선행형들의 LUM을 모두 누적해야 한다. 그리고 하나의 형태는 직전 선행형에 정확히 한 개의 LUM을 추가한다. 예를 들어서, <pat.ka, pa.tə.ka, pa.də.ka>는 입력형 /patka/로부터 타당한 연쇄가 될 수 있는 반면에, **<pat.ka, pa.də.ka>는 타당한 연쇄가 될 수가 없는데, 그 이유는 /pat.ka/ → [pa.də.ka]의 전사가 단일 LUM으로는 이루어질 수 없기 때문이다. (별표 한 개는 타당하지만 최적이 아닌 연쇄를 표시하기 위해서 그대로 두고, 타당하지 않은 연쇄를 표시하기 위해서는 별표 두 개를 사용하기로 한다.) 간략히 말해서, 연쇄는 원래의 입력형과 비교해서 상대적으로 한결같이(monotonically) 증가 일로에 있는 비충실성에 의하여 규정될 수 있으며, 연결선의 기울기는 연쇄의 각 연결고리 대비 한 개의 LUM이다.

(iii) **국부적 최적성(Local optimality)**(§3.2.4.3). 고전 OT와는 달리 OT-CC에서는, 특정 입력형으로부터 도출된 후보들이 언어마다 다를 수 있다. 이러한 차이의 원천은 국부적 최적성 요건에 있는데, 여기에는 두 가지 양상이 있다:

(a) 연쇄의 초기형(initial form)은 입력형에 대하여 완전히 충실한 분석으로

2) '기본충실성제약'이란 기술상의 용어이다. 정의는 §3.2.4.2를 참조하라.

서, 이것은 해당 언어의 제약위계에 의거하여 가장 조화적인 것이다. 다시 말하면, 이것은 모든 충실한 분석 가운데 국부적으로 최적의 상태에 있는 것이다.

(b) 연쇄에서 모든 비초기형(noninitial form)은 선행형보다 더 조화적이다(= 조화향상(harmonic improvement)). 아울러 이 형태는 동일한 기본충실성제약을 위배함으로써 도출될 수 있는 다른 어떤 형태보다 더 조화적이다(= 최상의 위배(best violation)). 예를 들어서, <..., pat.ka, pa.tə.ka, ...>가 제약위계 $\mathcal{H}$를 가진 언어에서 타당한 연쇄가 되려면, [pa.tə.ka]가 그 선행형인 [pat.ka]보다 $\mathcal{H}$에 의거하여 더 조화적이어야 한다(조화향상). 나아가 [pa.tə.ka]가 모음삽입에 의한 LUM에 의해서 생산되기 때문에, 대안으로서 모음삽입 위치를 달리한 [ə.pat.ka], [pə.at.ka], [pat.ə.ka] 등과 같은 모든 형태보다 이 형태가 $\mathcal{H}$에 의거하여 더 조화적이기도 해야 한다(최상의 위배).

국부적 최적성은 연쇄의 비초기형 구성소에 대하여 두 가지 결과를 가져온다. 첫째, 이것은 조화향상을 보장한다: 연쇄의 각 형태는 선행형보다 더 조화적이다. 점진성 요건 (ii)에 의거하여, 연쇄에서 하나의 형태는 그 선행형보다 항상 덜 충실하다는 사실을 알고 있으므로, $\mathcal{H}$와 비교할 때 이 형태는 국부적 최적성으로 인하여 틀림없이 선행형보다 덜 유표적인데, 그 이유는 덜 충실한 형태가 덜 유표적이기만 하다면 더 조화적일 수 있기 때문이다(Moreton(2003)과 §2.3.1을 보라). 둘째로, 동일한 제약을 위배하여 조화적으로 향상할 가능성이 몇 가지 있을 때, 국부적 최적성은 특정 충실성제약을 위배하는 최상의 방법을 택한다. 연쇄에 대한 정의를 내리는 데 있어서 국부적 최적성과 이 원칙의 역할에 대한 좀 더 자세한 논의로는 §4.2.3을 보라.

(3-1)에서 연쇄에 대한 이 세 가지 요건을 요약하여 약간 다르게 재정리하였다.

(3-1) 정의: 후보연쇄(Candidate Chain)

제약위계 $\mathcal{H}$를 가진 한 언어에서 입력형 /in/과 연관이 있는 하나의 후보연쇄는 차례대로 배열된 n개의 형태 $C = \langle f_0, f_1, ..., f_n \rangle$으로서 아래의 조건을 만족시킨다.

a. 초기형(Initial form): f_0는 /in/의 충실한 분석으로서 $\mathcal{H}$에 의거하여 가장 조화적이다.

b. 점진성(Gradualness): 연쇄 C에서 직후의 형태들로 이루어진 모든 쌍 $\langle ..., f_i, f_{i+1}, ... \rangle$ $(0 \leq i < n)$에서, f_{i+1}은 /in/과 비교하여 상대적으로 f_i가 갖는 모든 국부적 불충실 전사에 불충실한 전사를 하나 더 추가한다.

c. 국부적 최적성(Local optimality)(조화향상 + 최상의 위배): 연쇄 C에서 직후의 형태들로 이루어진 모든 쌍 $\langle ..., f_i, f_{i+1}, ... \rangle$ $(0 \leq i < n)$에 대하여, f_{i+1}을 f_i로부터 구분하는 LUM에 의하여 위배된 기본충실성제약을 F라고 할 때, f_{i+1}은 $\mathcal{H}$에 의거하여 f_i보다 더 조화적이며, 또 F를 위배하는 다른 LUM에 의해서 f_i와 차이가 나는 다른 어떤 형태보다도 더 조화적이다.

예를 들어서, (3-2)의 제약위계를 가진 언어가 있다고 가정해 보자. /pap/에서 도출된 타당한 연쇄 가운데는 (3-3)의 연쇄들이 있다: 여기에는 /pap/의 가장 조화적이고 충실한 분석만으로 구성된 연쇄가 포함되고, 또한 모음삽입, 자음탈락 혹은 모음삽입 더하기 모음 사이의 유성음화를 통하여 단일 형태의 연쇄를 확장한 다른 연쇄들도 포함된다. ((3-1)의 정의에 따르면, MAX가 DEP을 지배하더라도, <pap, pa.pə>와 <pap, pa>는 모두 타당한 연쇄들임을 주지하라.) 반면에, (3-4)의 연쇄는 (3-1)의 요건에서 하나 혹은 그 이상 이탈하기 때문에 타당하지 않다.

(3-2) 가설상의 제약위계

No-Coda >> Max >> Dep >> * $VC_{VCLS}V$ >> Id(voice)

(3-3) (3-2)의 제약위계 하에서 입력형 /pap/에 대한 몇몇 타당한 연쇄

<pap>	충실한 분석
<pap, pa.pə>	No-Coda>> Dep 때문에 조화적으로 향상함
<pap, pa>	No-Coda>> Max 때문에 조화적으로 향상함
<pap, pa.pə, pa.bə>	<pap, papə>가 조화적으로 향상하고, *$VC_{VCLS}V$ >> Id(voice) 때문에 조화적으로 향상함

(3-4) (3-2)의 제약위계 하에서 입력형 /pap/에 대한 몇몇 타당하지 않은 연쇄

**<pap, pab>	$\mathcal{H}$ 하에서 어말 유성음화는 조화적으로 향상하지 않음
**<pap, pab, pa.bə>	비연쇄 <pap, pab>를 포함함(§3.2.2를 보라)
**<pa.pə, pa.bə>	충실한 후보로 시작하지 않음
**<pap, pa.bə>	한꺼번에 한 개 이상의 LUM을 추가
**<pap, pap>	LUM을 추가하지 않음
**<pap, pa.pə, pa.bə, pab>	LUM을 뺌

국부적 최적성 요건은 생성부(Gen)와 평가부(Eval) 사이의 상호작용을 요구하며, 이것은 (3-5)와 같은 선에서 OT의 기본 구조체계(architecture)에 대한 수정을 필요로 한다.[3] 양방향 화살표에 나타난 바와 같이, Gen과 Eval 사이에 정보가 유통되는데, 그 이유는 입력형의 어느 충실한 분석이 가장 조화적인지, 연쇄에 특정 LUM을 추가하는 것이 조화향상을 초래하는지 어떤지, 그리고 특정 충실성제약을 위배하는 LUM 가운데 어느 것이 가장 조화적인 결과로 이어지는지를 결정하기 위해서 Gen이 Eval을 참고해야 하기 때문이다. §3.2.2에서 살펴보게 되겠지만,

3) 후보 구축에서 조화 평가를 이용하는 Wilson(2003, 2004)을 참조하라.

국부적 최적성화에 근거한 연쇄 구축에 반복성(recursive) 절차를 부여하는 것은 매우 직설적인 방안이다.

(3-5) OT-CC의 기본 구조체계

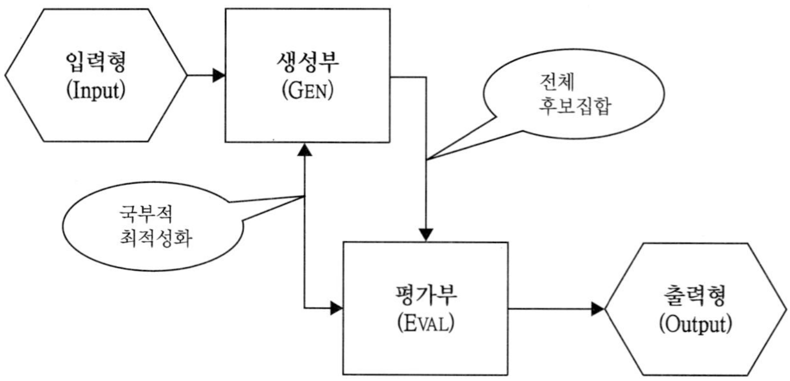

3.2.2 후보연쇄의 몇 가지 특성

(3-1)의 정의는 연쇄와 부분연쇄(subchains) 사이에 모종의 관계를 요구한다. 고전 OT의 조화향상 특성과 결부될 때, 이 정의는 주어진 입력형에 대하여 타당한 후보연쇄의 크기와 숫자에도 제한을 부과한다.

연쇄/부분연쇄 관계. (3-1)의 정의는 연쇄에 대한 *상향식 함의(upward entailment)* 요건을 내포한다: 어떤 타당한 연쇄도 왼쪽으로 동일하지만, 타당하지 않은 부분연쇄를 포함할 수 없다. 즉, 만약 제약위계 $\mathcal{H}$ 하에서 **<f_0, f_1, ..., f_m>이 입력형 /in/에 대하여 타당한 연쇄가 아니라면, **<f_0, f_1, ..., f_m, ..., $\mathbf{f_n}$>도 타당하지 않다. 나머지 모든 것은 똑같이 유지하고 있으면서, 타당하지 않은 연쇄의 끝 쪽으로 형태들을 추가하는 것만으로는 결코 타당해지지 않는다. 이 결과는 (3-1)로부터 얻을 수 있는데, 그 이유는 **<f_0, f_1, ..., f_m>이 왜 타당한 연쇄가 아닌지에 대하여 가능한 설명이라면 무엇이나 **<f_0, f_1, ..., f_m, ..., f_n>에 대해서도 반드시 성립하기 때문이다: 이유는

f_0가 /in/의 가장 충실한 분석이 아니거나; 아니면 (3-1)의 조항 (c)의 의미에서 볼 때 $**\langle f_0, f_1, \ldots, f_m \rangle$에서 어떤 형태가 직전 선행형의 LUM 집합에 정확하게 한 개의 LUM만 추가하지를 못했거나; 아니면 $**\langle f_0, f_1, \ldots, f_m \rangle$에서 어떤 형태가 국부적으로 최적성이 아니기 때문이다.

이 정의는 연쇄에 대한 *하향식 함의(downward entailment)* 요건도 부과한다: 타당한 연쇄의 왼쪽 끝과 동일한 부분연쇄도 모두 타당한 연쇄이다. 즉, 제약위계 $\mathcal{H}$ 하에서 $\langle f_0, f_1, \ldots, f_n \rangle$이 입력형 /in/에 대하여 타당한 연쇄이면, $m<n$일 때, 왼쪽 끝이 동일한 모든 부분연쇄 $\langle f_0, f_1, \ldots, f_m \rangle$도 타당한 연쇄이다. 이 주장은 (3-1)로부터 얻을 수 있는데, 그 이유는, 만약 $\langle f_0, f_1, \ldots, f_m, \ldots, f_n \rangle$이 타당한 연쇄라면, 타당한 연쇄에 필요한 모든 의무조항이 $\langle f_0, f_1, \ldots, f_m \rangle$에도 성립해야 하기 때문이다: f_0는 /in/의 가장 조화적인 충실한 분석이고, $\langle f_0, f_1, \ldots, f_m \rangle$에서 모든 형태는 직전 선행형의 LUM 집합에 정확하게 한 개의 LUM만 추가하며, 그리고 (3-1)의 조항 (c)의 의미에서 볼 때 $\langle f_0, f_1, \ldots, f_m \rangle$에서 모든 형태는 국부적으로 최적성이다.

종합하면, 상향식 함의와 하향식 함의는 연쇄 구축의 반복성 절차를 암시한다 (Becker(2006)도 참조하라).[4] GEN이 먼저 입력형의 충실한 분석을 모두 구축하고, EVAL이 가장 조화적인 형태, $[f_0]$를 선택한다. 이 형태가 단일형 연쇄 $\langle f_0 \rangle$를 구성한다. 모든 기본충실성제약 F에 대하여, GEN은 $[f_0]$에 정확하게 한 개의 F를 위배하는 LUM을 추가하는 형태의 집합인 $\{_F f^i\}$를 구축한다. [h]가 $\{_F f^i\} \cup \{f_0\}$의 가장 조화적 구성소를 가리킨다고 하자. 만약 [h]가 $[f_0]$와 다르면, 후보집합에 연쇄 $\langle f_0, h \rangle$를 추가하라. 새로 추가된 모든 연쇄의 가장 오른쪽 구성소에 GEN과 EVAL을 적용하여, 반복적으로 계속하라. 더 이상 조화향상이 불가능하기 때문에 연쇄를 추가할 수 없는 시점에 반복이 종결된다. 종결은 OT의 기본적 특성에 의하여 보장된다—아래를 참조하라.

한 연쇄와 이와 왼쪽 끝이 동일한 부분연쇄의 관계는 투명성/불투명성의 구분과도

---

4) 이 논제에 관한 논의에 대하여 Michael Becker에게 깊이 감사한다.

관련이 있다. 투명한 음운 현상에서, <f_0, f_1, ..., f_m, ..., f_n>은 일관성 있게 <f_0, f_1, ..., f_m>을 누르고 승자가 되는데, 그 이유는 이러한 연쇄가 타당하자면 f_n이 f_m보다 반드시 더 조화적이어야 하기 때문이다. 그러나 역급여순 불투명성에서, 승자는 짧은 연쇄인 <f_0, f_1, ..., f_m>이 될 수 있다. 예를 들어서, Bedouin Arabic에서 *[gi.bur]가 [ga.bur]보다 덜 유표적인데도, 투명한 *<gabr, ga.bur, gi.bur>는 불투명한 <gabr, ga.bur>에게 패배한다. 이런 불투명한 결과는 연쇄를 평가하는 Prec 제약 때문이다 (§3.3을 참조하라).

연쇄의 길이와 숫자. 고전 OT에서 후보집합은 기본적으로는 무한한 것으로 기술된다. 이것이 무한한 것은 Gen이 무제한적인 구조구축적(structure-building) 작용을 포함하고 있기 때문인데, 이 작용 가운데 삽입이 가장 두드러진 예이다. Gen에서 무제한적인 삽입을 허용하면, 후보가 한없이 길어질 수 있다. 이론적 절감이라는 이유로 고전 OT의 Gen에서는 삽입이 무제한적이다: 관찰상 나타난 삽입에 대한 제한은 모두 계승유형론(factorial typology)에 의하여 적절히 설명된다. 과다한 삽입은 충실성 위배를 추가로 초래하되 이에 수반하여 유표성 수행에 향상을 가져오지 않으므로, 반복되는 삽입에 대하여 Gen 내부에서 제한을 가할 필요가 없다.

그러나 OT-CC에서는, 후보집합이 유한(finite)하다. (3-5)의 흐름도에서 분명해지듯이, 연쇄 구축은 Gen과 Eval 사이에 양방향 소통을 필요로 한다. 연쇄 타당성(chain validity)은 무엇보다도, 언어개별적인 제약위계와 비교하여 조화향상에 의존한다. 만약 어떤 형태가 유표성의 향상을 수반하지 않고 삽입을 겪는다면, 이 형태는 연쇄에 추가될 수 없다. Eval이 관여하는 삽입의 기본적 경제성이 Gen에 허용된 역할에 영향을 미치기 때문에, 무한정 반복되는 삽입은 OT-CC에서 불가능하다. [pa.ə]보다는 [pa.ə.ə]를, [pa.ə.ə]보다는 [pa.ə.ə.ə]를, 등으로 선호하는 유표성제약이 Con에 포함되어 있지 않는 한, 연쇄 <pa, pa.ə, pa.ə.ə, pa.ə.ə.ə, ...>는 있을 수 없다.

CON이 유한하고, 또 유표성제약이 입력형을 참조하지 않고 출력형을 평가하기 때문에, 삽입을 더 하더라도 더 이상 조화향상이 일어나지 않으며 따라서 연쇄가 더 이상 길어질 수 없는 시점이 반드시 오게 되어있다.[5] 그래서 연쇄의 길이에는 한계가 있고 후보집합은 유한하다. 이 결과는 Tesar(1995b)의 음절성 분석 모델과 유사한데, 이 모델은 이와 동일한 기본 개념을 갖되 도출적 방식이 아니라 방향성을 따라 진행된다.

이 결과에 대한 다소 공식적인 기술은 Moreton(2003)의 특성화 정리(Characterization Theorem)로부터 도출될 수 있다. 이 정리에 의하면 고전 OT 문법이라면 어떤 문법이나 *궁극적으로 멱등적인(eventually idempotent)* 문법으로 기술된다. 어떤 a에 대하여 $f(a) = f \circ f(a)$가 성립하는 경우와 오직 이 경우에만, 즉 f를 a에 적용한 결과가, f를 a에 적용한 결과에 f를 적용한 결과와 동일하다면, 함수 f는 멱등적이다. OT 문법을 포함하여, 생성문법은 어느 것이나 함수 G(/in/) → [out]이다. 어떤 입력형에 대하여, 자신의 출력형에 G를 반복적으로 적용한 결과 더 이상 변화가 일어나지 않는 시점에 도달하는 경우와 오직 이 경우에만, 이 함수 G는 *궁극적으로(eventually)* 멱등적이다. 즉, 모든 /in/에 대하여 ($\forall$/in/), G^n(/in/) = G^{n+1}(/in/)이 성립하는 어떤 n이 존재한다($\exists n$). 그러므로 모든 고전 OT 문법이 궁극적으로 멱등적이라고 말하는 것은 어떤 문법에서든지 어떤 입력형에 대한 조화향상에는 항상 한계가 있다고 말하는 것과 마찬가지이다. 만약 문법에 입력형으로서 자신의 출력형이 반복적으로 주어진다면, 더 이상 조화향상이 가능하지 않기 때문에 출력형이 입력형과 동일한 시점이 반드시 오기 마련이다.

고전 OT 문법에 대한 이 결과는 OT-CC와 직접적으로 관련이 있다. 연쇄는 조화향상 요건의 지배를 받는다: 만약 <..., f_i, f_{i+1}, ...>이 타당한 연쇄라면, f_{i+1}은 f_i보다

5) CON에 Alderete(2001a, 2001b)의 의미의 반충실성제약이 포함되어 있더라도 이 결과는 바뀌지 않는다. 만약 입력형-출력형 전사에서 DEP 위배가 한 개뿐이라면 반충실성 제약 ⌐DEP이 만족된다. 그러므로 이 제약은 연쇄 <pa, pa.ə, pa.ə.ə, pa.ə.ə.ə, ...>에서 오직 첫 번째 단계만 정당화할 수 있다.

더 조화적이다. 이것은 f_i와 f_{i+1}이 유일한 후보로 주어질 때, 고전 OT 문법이 f_{i+1}을 최적형으로 선택할 것이라고 말하는 것과 마찬가지이다. 특성화 정리를 통하여, 모든 연쇄는 현재의 연쇄-말 형태보다 더 조화적인 형태가 존재하지 않는 시점에 궁극적으로 도달하게 된다는 것을 확실히 알고 있으며, 따라서 연쇄의 길이가 자꾸만 더 길어지는 것은 불가능하다. 즉, 어떤 입력형과 어떤 제약위계 $\mathcal{H}$에 대하여, f_n에 단 한 개의 LUM을 추가함으로써 얻을 수 있는 모든 $[f_{n+1}]$에 대하여 $[f_n] > [f_{n+1}]$이 성립하는 어떤 *n*이 존재한다. (부호 $>$에 대해서는, '보다 더 조화적이다'라고 읽는다.) 그러므로 타당한 연쇄의 길이에는 한계가 있다.

후보연쇄에 대한 이러한 결과는 OT-CC에 결정적으로 유한한 특질을 부여하지만, 이 결과 그 자체는 모든 평가가 유한함을 보장하기에 충분하지 않다. 연쇄에 포함된 형태에 대한 국부적 최적성 요건 때문에, 연쇄구축 과정에서 또 다른 평가가 발생한다: 연쇄 개시형(chain initiator)은 입력형의 가장 조화적인 충실한 분석이며, 한 연쇄에 F를 위배하는 LUM을 하나 더 추가하는 과정에는 F를 위배하면서 더 조화적일 수 있는 다른 방법이 없어야 된다.

이 두 가지 평가 모두에서, 무한성에 대한 위협은 충실성에 있어서 어떤 대가도 치르지 않고 도입되거나 변화될 수 있는 음운 표시의 특성에서 나온다. 구체적으로 말해서, 음절화가 그런 특성이라고 가정하자(cf. §3.2.4.1). 입력형 /pa/를 음절화하는데 있어서, $[pa]_\sigma$와 $[p]_\sigma[a]_\sigma$와 같은 몇 가지 방법밖에 없는 것처럼 보일지 모른다. 그러나 만약 충실성에 있어서 아무런 대가를 치르지 않고도, Gen이 자유롭게 분절음으로 내용물을 채우지 않은 음절을 생성할 수 있다면, 가능한 경우의 수는 무한대이다 — 단순히 $[pa]_\sigma$와 $[p]_\sigma[a]_\sigma$뿐만 아니라 $[pa]_\sigma[\ ]_\sigma$ 혹은 $[pa]_\sigma[\ ]_\sigma[\ ]_\sigma$ 등도 가능하다. 만약 Gen이 $[[pa]_\sigma]_\sigma$나 $[[[pa]_\sigma]_\sigma]_\sigma$와 같이 자유자재로 음절을 되풀이할 수 있다면 똑같은 일이 발생한다. 그렇다면, 연쇄구축적인(chain-building) 평가가 유한함을 보장하기 위해서는, Gen에 위배할 수 없는 어떤 제재를 가함으로써 이러한 구조적 가능성을 배제할 필요가 있다. 첫째, Gen은 음절핵이 없는(headless) 음절을 설정하지 못하도록 금지되어야 한다. 보다 정확하게는, 모든 음절에는 분절음을 가진 명시적인 음절핵이 반드시 있어야 한다. 둘째, GEN은 반복적인(recursive) 운율 구조도 설정하지 못하도록 금지되어야 한다. 언어 이론에 '머리(head)'의 개념이 편재하고(Harris 1946 이래로), 모음삽입에 대한 빈-마디(empty-node) 접근방식이 조응이론으로 대체된다는 점을(cf. §2.3.4.1) 감안할 때, 이 두 제재 조치 가운데 첫 번째 것은 자연스럽다. 그러나 EVAL에 기반을 둔 구조적 경제성에 대한 Grimshaw(1994)와 Gouskova (2003)의 결과뿐만 아니라, 운율 위계의 비반복성이 위배 가능한 제약에 따른 결과라고 주장하는 연구(Selkirk 1996)의 관점에서 볼 때, 운율구조의 반복성에 대한 GEN 내부의 금지 조항은 좀 더 문제가 된다고 여겨진다. 그럼에도, 운율적 반복이 허용되는 유일하고 확실한 사례에 음운적 단어(phonological word) 마디가 포함된다는 것은 주목할 만하다. 그러나 음절과 음보의 반복성은 불필요해 보이며 심지어는 문제의 소지가 될 수도 있다.

OT-CC에서 후보집합의 유한성이 주요 결과로 여겨져서는 안 된다.[6] 입력형을 출력형으로 전사하는 함수 G에 대한 정의는 언어 이론의 소관이다. 정의가 잘 내려진 G를 제공할 책임은, G가 효율적으로 전산 가능한 것인지의 여부에 관한 질문, 즉 Chomsky(예: 1965: 9, 1968: 117)가 종종 강조해 왔던 사항과는 전혀 별개의 것이다. 만약 전산 가능성(computability)이라는 전혀 별개의 문제에 대하여 논하기로 작정한다면, 전산이론 및 방법을 동원하여 논해야 한다. 무한대의 후보집합에 대한 '도전'은 전산 모델이 언어지식(competence) 모델과 꼭 닮았다고 가정하는 데서 발생하는 것으로서, 이는 무한대의 집합을 조화적 순서로 분류하는 시지프스식의 과제로 고군분투하는 격이다. Tesar(1995a, 1995b)에서 알 수 있듯이, 진지한 전산 연구는 그런 억지 방법을 이용하지 않는다. 나아가 후보집합의 크기가 어떤 식으로든 문제가 된다면, 무한대인 것과 방대하되 유한한 것 사이에 큰 차이가 있을 것 같지 않다. 결국, 만약 잘못 고안된 전산 모델이 처리하는 일이 후보집합을 조화적 순서로 분류하

6) 이 문제에 관한 논의에 대하여 Bruce Tesar에게 감사한다.

는 것보다 나을 바가 없다면, 무한대로 많은 후보가 있는지 아니면 백만 개의 후보 밖에 없는지는 문제가 되지 않는다 — 어느 쪽이 되든지 간에, 이 모델은 언어 처리(language processing)의 합리적 이론이 되기에는 속도가 너무 느리다. OT-CC의 후보집합의 유한성보다 더 중요한 점은 이 후보집합이 *작다는* 사실이다(Becker 2006).

요약하면, (3-1)에서 정의한 후보연쇄이론은 후보집합의 크기에 대하여 매력적인 결과로 이어진다. 그러나 이 결과를 겉으로 표방하는 데 따르는 비용을 치르지 않는 것은 아니다. §3.2.4.3에서 살펴보게 되겠지만, 고전 OT에서 가능한 /in/ → [out]의 몇몇 전사는 OT-CC에서 불가능하다. 그 이유는, 고전 OT는 [out]이 [in]보다 더 조화적이어야 한다고 요구하는 반면, OT-CC는 /in/에서 [out]으로 가는 과정에 *점진적으로* 증가하는 불충실성과 향상되는 조화가 한결같이 일어나는 경로(path)도 있어야 함을 요구한다. 한 번에 한 개의 LUM씩, 점진적으로만 불충실성이 증가해야 한다는 요건이 이런 차이점의 핵심이다.

3.2.3 후보연쇄의 지적 전신

후보연쇄와 음운적 도출에 나타난 일련의 형태 간에는 명백한 유사성이 있다: 양자 모두 기저단계와 표면단계의 표시 사이에 경로를 기술하는 중간표시를 가지고 있다. 그러나 여기에는 중요한 차이점도 있다(§3.4도 참조하라).

주된 차이점은 대부분의 도출적 접근방식이 도출에 대하여 조화향상 요건을 부과하지 않으며, 또 본질적으로 부과할 수도 없다는 것이다. OT-CC에서, 후보연쇄의 연결고리는 제약위계 $\mathcal{H}$와 비교하여 *꾸준히* 조화향상을 나타내어야 한다. $\mathcal{H}$에 의거하여 $[f_1] > [f_0]$이며, 동일한 $\mathcal{H}$에 의거하여 $[f_2] > [f_1]$이며, 등등으로 성립할 경우에만 후보연쇄 $\langle f_0, f_1, ..., f_n \rangle$은 조화적으로 향상한다. 가장 주목받는 두 개의 도출 모델인 규칙기반 음운론(§2.2.2)과 다층위 OT(§2.3.4.2)의 그 어느 이론도 도출에 이러한 조화향상의 특성이 들어 있어야 한다는 요구를 분별있게 하지 못한다. 다층위 OT에서, 만약 층위1에서 $/f_0/ \rightarrow [f_1]$이면, 층위1의 제약위계 $\mathcal{H}_1$에 의거하여, $[f_1]$은 충실한 출력형 $[f_0]$ 및 다른 모든 후보보다 더 조화적이다. 만약 층위2에서 $/f_1/ \rightarrow [f_2]$이면, 층위2의 제약위계 $\mathcal{H}_2$에 의거하여, 출력형 $[f_2]$는 $[f_1]$ 및 다른 모든 후보보다 더 조화적이다, 등등. 다층위 OT의 명시적인 중심 가설은 서로 다른 층위는 동일한 보편적 제약집합 중에서 상이하면서, 부분적으로는 모순적인 등급순위를 가지고 있다는 것이다. 그러므로 동일 언어 내에서 $\mathcal{H}_1$은 $[f_i] > [f_j]$라고 주장하고, $\mathcal{H}_2$는 $[f_j] > [f_i]$라고 주장하는 것이 가능하다. 이것이 다층위 OT가 요크공작식 도출을 생산할 수 있는 이유이다(cf. McCarthy 2003c, Pullum 1976): A → B → A(§2.2.3과 §2.3.2를 참조하라). 다층위 OT의 요크공작식 도출의 예로는, McCarthy(2005b)와 아래 §3.5에서 논의될 일본어의 [g]~[ŋ]의 교체에 대한 Ito & Mester(2001, 2003b)의 분석을 참조하라.

다층위 OT가 이와 같은 분석적 풍요를 누리는 이유는 층위에 따라 제약의 등급순위를 재조정할 때 이를 제한하기 위한 조처로 알려진 바가 전무하기 때문인데, 경험론적으로 꼼꼼히 따져 보면 제한을 가하는 방안으로 제시된 다양한 제안들은 지속 가능한 것이 못 되었다(§2.3.4.2를 참조하라). 그러므로 단일 언어 내에서 $\mathcal{H}_1$과 $\mathcal{H}_2$는 원칙적으로는 전혀 다른 두 언어의 제약위계만큼이나 다를 수 있다. 요지는 다층위 OT의 도출에는 단일 제약위계와 비교하여 조화적으로 향상해야 한다는 요건이 요구되지 않으며, 또 합리적인 선에서 요구될 수도 없다.

조화향상과 같은 개념은 '조화'라든가 '향상'이라든가 하는 개념이 없는 규칙기반 음운론의 입장에서는 더욱 더 낯선 개념이다. 그렇지만 비교를 용이하게 하기 위하여, 규칙기반 음운론을 층위의 개수에 제한이 없는 다층위 OT의 특수한 경우로 생각해 볼 수 있다. 단일 음운 규칙 R의 효과는 여기서 $\mathcal{H}_R$이라고 칭할 Con의 어떤 위계와 유사하게 생각해 볼 수 있다. 그러면 일련의 음운 규칙 (R_1, R_2, R_3, ...)의 효과는 순차적으로 적용되는 일련의 층위와 닮은 것이라고 볼 수 있다(cf. Black 1993): $\mathcal{H}_{R1} \rightarrow \mathcal{H}_{R2} \rightarrow \mathcal{H}_{R3}$ ... 그러므로 도출에 대한 조화향상 요건은 규칙기반 음운론의 가정과는 매우 동떨어진 개념이다.

후보연쇄와 도출 간의 차이점의 또 다른 원천은 한결같이 증가 일로에 있어야 하는 불충실성 요건이다: 타당한 연쇄의 각 구성소는 바로 앞에 오는 형태에 정확하게 한 개의 LUM을 추가한 것이다. 자립분절음운론과 율격음운론의 문헌에서 규칙을 몇 개의 기본적 작동으로 제한하려는 시도가 있기는 했지만(예: Prince(1983)의 '*x* 이동(Move *x*)' 혹은 Archangeli and Pulleyblank(1994)의 '경로삽입(Insert Path)'), Chomsky and Halle(1968)의 규칙공식화 이론에서는, 음운 규칙은 한 번에 단 한 개의 작은 변화로 제한되지 않는다. 한 층위의 문법은 고전 OT의 문법에 불과하며, 고전 OT 문법은 몇 개의 불충실한 전사를 동시에 요구할 수 있기 때문에, 다층위 OT에서는 단일 층위가 불충실한 전사를 몇 개라도 동시에 요구할 수 있다. 규칙과 층위는 입력형과 비교하여 한결같이 증가 일로에 있지 않는 불충실성도 생산해 낼 수 있는데, 그 고전적인 예가 요크공작식 도출이라 하겠다. OT-CC의 연쇄는 한결같이 증가 일로에 있는 불충실성 요건을 구비해야 하며, 이로써 요크공작식 상호작용을 배제할 수 있다.

OT-CC는 OT의 다른 어떤 변이형 구조체계보다도 조화연속주의(harmonic serialism)에 가깝다(§2.3.4.2를 보라). 조화연속주의에서, GEN은 입력형 /in/을 택하여 이것으로부터 후보집합 $cand\text{-}set_0$를 도출하는데, 이 집합은 EVAL로 제출된다. EVAL에 의하여 결정된 바, $cand\text{-}set_0$의 가장 조화적인 원소가 [out_1]이다. 그러나 이것이 반드시 최종 출력형은 아니다: [out_1]은 새로운 입력형으로서, 몇 차례의 처리 과정을 더 거치기 위하여 GEN으로 송부된다. *n*차 순회(pass)의 출력형이 *n-1*차 순회의 출력형과 동일한 시점에서 수렴(convergence)이 발생할 때까지, 회송되어 왔다 갔다 하면서 이 과정이 계속된다. (앞서 다른 맥락에서 언급한 바와 같이, 여러 차례라고 하더라도 유한한 숫자의 순회를 거쳐 나타나는 수렴은 고전 OT 문법에 대한 Moreton(2003)의 특성화 정리에 의하여 보장된다.) 수렴이 일어날 때 발생하는 것이 문법의 최종 출력형이다.

Prince and Smolensky(2004: 94-95)는 조화연속주의에 대한 논의를 GEN에 가해진 제약과 연관 짓는다(McCarthy 2000a도 보라):

> 보편문법은 평가 대상이 될 후보를 받아들이는 GEN의 기능을 제공해야 한다. 제2장의 논의에서 GEN의 두 가지 다른 개념에 대하여 살펴보았다. 첫째는 표준생성이론에 가까운 것으로서, 연속적 혹은 도출적 처리 과정에 기초하고 있다: 어떤 일반적 절차(Do-α)는 입력형에 어떤 단일 수정을 가하도록 인가를 받는데, 이렇게 하여 이 수정이 초래할 가능성이 있는 모든 결과물로 구성된 후보집합이 생산된다. 이렇게 해서 이 집합이 평가를 받으며, 이런 식으로 출력형이 결정되는 가운데 이 과정이 계속된다. 문법에 대한 이런 연속 이론에서는, 규칙 이론에 대한 규정이 어설픈데, 그렇다고 해서 이 이론을 하찮게 여기는 것은 잘못이다. 단일 작용(operation)으로 제한한다는 점과, 순차적으로 적용되는 각각의 개별적인 작용이 조화(Harmony)를 향상시켜야 한다는 요건에 내재적 제약이 존재한다. (머리에 떠오르는 예가 Prince(1983)의 율격조정(rhythmic adjustments)에 대한 Move-x 이론인데, 이러한 두 가지 조건으로부터 발생하는 바로 그 함의를 토대로 이 이론이 논증되어 있다. pp. 31-43.)

다시 말해서, 한 차례씩 순회할 때마다 GEN은 보통 단일 규칙이 감당하는 일과 비슷한 일을 하도록 제한된다: 예를 들면, 분절음의 탈락, 첨가 혹은 변화가 그것이다. 여기서 소개한 용어로 표현하자면, GEN은 입력형에 부과될 수 있는 각각의 단일 LUM에 대하여 후보를 하나씩 발생시킨다(물론, 충실한 후보를 넣어서).

OT-CC의 GEN은 조화연속주의에서 영감을 받은 것이다. 이 둘은 중요한 유사성을 가지고 있다: OT-CC의 점진성은 조화연속주의에서 후보집합을 생산하는 '어떤 단일 수정'과 관련이 있으며, 조화연속주의에서 이처럼 제한된 후보집합의 평가는 OT-CC의 국부적 최적성화와 유사하다. 그러나 조화연속주의와 OT-CC 사이에는 불투명성 분석에 직접적으로 영향을 미치는 두 가지 중요한 차이점이 있다.

첫째, 조화연속주의는 입력형의 상이한 단일 수정들이 서로 경쟁 관계에 있도록 허용하는 반면, OT-CC의 GEN은 그렇지 않다. 다시 말해서, 조화연속주의는 충실성제약을 *아무 것이나(any)* 한 번 위배하여 입력형으로부터 이탈하는 모든 형태 가운데 최상의 것을 선택하는 반면, OT-CC의 GEN은 *특정(specific)* 충실성제약을 위배함으로써 이탈하는 모든 형태 가운데 최상의 것을 선택하며, 다른 모든 기본충실성제약에 대해서도 마찬가지이다.

역출혈순 불투명성에서, 승자연쇄의 첫 단계는 어떤 단일 LUM으로 인해서 입력형으로부터 이탈하는 모든 형태 가운데 반드시 가장 조화적인 형태는 아니다; 이 형태는 충실한 형태보다 더 조화적일 따름이다. 예를 들어, Bedouin Arabic의 (2-4)의 예에 대한 조화연속주의식 분석에서, 1차로 EVAL을 순회하는 후보집합에 [ħa:kʲimi:n]과 [ħa:kmi:n]이 모두 포함될 것이다. 올바른(불투명한) 결과를 얻기 위해서는, 어중모음 탈락이 2차 순회에서 발생하면서, [ħa:kʲimi:n]이 1차 순회에서 승자가 될 필요가 있다. 그러나 (2-16)에 나타난 바와 같이, [ħa:kmi:n]이 [ħa:kʲimi:n]을 조화적으로 종속되게 만들므로, 만약 이 두 형태를 직접 비교한다면 [ħa:kʲimi:n]이 승자가 되기는 불가능하다.

OT-CC에서는 상황이 다르다: [ħa:kmi:n]과 [ħa:kʲimi:n]은 연쇄 생성에서 서로 경쟁하지 않는데, 그 이유는 이들이 서로 다른 충실성제약을 위배하기 때문이다. 불투명한 연쇄 <ħa:.ki.mi:n, ħa:.kʲi.mi:n, ħa:kʲ.mi:n>과 투명한 연쇄 <ħa:.ki.mi:n, ħa:k.mi:n> 모두 후보집합의 타당한 원소가 되며, 여기서 연쇄에 대한 PREC 제약(§3.3.2)이 투명한 경쟁자보다 불투명한 연쇄에 유리하게 작용할 수 있다.

둘째로, 조화연속주의는, §2.3.4.2에서 살펴본 바와 같이, 역급여순 불투명성과 문제가 있다. 문제는 조화연속주의가 새로운 출력형을 각 중간 단계의 입력형으로 삼으므로, 원래의 입력형을 놓치게 된다는 것이다. 이것은 조화연속주의가 연쇄추이(chain-shift)의 전사를 분석할 능력이 없음을 의미한다. 동일한 환경에서 /æ/ → [e]와, /e/ → [i]가 발생하는 언어에서, GEN과 EVAL을 1차 순회하고 나면 원래의 입력형 /æ/는 [e]로 전사되며, 그 다음 [e]는 2차 순회를 거치면서 반드시 [i]로 전사되어야 하는 새로운 입력형이 된다. 조화연속주의의 가정 안에서는 불필요한 /æ/ → [i]의 전사 과정을 방지할 수 있는 방법이 없는데, 그 이유는 원래의 입력형 /æ/가 2차 순회가 진행될 무렵에는 더 이상 접근이 불가능하기 때문이다. 그렇지만 OT-CC에서는 상황이 다른데, 그 이유는 언제나 원래의 입력형과 비교하여 충실성이 계산되기 때문이다. 이렇게 되면, 연쇄추이란 원래의 입력형 /æ/를 포함하는 두 개의 후보연쇄 <æ, e>와 <æ, e, i> 가운데 하나를 선택하는 일이다.

보다 오래된 OT-CC의 선례는 Chen(1999)의 분석이다.[7] Chen은 성조연성(tone sandhi) 체계를 다루어서, 다음과 같은 일반성을 표현할 방법을 모색한다(p. 109): '기정치(default)에 의해서, 규칙은 왼쪽에서 오른쪽으로 적용된다 — 이런 적용 방식에 의하여 비적형 출력형이 생산되지 않는 한 이 방향으로 진행되는데, 비적형 출력형이 생산되는 경우에는 작동 방향을 반대로 바꾼다.' Chen은 두 가지 도출을 비교하는 도표를 사용하여 이를 달성하는데, 하나는 왼쪽에서 오른쪽으로 진행되는 적용을 통하여 얻고, 다른 하나는 오른쪽에서 왼쪽으로 진행되는 적용을 통하여 얻는다. 한 제약이 왼쪽에서 오른쪽으로의 적용을 선호하지만 유표성제약의 지배를 받으므로, 때로는 오른쪽에서 왼쪽으로의 적용이 선호되기도 한다. 간단히 말해서, OT와 유사한 체계에 의하여 두 개의 도출 가운데 하나를 선택하는 것이므로 OT-CC와 다소 유사하지만, 도출 그 자체는 전통적인 규칙 적용의 결과이므로 OT-CC와는 상당히 다르다.

OT-CC에는 오래된 다른 선례가 많다. 도출에서 중간형태와 유사한 비도출적인 형태를 설정하는 OT의 불투명성에 대한 접근방식은 후보를 연쇄로 보는 생각과 명백히 연관이 있다(§2.3.4.3). 후보가 단일 출력형 이상으로 더 복잡할 수 있다는 발상에는 여러 선행연구가 있는데, 여기에는 대립보존에 관한 연구(§2.3.4.4), 감응이론의 대안적 공식화에 관한 연구(§2.3.4.3), 그리고 형태론적인 어형변화 전체로 구성된 후보에 관한 연구(Downing, Hall and Raffelsiefen(eds) 2005에 기고한 논문들과 여기에 인용된 참고문헌을 보라)가 포함된다. §2.3.4.3에서 기술한 불투명성에 대한 다수의 OT식 접근방식도 OT-CC의 선례이다.

7) 이 참고자료에 필자의 주의를 환기시켜 준 Marc van Oostendorp에게 감사한다.

이 간략한 개관을 통해서 볼 때, OT-CC가 이전의 제안서와 유사성이 있기는 해도, 이들 모두와 상당히 다르다는 것이 분명하다. 후보연쇄는 도출과 다를 바 없지만, 이것도 중요한 특성에 있어서는 도출과 구분된다.

3.2.4 연쇄이론의 구체적 내용

(3-1)의 후보연쇄에 대한 정의는 세 가지 요건을 상술한다: 연쇄의 초기형의 특성, 점진성, 그리고 국부적 최적성화/조화향상. 아래 절에서는 이 세 가지 요건을 좀 더 자세하게 논의하여, 이들의 이론적 근거를 설명하고, 나아가 LUM이론을 정의하며 (§3.2.4.2), 불투명성과는 무관하게 나타나는 몇 가지 경험적 결과를 도출한다 (§3.2.4.3).

3.2.4.1 연쇄의 초기형

음운 표시의 몇 가지 양상은 충실성제약에 의하여 보호되지 않지만, 언어마다 다를 수 있다. 기본적인 예가 음절화이다. 언어는 /tabla/와 같은 형태를 [tab.la]로 음절화하느냐(Arabic), 그렇지 않으면 [ta.bla]로 음절화하느냐(English, Spanish)에 있어서 다르지만, 우리가 알고 있는 어떤 언어에서도 단일 형태소로서의 [tab.la]와 [ta.bla] 사이에 대립은 존재하지 않는다(Blevins 1995: 221, Clements 1986: 318, Hayes 1989: 260, McCarthy 2003c: 60–62). 법령에 의해서 기저표시에 음절화를 배제할 수도 있겠지만, Con의 어떠한 제약도 음절화에 대한 충실성을 요구하지 않는다고 가정하는 것이 OT 정신에 더 가까운데, 이렇게 되면 음절화에 관해서는 어떠한 정보도 기저표시에서 표면형으로 전송될 수 없다는 점이 보장된다.

가설에 의해서, 모든 후보연쇄의 초기형은 입력형에 전적으로 충실한 분석이다. 그렇지만 방금 든 이유로 인해서, 이 원칙이 있다고 해서 반드시 한 가지 형태만 확인되는 것은 아닐 것이다. 예를 들어서, /tabla/의 충실한 분석은 상당히 다양하게 나타나는데, [tab.la]와 [ta.bla]뿐만 아니라, 복합 음절말음과 음절두음이 없는 음절을 가진 [tabl.a]와 같이 좀 더 기괴한 형태의 가능성도 여기에 포함된다.

(3-1)의 (a) 조항에 따르면, 가능한 연쇄 개시형의 범위는 조화적 평가에 의하여 통제된다: 주어진 입력형에 대한 모든 연쇄는 해당 언어의 제약위계에 의거하여, 어느 분석이든 가장 조화적인 충실한 분석에 의해서 시작된다. 가장 조화적인 충실한 분석에 알맞은 모든 후보는 동등하게 (그리고 완벽하게) 충실하기 때문에, 이 선택은 전적으로 유표성제약의 등급순위에 의하여 결정될 것이다. 예를 들어서, 만약에 [tab.la]와 [ta.bla]를 구분하는 가장 상위의 제약이 *COMPLEX-ONSET이나 이와 같은 것이라면, 입력형 /tabla/에 대한 후보연쇄는 [tab.la]로 시작될 것이다.

연쇄의 초기형이 *가장 조화적인* 충실한 형태라고 가정하는 데에는 이론 내적인 이유가 있다. 점진성 요건((3-1)의 (b) 조항)은 연쇄의 각 단계는 새로운 불충실한 전사를 도입해야 한다고 적고 있다. 이것은 충실성에 하등의 영향을 미치지 않은 채로, 타당한 연쇄가 재음절화를 제외하고는 아무 일도 하지 않는 단계를 포함할 수 없음을 의미한다. 이제 /tabla/가 충실하게 [tab.la]로 전사되는 언어를 고려해 보라. 모든 연쇄는 가장 조화적인 충실한 형태로 시작한다는 가설과는 반대로, 만약 연쇄가 [ta.bla]로 시작한다면, 원하는 승자 [tab.la]에 도달할 길이 없을 것이다. 문제는 **<ta.bla, tab.la>가 점진성 요건하에서는 타당한 연쇄가 못 된다는 것이다. 요약하면, 모든 연쇄는 가장 조화적인 충실한 형태로 시작해야 하는데, 그 이유는 때로는 불충실한 전사가 없는 연쇄가 최적이기 때문이다. (이러한 이론 내적인 논증의 기저에 깔려있는 전제의 단점에 대해서는 다음 절을 보라.)

다른 대안은 *모든* 충실한 분석으로 시작하는 타당한 연쇄를 모두 후보집합에 포함하는 것이다. 이것은 입력형 /tabla/에 대하여 GEN이 <ta.bla, ...>, <tab.la, ...>, 그리고 심지어는 <tabl.a, ...>까지 포함하는 일련의 후보연쇄를 공급함을 의미하게 된다. 문제는 <tabl.a, ...>와 같은 연쇄에 있는데, 이 연쇄에서는 초기형이 조화적으로 종속된다(harmonically bounded). 만약 조화적으로 종속된 분석으로 연쇄를 시작한다면, 여기에 뒤를 이을 수 있는 후행형이 많아지게 될 것인데, 그 이유는 조화적으로 종속되지 않은 형태라면 무엇이나 조화적으로 종속된 형태에 비해 조화향상이 되기 때문이다. 조화적으로 종속된 연쇄 개시형으로 시작할 경우 완전한 실패로 이어지는 예를 구축하는 작업을 성공적으로 해내지는 못했지만, 이 일이 쓸데없이 복잡한 일이 될 것임은 분명하다.

연쇄가 가장 조화적인 충실한 분석으로 시작한다고 가정해야 하는 마지막 이유는 특정위치 충실성이론(positional faithfulness theory)의 문제에서 나온다. Beckman(1998: 36fn.)은 Rolf Noyer와의 개인적인 의견 교환을 인용하면서, 특정위치 충실성제약 IDENT$_{ONS}$(voice)와 유표성제약 NO-VCD-OBST가 합력하여 기저의 유성장애음을 무성음화하기 위해서 이것을 강제로 음절말음 위치로 밀어 넣을 수 있음에 주목한다: /pada/ → [pat.a]. (3-6)에 나타난 바와 같이, 반드시 필요한 일은 이 두 제약을 ONSET보다 상위의 등급순위에 두는 것밖에 없다. 동일한 문법에 의하여 기저의 /pata/가 [pa.ta]로 전사되기 때문에, 결과적으로 이 언어는 표면에서의 대립을 음절화로 나타낸다: /pata/로부터 도출된 [pat.a] 대 /pata/로부터 도출된 [pa.ta]. 앞서 이미 언급한 바와 같이, 동일형태소의 분절음에 대하여 대립적인 음절화는 검증된 바가 없다. 이 예는 음절화에 대한 충실성을 요구하는 제약이 없더라도 IDENT$_{ONS}$ 제약이 바람직하지 못한 대립을 가져올 수 있음을 보여 준다.

(3-6) IDENT$_{ONS}$(voice) >> NO-VCD-OBST >> ONSET, IDENT(voice)의 바람직하지 않은 효과

	ID$_{ONS}$(voice)	NO-VCD-OBST	ONSET	ID(voice)
/pada/				
→ pat.a			1	1
a. pa.da		W$_1$	L	L
b. pa.ta	W$_1$		L	1
/pata/				
→ pa.ta				
c. pat.a			W$_1$	

이 문제의 원천은 IDENT$_{ONS}$(voice)가 표면 구조에 나타난 자음의 음절두음 지위를 참조한다고 가정하는 데 있다. 고전 OT는 표면과 기저의 두 표시 단계만을 인정하므로, 고전 OT에서 유일한 다른 논리적 가능성은 IDENT$_{ONS}$ 및 다른 특정위치 충실성제약으로 하여금 반드시 기저형을 참조하도록 하는 것이다. 그렇지만 이것은 다른 문제를 일으킨다. 만약 분절음의 기저의 음절화가 문제가 된다면, 기저의 /ag.pa/는 바람직하게 [ak.pa]로 전사될 것이다. 그러나 기저의 풍부성(richness of the base)(§3.5.2) 원리 하에서는, 입력형의 음절화가 출력형의 음절화 상태와 용이하게 일치하는, /ag.pa/와 같은 입력형으로만 제한하여 관심을 집중할 수가 없다. 문법은 /a.gpa/와 같이 '잘못' 음절화된 입력형과도 성공적으로 경쟁을 치러야 하는데, 이 입력형은 IDENT$_{ONS}$이 기저의 음절화에 민감하다면 [ag.pa]로 전사될 것이다((3-7)을 보라). 음절화에 있어서 기저의 차이점은 상실되지만, 이 차이점이 유성음화에 있어서 표면의 차이점으로 바뀌어 나타난다. 따라서, German의 기본적인 음소배열 제약은 분석이 불가능해진다: 만약 IDENT$_{ONS}$(voice)가 기저표시의 음절화를 참조한다면, 표면에서 모든 음절말음이 무성음인 체계를 기술하기 위해서 이 제약을 사용할 길이 없다.

(3-7) IDENT$_{ONS}$(voice)가 기저의 음절화를 참조할 경우 바람직하지 않은 결과

/a.gpa/	ID$_{ONS}$(voice)	NO-VCD-OBST	ID(voice)
→ ag.pa		1	
ak.pa	W$_1$	L	W$_1$

OT-CC는 고전 OT에서는 가능하지 않은 대안을 제시한다: IDENT$_{ONS}$(voice)는 연쇄초기형(chain-initial form)의 음절화를 참조할 수 있다. 이것은 기저의 음절화를 참조하는 것과 유사하지만, 여기에는 결정적인 차이점이 있다. 기저의 음절화를 참조하는 데 따른 문제점은 이 음절화가 믿을 만하지 않다는 점이다: (3-7)에서와 같이,

잘못된 기저의 음절화를 가진 자음은 IDENT$_{\text{ONS}}$(voice) 및 다른 특정위치 충실성제약의 효과를 위태롭게 한다. 그러나 연쇄초기형이 가장 조화적인 충실한 분석이기 때문에, 연쇄초기형의 음절화는 문법의 통제하에 있다. 만약 특정위치 충실성제약이 연쇄초기형에 나타난 대로 운율 위치를 참조한다면, 특정위치 충실성이 기저나 표면의 음절화를 참조하도록 허용하는 데 전혀 문제가 없다.

이러한 관점에서 Beckman-Noyer 문제를 해결하기 위해서는, (3-6)의 문법이 왜 검증된 바도 없고 바람직하지도 않은 /pada/ → [pat.a]의 전사를 수행할 수 없는지를 설명할 필요가 있다. 입력형 /pada/로부터 도출된 모든 연쇄는, 다른 어떤 음절화도 더 조화적이지 않으므로 <pa.da, ...>로 시작하게 될 것이다(Prince and Smolensky 2004). (3-6)의 문법은 특정위치 충실성제약인 IDENT$_{\text{ONS}}$(voice)를 지배적인 등급순위에 두고 있다. 새로운 가설이란 IDENT$_{\text{ONS}}$(voice)가 연쇄초기 형태에서 음절두음에 위치한 자음의 지위를 참조한다는 것이며, 연쇄초기형 <pa.da, ...>에서 [d]가 음절두음이다. 이것은 이 자음이 표면구조에서 어떻게 음절화되든지 간에, 이 자음이 IDENT$_{\text{ONS}}$(voice)의 지배를 받는다는 것을 의미한다. 그러므로 바람직하지 않은 출력형 [pat.a]는 이 연쇄를 이어 나갈 후속 형태로 불가능한데, 그 이유는 (3-6)의 문법 하에서 **<pa.da, pat.a>는 조화적으로 향상하지 않기 때문이다. **<pa.da, pat.a>의 문제는 이 연쇄가 연쇄초기형에서 음절두음 위치에 있는 자음을 무성음화하기 때문에 최상위 제약인 IDENT$_{\text{ONS}}$(voice)를 위배한다는 것이며, 특정위치 충실성의 입장에서 중요한 것은 연쇄초기형이다.[8]

이 제안서는 IDENT$_{\text{ONS}}$(voice) 및 음절에 민감한 다른 특정위치 충실성제약은 절대로 음절화에 *영향을 미칠(affect)* 수는 없고, 연쇄의 출발 시점에 이들에게 주어진 음절화에 *반응할(respond)* 따름이라는 일반적인 예측으로 이어진다. 이러한 예측이 옳은 것처럼 보인다. 이 예측은 표면의 음절화가 충실한 음절화와 다른 경우에도,

8) OT-CC의 점진성 요건의 수정에 의존하는 Beckman-Noyer 문제에 대한 아주 다른 접근방식으로는 McCarthy(2006)를 참조하라.

이러한 제약이 표면의 음절화를 참조할 수 없다는 점도 내포한다. 예를 들어서, /padima/ → [pad.ma]에서, 충실한 음절화가 [pa.di.ma]이면 [d]는 $\textsc{Ident}_{\textsc{Ons}}$(voice)의 지배를 받는다. 이 예측은 좀 더 면밀한 연구를 필요로 하며 결국 옳지 않을 가능성도 있다.[9]

가장 조화적인 충실한 분석을 선택하는 데에는 몇 가지 문제점이 있는데, 등급순위가 그중의 하나이다. 입력형의 모든 충실한 분석에는 그 언어의 표면형에서 위배되지 않는 유표성을 적어도 하나 위배하는 일이 생길 수 있다. 예를 들어서, Yawelmani에는 (§3.3.5) 폐쇄음절 단모음화 과정이 있다: /ṣa:p-hin/ → [ṣaphin] 'burn'. 음운 이론은 어두의 CV:C 연속체를 충실하게 분석하는 방안을 몇 가지 제공한다: 3모라의 CV:C 음절, 비모라성 추가자음(appendix)을 가진 CV:C 음절, CV: 음절 더하기 후행하는 단어 단위의 추가자음, 혹은 CV: 음절 더하기 복합 음절두음으로 분석할 수 있다. M*를 이러한 다양한 분석이 위배하는 유표성제약의 집합이라고 하자. 고전 OT에서는, 등급순위에 대하여 오직 한 가지 추론만 가능하다: 충실한 분석은 전혀 표면에 나타나지 않기 때문에, M* 제약들은 모두 모음의 길이에 대한 충실성을 지배한다. Yawelmani의 표면형에서 M* 제약들은 전혀 위배되지 않으므로, 이 제약들 간의 등급순위 관계에 대해서 추론해 낼 수 있는 것은 아무것도 없다.

그러나 OT-CC에서는 상황이 다르다. 연쇄 개시형의 선택은 다양한 M* 제약들 간의 등급순위 관계에 의존한다. 특정위치 충실성이나 불투명성과 같은 현상은 이러한 등급순위에 대하여 간접적인 증거를 제공할 수도 있지만, 제한적인 경우 등급순위에 대하여 아무런 증거가 없을 수도 있다. 그러면 연쇄 개시형의 선택은, 적어도 분석자에게는, 다소 임의적일 수 있다.

엄밀히 말하면, OT-CC의 등급순위가 고전 OT보다 더 임의적인 것은 아니다. 고전 OT와 OT-CC 두 이론에서, 제약위계는 $\textsc{Con}$의 총체적인 순서이다(Prince and

9) 특정위치 충실성제약이 연쇄초기형의 충실한 음절화를 참조한다고 가정하는 데 따른 이러한 파급효과를 지적해 준 데 대하여 Joe Pater에게 감사한다.

Smolensky 2004). 그러므로, M* 제약들은 반드시 일정한 순서로 배치되어야 하는데, 이것은 고전 OT에서조차 그렇고 또 제약들 간의 등급순위에 대하여 아무런 증거가 없을 때조차도 그렇다. 이 순서가 전적으로 임의적인지의 여부는 학습자에게 부여된 등급순위 편향성(ranking biases)의 세부 사항에 달려 있다.

연쇄 개시형을 임의로 선택한 나머지, 잘못된 결과가 나오는 일은 없어야 된다. 그 이유는 연쇄 개시형의 충실한 분석에 나타난 어떤 특성도 지속성을 가지고 있지 않기 때문이다. LUM은 지속성을 가진 공약이다: 일단 하나의 LUM이 연쇄에 추가되면, 그것을 철회할 수가 없다((3-1)의 (b) 조항을 보라). 그러나 정의에 의해서, 충실한 분석은 전혀 LUM을 보태지 않는다. 충실성제약에 의하여 보호되지 않는 음절화 및 다른 특성들은 연쇄의 후속 형태에서 교체될 가능성이 있고 또 자유롭게 교체된다. (예: 일단 /ṣa:p-hin/의 모음이 단모음화되면, [p]가 음절말음이 되는데, 이 자음이 이전에 모라성 음절말음으로 분석되었는지, 비모라성 추가자음으로 분석되었는지, 아니면 복합 음절두음이었는지는 문제가 되지 않는다.) 이러한 이유에서, 가장 조화적인 충실한 분석을 선택하는 데 따르는 불확실성으로 인해서 조금이라도 분석에 문제가 있어서는 안 된다.

가장 조화적인 충실한 분석의 선택은 실질적인 문제도 제기한다: 음운 표시의 어떤 양상들이 충실한 분석에 할당될 수 있는가? 이러한 질문에 대하여 완전한 해답을 하려면 Con의 충실성제약 이론과 음운 표시의 원자(예: 분절음) 및 이들의 속성(예: 자질)에 대한 이론이 완전해야 된다. 문제를 이런 식으로 표현하는 이유는, 충실한 분석은 방어적인 충실성제약을 가지고 있지 않은 원자 목록과 속성 목록에서 아무것이나 할당하거나 교체할 수 있기 때문이다. OT-CC 그 자체는 충실성제약이나 표시 체계에 대하여 특정 입장을 필요로 하지 않지만, 이 문단의 첫머리에 도입된 질문에 대하여 적어도 일부나마 답을 하지 않고는 OT-CC 분석이 수행될 수가 없다.

음절 분석이 충실성의 지배를 받지 않으며, 따라서 음절은 연쇄에서 자유롭게 할당될 수 있고 또 재할당될 수도 있다는 것을 지금까지의 논의에서 가정해 왔다.

그러나 어휘강세를 지닌 언어가 존재하기 때문에(예: English와 Russian), 율격 분석이나 아니면 적어도 돋들림(prominence)의 위치는 충실성의 지배를 받는다. 이러한 이유로, 강세할당은 LUM을 이루어야 하며, 입력형으로부터 물려받은 것이 아니라면, 강세에 관한 정보는 연쇄초기형에서 빠지게 된다(더 자세한 논의는 §4.2.2를 보라). 이러한 요소들의 속성 변화와 마찬가지로(예: IDENT 위배), 분절음 및 성조와 같은 음운적 요소의 탈락과 삽입도 불충실한 전사이다. 이런 모든 변형이 충실성제약을 위배하는 것이 분명하므로, 이들이 갖는 LUM의 지위에는 의심의 여지가 없다.

충실성이론에서 모라는 언제나 다소 곤란한 지위에 있었다. 문제는 모라가 두 가지 주요한 기능을 가지고 있다는 데 있다: 모라는 분절음의 장음과 단음, 음절성과 비음절성을 구분하며, 어떤 CVC 음절은 중음절로 지정하여 '위치를 정한다'. 양과 음절성은 모두 어떤 언어에서는 대립적이므로 이들은 충실성의 문제가 되지만,[10] 음절말음의 무게는 한 언어 내에서 전혀 대립적인 것처럼 보이지 않으므로, 위치별 무게(weight by position)는 아마도 충실성의 문제가 아닐 것이다(그런가 하면 Elfner 2006을 보라). 이것은 분절음의 양이나 음절성을 바꾸는 것은 LUM이 되지만, 예컨대, 모라성 음절말음을 비모라성 음절두음으로 재음절화하는 것은 LUM이 아니라는 사실로부터 얻을 수 있는 결과이다. 현재 논의의 목적상, 이 문제를 가장 간단하게 해결하는 방법은 충실성에 있어서 아무런 비용을 치르지 않고도 모라는 자유롭게 추가할 수도 있고 제거할 수도 있지만, 양이나 음절성의 변화는 IDENT 제약을 위배한다고 가정하는 것이다. 그러나 이러한 가정이 필수적인 것은 아니며, 여기서 발전된 분석은 Bermúdez-Otero(2001)와 Campos-Astorkiza(2004)에 의해서 제안된 바와 같이 좀 더 정교하게 MAX(μ)와 DEP(μ) 제약을 정의하는 접근방식이나, 겹자음을 다른 모든 자음군처럼 취급하여, 겹자음화의 유일한 척도로서 모라에 의존하지 않는 접근방식과도 동등하게 양립할 수 있어야 한다.

10) 음절성의 대립과 충실성에 대해서는 Rosenthall(1994: 203ff.)을 참조하라.

3.2.4.2 점진성과 LUM이론

이 절은 서로 연동된 두 가지 문제를 논의한다: 점진성 요건((3-1)의 (b))의 적절한 공식화와 국부적 불충실전사(LUM)의 적절한 정의가 그것이다. 다음 절에서도 연쇄에 대한 국부적 최적성 요건의 맥락에서 발생하는 몇 가지 관련된 문제들을 논의한다.

점진성 요건은 연쇄에서 연속적인 형태는 입력형과 비교하여 불충실성이 한결같이 증가해야 한다고 한다. 한결같은 증가란 연쇄에서 형태 하나당 LUM 한 개씩의 기울기를 가지고 있다. 점진성 요건에 대한 이처럼 공식적으로 매력적이고 명쾌한 기술은 연쇄에 대한 세 가지 다른 제한을 구현하고 있다. 이들 가운데 첫 번째 것은 OT-CC가 그 기능을 제대로 발휘하는 데 반드시 필요하지만, 나머지 두 가지는 꼭 그렇지 않을 수도 있다.

첫째, 점진성은 연쇄가 한 번에 한 개씩 LUM을 추가하는 것으로 국한됨을 함의한다. 예를 들어서, **<pap, pa.bə>는 모음삽입 및 모음 사이의 유성음화를 단일 단계에서 결합하기 때문에 타당한 연쇄가 아니다. 연쇄 <pap, pa.pə, pa.bə>에서와 같이, 점진성은 이 두 작용이 분리되어야 함을 요구한다. §3.3.4에서 자세히 제시하겠지만, 점진성 요건에서 나오는 이러한 결과는 역급여순 불투명성을 분석하는 데 있어서 필수불가결이다.

둘째, 앞 절에서 언급한 것처럼, 점진성은 음운 구조의 다른 양상에 어떠한 변화도 수반하지 않는 순수 재음절화와 같이, LUM에 전혀 기여하지 않는 단계를 가진 연쇄를 금지한다: **<..., tab.la, ta.bla, ...>. 그러나 점진성의 이러한 효과는 독자적으로 필요한 국부적 최적성 요건((3-1)의 (c))에 의해서 이미 보장되기 때문에, 이 효과는 실제로는 필요하지 않다. <..., tab.la, ta.bla, ...> 형태의 어떤 타당한 연쇄에서도, [ta.bla]는 [tab.la]보다 더 조화적이어야 한다. 그러나 앞서 가정한 바와 같이, 만약 [ta.bla]와 [tab.la]가 똑같이 충실한 형태라면, 국부적 최적성 요건하에서 이들은 연쇄의 '<...,' 부분에 대한 적절한 후행형으로서 서로 직접 경쟁을 벌인다. 그래서 만약 [ta.bla]가 [tab.la]보다 더 조화적이라면, 적절한 후행형으로서 이것이 유일한 것이

된다. 이는 국부적 최적성에 의하면 똑같이 충실한 몇 개의 형태 가운데서 가장 조화적인 것만이 연쇄를 이어가는 적절한 형태이기 때문이다. 요약하면, 국부적 최적성은 단번에 바로 이루어지기 때문에, 재음절화와 같이 순수하게 충실한 전사를 포함하는 단계를 금지하는 제약은 연쇄에 대한 제약으로서 불필요하다. (OT-CC의 변이형 이론으로서 이러한 제약을 부과하지 않는 이론을 모색한 연구로 McCarthy (2007a)를 보라.)

셋째로, 추정할 만한 **<pap, pa.pə, pa.bə, pab>와 같은 연쇄는 점진성 요건하에서 타당하지 않은데, 그 이유는 이 연쇄가 DEP을 위배하는 LUM을 추가한 다음 다시 빼기 때문에, 증가일로에 있어야 할 불충실성 경로가 한결같지 않기 때문이다. 한결성(monotonicity)이란 입력형으로부터 거리가 멀어질수록 LUM도 꾸준히 증가함을 함의하므로 이러한 종류의 전진과 후퇴를 배제한다. 적어도 원칙상으로는, 이러한 유형의 연쇄가 조화적으로 향상할 수 있으므로 다른 어떤 이론적 요소도 이러한 연쇄를 배제할 수 없다. 다른 가정하에서도 동일한 결과를 얻을 수 있다고 생각하기는 어렵지 않지만, §4.3.2에서는 이러한 양상의 한결성으로부터 얻을 수 있는 경험적 결과를 기술한다.

요약하면, 한결같이 증가하는 불충실성은 점진성 요건에 대한 간단하면서도, 그래서 매력적인 공식화이다. 그럼에도 불구하고, 이것은 우리가 말로 표현하고자 하는 이상으로 연쇄 타당성에 대하여 많은 것을 대변하므로, 앞으로 더 많은 연구를 통하여 OT-CC에 대한 수정으로 나아가게 될 영역이기도 하다.

이제 논제를 바꾸어 LUM으로 넘어가자. (LUM 개념은 McCarthy(2003c)에서 불투명성에 대한 다른 이론적 맥락에서 처음으로 소개되었다.) LUM이란 연쇄의 점진성 요건을 측정하는 단위이다. 직관적으로는, LUM이란 하나의 충실성제약에 대하여 단 한 번의 위배가 불러일으키는 변화이다. 그러나 이 직관은 충분히 정확하지는 못한데, 그 이유는 어떤 개별적 변화는 몇 개의 충실성제약에 대한 한 번씩의 위배를 한꺼번에 불러일으킬 수 있기 때문이다. 이런 일이 발생하는 이유는 충실성제약이 평가 시에 중복될 수 있기 때문이다. 이것이 발생하는 한 가지 상황은 두 개의 충실성제약이 엄격내포(stringency) 관계에 있을 때이다(de Lacy 2002, Prince 1997).[11] 예를 들어서, IDENT(voice)와 이에 해당하는 특정위치 제약인 $\text{IDENT}_{\text{ONS}}$(voice)가 이런 관계에 있는데, /pata/ → [pa.da]의 전사는 이 두 제약을 모두 위배한다. 분명한 것은, 어떤 언어에서는 모음 사이의 유성음화가 실제로 존재하기 때문에, LUM 이론이 <pa.ta, pa.da>가 보편적으로 타당하지 않은 연쇄라는 것을 내포하기를 원치 않는다는 점이다. 나아가, 공식적으로 엄격내포 관계에 있지 않은 충실성제약들은 그 효과면에서 중복될 수도 있다 — 예: I-CONTIG 제약은 *단어 내부의* 탈락과 음위전환을 금지하므로(Kenstowicz 1994, McCarthy and Prince 1995, 1999) 이 제약은 각각 *모든* 탈락과 *모든* 음위전환을 금지하는 MAX나 LINEARITY와 효과 면에서 중복된다.[12] 만약 LUM이 그야말로 한 번에 충실성 위배 하나로 제한된다면, <pa.tə.ka, pat.ka>와 같이 단어 내부의 어중모음탈락을 가진 연쇄는 점진성 기준 하에서 보편적으로 타당하지 않게 될 것이다. 몇몇 언어에서 단어 내부의 어중모음탈락이 발생하므로 이것 역시 바람직하지 않은 결과이다.

좀 더 차별적인 LUM 이론은 조응이론(McCarthy and Prince 1995, 1999)에서 가져올 수 있는데, 이 이론은 적어도 암시적으로는, 어떤 충실성제약을 기본적인(basic) 것으로 취급한다. *기본충실성제약(basic faithfulness constraints)*은 다음과 같은 제약으로 국한된다: 유형 x에 속하는 요소로서, 조응 관계에 있는 요소의 탈락과 삽입에 불리하게 작용하는 MAX(x)와 DEP(x) 제약, 이러한 요소들의 특정 자질인 f를 바꾸는 것을 금지하는 IDENT(f) 제약 (ID(f)로 생략함), 그리고 LINEARITY와 같은 한 두 가지 다른 제약들이 여기에 속한다(§3.2.4.3을 보라). 이러한 특정 충실성제약들은 모든 유형의 불충실한 전사를 다루면서도 서로 간에는 중복되지 않는다는

11) A에 대한 모든 위배가 B에 대한 위배이기도 하지만 그 역은 성립하지 않는다면, 제약 A와 B는 엄격내포(stringency) 관계에 있다. 평가에 있어서 B가 A보다 더 가혹하기 때문에 B가 더 엄격하다고 한다.

12) 이와 같은 경우에 I-CONTIG의 역할을 명확하게 할 필요가 있다고 한 Nicole Nelson에게 감사한다.

의미에서 — 예: 분절음의 탈락은 MAX를 위배하지만 IDENT를 위배하지는 않는다 — 이들은 기본적 내지는 본원적이다. LUM이란 단 한 개의 기본충실성제약을 단 한번 위배함으로써 발생하는 전사이다.

LUM에는 또 다른 특성이 있다: 이들은 *국부화(localized)*된다. 만약 어떤 불충실한 전사가 특정 형태에 확실하게 적용할 정보를 충분히 포함하고 있다면, 불충실한 전사는 이 형태에서 국부화된다. 예를 들어서, /patrakla/의 [t] 뒤에 [ə]와 [ɨ]를 삽입하는 것 사이에 차이가 있는 것과 마찬가지로, [ə]를 [t] 뒤에 삽입하는 것과 [k] 뒤에 삽입하는 것 사이에도 차이가 있다. 그러므로 DEP을 위배하는 LUM은 어느 분절음이 삽입되며 어디에 삽입되는지에 관한 정보를 포함해야 한다. 이와 마찬가지로, MAX를 위배하는 LUM은 어느 분절음이 탈락되는지를 표시해야 하며, IDENT를 위배하는 LUM은 이 제약의 영향을 받는 분절음 및 변화된 자질값을 표시해야 한다. LINEARITY를 위배하는 LUM은 선후 순서 관계가 변경된 분절음을 참조하여 국부화된다.

요약하면, 후보연쇄에서 LUM은 불충실한 쪽으로 향해 가는 가능한 최소 단계이다. 최소인 이유는 한 개의 기본충실성제약을 단 한 번 위배하는 것으로 제한되기 때문이다. 입력형이자 완전히 충실한 후보에서 멀어지면서 불충실한 쪽으로 향하는 것은, 연쇄에 이미 누적되어 온 기본충실성제약의 위배에다 위배를 하나 더 보태기 때문이다. 아울러 LUM은 확실하게 적용되는데, 완전히 충실한 후보에서 출발하여 국부적 최적성화를 나타내는 일련의 LUM을 적용하면(§3.2.4.3), 세부적인 모든 사항에 이르기까지 출력형이 완전히 결정된다.

이 논제에서 벗어나기 전에, Matt Wolf가 제안한 OT-CC의 변이 이론을 살펴보는 것이 시의적절하겠다. 접사첨가 혹은 다른 형태론적 과정이 단일 LUM으로 취급된다고 가정하자. 그 결과 발생하는 이론은 *SPE*의 순환의 특징을 공유하게 될 것이다. 예를 들어서, Levantine Arabic의 순환 강세(§4.2.5를 보라)는 강세할당이 접사첨가보다 선행하기도 하고 후행하기도 하는 연쇄로 분석할 수 있다: <simiʕ, ˈsimiʕ, ˈsimiʕkum, ˌsiˈmiʕkum> 'he heard you(pl)'. 앞으로 면밀한 연구가 필요하겠지만, 이런 흥미로운 발상은 OT-CC가 열어 놓은 전방위적인 새로운 가능성을 나타내는 것이다.

3.2.4.3 국부적 최적성

(3-1)의 (c) 조항에 따르면, 다음의 두 가지 의미에서 국부적으로 최적인 경우에만, 형태 [f_{i+1}]은 타당한 연쇄에서 [f_i] 바로 뒤에 오는 후행형이 될 수 있다: [f_{i+1}]은 [f_i]보다 더 조화적이며(= 조화향상(harmonic improvement)), [f_i]와 [f_{i+1}] 사이의 차이가 충실성제약을 위배한 LUM의 결과이면, [f_{i+1}]은 F를 위배하는 LUM에 의하여 [f_i]로부터 도출될 수 있는 조화적 형태 가운데서 가장 조화적이어야 한다(=최상의 위배(best violation)).

불투명성 분석에서 조화향상과 최상의 위배 요건의 역할은 각각 §3.3과 §4.2.3에서 논의하기로 한다. 현재 이 절의 목표는 불투명성과 무관한 현상에 대한 국부적 최적성, 특히 조화향상의 몇 가지 효과를 검토하는 것이다. 조화향상과 점진성 요건을 결합하면, 유표성 향상을 실현하기 위해서 두 개 혹은 그 이상의 불충실한 전사가 필요할 때, 이 두 요건이 최적성화를 이행하기 위한 OT-CC의 역량에 제한을 가한다는 점이 드러난다. 여기서는 이러한 제한이 고전 OT에 대비하여 OT-CC에 장점으로 작용함을 논증한다.

우선 등급순위 논증에 대한 근거가 OT-CC에서 어떻게 확장되었는가를 살펴봄으로써 이 논제에 다소 간접적으로 접근하고자 한다. 연쇄가 조화적으로 향상해야 한다는 요건은 고전 OT에서는 불가능한 등급순위 논증의 근거가 될 수 있다. Prince and Smolensky(2004: 141)에서 Lardil의 분절음첨가(augmentation) 분석이 그 예이다. (3-8)에 제시된 바와 같이, 접사첨가가 없는 1모라 어근은 어미음첨가(paragogic)에 의하여 [Ca]가 첨가되는데, 여기서 C는 선행하는 자음과 조음장소가 동일한 폐쇄음이다. 분절음첨가는 음보가 2모라여야 한다는 요건, FTBIN(4-10)에 대한 반응으로서, 이 제약은 DEP을 지배한다. 그러나 /ɽil/이 *[ɽi.la]까지만 보충되면 FTBIN은 만족될 것이므로 [Ca] 형태의 첨가에서 [C] 부분의 삽입을 강제할 또 다른 제약이 필요하다.

Prince and Smolensky의 분석에서(여기서 최근 분석으로 약간 조정함), 이 제약은 ALIGN-R(root, σ)인데, 이 제약은 분절음이 어근말인 동시에 음절말일 때에만 만족된다. (3-9)에 예시한 바와 같이, ALIGN-R(root, σ)도 DEP을 지배해야 한다.

(3-8) Lardil의 분절음첨가(Hale 1973, Klokeid 1976, Wilkinson 1988)

Root	Nominative /-Ø/	Locative /-e/	
/ɽil/	ɽilta	ɽile	'neck'
/t̪al/	t̪alta	t̪ale	'vulva'
/maɽ/	maɽta	maɽe	'hand'
/kaŋ/	kaŋka	kaŋe	'speech'

(3-9) FTBIN, ALIGN-R(root, σ) >> DEP

/ɽil/	FTBIN	ALIGN-R (root, σ)	DEP
→ ɽil.ta			2
a. ɽi.la		W_1	L_1
b. ɽil	W_1		L

고전 OT에서는, /ɽil/ → [ɽilta]의 전사는 FTBIN과 ALIGN-R(root, σ) 사이에 등급순위가 어떻게 매겨지는지에 대하여 아무런 증거도 제시하지 않는다. [ɽilta]가 이 두 제약을 모두 준수하기 때문에, 이 두 제약은 서로 갈등 관계에 있지 않다. 그러나 OT-CC에서는, FTBIN이 ALIGN-R(root, σ)을 지배하지 않으면 이 전사는 불가능하다. 추정적인 1단계 연쇄 **<ɽil, ɽil.ta>는 DEP을 위배하는 두 개의 LUM을 한 단계로 통합하므로, 이 연쇄는 점진성 요건 때문에 타당하지 않다. 그러면 점진성 때문에, [t]와 [a]의 삽입은 <ɽil, ɽilt, ɽil.ta>이거나 아니면 <ɽil, ɽi.la, ɽil.ta>로, 별개의 단계에서 이루어져야 한다. 이러한 추정적 연쇄들 가운데 첫 번째 연쇄 **<ɽil, ɽilt, ɽil.ta>는 첫 단계가 조화적으로 향상하지 않기 때문에 타당한 연쇄가 아니다: [ɽilt]는

유표성제약 Align-R(root, σ)이나 FtBin에 대하여 향상된 역할을 수행하지도 못하면서 Dep을 위배한다. (Lardil에서 음절말음은 모라를 갖지 않는다.) 그러므로 승자 후보연쇄는 <ɽil, ɽi.la, ɽil.ta>이어야 한다. 그러나 이 연쇄가 조화적으로 향상하자면, FtBin이 Align-R(root, σ)보다 상위의 등급순위에 있을 필요가 있는데, 그 이유는 충실한 [ɽil]은 정렬은 제대로 되어 있으나 이분지 음보가 아니며, [ɽi.la]는 FtBin 면에서는 향상되지만 Align-R(root, σ)을 새로 위배하기 때문이다. (3-10)에 제시한 바와 같이, OT-CC에서 연쇄 타당성은 등급순위에 대한 추론의 근거가 될 수 있다.

(3-10) 연쇄 타당성으로부터 도출된 등급순위: FtBin >> Align-R(root, σ)

/ɽil/	FtBin	Align-R(root, σ)
→ ɽi.la		1
ɽil	W_1	L

(3-10)의 도표는 고전 OT에서는 가능하지 않지만 OT-CC에서는 가능한 (그리고 필요한) 등급순위 논증의 대표적인 유형이다. 연쇄에 대한 점진성 요건 때문에, 입력형 /A/에서 출력형 [B]로 가는 행로는 하나 혹은 그 이상의 중간형태를 포함할 수도 있다. 이러한 중간형태는 그 선행형보다 조화적으로 향상해야 하며, 이는 전통적인 등급순위 논증으로는 예시할 수 없는 제약의 등급순위를 요구할 수도 있다. 전통적인 등급순위 논증은 패자와 궁극적인 출력형 간의 비교와 관련이 있다. 이에 덧붙여서, 연쇄가 궁극적인 출력형으로 이어지는 경우, OT-CC는 연쇄의 중간형태와 그 직전 선행형 간의 비교를 포함하는 등급순위 논증을 갖는다.

연쇄 타당성에 필요한 등급순위 ⟦FtBin >> Align-R(root, σ)⟧은 전통적 등급순위 논증으로부터 독자적으로 뒷받침된다. [Ca] 첨가에서 [C] 부분은 그 결과가 적법하지 못한 자음군이 될 경우 생략된다: 겹자음이 금지되기 때문에, /jak/ → [ja.ka], *[jak.ka] 'fish'; [ɾt] 자음군이 금지되기 때문에, /teɾ/ → [te.ɾa], *[teɾ.ta] 'thigh'. 모음삽입이 정렬제약에 악영향을 미치기 때문에, 정렬이 안 된 [teɾa]가 최소음보는 못 갖추었더라도 정렬은 잘 된 *[teɾ]를 이기려면 FTBIN이 ALIGN-R(root, σ)을 지배해야 한다((3-11)을 보라).

(3-11) 전통적인 논증으로부터 도출된 등급순위: FTBIN >> ALIGN-R(root, σ)

/teɾ/		*ɾt	FTBIN	ALIGN-R (root, σ)	DEP
→	te.ɾa			1	1
a.	teɾ.ta	W_1		L	W_2
b.	teɾ		W_1	L	L

Lardil에서는, 이 두 유형의 등급순위 논증이 같은 결과로 수렴한다. 그러나 전통적인 등급순위 논증과 모순이 되지는 않더라도, 이 논증에 의해서 뒷받침되지 않는 그러한 등급순위가 연쇄 타당성에 의하여 필요하게 되는 상황이 발생할 수도 있다. Axininca Campa(Arawakan, Peru)의 분절음첨가가 일례이다(McCarthy and Prince 1993a, 1993b, Payne 1981, Spring 1990).[13] 어떤 조건하에서, 어간은 FTBIN를 만족시키기 위하여 최소 2모라가 되어야 한다. [t^ho]와 같은 1모라 어근은 [ta] 음절을 삽입함으로써 2모라로 증가한다: [t^ho.ta]. /t^ho/의 첨가는 연쇄 <t^ho, t^ho.a, t^ho.ta>를 가정한다. 이 연쇄가 타당한 것이어야 하는데, 그 이유는 그렇지 않으면 바람직한 출력형 [t^ho.ta]에 도달할 길이 없을 것이기 때문이다.[14] 하향식 함의에 의해서(§3.2.2), 타당한 연쇄의 초기 부분연쇄(initial subchain)는 조화적으로 향상하므로, <t^ho, t^ho.a>는 Axininca Campa의 문법에 의거하여 조화적으로 향상하고

13) 이 점을 지적해 준 데 대하여 Nicole Nelson에게 깊이 감사한다.

14) 추정적인 연쇄 **<t^ho, t^hot, t^ho.ta>는 그 첫 번째 단계가 조화적으로 향상하지 않기 때문에 타당하지 않다. Axininca Campa에서 음절말음은 모라성이 없으며 동일한 조음장소를 가진 자음군의 비음으로 제한되므로, [t^hot]는 FTBIN을 만족시키지 않는다.

있음에 틀림이 없다. 그렇지만 <t^ho, t^ho.a>가 조화적으로 향상하자면, 모음삽입이 중간형태 [t^ho.a]에서 음절두음이 없는 음절을 생성하므로 FtBin이 Onset을 지배해야 한다. 〚FtBin >> Onset〛의 등급순위는 McCarthy and Prince(1993a, 1993b)의 전통적인 논증에 의해서 지원되는 Axininca Campa의 등급순위와 상반되지는 않는다. 그러나 이 언어의 실제 출력형을 놓고 FtBin과 Onset이 상충하는 예가 전혀 없기 때문에 〚FtBin >> Onset〛을 뒷받침하는 전통적인 논증은 있을 수 없다.

하나는 새로운 것이고 다른 하나는 이미 알고 있는 것이지만, 이 두 가지 다른 출처에서 나온 등급순위 정보 간에 수렴이 일어난다는 — 아니면 적어도 일관성이 있다는 — 증거는 현재 분석이 올바른 궤도에 있음을 시사한다. 연쇄의 조화향상은 최적의 출력형을 선택하는 제약위계와 동일한 위계에 견주어서 측정되는 것이므로, 연쇄 타당성에 필요한 등급순위와 전통적 OT 논증에 근거한 등급순위 사이에 일관성이 있다는 것은 중요한 일이다. 이 두 출처에서 도출된 등급순위는 Lardil에서처럼 일치하거나, 아니면 적어도 Axininca Campa에서처럼 서로 모순되지 않아야 한다. 만약 완전히 불일치하는 경우가 발생한다면 — 연쇄 타당성에서는 〚A >> B〛가 필요한데, 전통적인 논증에서는 〚B >> A〛가 필요한 상황에서 — 분석이나 아니면 심지어 이론에 뭔가 근본적으로 오류가 있는 것이다. 고전 OT에서처럼, 등급순위의 일관성은 분석이 온전한 것인지를 점검하는 중요한 수단이다.

더 나아가기 전에, 연쇄의 조화상승(harmonic ascent)에 대한 판단은 제약의 등급순위뿐만 아니라 점진성 요건을 정의하는 기본충실성제약에 대한 가정에도 의존한다는 사실에 주목해야 한다. 만약 점진성 요건하에서 추정적인 연쇄 <ɾil, ɾil.ta>가 어떻게 해서든지 허용된다면 (예를 들어서, 일련의 분절음 삽입이 Dep의 단일 위배로 간주되고 따라서 단일 LUM으로 간주된다면), 조화상승 요건은 FtBin과 Align-R(root, σ)의 등급순위에 대하여 아무런 정보도 제공하지 못한다. 그러므로 연쇄의 조화상승에서 도출된 〚FtBin >> Align-R(root, σ)〛의 등급순위 논증은

**<ɽil, ɽil.ta>가 점진성 때문에 타당한 연쇄가 못 된다는 가정에 의존한다 — 이 가정은, 적어도 이 경우에는, 이론의 여지가 없다. 요지는 조화상승, 점진성, 그리고 충실성이 서로 맞물려 있다는 것이다. 이 절의 끝부분에서 이에 대한 논의로 다시 돌아가기로 한다.

연쇄에 대한 조화향상 요건의 가장 흥미로운 결과는 고전 OT에서는 가능한 어떤 입력형-출력형 전사가 기본충실성제약에 관하여 합리적인 가정을 전제로 한 OT-CC에서는 절대로 불가능하다는 점이다. (이와 관련된 논의로는 McCarthy(2007a, 2007b)를 보라.) 불가능한 전사에 관한 논리는 다음과 같다. 고전 OT에서는, 만약 제약위계 $\mathcal{H}$를 가진 어떤 언어가 /A/를 [B]로 불충실하게 전사한다면, $\mathcal{H}$의 등급순위에 입각한 Con의 유표성제약에 의거하여 [B]는 [A]보다 덜 유표적이어야 한다. 다시 말해서, <A, B>의 관계는 조화적으로 향상해야 한다. 그러나 (3-1)의 (c) 조항 때문에, OT-CC는 좀 더 엄격한 요건을 부과한다: 만약 /A/와 [B]가 한 개 이상의 LUM으로 차이가 난다면, /A/에서 [B]로 연결되는 연쇄에서 LUM 단위의 모든 단계도 $\mathcal{H}$에 의거하여 조화적으로 향상해야 한다. 한층 더 강화된 이 요건은 고전 OT에서는 허용되는 어떤 복합적 전사를 금지할 수 있다.

가설적으로 Lardil의 등급순위를 변환하여 OT-CC의 이러한 양상을 먼저 예시하기로 한다. 고전 OT에서, 등급순위를 ⟦FtBin >> Align-R(root, σ) >> Dep⟧에서 ⟦Align-R(root, σ) >> FtBin >> Dep⟧으로 바꾸면, (3-12)에 제시된 바와 같이, 정렬이 해체되는 경우에 한하여 분절음첨가가 봉쇄된다는 것을 예측할 수 있다(cf. (3-11)). 급조한 이 언어에서는 /teɾ/에 분절음첨가가 이루어지지 못하는데, 그 이유는 분절음을 첨가하고도, 양호한 상태의 정렬을 유지하면서 [ɾt] 자음군에 대한 금지 제약을 만족시킬 길이 없기 때문이다. Align-R(root, σ)을 여전히 만족시키면서 분절음을 첨가하는 데 전혀 문제가 없는 [ɽil.ta]와 같은 형태에서는 여전히 분절음첨가가 일어난다.

(3-12) 고전 OT에서 Align-R(root, σ) >> FtBin >> Dep의 효과

	*ɾt	Align-R (root, σ)	FtBin	Dep
/teɾ/				
→ teɾ			1	
a. teɾ.ta	W_1		L	W_2
b. te.ɾa		W_1	L	W_1
/ɽil/				
→ ɽil.ta				2
c. ɽi.la		W_1		L_1
d. ɽil			W_1	L

그렇지만, OT-CC에서는, 이 등급순위가 모든 입력형에 대하여 전방위적으로 분절음첨가를 봉쇄한다: /ɽil/ → [ɽil] 그리고 /teɾ/ → [teɾ]. 이는 이 등급순위 하에서 [ɽilta]로 이어지는 어떤 추정적인 연쇄도 타당하지 않기 때문이다. 앞서 살펴본 바와 같이, **<ɽil, ɽilt, ɽil.ta>는 이것의 초기 부분연쇄인 **<ɽil, ɽilt>가 이 문법 하에서 조화적으로 향상하지 않기 때문에 타당한 연쇄가 아니다. **<ɽil, ɽi.la, ɽil.ta>도 마찬가지이다: Align-R(root, σ)이 FtBin을 지배하기 때문에 이 연쇄의 초기 부분연쇄인 **<ɽil, ɽi.la>는 조화적으로 향상하는 것이 아니다.

요지는 고전 OT와 OT-CC가 이 등급순위 하에서 서로 다른 언어를 기술하고 있다는 것이다. 고전 OT에서는 [Ca] 첨가의 [C] 부분이 봉쇄될 때마다 [a] 부분이 봉쇄되지만, 그렇지 않을 경우 [Ca]의 첨가가 발생한다. OT-CC에서는, 마치 등급순위가 〚Dep >> FtBin〛인 것처럼, 어디에서도 첨가가 일어나지 않는다. 간략히 말해서, 고전 OT는 /ɽil/ → [ɽil.ta] 및 /teɾ/ → [teɾ]로 전사되는 유사 Lardil 언어의 가능성을 예측하는 반면, OT-CC는 그러한 언어가 존재할 수 있다는 것을 부인한다 — 물론, 다른 모든 조건이 정확하게 동일할 경우에 한해서 그렇다.

일반적으로 OT-CC에서 /A/ → [B]의 입력형-출력형 전사가 가능하자면, 고전

OT에서도 이러한 전사가 가능해야 하며, 더욱이 /A/로부터 [B]를 구분해 주는 LUM은, 연쇄 <A, ..., B>가 한결같이 감소하는 충실성((3-1)의 (b) 조항)과 한결같이 증가하는 조화((3-1)의 (c) 조항)를 나타내는 방식으로, 순서가 정해질 수 있어야 한다. 유사 Lardil의 예는 최적의 전사에 대한 OT-CC의 부가적인 요건이, 적어도 원칙적으로는, 경험적인 차이를 가져올 수 있음을 보여 준다. 이제 전국적 최적성화(global optimization)를 이루는 고전 OT의 과다한 역량을 일부 억제함으로써 이러한 요건이 바람직한 결과를 가져온다는 점을 살펴보기로 한다. (전국적 최적성화의 개념은 아래에서 설명하기로 한다.)

제약 FINAL-C는 모든 음운적 단어는 자음으로 끝나야 한다고 요구한다(Gafos 1998, McCarthy 1993a, McCarthy and Prince 1994, Wiese 2001). 음절말에 장애음을 금지하는 CODA-COND 제약(Ito 1989, Zec 1995)과 결부되면, FINAL-C는 공명음 자음으로 끝나는 단어를 선호하게 된다. 만약 FINAL-C, CODA-COND, 그리고 DEP이 MAX보다 상위에 등급순위가 매겨진다면, 모든 단어는 가장 오른쪽에 위치한 공명음 자음 뒤에서 절단될(truncated) 것이다. (만약 단어에 공명음 자음이 없다면, 절단은 일어나지 않을 것이다.) 도표 (3-13)은 이러한 등급순위 하에서 어떻게 절단이 발생하는지를 보여 준다.

(3-13) 고전 OT에서 FINAL-C, CODA-COND, DEP >> MAX의 효과

/palasanataka/	FINAL-C	CODA-COND	DEP	MAX
→ pa.la.san				5
a. pa.la.sa.na.ta.ka	W_1			L
b. pa.la.sa.na.tak		W_1		L_1
c. pa.la.sa.na.ta	W_1			L_2
d. pa.la.sa.nat		W_1		L_3
e. pa.la.sa.na	W_1			L_4
f. pa.la.sa.na.ta.kan			W_1	L

(3-13)에서 제약도 각각의 등급순위도 특별할 것이 없지만, 실상 결과는 아주 이상하다. 필자가 아는 바로는, 마침내 만족스러운 끝 자음이 나올 때까지 많은 분절음을 무제한으로 탈락시켜 가면서, 이런 식으로 작동하는 절단 과정을 가진 언어는 존재하지 않는다.

중요한 것은, OT-CC에서는 이러한 제약들과 이러한 등급순위에 의하여 이처럼 검증된 바 없는 형태가 생산되지 않는다는 점이다. 점진성 요건 때문에, <pa.la.sa.na.ta.ka, pa.la.sa.na.tak, pa.la.sa.na.ta, pa.la.sa.nat, pa.la.sa.na, pa.la.san>과 같이, 한 번에 분절음을 한 개씩 벗겨 내는 후보연쇄에 의해서만 /palasanataka/ → [pa.la.san]의 전사를 획득할 수 있다. 그렇지만 (3-13)의 등급순위 하에서는 이 연쇄가 조화적으로 향상하지 않기 때문에, 이런 추정적인 연쇄는 타당하지 않다. 초기의 부분연쇄 <pa.la.sa.na.ta.ka, pa.la.sa.na.tak>는 Final-C가 Coda-Cond을 지배할 때에만 조화적으로 향상한다. 그러나 연쇄의 다음 고리인 [pa.la.sa.na.ta]는 Coda-Cond이 Final-C를 지배할 때에만 그 직전의 선행형인 [pa.la.sa.na.tak]에 비하여 조화향상이 이루어진다 — 이는 분명한 모순이다. 이렇게 되면, 고전 OT에서는 이 제약집합으로 /palasanataka/ → [pa.la.san]의 전사를 택할 수 있어도, OT-CC에서는 동일한 제약집합을 가지고 이러한 전사를 생산할 수 없다는 결론이 나온다.

완전 명백하게 하자면, 무더기 절단이 OT-CC에서 *원칙적으로* 불가능하다는 주장을 펴고자 하는 것은 아니다. 보다 정확하게 말하면, Final-C와 Coda-Cond가 절단을 강제할 수 없다는 것이 여기서의 주장이다. OT-CC의 점진성과 조화향상 요건에 부합하는 방식으로 다른 유표성제약이 절단을 뒷받침할 수 있다. 예를 들어서, 단어를 2음절 음보로 절단하는 언어는 '모든 음절은 어떤 음보에 속한다'라고 정의된 Parse-Syll의 효과를 보여 준다(McCarthy and Prince 1994). 만약 Parse-Syll이 Max를 지배하는 *Complex-Coda를 지배한다면, <..., (ka.pa)na.sa, (ka.pa)nas, (ka.pans), (ka.pan)>과 같이 조화적으로 향상하면서 타당한 연쇄가 가능하다.[15] 이 연쇄는 음절핵을 탈락시키고

15) 괄호는 율격음보의 경계를 나타낸다. 괄호나 강세표시가 음절경계와 일치하는 곳에서는, 마침표로

나머지 자음을 없앰으로써 음보 밖에 있는 음절을 제거한다. 제거되는 무음보 상태의 각 음절은 PARSE-SYLL의 위배도 제거하므로 한결같은 조화향상이 보장된다. 일반적으로 OT-CC는 그 자체로서는 어느 전사가 적법하며 어느 전사가 적법하지 않은지에 대하여 아무런 주장도 하지 않는다. 고전 OT와 마찬가지로, 어느 전사가 가능하며 불가능한지에 대한 OT-CC의 대부분의 예측은 CON에 대한 구체적인 이론과 결합하거나 혹은 CON의 특정 부분집합과 관련하여 나올 수 있다.

/palasanataka/ → [pa.la.san]의 전사는 요원한 목표를 달성하기 위하여 다중 음운작용을 필요로 한다: 목표란 FINAL-C와 CODA-COND를 만족시키는 것을 말한다. 하나씩 따로 떼어 놓고 보면, 음운작용은 조화향상을 제공하지 않는다: 전부 아니면 전무인 것이다. 평가 대상인 후보가 여러 작용의 동시적 효과를 나타낼 수도 있기 때문에, 전부 아니면 전무인(all-or-nothing) 이런 식의 행동은 고전 OT의 분석적 영역 안에서는 아무 문제가 없다. 그러나 점진성 요건 때문에, OT-CC는 /palasanataka/와 [pa.la.san] 사이의 중간 단계를 생략할 수가 없다. OT-CC는 연쇄의 각 단계마다 국부적인 조화향상을 요구하는데, /palasanataka/ → [pa.la.san]의 전사는 (3-13)의 문법 하에서는 이를 제공하지 못한다.

일반적으로, 고전 OT와 OT-CC 간의 이러한 차이점은 *전국적 최적성화(global optimization)*와 *국부적 최적성화(local optimization)* 간의 구분이다. 고전 OT에서는, 모든 불충실한 전사의 결과가 종합적으로 평가를 받으므로, 가시적으로 활성화된 유표성제약은 형태의 전반적인 구조에서 전국적으로 표현된다. OT-CC에서는, 연속되는 각각의 불충실한 전사는 조화향상에 대하여 국부적으로 평가되므로, 각각의 개별적인 불충실한 전사는 유표성에 대하여 보다 향상된 수행력을 산출해야 한다. 그러므로 고전 OT에서는 문법이 여러 가지 불충실한 전사가 한데 모인 총체적 결과에

나타낸 음절경계 표시를 생략하는데, 그 이유는 이러한 상황에서는 이 표시가 불필요하기 때문이다. 음절화가 분명하거나 무관하거나 혹은 공간이 부족할 때에도, 공간을 절약하거나 시각적인 산만함을 피하기 위해서 이 표시를 생략한다.

유리하게 작용하지만, OT-CC는 각각의 개별적 전사에 따른 당장의 결과도 살펴야 한다. 이것은 OT-CC의 표현적 역량을 제한한다 — 그리고 만약 이것이 전형적인 예라면, 관찰된 언어유형론과 일치하는 방식으로 그 역량을 제한한다. (더 자세한 논의는 McCarthy(2007a, 2007b)를 보라.)

이제 고전 OT와 OT-CC 간의 이러한 차이점을 예시하는 몇 가지 다른 예를 살펴보기로 한다. 앞으로 보게 되겠지만, 이 예들은 OT-CC의 보다 제한적인 예측을 뒷받침한다.

음위전환(metathesis) 과정은 이를 검증하기에 적합한 영역이다. ONSET이나 NO-CODA를 반음위전환 제약인 LINEARITY보다 상위의 등급순위에 둠으로써, 고전 OT는 이중 음위전환을 거친 전사를 생산해 낼 수 있다: /apekto/ → [pa.ke.to]. 이것이 이중 음위전환인 것은 두 개의 상이한 환치(transposition), /ap/ → [pa] 그리고 /ek/ → [ke]가 포함되어 있기 때문이다. (3-14)의 도표는 이것이 어떻게 일어나는지를 보여 준다. ([ka.pe.to]와 같이, 장거리 음위전환을 가진 후보는 조금 뒤에 논의하기로 한다.)

(3-14) 고전 OT에서 ONSET *혹은* NO-CODA >> LINEARITY로부터 도출된 이중 음위전환

	/apekto/	ONSET	NO-CODA	LINEARITY
→	pa.ke.to			2
a.	a.pek.to	W_1	W_1	L
b.	pa.ek.to	W_1	W_1	L_1
c.	ap.ke.to	W_1	W_1	L_1

그렇지만 OT-CC에서는 이러한 전사가 불가능하다. LINEARITY를 위배하는 각 LUM은 연쇄에서 별개의 단계를 필요로 하므로, /apekto/에서 [pa.ke.to]에 도달할 수 있는 유일한 길은 한 개의 자음만 이동한 중간 단계의 형태를 거치는 것이다:

<a.pek.to, pa.ek.to, pa.ke.to> 혹은 <a.pek.to, ap.ke.to, pa.ke.to>. 그러나 이 두 연쇄는 그 어느 것도 초기 부분연쇄에서 조화적으로 향상하지 않기 때문에, 어느 연쇄도 타당하지 않다. 부분연쇄 **<a.pek.to, pa.ek.to>는 한 개의 ONSET 위배를 다른 것과 바꾸는 데 지나지 않기 때문에 타당하지 않다. 부분연쇄 **<a.pek.to, ap.ke.to>는 한 개의 NO-CODA 위배를 다른 것과 바꾸는 데 지나지 않기 때문에 조화적으로 향상하지 않는다. /apekto/ → [pa.ke.to]의 중복 음위전환은 보고된 바도 없거니와 전혀 개연성이 없기 때문에, 이 예는 OT-CC의 보다 제한적인 기술상의 역량을 뒷받침한다.

장거리 음위전환(long-distance metathesis)은 또 다른 유익한 예이다. Hume (1998)에서처럼 분절음의 순서가 바뀐 모든 분절음 쌍이 LINEARITY 위배를 초래한다고 가정한다면, 장거리 음위전환에는 일련의 국부적 음위전환이 소요되는데, 이때 각각의 음위전환은 그 선행형에 비하여 조화향상을 이룬다. 합리적인 유표성이론을 가지고 이것을 달성하기란 쉽지 않다 — 사실, 이를 달성하려고 하지도 않는데, 그 이유는 공시적인 장거리 음위전환이 몇 안 되는 매우 형태화된 과정(morphologized processes)에서만 검증되기 때문이다(Carpenter 2002, Hume 2001: 7, Poser 1982).[16]

예를 들어서, 고전 OT에서 /art/ → [tar]의 장거리 음위전환을 달성하려면 음절말음을 금지하는 CODA-COND 제약이 (Zec 1995에서처럼) LINEARITY를 지배해야 한다. 이 등급순위 결과는 (3-15)에 제시되어 있다.

(3-15) 고전 OT에서 장거리 음위전환

/art/	CODA-COND	LINEARITY
→ tar		2
a. art	W_1	L
b. atr	W_1	L_1
c. rat	W_1	L_1

16) Hume(2001: 7): '공시적 음위전환을 보이는 모든 규칙적인 예는 인접한 분절음과 관련이 있다.'

그렇지만 OT-CC에서는 상황이 다르다. 점진성 요건 때문에, 장거리 음위전환은 일련의 국부적 환치(transposition)로만 달성할 수 있는데, 각각의 환치는 조화적으로 향상해야 한다. 그러므로 /art/에서 [tar]에 도달하는 데에는 국부적 환치에 의한 연쇄 <art, atr, tar>가 필요하다. 그러나 이 추정적인 연쇄는 타당하지 못한데, 그 이유는 초기 부분연쇄 **<art, atr>가 (3-15)의 등급순위 하에서 조화적으로 향상하지 않기 때문이다. 검증된 바 없는 이러한 장거리 음위전환 형태는 고전 OT에서는 수용이 용이하지만, OT-CC에서는 불가능한 것으로 예측된다.

장거리 음위전환을 반드시 피해야 하는 실제 예는 Hume(1998: 168ff.)의 Leti(Austronesia, Indonesia) 분석에서 나온다. Leti에서, LINEARITY는 ONSET 및 음운구-말에서 자음을 금지하는 제약의 지배를 받는다. 이는 왜 음운구-말의 /ukar/ 'finger, toe'가 장거리 음위전환을 한 *[ru.ka]가 아니라, 국부적 음위전환을 한 [uk.ra]가 되는지를 설명하는데 어려움을 겪게 한다. Hume은 어두의 충실성을 요구하는 제약에 의해서 *[ru.ka]가 봉쇄된다고 제안한다. 이것은 Leti 음운론의 맥락에서는 동기가 충분한 제안이지만, 보다 넓게 언어유형론적인 문제에 대해서는 시사하는 바가 없다: /ukar/ → *[ru.ka]와 같은 전사는 어떤 언어에서도 전혀 검증된 바가 없으므로 언어개별적인 등급순위에 근거한 해결책은 부적절하다. 반면에, OT-CC에서 이 전사는 추정적인 연쇄 <u.kar, uk.ra, ur.ka, ru.ka>가 조화적으로 향상할 것과, 그 출력형이 두 번에 걸쳐 국부적 음위전환을 겪은 <u.kar, uk.ra, ku.ra>와 같은 명백한 대안적 연쇄의 출력형보다 더 조화적일 것을 요구한다. 개연성이 있는 어떤 CON 이론 하에서도 이 두 조건 가운데 어느 하나가 이루어질 가능성은 없다.

일반적으로, OT-CC가 장거리 음위전환을 범주적으로 금지하지는 않지만, 장거리 음위전환이 가능한 조건을 비교적 엄격하게 확립한다. 고전 OT에서는, 불충실한 전사 /abc/ → [cab]는 장거리 음위전환된 [cab]가 충실한 [abc]보다, 국부적으로 음위전환된 [acb]보다, 그리고 국부적으로 음위전환된 [bac]보다 덜 유표적이어야 한다는 요건을 가지고 있다: [cab] > [abc], [acb], [bac]. OT-CC는 요건을 하나 더 부과한다: 국부적인 음위전환을 거친 중간형태 [acb]는 충실한 [abc]보다 덜 유표적이어야 한다([acb]>[abc]). 모든 중간 단계는 그 선행형에 비해서 향상해야 하므로, 음위전환이 장거리화될수록 유표성 요건은 더욱 더 엄격해진다. 위에서 언급한 바와 같이, OT-CC 체제하에서 장거리 음위전환은 조화적으로 향상하는 일련의 국부적 음위전환으로 분석 가능해야 한다.[17]

융합(coalescence) 과정은 OT 문헌에서 지대한 관심을 불러 모았다(Causley 1999, de Lacy 2002: 8장, Gnanadesikan 1997, 2004, Keer 1999, Lamontagne and Rice 1995, McCarthy 2000b, McCarthy and Prince 1995, Pater 1996, 1999). 융합이 조응이론에서 (그리고 Chomsky and Halle(1968: 358-364)에서) 표준으로 분석된 바와 같이, 기저의 두 분절음이 출력형에서 단일 분절음으로 융화(fused)된다: /$p_1a_2n_3$/ → [$p_1\tilde{a}_{2,3}$]. 이러한 다수-대-일의 전사는 충실성제약 UNIFORMITY를 위배한다. 나아가, 출력형 분절음과 이에 해당하는 입력형 조응자 사이에 자질 간의 불일치가 발생할 때마다 IDENT 제약이 위배된다. 여기서 인용한 예에서, /a/ → [ã] 부분의 전사에 대해서는 IDENT(−nasal)에 대한 위배가 있고, /n/ → [ã] 부분의 전사에 대해서는 IDENT(+consonantal), IDENT(+coronal) 등의 위배가 있다. 각 입력형 분절음의 출력형에 대한 상대적 기여도는 IDENT 제약의 등급순위에 의하여 결정된다(Pater 1999): ⟦IDENT(+nasal) >> IDENT(−nasal)⟧, ⟦IDENT(−consonantal) >>

---

17) OT-CC에서 음위전환에 대한 이러한 관찰은 접중사가 음위전환으로 축약될 수 있다는 Horwood (2002, 2004)의 제안과 관련이 있다. 그의 관점에서 보면, Tagalog의 /um-sulat/ → [sumulat] 'to write(행위자 초점)'에 나타난 접중사는 LINEARITY를 위배하는 환치의 결과이다. 앞에서 가정한 바와 같이, 한 쌍의 인접한 분절음이 한 번 환치될 때마다 LUM이 발생한다면, 이 전사는 <um.su.lat, us.mu.lat, su.mu.lat>와 같은 연쇄로 얻을 수 있다. 추정적인 이 연쇄가 초기 부분연쇄에서 조화적으로 향상해야 한다는 요건을 뒷받침해 줄 만한 무엇이 Tagalog 음운론에는 전혀 없다. 만약 단일 LUM에 의해서 /-um-/ 형태소 전체가 이동할 수 있다면, Horwood의 제안이 OT-CC에 더 잘 맞을 것이다. 접중사 형태소가 첨가되는 어근이 한 덩어리로 붙어 있지 않은 경우라도 접중사 형태소는 보통 인접하여 붙어 있는 이유를 설명하자면, 이와 같은 가정이 어차피 필요할지도 모르겠다.

IDENT(+consonantal)』 등.

그러나 융합에 대하여 이와 같은 융화이론(fusional theory)과 동화 + 탈락 이론 간에는 항상 갈등이 있었다. 후자의 예가 Schane(1968: 38)의 French 분석이다: 동화규칙에 의해서 음절말음의 비음 앞에서 모음이 비음화하고, 그 다음에 탈락규칙에 의해서 음절말음의 비음이 제거된다. 이것은 탈락 과정에 앞서서 동화 과정이 적용되는, 불투명한 역출혈순이다. OT-CC 용어로 나타내면 연쇄 <pan, pãn, pã>가 최적형이다.

§2.3.4.1에서 시사한 바와 같이, 융합은 고전 OT에 대한 혹평 가운데서도 역출혈순 불투명성을 보이는 몇몇 사례를 수용할 수 있는 방법을 제공한다는 바로 그 이유 때문에 OT 문헌에서 지대한 관심을 불러일으켰다. 그러나 만약 불투명성의 일반적인 문제에 후보연쇄 같은 무엇이 필요하다는 점을 수용한다면, 동화 + 탈락 이론의 경우도 재점검해 보아야 한다. 나아가, 융합에 대한 융화이론은 OT-CC의 점진성 요건과 타협점을 찾기가 어렵다. 방금 살펴본 바와 같이, 융화적 융합에서는 한 번만 융화해도 몇 가지 기본충실성제약의 동시 다발적 위배를 불러오므로, LUM 이론을 가지고 상당히 요령을 부리지 않고는, 분절음의 융화는 후보연쇄에서 가능한 한 단계가 아니다.

융화이론은 융합을 근본적으로 *독특한(sui generis)* 경우로 간주한다: 이 이론은 특별한 조응 관계와 IDENT 제약의 특이한 적용을 포함한다. 이러한 이유로, 이 이론은 융합 현상에 대하여 그다지 많은 것을 예측하지 못한다. 이와는 대조적으로, 동화 + 탈락 이론은 실제로는 전혀 융합 이론이 아니다: '융합' 현상은 독자적인 근거를 가진 동화, 탈락, 그리고 역출혈순 불투명성 이론들에 의하여 설명되어야 한다. 그러므로 동화 + 탈락 이론은 보다 제한적인 예측으로 이어진다: 여러 언어 현상에서 동화 과정이 관찰되는 자질들만 '융합'에서 살아남는다는 점, 탈락을 조장하는 유형의 분절음과 탈락을 조장하는 위치의 분절음만 영향을 받는다는 점, 그리고 일반적으로 동화에 영향을 미치는 조건과 동일한 국부성(locality) 조건이 '융합'에 작용한다는 점들이다. (동화의 국부성에 대해서는, 많은 연구 중에서도 Gafos(1999), Ní Chiosáin and Padgett(2001), 그리고 Walker(1998)를 보라.) 동화+탈락 이론과 융화이론 사이의 또 다른 차이점은, 전자는 근본적으로 비대칭적인 데 비해 — 분절음 가운데 하나는 탈락하고 하나는 탈락하지 않는다 — 후자는 근본적으로 대칭적이라는 것이다 — 두 개의 분절음이 병합한다.

필자가 융합 현상에 대하여 유형론적 고찰을 해 본 것은 아니지만(Casali 1996: 71ff., de Haas 1988, de Lacy 2002를 보라), 이러한 예측들이 융합 현상에 어느 정도 맞을 것이라는 느낌이 든다. 예를 들어서, 동화+탈락 이론은 동화하는 자질 및 이들이 동화하는 환경이, 다른 언어의 투명한 동화 과정에서나 '융합'에서 동일할 것이라고 예측한다. 융합할 때 동화하여 보존되는 자질은 보통 [voice], [nasal], [back], 그리고 [round]와 같은 것인데, 이런 자질들은 모두 여러 언어에서 동화 과정과 관련이 있다. [sonorant]와 [consonantal]과 같이, 동화에 가담하지 않기로 이름난 자질들은 융합할 때 동화에 의하여 보존되지 않는 것이 상례이다.

여러 사례에서, 추정적인 융합 과정은 동일 언어의 투명한 동화와 비교된다. 예를 들어서 §2.3.4.1에서 언급한 바와 같이, 탈락되지 않는 전설모음 앞에서도 연구개음이 구개음화한다는 사실 때문에 Bedouin Arabic의 /ħa:kim-i:n/ → [ħa:k^{j}mi:n] 전사에서 추정할 만한 융합은 잘못된 것으로 드러난다. 실제로는, 구개음화만 존재할 따름인데, 전형적인 역출혈순 상호작용에서 유발 모음의 탈락으로 인하여 때때로 이 과정이 불투명하게 된다. 그런데 모음의 비음화가 항상 비음 탈락을 수반하기 때문에 절대로 투명한 법이 없는 French의 경우는 어떤가? 이 경우가 융합에 대한 동화+탈락 이론에 불리한 증명이 되지는 못한다. 동일음절의 비음 앞에서 일어나는 모음의 비음화는 흔히 있는 음운 과정이며, 또 음절말음의 비음 탈락도 마찬가지이다. 두 개의 흔한 과정이 어떤 언어에서 공기한다는 사실은, 이들이 각기 자체적으로 특별한 조응 기재를 갖춘 단일 과정으로 결합되어야 한다고 결론을 내려야할 만큼 충분한 이유는 못 된다.[18]

끝으로, 융합에 대한 동화 + 탈락식 접근방식은 성가실 정도로 논의의 대상이 된 질문에 대하여 간단한 해답을 제시한다: 왜 융합은 (거의) 절대로 인접하지 않은 분절음에는 영향을 미치지 않는가? 융화이론은 선뜻 해답을 내놓지 못한다. 동화 + 탈락 이론에서는, 이 질문은 그저 증발하고 만다. 융합이 인접한 분절음에만 영향을 미치는 것은, 동화와 탈락이 인접하지 않은 분절음에 불투명하게 상호작용할 때에는 음운론학자들이 이를 '융합'이라고 부르지 않기 때문이다. 예를 들어서, Maltese의 /ni-rbot-u/ → [norbtu] 'I tie him' 전사에서(Brame 1972), 접두사의 모음은 어간의 모음 /o/로 동화되는데, 어간 모음 자신은 역출혈순 상호작용에서 탈락한다. 음운분석 학자라면 누구도 이것을 융합이라고 칭하지 않겠지만, 그래도 이것은 /pan/ → [pã]에서 일어나는 것과 종류가 다르지 않다. 동화 + 탈락 접근방식에서는, 그 제약이 무엇이 되든지 간에, 융합은 동화와 동일한 인접성 제약의 지배를 받는다.

이 논제에서 벗어나기 전에, Stahlke(1976)와 Pater(1999: 314)에 의하여 발전된 동화 + 탈락 접근방식에 반대하는 논증에 대하여 언급할 필요가 있다. 비음 더하기 무성장애음의 자음군은 Indonesian 및 다른 언어에서 융합하는 것처럼 보인다: /məŋ-pilih/ → [məmilih] 'to choose'. 음절말음의 비음이 후행하는 무성장애음이

---

18) 예를 들어서, Attic Greek의 모음 융합은 연속적인 비고모음에 영향을 미쳐서, 이들 모음 가운데 [+round]와 [−ATR]을 보존한다(de Haas 1988, de Lacy 2002: 410 ff., Sommerstein 1973): /ti:ma-o-men/ → [ti:mɔ:men] 'we honor'; /mist^{h}-o-ɛ:-te/ → [mist^{h}ɔ:te] 'you(pl.) would hire out'. 그러므로 동화 + 탈락식 접근방식은 [+round]와 [−ATR]의 불투명한 동화를 요구하는데, 이 두 자질은 모두 다른 언어에서 투명하게 동화하는 것으로 관찰된다. 두 모음 중에서 하나가 고모음일 때 두 자질 가운데 어느 자질도 동화하지 않기 때문에(예: [poi.ɔ:] 'I make', *[pou.ɔ:]) − 이는 탈락도 일어나지 않는 바로 그 환경임 − De Lacy(2002: 424)는 동화 + 탈락식 분석에 의구심을 갖는다. 그렇지만 한 모음이 고모음일 때 동화가 일어나지 않는 것은 독자적인 근거를 가진 제약으로 설명 가능하기 때문에, 이 논증은 통하지 않는다. [+round] 자질의 동화는 흔히 동일한 높이의 모음으로 제한되기 때문에 [+round] 자질값은 고모음과 비고모음 사이에서는 동화하지 않는다. (Yawelmani가 그 일례이다. §2.3.4.3을 참조하라.) 그러므로 [+round] 동화를 반드시 비고모음으로 제한하는 것은 유형론적으로 이해가 된다. 그리고 [−ATR] 동화는 그럴만한 이유가 충분히 있기 때문에 비고모음으로 제한된다: 이 언어에는 [−ATR] 고모음이 없는데, 이는 이러한 모음을 억제하는 유표성제약이 지배적 등급순위에 있음을 의미한다.

탈락하기 전에 조음장소에 동화하는 /məŋ-pilih/ → [məmpilih] → [məmilih]와 같은 불투명한 도출로 이 전사를 달성할 수 있을까? 대답은 분명 부정적인데, 그 이유는 여러 언어에서 비음 뒤에 오는 무성 장애음의 탈락은 비음이 장애음의 조음장소로 동화되는 과정을 수반하지 않고는 절대로 관찰되지 않기 때문이다. 융화이론은 동화와 탈락을 단일 과정으로 묶으므로, 비음 뒤에서 무성 장애음을 탈락시키는 독립적인 과정을 설정할 필요가 없다.

그런데 이러한 반대 논리에 취약하지 않은 동화 + 탈락의 대안적 분석이 있다: /məŋ-pilih/ → [məŋmilih] → [məmilih]. 이 설명에서, 무성 장애음은 비음성에 있어서 선행하는 비음으로 동화하고, 뒤이어서 이 비음이 탈락한다. 이러한 유형의 비음성 동화는 Austronesian 언어인 Konjo에서 독자적인 과정으로 검증된 바 있으며(Pater 1999: 323), 음절말음의 비음 탈락은 여러 언어에서 드문 일이 아니다.

*양도(flop)*는 한꺼번에 두 개의 기본충실성제약을 위배하는 또 다른 과정이다. 양도에서, 변별자질이나 성조는 하나의 수용자(host)로부터 단절되어 다른 수용자로 재연결된다. 양도 규칙은 자립분절음운론의 초기 연구에서 도입되었으며(Goldsmith 1976b), 양도 전사는 고전 OT의 다양한 분석에서 찾아볼 수 있다. Esimbi(Niger-Congo, Cameroon)가 적절한 일례를 제공한다(Clements 1991, Hyman 1988, Stallcup 1980, Walker 1997, 2001). 이 언어에서, 접두사 모음의 높이는 기저의 어근 모음의 높이에 의하여 결정되며, 어근 모음은 [+high]로 중화된다. 예를 들어서, (3-16)에서 제시한 바와 같이, 부정사의 접두사는 후설 원순모음으로서, 이 모음은 후행하는 어근에 따라 [u], [o], 그리고 [ɔ]로 교체한다. Hyman과 Walker는 이를 양도 과정으로 분석한다: 어근 모음의 높이 자질은 접두사 음절로 전이되며, 어근 모음은 원래의 색조를 유지하되 기정치에 의하여 고모음으로 바뀐다.

(3-16) Esimbi의 모음 교체

기저의 어근	부정법	
/ri/	u-ri	‘to eat’
/zu/	u-zu	‘to kill’
/se/	o-si	‘to laugh’
/to/	o-tu	‘to insult’
/d͡zə/	o-d͡zɨ	‘to steal’
/rɛ/	ɔ-ri	‘to daub’
/hɔ/	ɔ-hu	‘to knead’
/ba/	ɔ-bɨ	‘to come’

양도는 기본충실성제약을 두 번 위배하기 때문에 단일 LUM으로는 달성될 수가 없다: 접두사 모음과 어근 모음은 모두 Ident(height) 혹은 이와 동등한 제약으로부터 위배표시를 초래한다. 그러므로 OT-CC는 양도를 두 개의 LUM으로 해체해야만 Esimbi를 분석할 수 있다. 양도는 동화와 중화의 역출혈순 결합으로 분석할 수 있다: <u-se, o-se, o-si>. 이 연쇄에서, 접두사는 어근의 높이 자질로 동화하고, 그 다음 단계에서 어근 모음이 고모음으로 중화된다. 직접적인 단일 단계의 양도와는 달리, 이 연쇄는 점진성 요건을 충족시킨다. 나아가, 이 연쇄는 조화적으로 향상하며, 따라서 Walker의 고전 OT 분석을 조금만 손보면 타당한 연쇄가 된다.

Walker는 Esimbi의 양도가 두 개의 유표성제약에 대한 반응이라고 논증한다. 그중 하나인 License(−high, Wd[σ)는 [−high] 자질값 표시가 어두 음절에 의하여 반드시 인가될 (즉, 연결될) 것을 요구한다(cf. Zoll 2004). 다른 제약인 Crisp(σ, high)는 [high] 자질 표시가 한 번에 한 개 이상의 음절과 연결되는 경우를 금지한다(cf. Ito and Mester 1999). (3-17)에 제시한 바와 같이, 이 두 제약은 Ident(high)보다 상위의 등급순위에 있다.

(3-17) Walker (2001)의 Esimbi

/u-se/ | | +h −h	LIC(−high,Wd[σ)	CRISP(σ, high)	ID(high)
→ o-si | | −h +h			2
a. u-se | | +h −h	W1		L
b. o-se ∨ −h		W1	L1

고전 OT 분석 (3-17)에서, LIC(−high, Wd[σ)와 CRISP(σ, high)는 모두 승자후보에 의하여 준수되므로, 이들 간에는 등급순위를 매길 수가 없다. 그러나 OT-CC에서는, 연쇄 타당성에 의하여 이들의 등급순위를 정할 수 있다: 초기 부분연쇄에서 연쇄 <u-se, o-se, o-si>의 타당성을 보장하려면 LIC(−high, Wd[σ)는 CRISP(σ, high)를 지배해야 한다. 이것이 바로 이 언어의 표면형에서 상충하지 않는 두 제약의 등급순위가 연쇄의 조화향상에 의해서 강요되는 경우인데, 이 두 제약의 등급순위를 정하기 위해서 고전 OT는 다른 어떤 등급순위 논증도 고안해 낼 수가 없다.[19]

(3-18) 연쇄 타당성으로부터 도출된 등급순위

/u-se/ | | +h −h	LIC(−high, Wd[σ)	CRISP(σ, [high])	ID(high)
→ o-se ∨ −h		1	1
u-se | | +h −h	W1	L	L

19) 비록 본문의 논의는 Esimbi에 대한 Walker의 자립분절적 관점을 견지하고 있지만, 양도에 대한 동화적 접근방식이 반드시 자립분절적 용어로 표현되어야 하는 것은 아니다.

Esimbi의 이러한 재분석은 모든 경우의 양도가 동화와 중화의 불투명한 상호작용으로 환원될 수 있다는 주장을 내포한다. 만약 이것이 사실이라면, 융합과 마찬가지로 양도는 다른 언어의 투명한 동화 과정과 유사한 속성을 지녀야 한다. 일례: Emakhuwa(Bantu, Mozambique)에서, 특정 과정이 성조 확장이나 성조 양도를 포함하는지의 여부에 따라 방언이 달라진다(Kassimjee and Kisseberth 1999). 또 다른 예: Rimi(Bantu, Tanzania)에서, 고성조는 정확하게 한 음절 오른쪽으로 양도된다: /rá-mu-ntu/ → [ramúntu] 'of a person'. 성조가 더 이상 이동하지 않도록 하기 위해서, Myers(1997: 875-880)는 출력형 성조의 한쪽 가장자리가 원래 입력형 성조가 있었을 어느 한쪽 가장자리와 일치할 것을 요구하는 다소 기괴한 충실성제약을 도입한다. 양도에 대하여 여기서 옹호하는 접근방식 하에서는, 이런 무원칙적인 제약이 불필요하다. 양도의 기저에 있는 확장 과정이 국부적이기 때문에 양도는 국부적이다. 일반적으로, 동화에 관하여 제안된 모든 인접성 제약은 양도 현상에서도 해당되어야 하며, 동화가 보편적으로 불가능한 경우라면 양도가 발생하는 사례도 없어야 한다.

요약하면, 후보연쇄에 대한 조화향상 요건은 특정 LUM이론 및 충실성이론과 결부하여, 어떤 음운적 전사가 가능하고, 불가능한지에 대하여 제한적인 예측을 내놓는다. 핵심적인 것은, 전국적 향상으로 가는 경로에서 복합적 전사가 국부적 향상을 보여줄 것을 OT-CC가 요구한다는 점이다. 반면에, 고전 OT는 전국적으로는 조화향상을 가져오더라도 국부적 향상을 보이는 연쇄로 해체가 불가능한 복합적 전사를 허용한다. 이것은 중요한 차이점이며, 여기서 논의된 사례를 넘어 함축적 의미를 가질 가능성이 있다.[20] (이러한 문제에 대한 몇몇 예비 연구로서 McCarthy(2007a, 2007b)를 보라.)

---

20) Michael Becker와 Fetiye Karabay는 흥미로운 질문을 제기한다: 점진성과 조화향상 요건은 중첩(reduplication) 현상을 어떻게 수용할 수 있는가? 분절음은 한 번에 하나씩 복사되어야 하는가, 그리고 만약 그렇다면 한결같이 증가하는 조화향상을 어떻게 보장할 수 있는가? 다소 놀라운 감이 있지만, 해답은 중첩에 필요한 복사(copying)는 불충실한 전사가 아니며, 따라서 점진성 요건의 영향을 받지 않는다는 것이다. McCarthy and Prince(1995, 1999)의 중첩 이론에서, 중첩 형태소의 지수 RED는 입력형-출력형 조응 관계의 영역 밖에 있으며, 따라서 DEP_{IO} 혹은 다른 어떤 입력형-출력형 간의 충실성제약도 위배하지 않는다. 만약 반대로, 중첩으로 인해서 DEP_{IO}가 위배된다면,

3.3 연쇄와 불투명성

3.3.1 제안의 개요

Bedouin Arabic에서는, 전설모음이 탈락하더라도 연구개음이 전설모음 앞에서 구개음화한다((2-5)를 보라): /ħa:kim-i:n/ → [ħa:k^j.mi:n]. OT-CC의 관점에서 보면, 이 경우의 역출혈순 불투명성은 다음과 같은 질문으로 바꾸어 볼 수 있다: 왜 불투명한 연쇄 <ħa:.ki.mi:n, ħa:.k^ji.mi:n, ħa:k^j.mi:n>이 투명한 연쇄 <ħa:.ki.mi:n, ħa:k.mi:n>보다 더 조화적인가? 투명한 연쇄의 출력형 *[ħa:k.mi:n]은 불투명한 연쇄의 출력형 [ħa:k^j.mi:n]보다 더 충실한 동시에 덜 유표적인데, 그럼에도 불투명한 연쇄가 승자가 된다. 이 절의 목표는 후보연쇄에서 LUM 순서에 의한 제약 이론을 이용하여 왜 이것이 가능한지를 설명하는 것이다.

한 언어의 투명한 음운론은 그 언어의 제약의 기본적인 등급순위를 제시한다(도식화는 (2-16)을, 그리고 자세한 내용은 §4.3을 참조하라). 개방음절에 있는 단고모음에 의하여 위배되는 제약은 — 이를 **iCV*라 하자 — MAX를 지배하고, 일반 연구개음과 전설모음의 연속을 배제하는 제약은 — 이를 **ki*라 하자 — IDENT(back)을 지배한다. 이러한 등급순위가 주어지면, (3-19)에 열거된 모든 후보연쇄와 오직 이 후보연쇄만이 연쇄 타당성에 대한 조화향상 요건을 충족한다. ((3-19)와 같은 연쇄 목록에서, 내정된 승자는 ✓ 부호로 나타낸다.) 역출혈순 불투명성 사례를 분석하기 위해서는 왜 (d)가 승자인지를 설명할 필요가 있는데, (a)와 (b)가 어차피 **i*CV에 의해서 배제되기 때문에, 이 문제는 실제로는 왜 (d)가 (c)보다 더 조화적인지를 설명하는 문제로 귀결된다.

MAX_{BR}을 지배하는 유표성제약은 일반적으로 DEP_{IO}도 반드시 지배하게 되고, 이때 무표형의 출현(emergence of the unmarked)에 대하여(McCarthy and Prince 1994) 바람직하지 않은 결과가 나타난다.

(3-19) Bedouin Arabic에서 /ħa:kim-i:n/으로부터 도출된 타당한 연쇄

a. <ħa:.ki.mi:n>

b. <ħa:.ki.mi:n, ħa:.k^ji.mi:n>

c. <ħa:.ki.mi:n, ħa:k.mi:n>

d. <ħa:.ki.mi:n, ħa:.k^ji.mi:n, ħa:k^j.mi:n>✓

(3-19)에서 (c)와 (d)의 두 연쇄를 규정하는 LUM의 연속상(sequence)을 살펴보면 이 두 연쇄 간의 결정적인 차이점이 드러난다. (c)에는, 어중의 [i]에 영향을 미치는 Max를 위배하는 단 하나의 LUM밖에 없다. 좀 더 조화적 연쇄인 (d)에는, Max를 위배하는 LUM 앞에 Ident(back)을 위배하는 LUM이 선행한다. §3.3.2에서 정의된 Prec 제약은 Max를 위배하는 LUM보다 앞에 Ident(back)을 위배하는 LUM이 선행하는 연쇄를 선호한다. 이 제약은 연쇄 (d)와 같은 LUM의 연속상을 선호하여, 유표성과 충실성의 수행이 부진함에도 불구하고 출력형 [ħa:k^j.mi:n]을 택한다.

Prec 제약은 역급여순 불투명성과도 관련이 있다. 같은 Arabic 방언에서, 개방음절에 있는 저모음의 고모음화는 어말 자음군의 모음삽입에 의하여 급여되지 않는다: /gabr/ → [ga.bur], *[gi.bur]. 앞에서 나온 예와 같이, 이 언어의 투명한 음운론은 제약의 기본적인 등급순위를 제시한다(도식화는 (2-20)을, 그리고 자세한 내용은 §4.3을 참조하라). 개방음절에서 저모음에 의하여 위배되는 제약은 — 이를 **a*CV라 하자 — Ident(low)를 지배하고, 어말 자음군을 배제하는 제약은 — *Complex-Coda — Dep을 지배한다. 이러한 등급순위가 주어지면, (3-20)의 모든 후보연쇄와 오직 이 후보연쇄만이 조화향상 요건을 충족한다. 이 예를 분석하기 위해서는, (c)의 출력형이 상위의 제약인 **a*CV에 대해서 수행력이 뛰어난데도 왜 (b)가 승자가 되는지를 설명할 필요가 있다.

(3-20) Bedouin Arabic에서 /gabr/로부터 도출된 타당한 연쇄

a. <gabr>

b. <gabr, ga.bur>✓

c. <gabr, ga.bur, gi.bur>

(3-20)에서 (b)와 (c) 간의 결정적인 차이점은 여기서도 이 두 연쇄를 규정하는 LUM의 연속상을 살펴보는 데서 비롯된다. (b)에는 DEP을 위배하는 LUM밖에 없다. 연쇄 (c)는 동일한 LUM으로 출발하지만, IDENT(low)의 위배로 이어진다. PREC 제약은 연쇄 (c)보다 (b)를 선호하는데, 그 이유는 (b)에는 DEP을 위배하는 LUM 뒤에 IDENT(low)를 위배하는 LUM이 후행하지 않기 때문이다.

후보연쇄는 전통적인 음운론적 도출과 유사성을 지니며, PREC 제약은 규칙순에 관한 기술과 어떤 유사성을 지닌다. 그러나 중요한 차이점도 있는데, 그중 몇 가지는 OT의 일반적인 특성에서 발현하고, 또 몇 가지는 OT-CC의 특수한 가정에서 도출된다. 이러한 차이점 가운데 몇 가지는 §3.2.3에서 논의된 바 있으며, 다른 것들은 §3.4에서 설명하기로 한다. 그러나 우선은 이 제안의 공식적인 자세한 내용과 그 적용에 관하여 살펴볼 필요가 있다.

3.3.2. PREC 제약과 후보 평가

연쇄 그 자체가 평가의 대상은 아니기 때문에, '후보연쇄'라는 표현은 철저하게 잘못된 것은 아니라고 하더라도, 명칭이 잘못된 감이 있다. 이유는 연쇄에 지나치게 많은 정보가 포함되어 있기 때문인데, 이 정보는 연쇄가 타당함을 보장하기 위해서 GEN에서는 필요한 것이지만, 엄밀한 의미의 EVAL을 적용하면, 불필요하고 때로는 해롭기까지 하다.[21]

연쇄에 너무 많은 정보가 들어 있다고 봐야 될 대목은 비출력형의 출현이다. 엄밀한 의미에서의 EVAL에서는, 연쇄의 출력형만 유표성제약에 의하여 평가된다. (물론, 연쇄가 (3-1)의 국부적 최적성 요건 (c)를 충족하는지를 결정하는 데 있어서 유표성제약이 중요하지만, 현재 논의의 대상은 연쇄 타당성이 아니라 완성된 후보연쇄의 평가이다.)

21) '엄밀한 의미의 EVAL'이라는 말은 (3-5)의 흐름도에서 한 방향 화살표로 GEN에서 시작하여 EVAL에 이르는 순회를 가리킨다. 엄밀한 의미의 EVAL은 완성된 후보연쇄를 비교하여 최적의 연쇄를 결정하는 곳이다.

EVAL에서 연쇄의 비출력형들은 유표성과 무관하기 때문에, 후보에 이들을 포함할 이유가 없다. 연쇄는 단 두 가지 핵심 정보로 귀결될 수 있다: 고전 OT와 다를 바 없는 출력형과, 이 출력형을 해당 입력형과 연결하는 LUM의 연속상이 그것이다.

LUM의 연속상(sequence of LUMs) 혹은 *LUMSeq*는 후보연쇄로부터 투사된다. 충실한 분석으로만 구성된 한 개짜리 연쇄는 아무것도 없는 LUMSeq < >를 가지고 있다. 연쇄에서 후행하는 각 단계는 상이한 LUM을 포함하므로, 연쇄가 길면 LUMSeq도 길어진다. 각각의 LUM은 이것이 무엇을 어디서 수행하는지에 의해서 정의되기 때문에, LUM이 위배하는 충실성제약과 위배의 위치를 나타내는 지수 표시에 의해서 LUM을 지시할 수 있다. 예를 들어서, 완전히 충실한 형태가 [$a_1b_2i_3t_4a_5$]로 지수가 표시된다고 가정할 때, <a.bi.ta, ab.ta> 연쇄에서 MAX@3로 LUM을 지시할 수 있다. 이러한 표시법으로 나타내면, 연쇄 <ħa:.ki.mi:n, ħa:.kʲi.mi:n, ħa:kʲ.mi:n>의 LUMSeq는 <ID(back)@3, MAX@4>이다. 삽입 및 자립분절적 작동을 취급하자면 이 표시법을 보다 정교하게 다듬어야 할 필요가 있지만, 현재 논의에서는 이것으로도 충분하다. 이 표시법은 편의를 위한 것에 지나지 않으며, §3.2.4.2에서 전개한 LUM 이론을 대체하지는 않음을 명심하라. 동일한 충실성제약을 다른 위치에서도 위배하는 두 개의 LUM을 구분할 필요가 있지 않는 한, 지수 표시는 대체로 빼기로 한다.

두 개 이상의 연쇄가 동일한 출력형을 가지면서 LUM이 적용되는 순서에 있어서만 차이가 나는 경우에도, 연쇄에 지나치게 많은 정보가 포함된다. 예를 들어서, 비음 뒤에서 모음을 비음화하고 또 어말 장애음을 무성음화하는 언어에서, /mad/ → [mãt] 전사는 두 개의 상이한 연쇄를 거쳐서 도출될 수 있다: <mad, mã**d**, mã**t**>와 <mad, ma**t**, mã**t**>. 결과도 LUM도 모두 동일한데, LUM의 순서만 다르다. 음운과정 간에 서로 상호작용이 없을 때 마다 이런 상황이 발생하므로, 이런 상황이 흔치 않은 것은 아니다. (규칙기반 음운론에서는, 이와 같은 경우는 규칙순 문제에 대하여 아무런 증거를 제시하지 않는 예로 간주된다.)

§3.3.3에서 분명하게 될 이유로, 후보 평가는 LUM 순서에 있어서 언어학적으로

무관한 차이점을 가진 연쇄들 간의 유사 차이점에 민감해서는 안 된다. OT-CC는 *수렴연쇄들(convergent chains)*이 마치 동일한 것인 양 취급함으로써 이러한 구분을 없앤다. (3-21)의 요건을 충족하면 연쇄가 수렴한다: 두 개의 연쇄는 동일한 출력형을 가지고 동일한 LUM을 갖지만 다른 순서로 되어 있다. 이런 의미에서 수렴하는 연쇄는 단일 후보를 구성한다. 그 결과, 입력형-출력형의 전사에 아무런 영향을 미치지 않는 LUM 순서의 구분은 EVAL에 존재하지 않는다.

(3-21) 연쇄수렴(Chain convergence)

다음의 두 조건과 오직 이 두 조건이 충족될 때에만 입력형 /in/으로부터 도출된, 공집합이 아닌 연쇄집합 $\mathbb{C}$가 수렴한다.

(i) $c_i \in \mathbb{C}$인 어떤 연쇄에 대하여, c_i = <..., out>인, 그런 어떤 형태 [out]이 존재하며

그리고

(ii) $c_i \in \mathbb{C}$인 어떤 연쇄에 대하여, c_i가 L의 순서인 LUMSeq의 l_i와 연관된, 그런 LUM의 집합인 L이 존재한다.

수렴연쇄의 집합에 공통적으로 들어 있는 LUM의 모든 선후관계 및 오직 그 선후관계만 유지하면서, LUMSeq들을 병합하여 여러 개의 수렴연쇄가 단일 후보로 통합된다. 직관적으로 볼 때, 두 개 혹은 그 이상의 순서들은 이들에게 공통적인 선후관계만 유지하면서 병합될 수 있다. 예를 들어서, <A, B, C>와 <C, A, B>의 병합은 A가 B에 선행하고 C는 A와 B에 대하여 무순인 진부분 순서(properly partial order)를 가져다 준다. 공식적으로는, 이것은 *총체적 순서의 교집합(intersection of total orders)*으로 알려져 있는데, 보통 이것은 반사적(reflexive) 순서에 대한 정의로 쓰인다. 여기서 <A, B, C>로 표시된 반사적인 총체적 순서는 {(A, A), (B, B), (C, C), (A, B), (A, C), (B, C)}의 집합 표시법으로 표현된다. 만약 이 순서가 {(A, A), (B, B), (C, C), (A, B), (C, A), (C, B)}의 집합 표시를 갖는 <C, A, B>와

교집합을 이룬다면, 그 결과는 {(A, A), (B, B), (C, C), (A, B)}이다. 이 결과는 A는 B에 선행하되 C는 A나 B에 대하여 무순이라는 정보를 포함하는 진부분 순서이다.

표시법상의 간결성과 설명상의 명료성을 위하여, {(A, A), (B, B), (C, C), (A, B)}와 같은 부분 순서를 두 개의 공식적 대상을 가지고 기술하기로 한다. 이 중 하나는 ℒ-집합(ℒ-set)이라고 하는데, 이것은 순서에 가담하는 모든 요소들의 목록에 지나지 않는다 — 즉, {A, B, C}이다. 그러니까, ℒ-집합이란 한 연쇄나 혹은 수렴연쇄의 집합에서 위배된 모든 LUM들의 목록에 지나지 않는다. 다른 대상은 rLUMSeq라고 하는데 ('r'은 '축소(reduced)'를 나타냄), 이것은 반사적 순서를 제외한 모든 순서쌍(pairwise orders)의 목록이다 — 즉, {<A, B>}이다. /mad/ → [mãt]의 예에서처럼, 이 집합은 공집합일 수도 있다. 대단히 정확성을 요하는 경우가 아니라면, {<X, Y>, <X, Z>, <Y, Z>}와 같이 아주 성가신 표시법을 사용하지 않고, 대개 <X, Y, Z>와 같은 총체적 순서로 rLUMSeq를 제시하기로 한다.

(3-5)의 다이어그램을 참조하면, '전체 후보집합'이라는 풍선 표시로 나타낸 부분으로서 GEN에서 EVAL로 향하는 화살표를 따라 수렴연쇄가 합쳐지는 지점을 확인할 수 있다. 일단 모든 타당한 연쇄가 확인되면, 아직 EVAL로 제출되기 전에, (3-21)에 의거하여 수렴하는 모든 연쇄집합은 ℒ-집합과 rLUMSeq에 의하여 표시된 부분 순서로 합쳐진다. 물론, 개별적으로 수렴하지 않는 연쇄도 ℒ-집합과 rLUMSeq를 갖지만, 이들이 포함하고 있는 정보는 총체적 순서를 지닌 원래의 LUMSeq와 다르지 않다.

요약하면, (3-22)의 정의에 의거하여, OT-CC의 후보는 네 가지 정보를 포함한다. OT-CC 후보의 세 가지 요소는 고전 OT 후보와 본질적으로 동일하다: *입력형(in)*과 *출력형(out)*은 변함이 없고, 충실성 위배 목록을 가진 ℒ-집합은 입력형-출력형 조응관계 $\mathfrak{R}_{IO}$와 유사한 정보를 담고 있다. 새로운 것이라고는 rLUMSeq뿐이다. 이것은 ℒ-집합의 부분집합에 나타난 부분 순서이다 — 한 연쇄에 수렴하는 짝이 없을 경우에는 이것이 ℒ-집합의 총체적 순서이며, 두 개 혹은 그 이상의 연쇄가 수렴할 경우에는

ℒ-집합의 진부분 순서이다.

(3-22) OT-CC의 후보

후보란 네 개의 요소가 차례대로 배열된 (*in*, *out*, ℒ-집합, rLUMSeq)로서,

여기서 *in*은 언어 형태, 입력형이고,

*out*은 언어 형태, 출력형이며,

ℒ-집합은 *in* → *out*에 따른 LUM의 집합이며,

rLUMSeq는 ℒ-집합의 부분집합에 나타난 부분 순서이다.

OT-CC 후보의 다양한 부문은 각기 나름대로의 제약 유형을 갖는다. 유표성제약은 *출력형(out)*을 평가하고, 충실성제약은 ℒ-집합에 새겨진 *in-out*의 관계 혹은 이와 거의 유사한 관계인 조응 관계를 평가한다. rLUMSeq의 평가는 Prec 제약의 소관인데, 이 제약은 rLUMSeq의 구성소인 여러 LUM 가운데 특정 선후관계에는 유리하게 작용하고 나머지 다른 순서에는 벌점을 매긴다.

Prec 제약의 일반적인 형태는 (3-23)에 제시되어 있는데, 여기서 A와 B는 충실성 제약이다.[22]

(3-23) Prec(A, B)(*cand*)

A′와 B′가 각각 충실성제약 A와 B를 위배하는 LUM을 나타낸다고 하자.

cand = (*in*, *out*, ℒ, rL)이라고 하자.

(i) <A′, B′>∈rL인 경우, ∀B′∈ℒ에 대해서, 만약 ∄A′∈ℒ이면, 위배표시를 할당하라.

그리고

(ii) <B′, A′>∈rL인 경우, ∀B′∈ℒ에 대해서, 만약 ∃A′∈ℒ이면, 위배표시를 할당하라.

---

22) A와 B는 *기본(basic)* 충실성제약으로 국한되지 않는다(cf. §3.2.4.2). 즉, Prec은 Con에 속한 충실성제약이라면 무엇이나 언급할 수 있다.

(3-23)을 달리 표현하면, Prec(A, B)는 rLUMSeq에서 A를 위배하는 모든 LUM이 B를 위배하는 LUM보다 선행해야지 후행해서는 안 된다고 요구한다. 그러면 Prec (A, B)가 위배표시를 할당할 수 있는 두 가지 상황이 발생한다. 첫째, 만약 $\mathcal{L}$에 B를 위배하는 LUM이 있고, 이 LUM이 rLUMSeq에서 그 앞에 A를 위배하는 어떤 LUM이 선행하지 않는다면, Prec(A, B)가 준수되지 않는 것이다. 둘째, 만약 $\mathcal{L}$에 B를 위배하는 LUM이 있고, 이 LUM이 A를 위배하는 어떤 LUM보다 선행한다면, 여기에도 위배표시가 할당된다. 그러므로 만약 $\mathcal{L}$-집합이 {A′, B′, C′}이면, rLUMSeq {<A′, C′>, <B′, C′>}는 Prec(A, B)로부터 한 개의 위배표시를 받게 되는데, 그 이유는 <A′, B′>의 순서가 이 rLUMSeq의 원소가 아니기 때문이다. rLUMSeq {<A′, C′>, <B′, C′>, <B′, A′>}는 (3-23)의 각 조항마다 한 개씩, 두 개의 위배표시를 받게 되는데, 그 이유는 <A′, B′>의 순서는 이 rLUMSeq의 원소가 아니고, <B′, A′>의 순서는 원소이기 때문이다.

어떤 등급순위 하에서는, Prec 제약이 특정한 LUM 순서를 가진 후보연쇄를 선호함으로써 불투명한 결과를 택한다. 일반적으로, 역출혈순 연쇄와 경쟁하는 투명한 연쇄는 (3-23)의 조항 (i) 하에서 불리하며, 역급여순 연쇄와 경쟁하는 투명한 연쇄는 (3-23)의 조항 (ii) 하에서 불리하다. (어쩌면 (3-23)의 두 조항은 별개의 제약으로 배정되어야 할지도 모르겠지만, 아직까지는 약간 덜 경제적인 이 가설을 지지해야 할 증거를 포착하지 못했다.) 이 이론을 역출혈순과 역급여순 불투명성에 적용하는 예시는 각각 §3.3.3과 §3.3.4에서 제시한다. 보다 더 복잡한 사례는 §3.3.5에서 예시하며, 물론 §4의 사례 연구에서 추가로 더 많은 사례를 제시한다.

OT의 모든 제약처럼, Prec 제약도 등급순위가 정해지고 위배 가능하지만, 이 제약의 등급순위가 전적으로 자유로운 것은 아니다. Prec(A, B)의 위배에 필요한 필요조건은, (3-23)의 정의에서 분명한 것처럼, 충실성제약 B를 위배하는 것이다. 곧 드러나게 될 이유로, Prec(A, B)는 B가 위배되는지의 여부에 *의존하는* 것이 분명하지만, 절대로 B가 위배되는지의 여부에 *영향을 미쳐서는* 안 된다. OT에서, 이를 보장할 수 있는 유일한 방법은 PREC(A, B)가 B를 지배하지 않아야 한다는 요건을 두는 것이다. 이 요건은 등급순위에 관한 메타제약(metaconstraint) (3-24)로 공식화된다.

(3-24) PREC 제약의 등급순위에 관한 메타제약

B >> PREC(A, B)

등급순위에 관한 메타제약은 공명성과 같은 언어학적 척도와 관련이 있는 유표성의 다층적 위계를 공식화하는 방안으로, Prince and Smolensky(2004)에 의하여 처음으로 소개되었다. 나중에 이 제약은 제약 A와 B의 국부결합은 A와 B를 모두 지배해야 한다거나(Bakovic 2000, Smolensky 1995), 혹은 특정위치로 제한된 충실성제약 F가 그런 제한이 없는 제약 F를 지배해야 한다는 (Beckman 1998: 35) 요건과 같이, 구체적/일반적 관계에 있는 한 쌍의 제약에 관한 제약으로 확장되었다. (3-24)의 의미는, 모든 충실성제약 A에 대하여, B는 항상 PREC(A, B)를 지배해야 한다는 것이다.

PREC 제약은 $\mathcal{L}$-집합과 rLUMSeq를 참조하기 때문에, 완전한 연쇄집합이 결정되고 수렴성에 대한 검사가 끝날 때까지 이 제약은 평가의 대상이 될 수 없다. 이는 PREC 제약이 모든 형태에서 무위로 그저 만족되므로 이 제약은 연쇄 타당성을 결정하는 것과는 무관하다는 뜻이며, 따라서 이 제약은 어떤 형태가 연쇄의 조화향상에 보탬이 되면서 추가되는지의 여부에 관한 질문과는 아무런 연관이 없다. 그러므로 모든 후보의 최종 평가 때까지 PREC 제약을 무시해도 무방하다.[23]

3.3.3 역출혈순 불투명성에 대한 적용

다시 Bedouin Arabic의 역출혈순 불투명성 예로 돌아간다. 연구개 폐쇄음 /k/와 /g/는 전설모음 [i]와 인접할 때 [kʲ]와 [gʲ]로 구개음화된다. (3-25)의 자료는 관련이 있는 단어에서 일반 연구개음과 구개음화된 연구개음 간의 투명한 교체 현상을 예시한

---

23) 이 점에 관한 논의에 대하여 Michael Becker, Rachel Walker, 그리고 Matt Wolf에게 감사한다.

다. 구개음화가 생산적 과정이라는 또 다른 증거는 Al-Mozainy가 이 언어의 모국어 화자를 대상으로 만들어 낸 은어(secret language)를 가르친 자료에서 찾을 수 있다 (§4.3.3). 단어 [**g**^{j}iba:jil] 'tribes'는 이 은어에서 [**ga**ħarba:jil]로 바뀌는데, 구개음화 환경에서 전설음화된 연구개음과 비구개음화 환경의 일반 연구개음 사이에 예상된 교체 현상을 보인다.

(3-25) 연구개음의 구개음화(Al-Mozainy 1981: 23ff.)

ru:g	'be calm'	rawwig^j	'do not make noise!'
ðu:g	'taste'	ðawwig^j	'make somebody taste!'
gu:l	'say!'	g^{j}i:l	'it was said'
mamlu:k	'owned'	jmallik^j	'he makes someone own'
jaskut	'he becmes silent'	jsak^{j}k^{j}it	'he silences someone'
fukk	'let go'	fik^{j}k^j	'it was let go'

구개음화는 저모음의 전설 교체형에 의해서도 조건이 형성되지만(Al-Mozainy 1981: 33ff.), 불투명성에 대한 증거가 있는 곳이 고모음이기 때문에, 여기서는 고모음의 영향에 초점을 맞추기로 한다. (3-26)의 자료에 나타난 바와 같이, 심지어 조건을 형성하는 고모음이 탈락한 경우에도 구개음화가 발생한다.

(3-26) 구개음화와 어중모음탈락의 불투명한 상호작용(Al-Mozainy 1981: 49f., 73ff.)[24]

/ħa:kim-i:n/	ħa:k^{j}mi:n	'ruling (m. pl.)'
		cf. [ħa:k^{j}m] 'ruling (m. sg.)'
/kitib-t/	k^{j}tibt	'you (m. sg.) were written'
		cf. [k^{j}itbaw] 'they (m.) were written'

입력형 /ħa:kim-i:n/으로부터 조화적으로 향상하는 연쇄가 (3-19)에 제시된 바

24) 약자: *m.* 남성, *f.* 여성, *sg.* 단수, *pl.* 복수.

있는데, LUMSeq를 첨가하여 (3-27)에 다시 제시한다. (3-21)의 정의 하에서 (3-27)의 어떤 연쇄도 수렴하지 않기 때문에, LUMSeq를 rLUMSeq로 옮기는 일은 간단하다: rLUMSeq는 LUMSeq에서 비반사적인 모든 순서쌍으로 구성된다.[25] 이러한 연쇄에 해당하는 후보가 (3-28)에 제시되어 있다.

(3-27) /ħa:kim-i:n/으로부터 도출된 조화적으로 향상하는 연쇄와 이들의 LUMSeq

a. <ħa:.ki.mi:n>	< >
b. <ħa:.ki.mi:n, ħa:.k^ji.mi:n>	<ID(back)@3>
c. <ħa:.ki.mi:n, ħa:k.mi:n>	<MAX@4>
d. <ħa:.ki.mi:n, ħa:.k^ji.mi:n, ħa:k^j.mi:n>✓	<ID(back)@3, MAX@4>

(3-28) (3-27)에 의하여 (*in*, *out*, ℒ-집합, rLUMSeq)로 표시한 후보

a. (/ħa:kim-i:n/, ħa:.ki.mi:n, Ø, Ø)
b. (/ħa:kim-i:n/, ħa:.k^ji.mi:n, {ID(back)@3}, Ø)
c. (/ħa:kim-i:n/, ħa:k.mi:n, {MAX@4}, Ø)
d. (/ħa:kim-i:n/, ħa:k^j.mi:n, {ID(back)@3, MAX@4}, {<ID(back)@3, MAX@4>})✓

내정된 승자는 출력형 [ħa:k^j.mi:n]을 가진 후보 (d)이며, 승자에 가장 도전적인 경쟁자는 출력형 [ħa:k.mi:n]을 가진 투명한 후보 (c)이다. 이 둘의 차이는 (c)에 MAX를 위배하는 LUM이 ℒ-집합에 있기는 하지만, rLUMSeq에서 IDENT(back)을 위배하는 LUM이 MAX를 위배하는 LUM보다 선행하지 않는다는 점이다. 만약 PREC(ID(back), MAX) 제약이 [ħa:k^j.mi:n]에서 최악의 위배표시인 IDENT(back)의 위배보다 상위의 등급순위에 있다면, PREC(ID(back), MAX) 제약은 이 두 후보 사이에 필요한 구분을 지어준다. 이러한 등급순위 논증은 (3-29)에 제시되어 있다.

---

25) LUMSeq가 < >로 비어 있거나 혹은 한 개의 LUM만 포함하는 <A>일 경우, LUMSeq에 비반사적 순서가 없기 때문에 rLUMSeq는 공집합 Ø이다.

(3-29) OT-CC에서 역출혈순 불투명성[26]

/ħa:kim-i:n/	*iCV	*ki	Max	Prec(Id(back), Max)	Id(back)
d. → ħa:kʲ.mi:n {Id(back)@3, Max@4} {<Id(back)@3, Max@4>}			1		1
a. ħa:.ki.mi:n Ø Ø	W₁	W₁	L		L
b. ħa:.kʲi.mi:n {Id(back)@3} Ø	W₁		L		1
c. ħa:k.mi:n {Max@4} Ø			1	W₁	L

도표 (3-29)의 등급순위는 메타제약 (3-24)를 전제로 한다. 메타제약이란 Prec(A, B)가 충실성제약 B를 절대로 지배하지 않는다는 것이다. 이는 Prec(Id(back), Max)가 필연적으로 그리고 보편적으로 Max보다 하위의 등급순위에 있음을 의미한다. 이 메타제약이 왜 필요한지를 알아보기 위해서, 메타제약을 위배하는 방식으로 (3-29)의 등급순위를 변환한 효과를 고려해 보기로 한다.

Prec(Id(back), Max)가 개방음절에서 고모음의 탈락을 조장하는 유표성제약인 *iCV보다 상위에 있다고 가정하자. *iCV가 Max를 지배하기 때문에, 이행성(transitivity)에 의해서 Prec(Id(back), Max)는 메타제약 (3-24)를 위배하면서 Max도 지배하게 된다. 이처럼 변환된 등급순위 하에서는 (3-30)에 나타난 바와 같이, 구개음화가 일어나지 않으면 고모음 탈락이 봉쇄된다. /ʃarib-at/ 'he drank'와 같이 /ki/의 연속음이 들어 있지 않은 입력형의 경우에는, 구개음화와 더불어 조화적으로

26) 이 도표 및 연쇄를 평가하는 다른 도표에서, (3-27)이나 (3-28)과 같은 목록에서 연쇄와 (r)LUMSeq의 번호를 매길 때 사용한 문자인 (a), (b) 등을 사용하여 줄의 번호를 매긴다.

향상하는 연쇄가 존재하지 않으며, 그래서 경쟁관계에 있는 어떤 rLUMSeq에도 IDENT(back)을 위배하는 LUM이 포함되지 않는다. PREC(ID(back), MAX)를 만족시키는 유일한 방법은 MAX를 위배하지 않는 것이며, 그렇게 되면 PREC(ID(back), MAX)는 무위로 그저 만족된다. 이 결과는 기괴한 것이다: 예상된 어중모음탈락이 봉쇄되는 것은 바로 연구개음의 구개음화가 수반되지 않는 경우로 국한된다. 직관적으로, 이 현상은 검증된 불투명한 음운론에서 만나볼 수 있는 범위를 넘어선 것이다 — 이것은 마치 구개음화가 불투명하게 적용되지 않으면 어중모음탈락이 봉쇄되는 것과 마찬가지이다. 실제 음운체계는 이러한 방식으로 작용하지도 않거니와 작용할 수도 없으므로, 이러한 현상이 왜 절대로 발생하지 않는지에 대하여 개별언어와는 별도로 독자적인 설명이 필요하다.

(3-30) 등급순위 메타제약 (3-24)를 위배할 때 바람직하지 않은 효과

/ʃarib-at/	PREC(ID(bk), MAX)	*ki	*iCV	MAX	ID(back)
→ *ʃa.ri.bat Ø Ø			1		
ʃar.bat {MAX@4} Ø	W1		L	1	

해결책은 PREC 제약의 등급순위에 대하여 (3-24)의 보편적 조건을 부과하는 데 있다. 이 등급순위 메타제약은 MAX가 PREC(ID(back), MAX)를 지배해야 한다는 요건을 가지고 있는데, 이렇게 되면 PREC(ID(back), MAX)는 모음탈락 과정에 하등의 영향을 미칠 수 없게 된다. (3-24)의 일반적인 취지는, PREC(A, B)는 A가 만족되었는지의 여부에 영향을 미칠 수 있고, 또 실제로 영향을 미치지만, 어떤 식으로든지 B를 만족시키는 데에는 영향을 미칠 수 없다는 것이다. (3-23)에서 정의를 기술한

방식으로 인하여, B가 위배되는 경우를 제외하면 Prec(A, B)는 위배될 수가 없다. 메타제약은 B의 위배가 독자적으로 요구되는 상황일 때 Prec(A, B)가 B를 위배한 결과만 평가할 수 있음을 보장한다.

(3-24)의 등급순위 메타제약에는 또 다른 결과가 따른다: B가 Prec(A, B)를 지배하기 때문에, Prec(A, B)가 지배하는 제약은 무엇이든지 B에 의해서도 지배를 받으며, 이 언어 전체의 음운론은 이러한 함의관계에 있는 등급순위와 반드시 양립해야 된다. Bedouin Arabic에서, Max를 Ident(back)보다 상위의 등급순위에 두어야 할 다른 논증거리가 없으므로, Prec(Id(back), Max)가 요구하는 고정된 등급순위는 이 언어가 독자적으로 주장하는 바에 의하여 모순되지도 않지만, 그렇다고 확증된 것도 아니다. 그렇지만 다른 경우에는, (3-24)가 함의하는 등급순위가 전통적인 등급순위 논증에 의하여 확증될 수 있다. 등급순위에 대한 다른 증거가 없을 때에도, 등급순위에 대한 이 두 출처의 정보 사이에는 이론의 여지가 없어야 한다.

도표 (3-29)는 후보연쇄에 대한 조화향상 요건의 필요성을 제시하기 위해서도 사용될 수 있다. 조화향상 요건이 없다면, Prec(Id(back), Max)와 같은 제약을 설정하는 데 잠재적 위험성이 있다. 만약 연쇄가 조화적으로 향상할 필요가 없다면, 입력형 /t-ħakum-in/ 'they (f.) rule'으로 시작하는 연쇄 가운데는 <tħa.ku.min, tħa.k^{j}u.min, tħak^j.min>이 들어간다. 이 연쇄는 구개음화 환경이 아닌 곳, 즉 /u/ 앞에서 구개음화가 일어나기 때문에 조화적으로 향상하지 않는다. 후보집합에 이 연쇄가 포함될 경우, 내정된 승자 <tħa.ku.min, tħak.min>은 패자가 될 운명에 처한다. 도표 (3-31)에서 문제점을 살펴볼 수 있다. Prec(Id(back), Max)는 올바른 전사 /t-ħakum-in/ → [tħak.min]보다, 틀린 전사 /t-ħakum-in/ → *[tħak^j.min]을 선호하는데, 그 이유는 *[tħak^j.min]의 LUMSeq에는 Max의 위배에 앞서 Ident(back)의 위배가 선행하는 반면에, [tħak.min]의 LUMSeq는 그렇지 않기 때문이다.

(3-31) 조화적으로 향상하지 않는 연쇄를 허용할 때 바람직하지 않은 효과

	/t-ħakum-in/	*iCV	*ki	MAX	PREC(ID(bk), MAX)	ID(back)
→	*tħak^{j}.min {ID(back)@4, MAX@5} {<ID(back)@4, MAX@5>}			1		1
a.	tħa.ku.min Ø Ø	W_1		L		
b.	tħak.min {MAX@5} Ø			1	W_1	L

실제로는, PREC(ID(back), MAX)가 이와 같은 영향을 미칠 위험은 전혀 없다. 그 이유는 후보연쇄에 부과된 조화향상 요건에 있다. 연쇄 **<tħa.ku.min, tħa.k^{j}u.min, tħak^{j}.min>의 초기 부분연쇄인 **<tħa.ku.min, tħa.k^{j}u.min>은 Bedouin Arabic의 제약 등급순위에 의거하여 조화적으로 향상하지 않기 때문에 이 연쇄는 타당하지 않다 — 연구개음 뒤에 후설모음이 올 때 IDENT(back)의 위배를 강요하는 유표성제약은 없다. 그러므로 *[tħak^{j}.min]과 이것의 LUMSeq인 <ID(back)@4, MAX@5>는 PREC(ID(back), MAX)가 평가하는 후보에 포함되지 못하며, 그래서 승자로 추정되었던 이 후보는 (3-31)에 들지 않는다. 일반적으로, 불충실한 전사가 조화적으로 향상하는 것이 아니라면 PREC 제약이 불충실한 전사를 강요할 수 없다. 역출혈순 불투명성에서 PREC 제약의 역할은 조화향상에 의하여 허용된 전사를 택하기 위한 것이지, 그렇지 않고 달리 조화적 평가에 필요한 전사를 택하기 위한 것이 아니다.

끝으로, Bedouin Arabic의 구개음화는 연쇄수렴(chain convergence)을 뒷받침하는 논증에 이용될 수 있다. 후보연쇄들이 동일한 출력형을 가지고 또 이들의 LUMSeq가 서로 순서만 변환된 것이라면, 후보연쇄가 수렴한다는 점을 상기하라((3-21)을 보라). 수렴연쇄는 단일 후보로 융화되며, PREC 제약은 모든 수렴연쇄에 공통으로

들어 있는 LUM 순서에 관한 양상만 주시한다.

하나의 형태에 불투명성이 나타날 잠재적 위치가 하나 이상일 때 연쇄수렴이 중요성을 띤다. Bedouin Arabic에는 어근공기제약(root cooccurrence restriction)에 의하여 여러 개의 연구개음이 허용되지 않기 때문에, 이 언어를 본 따서 만든 가설적인 예를 사용해야 한다. 타당성을 갖춘 불투명성 이론이라면, /k/+전설모음의 연속이 두 군데 있기 때문에 구개음화의 잠재적인 위치가 두 군데인 /kætaki/와 같은 입력형을 다룰 수 있어야 한다. 음운론은 첫 번째 [k]에는 투명한 구개음화를, 그리고 두 번째에는 불투명한 구개음화를 적용하여, 이 입력형을 [k^{j}æ.tak^j]로 전사해야 한다. 잠재적 문제는 연쇄 *<kæ.ta.ki, k^{j}æ.ta.ki, k^{j}æ.tak>로 도출될 수 있는, 경쟁 관계의 출력형 *[k^{j}æ.tak]에서 발생한다. *[k^{j}æ.tak]에는 투명한 구개음화만 있지만, 이 연쇄는 모음을 탈락시키는 LUM이 구개음화하는 LUM보다 후행하기 때문에 PREC(ID(back), MAX)를 만족시키는 것처럼 보인다. 단어의 다른 위치에 있는 투명한 구개음화의 출현은 PREC 제약을 기만한다. 만약 PREC 제약이 불투명한 [k^{j}æ.tak^j]와 투명한 *[k^{j}æ.tak]를 구분하지 못한다면, 선택은 하위 등급순위의 제약으로 내려간다. 유표성과 충실성은 틀린 형태 *[k^{j}æ.tak]를 선호한다. 일반적으로, 단어의 어느 한 곳에서 음운 과정이 투명하게 적용되고 나면 불투명한 적용을 해야 할 필요성이 완화되는 것처럼 보인다. 실제 음운 체계가 이처럼 행동하지 않는다는 것은 두말할 나위도 없다.[27]

연쇄수렴이 이런 잠재적 문제점에 대한 OT-CC의 해답이다. PREC 제약은 LUMSeq를 있는 그대로 평가하는 것이 아니라, 수렴연쇄에서 LUMSeq가 교집합을 이룬 결과 발생하는 부분 순서를 평가한다((3-21)을 보라). 출력형 *[k^{j}æ.tak]는 (3-32)에서 두 개의 수렴연쇄에 의하여 생성된다. 직관적으로 볼 때, 첫 번째 /k/가 구개음화하는 것과 어말의 /i/가 탈락하는 순서는 아무 상관이 없는데, 이것이 바로 이 두 연쇄가 수렴하는 이유이다. PREC 제약에 대한 후보의 수행력이 아무 상관도 없는

27) 이러한 문제점을 제기한 데 대해서는 Colin Wilson에게, 그리고 이와 관련된 논의에 대해서는 그와 Jason Riggle에게 감사한다.

LUM 순서에 의존하는 일은 없어야 하며, 그래서 연쇄수렴 이론은 PREC 제약이 관장하는 범위에서 이런 무관한 순서를 배제한다.

(3-32) *[k^jæ.tak]에 수렴하는 연쇄와 이들의 LUMSeq

<kæ.ta.ki, k^jæ.ta.ki, k^jæ.tak> <ID(bk)@1, MAX@6>

<kæ.ta.ki, kæ.tak, k^jæ.tak> <MAX@6, ID(bk)@1>

(3-32)와 같이 연쇄가 수렴할 때, 모든 수렴연쇄의 LUMSeq들은 교집합을 이룬다. LUMSeq는 총체적 순서이지만, 이들의 교집합은 진부분 순서이다. (3-32)에서 LUMSeq가 교집합을 이룬 결과는 ID(back)@1과 MAX@6을 포함한 부분 순서이지만, 이 둘 간의 선후 순서관계에 대해서는 아무런 주장도 하지 않는다. 여기서 두 개의 공식적 대상인 ℒ-집합과 rLUMSeq를 가지고 이러한 부분 순서를 표시하고자 한다. (3-32)의 ℒ-집합과 rLUMSeq는 (3-33)에 주어져 있다. ℒ-집합이란 부분 순서에 가담하는 모든 요소의 목록을 말한다. (부분 순서는 전혀 순서 관계에 있지 않은 요소도 포함할 수 있다.) rLUMSeq란 부분 순서에서 비반사적 형태의 순서쌍을 열거한 집합을 말한다. (3-33)에서, ℒ-집합에 LUM이 두 개밖에 없으며 이 둘은 수렴연쇄에서 두 가지 순서로 모두 나타나므로, rLUMSeq는 공집합이 된다.

(3-33) (3-32)에 대한 ℒ-집합과 rLUMSeq

ℒ = {ID(bk)@1, MAX@6}

rL = Ø

위에서 확인한 문제는 투명한 연쇄 *<kæ.ta.ki, k^jæ.ta.ki, k^jæ.tak>가 PREC(ID(back), MAX)에 대한 수행력이 지나치게 뛰어나다는 점이다. 그러나 이 연쇄는 어떤 PREC 제약에 의해서도 직접 평가를 받지는 않는다. 그보다는, PREC 제약은 합류하는 수렴연쇄의 결과만 살펴본다. (3-33)에서 PREC(ID(back), MAX)가 ℒ-집합과 rLUMSeq를 평가할 때 위배표시를 할당하는데, 그 이유는 ℒ-집합에는 Max를 위배하는 LUM이 포함되어 있는데 rLUMSeq에는 Max를 위배하는 LUM에 앞서 Id(back)을 위배하는 LUM이 선행하는 순서가 포함되어 있지 않기 때문이다.

내정된 출력형 [k^jæ.tak^j]에 오면 상황이 달라진다. 세 개의 연쇄가 이 출력형에 수렴하며, 세 연쇄 모두 LUM 순서 <Id(back)@5, Max@6>를 공유하고 있다((3-34)를 보라). 이 순서는 진정으로 Prec(Id(back), Max)를 만족시킨다 — [k^jæ.tak^j]는 연구개음의 구개음화와 고모음 탈락 간의 불투명한 상호작용이 빚은 예상된 바람직한 결과이기 때문에, 실제로 그렇게 되는 것이 당연하다.

(3-34) [k^jætak^j]에 수렴하는 연쇄

<kæ.ta.ki, k^jæ.ta.ki, k^jæ.ta.k^ji, k^jæ.tak^j>	<Id(bk)@1, Id(bk)@5, Max@6>
<kæ.ta.ki, kæ.ta.k^ji, k^jæ.ta.k^ji, k^jæ.tak^j>	<Id(bk)@5, Id(bk)@1, Max@6>
<kæ.ta.ki, kæ.ta.k^ji, kæ.tak^j, k^jæ.tak^j>	<Id(bk)@5, Max@6, Id(bk)@1>

ℒ= {Id(bk)@1, Id(bk)@5, Max@6}

rL= {<Id(bk)@5, Max@6>}

가설적인 /kitaki/ → [k^jtak^j]와 같이, 불투명한 상호작용이 두 위치에 따로 일어나는 상황에서도 연쇄수렴이 적용될 수 있다. 이러한 전사의 rLUMSeq는 두 가지 순서만 주장한다: 첫 번째 /k/의 구개음화는 첫 번째 /i/의 탈락보다 선행하고, 두 번째 /k/의 구개음화는 두 번째 /i/의 탈락보다 선행한다. 이러한 rLUMSeq는 Prec(Id(back), Max)를 만족시키는데, 그 이유는 rLUMSeq에서 Max를 위배하는 모든 LUM에 앞서 Ident(back)을 위배하는 LUM이 선행하기 때문이다.

왜 연쇄수렴이 가능한가? 그 이유는 출력형에 영향을 미치지 않는 LUM 순서는 걸러내고 출력형에 영향을 미치는 LUM 순서는 보존하기 때문이다. (3-32)에서 *[k^jæ.tak]로 나아가는 두 개의 연쇄는 이들을 구성하는 LUM 순서가 다르지만, 순서는 문제가 되지 않는다. 그 이유는 첫 번째 /k/의 구개음화와 마지막 /k/ 뒤에

오는 /i/의 탈락이 상호작용하지 않기 때문이다. (3-34)에서 [kʲæ.takʲ]로 나아가는 세 개의 연쇄는 한 가지 중요한 측면에서 다르다: 이들은 모두 고모음의 탈락에 앞서서 어말 /k/의 구개음화를 적용하는 결정적인 순서를 가지고 있다. 그 이유는 만약 모음이 먼저 탈락한다면 어말 /k/가 구개음화되지 않을 것이므로, 이러한 음운작용이 결정적으로 상호작용하기 때문이다. 연쇄수렴은 우연적인 LUM 순서는 성공적으로 추려 내고 우연이 아닌 순서에 정조준한다.

연쇄수렴은 음운 과정이 상호작용을 하는지 하지 않는지를 구분하는 데 있어서 놀라울 정도로 간단하면서도 강력한 도구이다. §3.6.3에서 OT-CC를 제약결합이나 대립보존에 기반한 불투명성 이론과 비교할 때 이 논제로 다시 돌아가기로 한다.

3.3.4 역급여순 불투명성에 대한 적용

Bedouin Arabic의 역급여순 상호작용에서, 음절이 모음삽입에 의해서 개방음절이 될 때, 개방음절에서 저모음의 고모음화가 발생하지 않는다: /gabr/ → [ga.bur], *[gi.bur]. 입력형 /gabr/에서 조화적으로 향상하는 연쇄는 (3-20)에 제시된 바 있으며, (3-35)에서 LUMSeq를 더하여 다시 제시한다. (3-35)에는 수렴하는 연쇄가 없으므로, 반사적 순서를 제거하는 부기 장치를 제외하면 LUMSeq와 이와 연관된 rLUMSeq는 동일하다. 이러한 연쇄에 해당하는 후보가 (3-36)에 주어져 있다. (연쇄의 초기형의 특성에 대해서는 곧 논의하기로 한다. 더 자세한 내용은 §4.3.3과 §4.3.4에서 제시한다.)

(3-35) /gabr/로부터 도출된 조화적으로 향상하는 연쇄와 이들의 LUMSeq[28]

a. <gabr>	< >
b. <gabr, ga.bur>✓	<DEP@3>
c. <gabr, ga.bur, gi.bur>	<DEP@3, ID(low)@2>

28) LUM에 사용된 표시법에서, 모음삽입의 위치는 선행하는 입력형의 분절음이나 연접의 지수와 비교하여 나타낼 수 있다.

(3-36) (3-35)에 의한 후보

a. (/gabr/, gabr, Ø, Ø)

b. (/gabr/, ga.bur, {Dep@3}, Ø)✓

c. (/gabr/, gi.bur, {Dep@3, Id(low)@2}, {<Dep@3, Id(low)@2>})

내정된 불투명한 승자는 [ga.bur]((3-36)의 (b))이며, 승자에게 가장 도전적인 경쟁자는 투명한 후보 (c)의 [gi.bur]이다. 이들 간의 중요한 차이점은 (c)는 Dep을 위배하는 LUM 뒤에 Ident(low)를 위배하는 LUM을 가지고 있지만, (b)는 Dep을 위배하는 LUM만 가지고 있다는 점이다. 만약 Prec(Id(low), Dep) 제약이 [ga.bur]의 최악의 위배표시(즉, 가장 상위 제약의 위배)인 *aCV의 위배 (cf. (2-20))보다 상위의 등급순위에 있다면, 이 제약은 이 두 후보 간에 필요한 구분을 하게 해 준다. 이러한 등급순위 논증은 (3-37)에 제시되어 있다. 등급순위에 관한 메타제약 (3-24)가 요구하는 바와 같이, Prec(Id(low), Dep) 제약은 Dep보다 하위의 등급순위에 있다. 이는 어떤 후보에 모음삽입이 나타나면 Prec 제약에 영향을 미치는 것이 분명하지만, Prec 제약이 만족되었다고 해서 이것이 모음삽입에 영향을 미칠 수 있는 것은 아니라는 뜻이다.

도표 (3-37)은 OT-CC에서 역급여순 불투명성의 전형적인 분석을 보여 준다. 불투명한 승자와 이의 투명한 경쟁자 (c)가 모두 Prec(Id(low), Dep)을 위배하지만, 승자가 덜 위배한다. 승자의 rLUMSeq <Dep@3>는 Prec(Id(low), Dep)으로부터 한 개의 위배표시를 받는데, 그 이유는 그 앞에 Ident(low)를 위배하는 LUM이 없으면서 Dep을 위배하는 LUM이 rLUMSeq에 들어 있기 때문이다. 그렇지만 투명한 경쟁자의 rLUMSeq <Dep@3, Id(low)@2>는 이보다 더 심각한데, 그 이유는 rLUMSeq에 Ident(low)를 위배하는 LUM이 선행하지도 않으면서 Dep을 위배하는 LUM이 들어 있을 뿐만 아니라, Ident(low)를 위배하는 LUM이 *후행하는* 가운데 Dep을 위배하는 LUM이 들어 있기 때문이다. 다시 말해서, 후보 (c)는 (3-23)의 Prec의 정의에서 조항 (i)과 (ii)를 모두 위배한다. 그러므로 (c)는 Prec(Id(low),

DEP)으로부터 두 개의 위배표시를 받는 반면, 승자 (b)는 한 개만 받는다.

(3-37) OT-CC에서 역급여순 불투명성

/gabr/	*COMP-CODA	DEP	PREC(ID(low), DEP)	**a*CV	ID(low)
b. → ga.bur {DEP@3} Ø		1	1	1	
a. gabr Ø Ø	W_1	L	L	L	
c. gi.bur {DEP@3, ID(low)@2} {<DEP@3, ID(low)@2>}		1	W_2	L	W_1

역급여순 불투명성의 이 예는, 앞서 나온 역출혈순 불투명성의 예처럼, OT-CC의 몇 가지 주요 전제를 뒷받침하는 논증에 사용될 수 있다: 등급순위에 관한 메타제약 (3-24), 연쇄에 대한 조화향상 요건, 연쇄의 초기형이 모든 충실한 후보 가운데서 최적이어야 한다는 요건, 그리고 점진성 요건이 그것이다.

이와 유사한 앞 절의 논증처럼, 등급순위의 메타제약에 대한 논증은 지나치게 자유로운 등급순위 변환으로 인한 바람직하지 않은 효과에 근거한다. 메타제약과는 반대로, PREC(ID(low), DEP)과 DEP이 등급순위를 자유롭게 변환할 수 있다고 가정하자. 그러면 PREC(ID(low), DEP)은 DEP을 지배하는 *COMPLEX-CODA보다 상위에 올 수 있다. 변환된 이 등급순위는 (3-38)에 제시되어 있다. 그러면 PREC(ID(low), DEP)은 모음삽입을 봉쇄하여, 다른 후보를 제치고 충실한 [gabr]를 선호한다. 모음삽입이 없는 언어도 분명히 존재하기 때문에, 이것은 그 자체로서는 그리 이상할 것이 없다. 그러나 (3-38)에서 모음삽입이 일어나지 않는 이유는 아주 특이하다:

모음삽입이 고모음화와 문제의 상호작용을 일으키지 않게 하기 위해서 Prec(Id(low), Dep)이 모음삽입을 봉쇄한다는 것이다. 등급순위에 관한 메타제약 때문에, Prec 제약은 절대로 이와 같은 효과를 나타낼 수 없다. 일반적으로, 메타제약은 Prec(A, B)가 B를 만족시키는 일에 영향을 미칠 가능성을 조금도 용인하지 않는다.

(3-38) Prec(Id(low), Dep) >> *Complex-Coda >> Dep인 경우 바람직하지 않은 결과

/gabr/	Prec(Id(low), Dep)	*Comp-Coda	Dep	*aCV	Id(low)
b. → gabr Ø Ø		1			
a. ga.bur {Dep@3} Ø	W_1	L	W_1	W_1	
c. gi.bur {Dep@3, Id(low)@2} {<Dep@3, Id(low)@2>}	W_2	L	W_1		W_1

(3-37)의 예는 앞 장에서 지적한 점들 외에 다른 것도 확증한다: 후보연쇄에 대한 조화향상 요건의 필요성이 그것이다. 폐쇄음절에서의 고모음화 및 이에 후행하는 모음삽입을 가진 연쇄 <gabr, gibr, gi.bur>가 있다고 가정해 보자. 이 연쇄에는 LUMSeq <Id(low)@2, Dep@3>가 있는데, 이것은 Prec(Id(low), Dep)을 완벽하게 만족시킨다. 그러므로 이 연쇄는 Prec 제약으로부터 위배표시를 하나 받는 내정된 승자를 위협한다. 그렇지만 실제로는, **<gabr, gibr, gi.bur>는 이 언어에서 타당한 연쇄가 아니다: 상위의 유표성제약을 수행하는 데 있어서 전혀 향상하는 바가 없으면서 Ident(low)를 위배하기 때문에 초기의 부분 연쇄 **<gabr, gibr>는

타당하지 않다. 타당성 결여라는 흠이 상향식 함의에 의해서 전체 연쇄를 오염시킨다.

이 예는 연쇄초기형이 충실한 분석 중에서도 가장 조화적이어야 한다는 전제와도 관련이 있다. /gabr/ → [ga.bur] 연쇄가 복합 음절말음을 가진 <gabr, ...>가 되든지, 아니면 음절외적인 추가자음(extrasyllabic appendix)을 가진 <gab.r, ...>가 되든지 간에, 폐쇄음절을 가진 충실한 분석으로 시작하는 것이 매우 중요하다. 만약 [b]와 [r]이 모두 추가자음으로 분석되어서, 연쇄가 <ga.br, ...>와 같이 개방음절을 가진 분석으로 시작한다면, 연쇄는 고모음화와 모음삽입으로 이어질 수 있다: <ga.br, gi.br, gi.bur>.[29] 그리고 만약 <ga.br, gi.br, gi.bur>가 타당한 연쇄라면, Prec(Id(low), Dep)은 *[gi.bur]를 배제하는 데 아무 소용이 없을 것이며, 바람직한 결과인 불투명한 [ga.bur]를 얻을 가망이 없어진다.

[ga.br]로 시작하는 연쇄가 타당하지 못한 이유는 [ga.br]가 입력형의 가장 조화적인 충실한 분석이 아니라는 것인데, (3-1)의 (a) 조항은 연쇄가 가장 조화적인 충실한 분석으로 시작할 것을 요구한다. Bedouin Arabic에서, [ga.br]보다 [gabr]에 유리하도록 음절화 제약의 등급순위가 정해져야 한다 — 예를 들면, 음절의 추가자음을 억제하는 제약이 *Complex-Coda와 No-Coda를 지배해야 된다. 이 결론은 이런 단어들이 Arabic에서 어떻게 분석되는지에 대한 기본 가정과 부합한다 — §4.2.2와 §4.3을 참조하라. 이 등급순위가 정해지면, [ga.br]로 시작하는 연쇄는 모두 타당성이 없으며, 이 언어에서 입력형 /gabr/로부터 도출되는 타당한 연쇄는 모두 [gabr]로 시작한다.

끝으로, 이 예는 연쇄의 점진성 요건을 뒷받침하는 데에도 인용될 수 있다. 만약 점진성 요건이 없다면, 고모음화와 모음삽입이 단일 단계에서 함께 발생하는 연쇄 <gabr, gi.bur>가 가능하다. 이 연쇄는 조화적으로 향상하며, Dep을 위배하는 전사

29) 자음이 음절성(syllabic)을 갖도록 만드는 것은 불충실한 전사이기 때문에, 음절성 [r]을 포함한 <ga.br̩, ...>로 시작하는 연쇄는 타당한 연쇄가 아니라고 가정한다(§3.2.4.2를 보라).

앞에 Ident(low)를 위배하는 전사가 선행하는 것이 아니기 때문에, Prec(Id(low), Dep)을 한 번 위배함으로써 내정된 승자와 동률이 된다. 추정적인 이 연쇄의 출력형인 *[gi.bur]는 유표성제약 **a*CV에 대한 수행력이 [ga.bur]보다 뛰어나기 때문에, 내정된 승자가 위협을 받을 것이 분명하다. 그렇지만 실제로 **<gabr, gi.bur>는 두 개의 LUM을 단일 단계로 통합하기 때문에 이 연쇄는 타당하지 않다. 연쇄에 점진성 제약이 없다면, 이 예 및 그 외의 다른 역급여순 불투명성 예들은 OT-CC에서 다루기가 어렵게 될 것이다.

3.3.5 다중 불투명성에 대한 적용

세 가지 상이한 과정이 불투명하게 상호작용하는 언어인 Yawelmani Yokuts에 대한 분석이 포함되지 않는다면,[30] 불투명성에 대한 어떠한 논의도 완전하다고 간주할 수 없을 것이다. 이 세 과정은 아래와 같다:

(i) *원순조화(rounding harmony)*는 모음의 높이에 따라 층화된다: 접미사 모음은 선행하는 모음과 높이가 일치하면 선행 모음의 원순성을 취한다. 예: 고모음의 비미래형 접미사 /-hin/은 다음과 같이 교체한다: [xathin] 'eat', [bokˀhin] 'find', [xilhin] 'tangle', 그러나 [dubh**u**n] 'lead by the hand'. 이와는 대조적으로, 비고모음을 가진 의혹형 접미사 /-al/은 다음과 같이 교체한다: [maxal] 'procure', [hudal] 'recognize', [gijˀal] 'touch', 그러나 [kˀoʔ**o**l] 'throw'.

(ii) *저모음화(lowering)*는 기저의 장고모음을 해당 비고모음으로 바꾼다: /ʔiliː-hin/ → [ʔil**eː**hin] 'fan', /cˀujuː-hin/ → [cˀuj**oː**hun] 'urinate'.[31]

---

30) Yawelmani는 앞서 §2.3.4.3에서 언급한 바 있으며, 이 언어에 대한 광범위한 참고문헌은 그 절에서 찾아볼 수 있다.

31) Blevins(2004)에 의하면, Yokuts에는 장모음을 저모음화하는 일반적인 과정이 없다. 필자의 견해

(iii) *폐쇄음절의 단모음화(closed syllable shortening)*는 어중 및 어말의 폐쇄음절에 있는 장모음에 영향을 미친다: /ṣa:p-hin/ → [ṣ**a**p.hin] 'burn', /pana:-al/ → [pan**a**l] 'arrive'.

이 과정들은 다양한 방식으로 불투명하게 상호작용한다. 폐쇄음절의 단모음화는 장모음의 저모음화를 출혈할 잠재성을 가지고 있지만, 사실은 출혈하지 않는다: /mi:kʔ-hin/ → [m**e**kʔhin], *[mikʔhin] 'swallow'. 이것은 역출혈순 상호작용이다. 원순조화는 동일한 높이의 모음에만 영향을 미치는데, 여기서 중요한 것은 표면이 아니라 기저에 나타난 장모음의 높이이다. 그래서 비록 어근 모음이 장모음이기 때문에 표면구조에서 저모음화되더라도, 고모음을 가진 접미사는 고모음을 가진 어근과 조화한다: /cʔu:m-it/ → [cʔo:m**u**t], *[cʔo:m**i**t] 'destroy-passive aorist'. 이것은 역출혈순 상호작용이다. 그리고 비고모음을 가진 접미사는 저모음화의 결과로 나타난 어근 모음과는 조화하지 않는다: /cʔu:m-al/ → [cʔo:m**a**l], *[cʔo:m**o**l]. 이것은 역급여순 상호작용이다. 단모음화와 저모음화 사이 및 저모음화와 원순조화 사이의 역출혈순 상호작용으로 인하여, /cʔu:m-hin/ → [cʔomhun]과 같은 형태는 이중으로 불투명하다.

Yawelmani의 불투명한 음운론을 이해하기 위해서는, 투명한 음운론을 먼저 이해할 필요가 있다. Archangeli and Suzuki(1997)와 McCarthy(1999)에 분석의 기본 요소들이 제시되어 있다. 폐쇄음절 단모음화는, (3-39)에 나타난 바와 같이, 3모라의 음절을 억제하는 제약인 $*[\mu\mu\mu]_\sigma$를 모라에 대한 충실성제약보다 상위의 등급순위에 둔 결과이다. (등급순위 논증이 한 번에 한 과정씩만 그 효과를 다루고, 또 이 논증에 가장 조화로운 충실한 후보가 포함될 경우, (3-39)와 같은 고전 OT의 등급순위 논증은

로는, 적어도 Yawelmani 방언의 경우에, 저모음화를 배제하는 증거는 설득력이 없다. 저모음화가 /i?CV/와 /u?CV/로부터 탈락과 보상적 장음화에 의하여 도출된 장고모음에 영향을 미치지 않지만, 이는 저모음화 그 자체가 불투명하다는 표시일 따름이다. 장고모음이 허용되는 발화형식/발화체(register)에도 두 가지가 있다: 하나는 '매우 관용적이고 구어적인 성격을 띠며, 주로 어린아이들의 일상 언어의 특징이라고'(Newman 1944: 56) 묘사되는 *-wiyi* 동사이고, 다른 하나는 '지능발달이 미진한 행동을 표현하기 위하여 수사적으로 장음화되는'(ibid., p.57) 모음이다.

OT-CC에서 적법한 지름길이 된다. 도표 (3-39)는 연쇄 <ʂa:p.hin, ʂap.hin>이 조화적으로 향상하는지 여부를 묻는 셈이다.)

(3-39) Yawelmani에서 *[μμμ]$_σ$ >> IDENT(long)

/ʂa:p-hin/	*[μμμ]$_σ$	ID(long)
→ ʂap.hin		1
ʂa:p.hin	W$_1$	L

장모음의 저모음화는 장고모음을 피하는 제약, LONG/-HI가 IDENT(high)보다 상위에 있다는 표시이다. 저모음화가 아니라 장모음화를 통해서 LONG/-HI를 만족시키는 다른 대안을 미연에 방지하려면, 모음의 길이에 대한 충실성도 IDENT(high)를 지배해야 한다. 이러한 등급순위 논증은 (3-40)에 주어져 있다.

(3-40) Yawelmani에서 LONG/-HI, IDENT(long) >> IDENT(high)

/ʔili:-hin/	ID(long)	LONG/-HI	ID(hi)
→ ʔile:hin			1
a. ʔili:hin		W$_1$	L
b. ʔilihin	W$_1$		L

원순조화에 대해서, Archangeli and Suzuki(1997: 207ff.)는 원순조화가 (3-41)에 열거한 세 제약이 상호작용한 결과라고 제안한다. (b)의 변별자질의 정렬제약인 ALIGN(Color)는 (c)의 충실성제약인 IDENT(Color)를 지배함으로써 조화를 유도한다. 그러나 ALIGN(Color) 그 자체는 [round]를 공유하는 모음이 [high]도 공유해야 함을 요구하는 (a)의 RD/αHI 제약보다 하위에 있다. 이것은 원순조화를 동일한 높이의 모음으로 제한하는 효과를 갖는다. 등급순위 논증은 (3-42)와 (3-43)에 제시되어 있다.

(3-41) 원순조화에서 활성화되는 제약

a. RD/αHI

[round$_i$]를 포함한 모든 경로는 [αhigh]를 포함한다.

즉, [round]를 가진 모음은 다른 높이의 모음과 연결되지 않는다.

b. ALIGN(Color)(AL(Col))

ALIGN(Color, R, Word, R)

즉, COLOR([back]과 [round])를 가진 모음은 모두 어말이다.[32]

c. IDENT(Color)(ID(Col))

조응 관계에 있는 분절음은 [back]과 [round]에 대하여 동일한 자질값을 갖는다.

(3-42) Yawelmani에서 ALIGN-COLOR >> IDENT(Color)

/dub-hin/	AL(Col)	ID(Col)
→ dubhun		1
dubhin	W1	L

(3-43) Yawelmani에서 RD/αHI >> ALIGN-COLOR

/hud-al/	RD/αHI	AL(Col)
→ hudal		1
hudol	W1	L

이제 저모음화와 단모음화의 상호작용을 필두로, Yawelmani의 불투명한 상호작용을 분석할 준비가 되었다. 기저에서 장모음인 고모음은 폐쇄음절에서 단모음화도 되면서, 모음의 높이가 낮아진다: /miːk^ʔ-hin/ → [mek^ʔ.hin]. 입력형 /miːk^ʔ-hin/의 타당한 후보연쇄가 LUMSeq와 함께 (3-44)에 제시되어 있다. 승자연쇄는 저모음화하는 LUM이 단모음화하는 LUM보다 선행하는 (d)의 연쇄이다. 승자의 주요 경쟁자는

32) 색조란 Padgett(1995)의 의미에서의 자질류(feature class)이다. 자질수형도에서 색조자질류 마디(color class node)는 Odden(1991)에 의해서 제안되었다.

단모음화만 하는 투명한 후보 (c)이다.

(3-44) /mi:kˀ-hin/으로부터 도출된 연쇄와 이들의 LUMSeq

a. <mi:kˀ.hin> < >

b. <mi:kˀ.hin, me:kˀ.hin> <Id(hi)@2>

c. <mi:kˀ.hin, mikˀ.hin> <Id(long)@2>

d. <mi:kˀ.hin, me:kˀ.hin, mekˀ.hin>✓ <Id(hi)@2, Id(long)@2>

(d)의 불투명한 [mekˀhin]은 (c)의 투명한 [mikˀhin]보다 덜 충실하면서 이 형태와 마찬가지로 덜 유표적이기 때문에, 유표성이나 충실성이 아닌 다른 어떤 제약이 (d)에 유리하게 작용함에 틀림이 없다. 그 제약이 Prec(Id(high), Id(long))인데, 이 제약은 Ident(long)을 위배하는 LUM보다 앞에 Ident(high)를 위배하는 LUM이 선행해야 한다는 요건을 가지고 있다. 만약 이 제약으로 투명한 후보 (c)보다 불투명한 후보 (d)를 선호하게 된다면, Prec(Id(high), Id(long))은 (c)와 공유하지 않는 (d)의 최악의 위배표시를 지배해야 한다. 후보 (d)가 가진 공유되지 않은 최악의 표시란 (d)는 위배하면서 (c)는 위배하지 않는 최상위의 (그리고 유일한) 제약인 Ident(high)를 위배하는 것이다. 이러한 등급순위 논증은 도표 (3-45)에 의하여 확인된다.

(3-45) Prec(Id(high), Id(long)) >> Ident(high)

	/mi:kˀ-hin/	*[μμμ]$_σ$	Long/-Hi	Id(long)	Prec(Id(hi), Id(long))	Id(hi)
d. →	mekˀ.hin <Id(hi)@2,Id(long)@2>			1		1
a.	mi:kˀ.hin < >	W$_1$	W$_1$	L		L
b.	me:kˀ.hin <Id(hi)@2>	W$_1$		L		1
c.	mikˀ.hin <Id(long)@2>			1	W$_1$	L

도표 (3-45)부터는 표시를 단순화하기로 한다. 한 후보가 두 개 혹은 그 이상의 수렴연쇄를 포함하는 경우를 제외하고는, $\mathcal{L}$-집합과 rLUMSeq를 모두 제시하지 않고 LUMSeq만 제시하기로 한다. 수렴연쇄가 없을 경우에는 LUMSeq가 rLUMSeq의 적당한 대체물이다. 그렇지만 (3-23)에서 제시한 PREC의 실제 정의는 LUMSeq가 아니라, $\mathcal{L}$-집합과 rLUMSeq를 지칭함을 명심하라.

도표 (3-45)의 등급순위 논증으로 제약들 간의 이행적 순서 관계가 완성되는데, 이는 직접적 논증에 의해서 얻은 등급순위와 일치한다. 직접 논증은 (3-40)에 있다: 개방음절의 장고모음은 단모음화하는 것이 아니라 저모음화한다. 이행적 등급순위 논증은 — (3-45)에서 PREC(ID(high), ID(long))이 IDENT(high)를 지배한다 — 라는 직접 논증과, IDENT(long)이 PREC(ID(high), ID(long))을 지배해야 한다는 요건을 말하는 (3-24)의 등급순위 메타제약이 결부되어 이루어진다. 그러므로 등급순위에 대한 서로 다른 두 출처의 정보는 IDENT(long)이 IDENT(high)를 지배한다는 주장에 있어서 수렴한다. 이와 같은 결과들이 중요한 것은 이들이 OT-CC가 틀렸음을 입증할 수 있는 방식을 부각시키기 때문이다: 한 언어의 음운론은 유표성, 충실성, 그리고 PREC 제약을 단일 등급순위로 일원화해야 한다. 만약 그렇지 못하다면, 그리고 만약 그렇지 않은데도 분석이 옳다면, 이는 틀림없이 OT-CC의 몇몇 전제(들)가 잘못된 것이다.

Yawelmani에서 다른 불투명한 상호작용은 장모음의 저모음화와 원순조화 간의 관계이다. 원순조화는 어근과 접미사 모음이 모두 고모음이거나 혹은 모두 비고모음인 경우에만 발생하며, 이때 중요한 것은 기저에서 모음의 높이이다. 접미사의 고모음은 이전에 고모음이었던 어근 모음과 조화하는 반면 — /cʔuːm-it/ → [cʔoːmut] — 고모음이 아닌 접미사의 모음은 어근의 고모음과 조화하지 않는다 — /cʔuːm-al/ → [cʔoːmal].

/cʔuːm-it/에 대한 타당한 연쇄는 (3-46)에 제시되어 있다. (d)가 승자가 되려면, PREC(ID(Color), ID(high)) 제약이 RD/αHI를 지배해야 한다((3-47)을 보라). 이는 (d)의 투명한 경쟁자인 (c)에서도 그러하듯이, 보통 RD/αHI는 높이가 다른 모음들이 원순성에 있어서 일치하는 것을 금지하기 때문이다. (도표 (3-47)은 등급순위의 메타제약이 요구하

는 바와 같이, Ident(high)가 Prec(Id(Color), Id(high))를 지배한다는 점도 보여 준다.)

(3-46) /cˀu:m-it/로부터 도출된 연쇄와 이들의 LUMSeq

a. <cˀu:.mit> < >

b. <cˀu:.mit, cˀu:.mut> <Id(Col)@4>

c. <cˀu:.mit, cˀo:.mit> <Id(hi)@2>

d. <cˀu:.mit, cˀu:.mut, cˀo:.mut>✓ <Id(Col)@4, Id(hi)@2>

(3-47) Prec(Id(Color), Id(high)) >> Rd/αHi

/cˀu:m-it/	Lg/-Hi	Id(hi)	Prec(Id(Col), Id(hi))	Rd/ αHi	Al/(Col)	Id(Col)
d. → cˀo:.mut <Id(Col)@4,Id(hi)@2>		1		1		1
a. cˀu:.mit < >	W_1	L		L	W_1	L
b. cˀu:.mut <Id(Col)@4>	W_1	L		L		1
c. cˀo:.mit <Id(hi)@2>		1	W_1	L	W_1	L

위의 예도 상이한 출처의 등급순위 증거가 수렴함을 예시한다. 승자 후보연쇄인 <cˀu:.mit, cˀu:.mut, cˀo:.mut>가 조화적으로 향상하고, 따라서 타당하려면, Long/-Hi가 Rd/αHi를 지배해야 한다. 이것은 이 연쇄의 마지막 연결고리에서 Rd/αHi의 위배를 새로 초래하는 댓가로 Long/-Hi의 위배가 제거되기 때문이다. 지배관계의 이행성에 의해서 이 등급순위가 독자적으로 필요하다. Long/-Hi는 Ident(high)를 지배하며 ((3-40)을 보라), Ident(high)는 메타제약 (3-24) 때문에 Prec(Id(Color), Id(high))를 지배한다. 이행성에 의한 일련의 순서 관계에서 마지막 단계는 도표 (3-47)에서 나온다: Prec(Id(Color), Id(high))는 Rd/αHi를 지배한다. 이러한 등급순

위의 완전한 순서 관계는 ⟦Long/-Hi >> Ident(high) >> Prec(Id(Color), Id(high)) >> Rd/αHi⟧이며, 약속대로, 이것은 Long/-Hi가 이행성에 의하여 Rd/αHi를 지배함을 보여 준다. 그러므로 전통적인 등급순위 논증과 메타제약이 결부될 때에도 연쇄 타당성을 확보하기 위해서 필요한 등급순위가 반드시 필요하다.

불투명한 /cˀu:m-al/ → [cˀo:mal]에서 예상 밖으로 원순조화가 적용되지 않는 것은 불투명한 /cˀu:m-it/ → [cˀo:mut]에서 예상 밖으로 원순조화가 일어나는 것과 동일하게 설명된다. 승자 후보연쇄는 <cˀu:.mal, cˀo:.mal>이다. Prec(Id(Col), Id(hi))에 의하면, 이 연쇄의 LUMSeq인 <Id(hi)>는 이와 경쟁 관계에 있는 투명한 연쇄 <cˀu:.mal, cˀo:.mal, cˀo:.mol>의 LUMSeq <Id(hi), Id(Col)>보다 더 조화적이다. 역급여순 상호작용에서 통상 그러하듯이, 불투명한 연쇄와 그 주요 경쟁자가 모두 Prec 제약을 위배하지만, 투명한 경쟁자가 위배표시를 두 개 초래하는 데 비하여 불투명한 연쇄는 한 개만 초래한다. /cˀu:m-al/로부터 도출된 타당한 연쇄는 (3-48)에, 그리고 이를 검증하는 도표는 (3-49)에 제시되어 있다.

(3-48) /cˀu:m-al/로부터 도출된 연쇄와 이들의 LUMSeq

	연쇄	LUMSeq
a.	<cˀu:.mal>	< >
b.	<cˀu:.mal, cˀo:.mal>✓	<Id(hi)@2>
c.	<cˀu:.mal, cˀo:.mal, cˀo:.mol>	<Id(hi)@2, Id(Col)@4>

(3-49) Prec(Id(Color), Id(high)) >> Align(Color)

	/cˀu:m-al/	Lg/-Hi	Id(hi)	Prec(Id(Col), Id(hi))	Al(Col)	Id(Col)
b.→	cˀo:.mal <Id(hi)@2>		1	1	1	
a.	cˀu:.mal < >	W_1	L	L	1	
c.	cˀo:.mol <Id(hi)@2,Id(Col)@4>		1	W_2	L	W_1

도표 (3-49)는 [cˀo:mal]에 예상했던 원순조화가 결여되어 있기 때문에 Prec(Id(Color), Id(high))가 Align(Color)를 지배해야 함을 직접 논증을 통하여 보여준다. Prec(Id(Color), Id(high))가 Rd/αHi를 지배하고(3-47), Rd/αHi가 Align(Color)를 지배하기 때문에(3-43), 제약의 지배관계에 대한 이행성에 의하여 동일한 등급순위가 독자적으로 필요하다.

지금까지 고려한 증거를 바탕으로, (3-50)의 제약위계를 얻을 수 있다. 최상위의 두 유표성제약인 *[μμμ]$_σ$와 Long/-Hi가 단모음화와 저모음화 과정에 일차적으로 책임이 있다. 단모음화와 저모음화간의 불투명한 상호작용은 Prec(Id(hi), Id(long))의 활성화가 빚은 결과이다. 이 제약이 Ident(high)를 지배하기 때문에, Prec 제약은 /mi:kˀ-hin/ → [mekˀ.hin]에서 이 경우가 아니라면 적용하지 말아야 될 저모음화를 과다하게 강제할 수 있다. 모음의 높이에 따라 층화된 원순조화는 제약위계에서 맨 밑바닥에 있는 세 제약의 소산이다. Prec(Id(Col), Id(hi)) 때문에 원순조화가 저모음화와 불투명하게 상호작용하는데, 이 제약은 /cˀu:m-it/ → [cˀo:mut]에서는 조화를 유도하고 /cˀu:m-al/ → [cˀo:mal]에서는 조화를 봉쇄한다.

(3-50) Yawelmani의 등급순위 요약

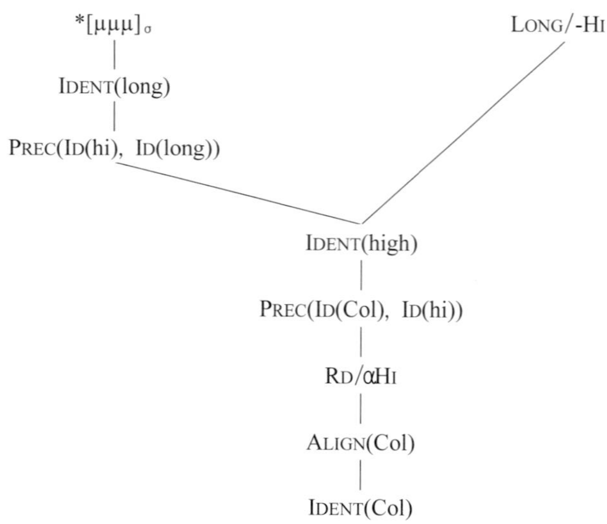

만약 이 분석이 성공한다면, (3-50)의 등급순위나 혹은 이와 일관성이 있는 등급순위는 /cˀuːm-hin/ → [cˀom.hun]의 이중 불투명성도 설명할 수 있을 것이다. 일차 분석 단계는 가장 조화적인 충실한 형태를 연쇄 개시형으로 선택하는 일이다. 이 형태가 [cˀuːm.hin]이며, 음절화 제약에 의해서 [cˀuː.mhin]과 같은 대안보다 선호되어야 하는데, 이 제약에 대한 설명으로 여기서 지체할 필요는 없을 것 같다. 도표 (3-51), (3-52), 그리고 (3-53)은 다른 타당한 후보연쇄를 결정하는 과정을 보여 준다.[33] 이 세 도표는 초기의 부분연쇄로 구성되어 있다. 예를 들어서, (3-51)은 IDENT(Color)의 위배로 시작하는 추정적인 연쇄를 고려한 것이다. 조화향상 요건이란 길이가 *n*인 각각의 연쇄가 길이가 *n*−1인 초기 부분연쇄와 비교되어야 한다는 의미이다. 어떤 경우에는, (3-52)의 <ID(high), ID(Color)> 줄과 같이 조화향상이 이루어지지 않기 때문에, 이 LUMSeq로는 연쇄가 타당할 수가 없다. 또 어떤 경우에는, (3-52)의 (b)줄과 같이, 연쇄 타당성이 가장 조화적인 결과를 가져다 줄 충실성 위배의 위치 선정에 달려 있다((3-1)에서 (c) 조항의 '최상의 위배'). 위배 위치가 서로 다르거나 심지어는 위배 위치가 다중인 다른 추정적 연쇄도 인용할 수 있겠지만, 그렇다고 이들이 전반적인 결과를 바꾸어 놓지는 않는다. 요약하면, 1 이상의 길이를 가진 타당한 연쇄는 (3-51), (3-52), 그리고 (3-53)에서 승자표시 화살표 뒤에 오는 바로 이 연쇄들이다.[34]

---

33) §3.3.2의 끝부분에서 언급한 바와 같이, PREC 제약은 본질적으로 연쇄 타당성을 결정하는 것과는 무관하기 때문에, (3-51), (3-52), 그리고 (3-53)의 도표에는 PREC 제약이 생략되어 있다.

34) (3-51), (3-52), 그리고 (3-53)에서 '패자' 연쇄가 반드시 타당하지 않은 것은 아니다: 사실, 이들은 전형적으로 '승자' 연쇄와 왼쪽으로 정렬이 된 부분연쇄이며, 따라서 하향식 함의에 의하여(§3.2.2) 이들은 타당한 연쇄임이 틀림없다.

(3-51) <ID(Color, ...> 형태의 타당한 연쇄

/cˀu:m-hin/	*[μμμ]$_σ$	LONG/-HI	ID(lg)	ID(hi)	RD/αHI	AL(Col)	ID(Col)
<ID(Col)>							
→ <cˀu:m.hin, cˀu:m.hun>	1	1					1
a. <cˀu:m.hin>	1	1				W$_1$	L
<ID(Col), ID(hi)>							
→ <cˀu:m.hin, cˀu:m.hun, cˀo:m.hun>	1			1	1		1
b. <cˀu:m.hin, cˀu:m.hun>	1	W$_1$		L	L		1
<ID(Col), ID(lg)>							
→ <cˀu:m.hin, cˀu:m.hun, cˀum.hun>			1				1
c. <cˀu:m.hin, cˀu:m.hun>	W$_1$	W$_1$	L				1
<ID(Col), ID(hi), ID(lg)>							
→ <cˀu:m.hin, cˀu:m.hun, cˀo:m.hun, cˀom.hun>			1	1	1		1
d. <cˀu:m.hin, cˀu:m.hun, cˀo:m.hun>	W$_1$		L	1	1		1

(3-52) <ID(high, ...> 형태의 타당한 연쇄

/cˀu:m-hin/	*[μμμ]$_σ$	LONG/-HI	ID(lg)	ID(hi)	RD/αHI	AL(Col)	ID(Col)
<ID(hi)>							
→ <cˀu:m.hin, cˀo:m.hin>	1			1		1	
a. <cˀu:m.hin>	1	W$_1$		L		1	
b. <cˀu:m.hin, cˀu:m.hen>	1	W$_1$		1		1	
<ID(hi), ID(lg)>							
→ <cˀu:m.hin, cˀo:m.hin, cˀom.hin>			1	1		1	
c. <cˀu:m.hin, cˀo:m.hin>	W$_1$		L	1		1	
**<ID(hi), ID(Col)>							
→ <cˀu:m.hin, cˀo:m.hin>	1			1		1	
d. <cˀu:m.hin, cˀo:m.hin, cˀo:m.hun >	1			1	W$_1$	L	W$_1$
**<ID(hi), ID(lg), ID(Col)>							
→ <cˀu:m.hin, cˀo:m.hin, cˀom.hin>			1	1		1	
e. <cˀu:m.hin, cˀo:m.hin, cˀom.hin, cˀom.hun>			1	1	W$_1$	L	W$_1$

(3-53) <Id(long, ...> 형태의 타당한 연쇄

/cˀu:m-hin/	*[μμμ]σ	Long/-Hi	Id(lg)	Id(hi)	Rd/αHi	Al(Col)	Id(Col)
<Id(lg)>							
→ <cˀu:m.hin, cˀum.hin>			1			1	
a. <cˀu:m.hin>	W_1	W_1	L			1	
<Id(lg), Id(Col)>							
→ <cˀu:m.hin, cˀum.hin, cˀum.hun>			1				1
b. <cˀu:m.hin, cˀum.hin>			1			W_1	L
**<Id(lg), Id(hi)>							
→ <cˀu:m.hin, cˀum.hin>			1			1	
c. <cˀu:m.hin, cˀum.hin, cˀom.hin>			1	W_1		1	
**<Id(lg), Id(Col), Id(hi)>							
→ <cˀu:m.hin, cˀum.hin, cˀum.hun>			1				1
d. <cˀu:m.hin, cˀum.hin, cˀum.hun, cˀom.hun>			1	W_1	W_1	W_1	1

이 세 도표에서 수집한 타당한 연쇄를 (3-54)에 한데 모아 두었다. (f)의 두 연쇄는 (3-21)의 의미에서 수렴한다: 이들은 동일한 출력형을 가지고 있으며 이들의 LUMSeq는 서로 위치를 변환한 것으로서, 이 두 LUM의 순서가 결과에 아무런 영향을 미치지 않는다는 사실을 반영한다. 이러한 수렴연쇄는 단일 후보를 구성하는데, 이 후보의 rLUMSeq는 두 연쇄에 공통적인 순서로 이루어진다(즉, 아무런 공통점이 없다).

(3-54) /cˀu:m-hin/으로부터 도출된 연쇄와 이들의 LUMSeq

a. <cˀu:m.hin>	< >
b. <cˀu:m.hin, cˀu:m.hun>	<Id(Col)@5>
c. <cˀu:m.hin, cˀo:m.hin>	<Id(hi)@2>
d. <cˀu:m.hin, cˀum.hin>	<Id(long)@2>
e. <cˀu:m.hin, cˀu:m.hun, cˀo:m.hun>	<Id(Col)@5, Id(hi)@2>

f. <cˀu:m.hin, cˀu:m.hun, cˀum.hun> <Id(Col)@5, Id(long)@2>
<cˀu:m.hin, cˀum.hin, cˀum.hun> <Id(long)@2, Id(Col)@5>

g. <cˀu:m.hin, cˀo:m.hin, cˀom.hin> <Id(hi)@2, Id(long)@2>

h. <cˀu:m.hin, cˀu:m.hun, cˀo:m.hun, cˀom.hun>✓ < Id(Col)@5, Id(hi)@2, Id(long)@2>

이 분석은 도표 (3-55)로 완성되는데, 여기서 이중으로 불투명한 최적의 후보 (h)가 선택된다. (d), (f), 그리고 (g)에 특히 주목하라. 이들은 Prec 제약이 아니었다면 승자가 되었을 투명한 경쟁자들이다.

(3-55) Yawelmani의 이중 불투명성

	/cˀu:m-hin/	*[μμμ]σ	Lg/-Hi	Id(lg)	Prec (Id(hi), Id(lg))	Id(hi)	Prec (Id(Col), Id(hi))	Rd/αHi	Al(Col)	Id(Col)
h. →	cˀom.hun <Id(Col)@5, Id(hi)@2, Id(lg)@2>			1		1		1		1
a.	cˀu:m.hin < >	W1	W1	L		L		L	W1	L
b.	cˀu:m.hun <Id(Col)@5>	W1	W1	L		L		L		1
c.	cˀo:m.hin <Id(hi)@2>	W1		L		1	W1	L	W1	L
d.	cˀum.hin <Id(lg)@2>			1	W1	L		L	W1	L
e.	cˀo:m.hun <Id(Col)@5, Id(hi)@2>	W1		L		1		1		1
f.	cˀum.hun {Id(Col)@5, Id(lg)@2} Ø			1	W1	L		L		1
g.	cˀom.hin <Id(hi)@2, Id(lg)@2>			1		1	W1	L	W1	L

Yawelmani가 제시하는 가장 복합적인 예에서 분석상의 성공을 보여 준다는 점이 아니더라도, 도표 (3-55)는 Prec 제약의 등급순위를 변환하는 데 따른 효과를 빨리

탐색하게 해 주므로 유용하다. 이 제약위계 내에서, PREC 제약은 등급순위 메타제약 때문에 현재보다 더 상위에 매겨질 수는 없다. 그러므로 이들을 더 하위 등급순위로 매겼을 때의 잠재적 효과만 살펴보면 된다. 만약 PREC(ID(high), ID(long))이 더 하위에 있다면, 이 제약은 이 후보집합에 대하여 눈에 띄게 활성화되지는 않을 것이다. 살아남을 유일한 후보는 (d)와 (f)일 것인데, 이들은 모두 다 불투명하지 않다. PREC(ID(Color), ID(high))도 마찬가지이다: 이 제약을 RD/αHI 아래로 강등시키는 것만으로도 이 후보집합에 대하여 가시적인 활동을 자제하도록 만들기에 충분하다.

이처럼 복잡한 Yawelmani까지 공략한다는 것은 OT-CC가 비교적 복잡하게 연동된 불투명성조차도 분석해 낼 수 있음을 보여 준다. §4의 사례 연구는 이 주장을 한층 더 뒷받침한다. Yawelmani는 OT-CC의 예측력도 드러낸다: 제약의 단일 등급순위로부터 불투명성을 도출함으로써, OT-CC는 여러 출처의 증거에서 가져온 등급순위가 — 직접적인 등급순위 논증, 지배관계의 이행성으로부터 도출한 등급순위에 관한 추론, (3-24)의 등급순위 메타제약, 그리고 타당한 후보연쇄에 대한 국부적 최적성 요건 — 일관성이 있을 것을 요구한다. 이질적인 출처에서 나온 등급순위에 대한 증거가 일관된 위계로 수렴함에 따라, 이 분석은 이론적 가능성 면에서 돋보인다.

3.4 OT-CC에서 언어학습[35]

PREC 제약은 CON에 보편적으로 존재하는가, 아니면 그렇지 않아서 까다로운 자료에 직면한 언어학습자에 의하여 서둘러 구축되는가? 이 질문은 답변하기가 어려우며, 논리적으로 가능한 PREC 제약의 범위가 너무나 좁기 때문에, 어쩌면 어떠한 경우에도 그다지 중요한 질문이 아닐지도 모르겠다.

만약 CON에 n개의 충실성제약이 있다면, $n*(n-1)$개의 논리적으로 가능한 PREC 제약이 존재한다.[36] 이 제약들 가운데 몇몇은 눈에 띄게 활성화되는 것이 아니며,

35) 언어학습과 관련된 문제의 논의에 대하여 Joe Pater와 Anne-Michelle Tessier에게 감사한다.

어떤 언어에서도 도저히 활성화될 수 없을지도 모른다. 예를 들면, 성문음화 과정과 원순조화 간에 결정적인 상호작용이 있는 환경을 상상하기가 어렵기 때문에, PREC(ID(glottal), ID(round)) 혹은 PREC(ID(round), ID(glottal))은 쓸모가 없을지도 모른다. 그러나 이 괴리는 CON의 유표성제약의 우연적 성질에서 출현하는 것이지 — 원순조화와 성문음화 간에 모종의 연관을 짓지 못한다면 — PREC 제약에 대한 어떤 선험적 한계 때문이 아니다. 그러므로 PREC 제약에 대한 모든 논리적 가능성은 적어도 원칙적으로는 언어학습자에게 이용 가능한 것처럼 보인다. 이러한 논리적 가능성이 이미 CON에 종합 집계되어 있는지, 아니면 필요에 따라 산출해야 하는지는 대단히 미묘한 문제이다. 이론상으로는, 무표형의 출현(emergence of the unmarked) (McCarthy and Prince 1994)을 이용하여 이 두 가설을 구분할 수도 있을 것이다: 학습이 불가능하며 따라서 학습되지 않은 PREC 제약마저도 현저하게 활성화될 경우에, 학습자의 눈에는 띄지 않는 특수한 환경이 존재하는가? 필자가 아는 바로는 여기에 해당하는 경우는 어디에도 없다.

만약 PREC 제약이 문법에 보편적으로 존재한다면, 처음에는 이들의 등급순위가 제약위계의 밑바닥에, 심지어 충실성제약보다 하위에 있다고 가정하는 것이 합리적이다. (무엇보다도, 이것은 이 제약들이 B가 PREC(A, B)를 지배할 것을 요구하는 메타제약 (3-24)와 일관성이 있음을 보장한다.) 학습자가 충실성과 유표성제약만 변환해서는 도저히 분석이 불가능한 언어자료와 마주치는 경우에만, 학습자가 충실성 및/혹은 유표성제약을 어떤 PREC 제약보다 하위로 강등시키기로 작정하게 된다.

예를 들어서, PREC 제약이 위계의 밑바닥에서 출발한다는 가정과 투명한 교체현상에만 근거하여 (3-56)과 같은 Yawelmani Yokuts의 등급순위에 도달한 학습자를 상상해 보자.

---

36) Y는 X가 아닌 다른 어떤 제약일 때, 모든 제약 X에 대하여 논리적으로 가능한 PREC(X, Y) 제약이 존재하기 때문에, $n*(n-1)$개의 논리적으로 가능한 PREC 제약이 존재한다.

(3-56) Yokuts의 등급순위(언어학습의 중간단계)

LONG/-HI >> ID(hi) >> RD/αHI >> ALIGN(Col) >> ID(Col) >> PREC(ID(Col), ID(hi))

PREC 제약은 언어학습의 초기단계부터 있었던 위치를 그대로 유지하면서, 등급순위의 경로에서 벗어나 안전한 곳에 대피해 있다. 이 시점까지, 학습자는 후보에 포함되어 있는 LUMSeq들을 일일이 참조해야 할 이유가 없었다.

그런데 (3-57)과 같이, 불투명한 상호작용과 직면하는 때가 온다. 후보 (c)는 지배적인 등급순위에서 패자에게 유리한 L을 가지고 있기 때문에, 현재의 등급순위는 내정된 승자보다 이 후보를 선호한다. (후보 (c)는 모음의 높이에 따라 층화된 원순조화의 투명한 결과이다.) 다른 어떤 제약도 승자에게 유리한 올바른 관계에 있지 않기 때문에, 올바른 후보가 승자가 되도록 하기 위해서, 학습자는 PREC(ID(Col), ID(high))를 RD/αHI보다 상위의 등급순위로 정하는 것 말고는 다른 선택의 여지가 없다.[37]

(3-57) Yawelmani에서 언어학습의 중간단계에 나타난 불투명성 (cf. (3-47))

	/c^{ʔ}u:m-it/	LONG/-HI	ID (hi)	RD/ αHI	AL (Col)	ID (Col)	PREC(ID(Col), ID(hi))
→	c^{ʔ}o:.mut <ID(Col)@4, ID(hi)@2>		1	1		1	
a.	c^{ʔ}u:.mit < >	W_1	L	L	W_1	L	
b.	c^{ʔ}u:.mut <ID(Col)@4>	W_1	L	L		1	
c.	c^{ʔ}o:.mit <ID(hi)@2>		1	L	W_1	L	W_1

37) 제약강등(demotion)에 의한 언어학습에 대해서는 Tesar and Smolensky(1998, 2000)을 참조하라.

형태음소론적인 교체 현상의 학습에 대해서는 별로 알려진 바가 없으며, 불투명한 형태음소론적인 교체 현상의 학습에 대해서는 더욱더 알려진 바가 없다(즉, 전무하다시피 하다). 그럼에도 불구하고, 이것은 상당히 합리적인 접근방식처럼 보인다: 불투명한 교체 현상을 학습하기 위해서, 학습자는 언제나 사용 가능했지만 종전에는 필요하지 않았던 특정 형태의 정보인, LUMSeq를 이용해야 한다.

3.5 불투명성과 충실성

OT-CC는 충실성이론과 밀접한 연관성이 있다. 이 연관성이 불투명성이 아닌 다른 현상에 대하여 갖는 함축적 의미에 대해서는 §3.2.4에서 논의한 바 있다. 이제 충실성이론이 불투명성 분석에 어떤 영향을 미치는지에 대하여 살펴보기로 한다. 논의는 세 부문으로 구성되어 있다: 동일한 충실성 위배는 동일한 불투명성 상호작용을 함의한다는 것과, 이음교체 결과 발생하는 불투명성, 그리고 역급여순 불투명성에 대한 책임 소재를 충실성제약과 PREC 제약 사이에 적절히 배분하는 것이다.

3.5.1 동일한 충실성 위배는 동일한 불투명성 상호작용을 함의한다

OT-CC에서, 만약 개념상 상이한 두 과정이 동일한 충실성 위배를 낳는다면, 이들은 불투명한 상호작용에 있어서 차이가 날 수 없다. 이 점은 후보연쇄 이론과 PREC 제약의 결과로 일어나는 것이다. OT에서는 하나의 '과정'이 독립적인 존재가 아니기 때문에, OT-CC는 과정이 아니라 충실성 위배를 통하여 불투명성에 대한 통제를 행사해야 한다. 어느 '과정'이 B나 A의 위배에 대하여 책임이 있는지에 상관없이, PREC(A, B)는 B를 위배하는 모든 연쇄에서 잠재적으로 활성화된다. OT라는 자구 및 그 정신에 보다 더 부합하는 방식으로 이 문제를 표현하자면, PREC(A, B)는 A나 B의 위배를 강제하는 유표성제약의 차이에 민감하지 않다.

다소 다른 이유 때문이기는 하지만, 감응이론(§2.3.4.3)이 이와 유사한 주장을 하기 때문에, 이 예측은 이미 문헌에서 일정한 관심을 모은 바 있다. Yawelmani는 잠재적인 반례를 제시한다. Yawelmani에서 장모음의 저모음화와 폐쇄음절 장모음의 단모음화 사이에 불투명한 역출혈순 상호작용이 있다고 한 §3.3.5의 논의를 상기하라: /ʔiliː-kˀa/ → [ʔil**e**kˀ] 'fan (him)!'. 그러나 두 접미사가 모두 /-ʔ/인 미래형과 절대형 접미사 앞에서, 저모음화와 단모음화는 투명하게 상호작용하는 것처럼 보인다(Bye 2001: 54–56, Kiparsky 2001: 15, Kisseberth 1973: 432, McCarthy 1999: 345, Newman 1944: 26): /ʔiliː-ʔ/ → [ʔil**i**ʔ], *[ʔil**e**ʔ] 'will fan'. Kisseberth의 분석과 같은 규칙기반 분석에서, (3-58)과 같은 도출이 요구된다. 두 종류의 폐쇄음절 단모음화 규칙이 필요한데, 하나는 어말의 [ʔ] 앞에 오는 장모음에 국한된 것이고 다른 하나는 이런 제한이 없는 것이다. 더 구체적인 단모음화 규칙의 순서가 저모음화 규칙보다 선행하고, 일반적인 단모음화의 순서는 저모음화 뒤에 온다.

(3-58) Yawelmani의 규칙 끼워넣기

기저형	/ʔiliː-kˀa/	/ʔiliː-ʔ/
어말모음탈락	ʔiliː-kˀ	—
-[ʔ]# 앞의 폐쇄음절 단모음화	—	ʔiliʔ
장모음의 저모음화	ʔileːkˀ	—
일반적인 폐쇄음절 단모음화	ʔilekˀ	—
표면형	[ʔilekˀ]	[ʔiliʔ]

Bye(2001)와 Levi(2000)는 이와 같은 경우를 기술하기 위해서 '규칙 끼워넣기(rule sandwiching)'라는 용어를 도입하는데, 이 개념은 하나의 규칙(여기서는 저모음화)이 유사한 효과를 가진 두 개의 다른 규칙 사이에 끼워진다는 것이다. 샌드위치에 끼워넣을 내용물에 해당하는 저모음화는 이전의 규칙인 -[ʔ]# 앞의 폐쇄음절 단모음화와는 투명하게 상호작용하고, 이후의 규칙인 일반적인 단모음화와는 불투명하게 상호작용한다. Kiparsky(2001)의 다층위 OT 분석은 (3-58)과 유사하다: -[ʔ]# 앞의 폐쇄

음절 단모음화는 저모음화와 같은 시점인 단어 단위의 층위에서 일어나므로 상호작용이 투명한 반면, 다른 자음 앞에서 일어나는 모음의 단모음화는 장모음이 저모음화된 이후, 후어휘부 층위에 올 때까지 발생하지 않는다.

모음이 -[ʔ]# 앞의 환경에서 단모음화되었는지 아니면 여타 환경에서 단모음화되었는지에 관계없이, PREC(ID(high), ID(long))은 단모음화를 겪은 모든 모음에 대하여 불투명성을 촉진하는 효과를 갖기 때문에, 이 예는 OT-CC로서 난제이다. 추측건대, -[ʔ]# 앞의 환경에서 일어나는 단모음화와 다른 음절말 자음 앞에서 일어나는 단모음화가 꼭 같은 충실성제약을 위배하므로, 이들을 구분하는 PREC 제약을 구축할 방법이 없다. OT-CC는 PREC 제약을 통하여 불투명성을 감지하기 위해서 충실성 위배를 이용하며, 동일한 충실성 위배를 초래하는 두 가지 상황은 PREC 제약의 관점에서 볼 때 동등하다.

Bye(2001: 65)에서 지적한 바와 같이, 규칙 끼워넣기의 효과는 아주 흔한 일은 아니며, 특정한 이 예조차도 의심스럽다. (3-45)의 문제 및 이에 해당하는 OT의 문제는 -[ʔ]# 앞에서의 폐쇄음절 단모음화 과정과 관련이 있다. Kiparsky(2001: 15)의 다층위 OT 분석은 [ʔ]로 폐쇄음절이 된 3모라 음절을 회피하는 유표성 제약을 필요로 한다. 이 제약은 단어 층위에서 IDENT(long)보다 상위의 등급순위에 있는 반면, 일반적인 $*[\mu\mu\mu]_\sigma$ 제약은 후어휘부 층위에 도달할 때까지 IDENT(long)을 지배하지 않는다. Kiparsky는 CON이 [ʔ]로 폐쇄음절이 된 3모라의 음절을 다른 3모라의 음절보다 더 유표적으로 취급해야 한다고 논증하지만, 이 논증은 실제로는 이 문제와 관련이 없다. Newman(1944)의 원전은, 저모음화와 단모음화의 투명한 상호작용은 *미래형과 절대형 접미사에서 어말 위치에 있는* [ʔ]에 선행하는 모음으로 국한되며, 여타의 다른 환경에서는 발생하지 않는다고 명시적으로 기술한다. 다른 [ʔ] 앞에서 일어나는 폐쇄음절 단모음화는 통상적인 불투명한 방식으로 저모음화와 상호작용한다: /wu:ʔuj-i:n/ → [woʔjon] 'go to sleep(미래형)'(Newman 1944: 128) 혹은 /ʔili:ʔl-/ → [ʔileʔl-] 'fan repeatedly'(Newman 1944: 63). [ʔ]로 폐쇄음절이 되는 어말의 3모라

음절에 의해서만 위배되는 유표성제약을 Con에 가설적으로 설정함으로써 다층위 OT 분석을 구제하고자 할 수도 있다(cf. Bye 2001: 55). 이렇게까지 구체적인 유표성 제약을 설정하는 것은 의심스러운 행보로 여겨지며, 또 그렇게 하더라도 미래형과 절대형 접미사로 국한되는 현상을 설명하지 못한다. -[ʔ]# 앞에서 폐쇄음절 단모음화 과정이 그 적용에 있어서 이렇게 엄격히 제한된다는 것은 현재 다루고 있는 과정이 어떤 음운 분석에서든 분석적 영역 밖에 있는 형태화된 과정임을 시사한다. 이것은 어떤 불투명성 이론을 지지하거나 반박하는 증거로 사용하기에 너무 미심쩍은 것이 확실하다.

비록 Yawelmani가 OT-CC에 대한 잠재적인 반례로서 별로 인상적인 예가 못 된다고 하더라도, 다음과 같은 주장을 충분히 예시한다: 불투명한 상호작용은 충실성 위배와 밀접한 관계가 있다. 이 주장의 경험적 결과는 충실성이론의 실질적인 특성과 밀접한 관련이 있으며, 매우 강력한 충실성이론은 예측을 약화시키기 마련이다. 이 연관성을 이해하기 위해서, 어말의 [ʔ] 앞에서 모음이 단모음화할 때에만 위배되는 충실성제약 F가 Con에 포함되어 있다고 (터무니없이) 가정해 보자. 그러면 Prec(F, Id(high))를 Prec(Id(high), Id(long))보다 상위의 등급순위에 둠으로써, LUMSeq <Id(high), F>를 가진 연쇄 *<ʔili:ʔ, ʔile:ʔ, ʔileʔ>를 배제할 수 있을 것이다. (한 Prec 제약이 다른 Prec 제약을 지배함으로써 투명성을 강제하는 실례를 보려면, §4.3.4를 보라.) F와 같은 제약이 존재하지 않는다는 것은 OT-CC의 공식적 특성이라기보다는 Con에 대한 본질적인 주장이다.

Bye(2001)는 감응이론의 수정 이론을 뒷받침하기 위해서 규칙 끼워넣기에 초점을 맞추는데, 동일한 충실성 위배를 가져오는 과정이 불투명성에 있어서 차이가 날 리 없다는 OT-CC의 예측을 위험에 빠뜨리는지를 알아보기 위해서 그의 몇몇 다른 예들을 살펴볼 필요가 있다. 한 예는 Kenstowicz and Kisseberth(1979: 134–135)의 연습문제와 Levi(2000)의 OT 분석에 바탕을 둔, Modern Hebrew의 Mizrahi 지역어에서 가져온 것이다.[38] 규칙 끼워넣기의 효과는 (3-59)에 제시한 바와 같이, 두 개의 자음탈락 과정과 폐쇄음절에서의 저모음화와 관련이 있다. 만약 [ʔ] 탈락은 위배하면서 [ʕ] 탈락은 위배하지 않는 그런 충실성제약이 CON에 들어 있지 않다면, 앞서 Yawelmani의 논의에서 이미 밝힌 이유로 이런 불투명한 상호작용은 OT-CC에서 불가능하다.

(3-59) Modern Hebrew에서 규칙 끼워넣기

	/it-maleʔ-ti/	/it-pareʕ-ti/
기저형	/it-maleʔ-ti/	/it-pareʕ-ti/
음절말음 [ʔ] 탈락	itmaleti	—
e → a/ __CC	—	itparaʕti
음절말음 [ʕ] 탈락	—	itparati
표면형	[itmaleti]	[itparati]
	'I got full'	'I caused disorder'

그렇지만 (3-59)의 분석은 확실하게 틀렸다.[39] (3-59)의 동사는 기저에서 어간말 음절에 /e/를 가진 패턴인 *hitpa'el* 패턴 혹은 *규칙적 활용형(binyan)*에 속한다. 접미사가 후행하지 않을 때 이 /e/ 모음은 교체하지 않고 그대로 나타나며([itlab**e**ʃ] 'he got dressed'), 자음으로 시작하는 접미사 앞에서는 [a]로 저모음화한다([itlab**a**ʃti] 'I got dressed'). [ʔ] 탈락규칙의 순서를 초기로 잡음으로써, (3-59)는 /ʔ/로 끝나는 *hitpa'el* 패턴의 동사가 두 환경에서 모두 [e]를 가지고 있는 이유를 설명한다: [itmal**e**] 'he got full', [itmal**e**ti]. 그러나 이것은 /ʔ/로 끝나는 동사가 제기하는 문제를 완전히 잘못 해석한 것이다: 이들은 다른 패턴에서도 접미사 앞에서 [e]를 가지고 있으며, 심지어는 기저의 모음이 /e/가 아닌 패턴에서도 [e]를 가지고 있다. 이러한 패턴으로는 /sanaʔ-ti/에서 도출된 [san**e**ti] 'I hated'(cf. [san**a**] 'he hated')의 *pa'al* 패턴이 있고, /nisaʔ-ti/에서 도출된 [nis**e**ti] 'I got married'(cf. [nis**a**]' he got married')의

38) Mizrahi 방언은 Arabic을 사용하는 국가에서 유대인들의 예배용 Hebrew에서 유래한 것이다.
39) (3-59)의 문제점을 지적해 준 데 대하여 Michael Becker에게 감사한다.

nif'al 패턴이 있으며, /hisni?-ti/에서 도출된 [hisn**e**ti] 'I caused someone to be hated'(cf. [hisn**i**] 'he caused someone to be hated')의 *hif'il* 패턴이 있다. 이러한 사실이 제시하는 바는, /?/로 끝나는 동사의 접미사 앞에 /e/가 출현한다는 것은 이러한 동사가 갖는 비교적 체계적이되 특이한 속성으로서, 이것은 자음군 앞에서 /e/를 /a/로 저모음화하는 과정과는 아무런 관련이 없다는 것이다. 여기에는 규칙 끼워넣기를 뒷받침하는 증거가 전혀 없다.

Bye가 제시하는 또 다른 예는 Mohawk(Iroquoian, Quebec and Ontario)에서 강세와 모음삽입 간의 상호작용에 근거한 것이다. 모두는 아니더라도 몇몇 삽입모음을 포함하여, 끝에서 두 번째 음절에 강세가 할당된다(Michelson 1988: 132ff.). 삽입모음 가운데 세 자음 자음군을 깨뜨리는 모음은 강세에 대하여 가시적인 반면, C+공명음의 두 자음 자음군을 갈라놓는 모음은 강세에 대하여 비가시적이다. 끼워넣기식 도출이 (3-60)에 제시되어 있다.

(3-60) Mohawk에서 규칙 끼워넣기

기저형	/wak-njak-s/	/ʌ-k-r-ʌ?/
Ø → e/C__CC	wakenjaks	—
끝에서 두 번째 모음에 강세할당	waˈkenjaks	ˈʌkrʌ?
Ø → e/C__공명음	—	ˈʌkerʌ?
표면형	[waˈkenjaks]	[ˈʌkerʌ?]
	'I get married'	'I'll put it into a container'

§4.2에서 이와 유사한 Arabic의 예에 대한 OT-CC 분석을 살펴보기로 한다. Mohawk에 대해서는, (3-60)에서 두 종류의 삽입모음이 동일한 표시를 가지고 있는지 의심해 볼 이유가 충분하다. Hall(2003)은 다른 언어의 C+공명음 자음군에 나타난 삽입성 모음류(intrusive vocoids)가 실제 분절음이 전혀 아니라는 주장을 설득력 있게 논증한다. 그게 아니라, 모음은 인접한 자음의 조음 동작(articulatory gestures)에

서 불완전한 중복(incomplete overlap)으로 인하여 발생한 결과이다. 이러한 전이성(transitional) 모음류는 음운부에서 체계적으로 비가시적이다: 이들은 자체적으로 음절을 형성하지 않으며, 독립적으로 강세를 받을 수도 없다. Hagstrom(1997)의 Mohawk 분석도 율격상 비가시적인 모음은 음절화되지 않은 것으로 취급한다. 이것은 강세에 대한 이들 모음의 비가시성과 율격구조 할당에 관한 다른 양상뿐만 아니라, 강세음절을 장모음화하느라고 이 모음들이 선행 음절을 개방음절로 만들지 않는다는 사실도 설명해 준다(*[ˈʌːkerʌʔ]). 만약 Hall이나 Hagstrom의 제안 같은 것이 옳다면, 두 종류의 삽입모음에 대하여 올바른 음운표시가 주어질 경우, Mohawk의 강세/모음삽입 상호작용은 실제로는 투명하다(cf. §2.3.4.1).

Bye(2001: 7장)는 West Finnmark Saami(Finno-Ugric, Norway 및 Finland)의 분석에서 규칙 끼워넣기의 네 가지 상이한 효과를 찾아낸다. 이 논거를 완전히 제대로 요약하자면 책을 한 권 더 써야 할 것이므로, 한마디로 언급하는 것으로 족해야 할 것 같다: 규칙 끼워넣기의 사례는 자음의 단계적 변화(gradation)가 이 언어에서 활성화된 음운 과정이며 아직 형태화된(morphologized) 것이 아니라는 Bye의 가정에 의존한다. 그렇지만, Saami의 단계적 변화는 보통 형태화된 것으로 간주되는데, 그 이유는 교체의 조건을 이루는 환경이 후행하는 음변화에 의하여 삭제되기 때문이다(Gordon 1996, McRobbie 1999). 그러므로 단계적 변화에 대하여 순수하게 음운적인 처리를 하려면, 단계적 교체를 유발하는 것이 유일한 기능인 '유령 자음(ghost consonants)'이라는 포괄적 장치가 반드시 필요하다. 실제로, Bye는 한 걸음 더 나아가 '모든[어떤] "형태적 조건"은 숨어 있는 ("유령의") 음운적 요소의 유발 효과 및 봉쇄 효과로 환언할 수 있으며'(Bye 2001: 21), '학습자는 형태적 혹은 통사적 유발인자만 명시적으로 드러난 음운적 교체에 대하여, 숨어 있는 기능적 음운적 근거를 설정해야 한다'고 제안하기에 이른다.

§2.2.3에서 언급한 바와 같이, 자연생성음운론자 및 다른 학자들은 모든 불투명한 교체 현상은 형태화된 것이라고 제안한 바 있다(Green 2004, Hooper[Bybee] 1976,

1979, Mielke, Hume, and Armstrong 2003, Sanders 2002, 2003, Vennemann 1974). Bye는 정반대 입장을 택한다: 아무리 불투명하더라도, 교체 현상은 결코 형태화되지 않는다. 필자의 견해로는, 형태화되지 않은 것이 명백한 교체 현상에 초점을 맞추어, 이 현상이 불투명할 가능성이 있는지 여부에 대해서 반문하는 것이 앞으로 나아갈 올바른 방향이다. 이것이 §2.2.3에서 취한 접근방식이며, §4의 여러 사례 연구에서 두루 사용된 일관성 있는 전략이다. 이러한 기준을 만족시키는 증거를 살펴보면, 음운적 불투명성은 실제로 존재하지만 규칙 끼워넣기의 효과는 아마도 존재하지 않을 것이라는 점을 발견할 수 있다.

3.5.2 이음교체의 결과로서 불투명성

OT의 기본 전제 가운데 하나는 입력형에 대하여 언어개별적인 제한이 존재하지 않는다는 논지인, *기저의 풍부성(richness of the base(ROTB))*이다(McCarthy 2002b: 70, 178 및 여기에 인용된 참고문헌, Prince and Smolensky 2004: 225). ROTB는 언어 간의 모든 체계적인 차이는 제약 등급순위의 차이로 설명되어야 한다는 논지에서 나온 것이다. 유표성제약이 출력형을 제한하지만, 이 제약은 입력형에 대해서는 아무런 언급도 하지 않는다. 따라서 OT 체계에서 입력형에 대하여 자연스럽게 제한을 가할 만한 곳이 마땅치 않다.

ROTB는 대립 분석에 대해서 분명한 함축적 의미를 갖는다: 대립의 유무는 어휘부에 대한 제한으로부터 어떠한 도움도 받지 않고서, 문법에서 설명되어야 한다 (Kirchner 1997). 예를 들어서, 어떤 언어에 예측 가능한 모음의 비음화 현상이 있다고 가정하자: 모음은 비음성 자음 뒤에서 비음이 되고 그렇지 않으면 구강음이 된다. 모음에서 비음화는 예측 가능하기 때문에 비대립적이다 — 모음의 비음성에서만 차이가 나는 최소 대립쌍은 존재하지 않는다. 표준생성음운론 분석은 형태소구조 제약, 어휘적 잉여규칙 혹은 미명세표시와 같이, 어휘부에 제한을 가함으로써 대립의 부재를 다룬다. 그러나 OT에서, ROTB는 문법이 혼자서 이 일을 맡아 해야 한다고 요구한다. 이는 문법이 두 가지 유형의 불충실한 전사를 강제해야 하는데, 하나는 비음성 자음 뒤에서 기저의 구강모음을 제거하는 전사이고, 다른 하나는 다른 모든 환경에서 기저의 비강모음을 제거하는 전사임을 뜻한다. 변별자질 [nasal]에 대한 자질값을 변경함으로써 비음성에서 일치하지 않는 모음을 조율해 낸다고 가정하자. 그러면 등급순위〚$*NV_{[oral]}$ >> $*V_{[nasal]}$ >> ID(nasal)〛은 바라는 효과를 가져다준다 (McCarthy and Prince 1995, 1999): /ba/와 /bã/는 모두 가장 조화적으로 [ba]로 전사되어서 $*V_{[nasal]}$를 만족시키며, /ma/와 /mã/는 가장 조화적으로 [mã]로 전사되어서 가장 상위의 $*NV_{[oral]}$를 만족시킨다.

이 예가 암시하는 바와 같이, 이음교체는 비대립적인 변별자질의 기저표시에 있어서 불확정성으로 이어질 수 있다. Ito and Mester(2001: 280-281, 2003b)는 이 불확정성이 감응이론과 같이 충실성을 기반으로 한 불투명성 이론에 대하여 잠재적인 문제점을 내포하고 있음을 보여준다. 이들의 예 가운데 하나로서, Japanese에서 유성연구개 폐쇄음의 비음화와 복합어 유성음화 간의 상호작용은 이 점을 정확하게 예시한다.

우선, 약간의 배경지식으로 시작하자. Tokyo Japanese에서, 유성연구개 폐쇄음과 이에 해당하는 비음은 상보적 분포를 이루어서, 어두에서의 구강 폐쇄음([**g**o] 'the game of go')과 단어 중간에서의 비음([oki-**ŋ**o] 'handicap go') 사이의 교체로 이어진다. *복합어 유성음화(rendaku)*로 알려진 형태음운적 과정은 장애음이 복합어의 둘째 요소의 어두음일 때 장애음을 유성음화한다: /maki-susi/ → [maki-**z**uʃi] 'rolled sushi'. 복합어 유성음화에는 이화적 제한이 있다: /mori-soba/ → [mori-**s**oba] 'soba serving', *[mori-**z**oba]와 같이, 복합어의 둘째 요소에 이미 유성장애음이 포함되어 있을 때에는 복합어 유성음화가 봉쇄된다.

/g/의 비음화와 복합어 유성음화는 불투명하게 상호작용한다. (3-61)과 같은 규칙기반 도출에서, [ŋ]로 표면화하는 기저의 /g/는 복합어 유성음화를 봉쇄하는 데 있어서 다른 유성장애음처럼 행동하기 때문에, 복합어 유성음화는 /g/-비음화보다 먼저 적용되어야 한다. 이것은 역급여순의 경우이다. 만약 이 규칙들이 반대 순서로

적용된다면, /g/-비음화는 복합어 유성음화를 급여하게 된다: *[saka-**d**oŋe]. 그렇게 하지 않는데도 /g/-비음화가 복합어 유성음화를 급여하는 이유는 유성장애음만 복합어 유성음화의 이화적 봉쇄에 가담하기 때문이며, 복합어의 둘째 요소에 있는 공명성 자음은 복합어 유성음화를 봉쇄하지 않기 때문이다: /inu-sini/ → [inu-ʒini] 'useless death'.

(3-61) /g/-비음화와 복합어 유성음화의 상호작용

기저형	/saka-toge/
복합어 유성음화	*봉쇄*
/g/-비음화	saka-toŋe
표면형	[saka-toŋe] 'reverse thorn'

(3-61)과 같은 규칙기반 분석은 흔히 묵시적인 또 다른 가정을 필요로 한다: 이 언어는 기저표시에 /ŋ/를 배제하는 제약을 가지고 있으며, 이로써 표면형의 모든 [ŋ]가 기저의 /g/에서 도출된다는 것을 확실하게 한다. 이런 어휘부의 제약이 필요한 것은 복합어 유성음화가 단어 중간에 [ŋ]를 가지고 있는 어간에는 절대로 영향을 미치지 않기 때문이며, 그래서 모든 어중의 [ŋ]는 /g/로부터 도출되는 것이 틀림없다. 이런 제한이 없다면, 복합어 유성음화가 적용되는 어간 /toŋe/가 존재할 수 있다: /saka-toŋe/ → *[saka-**d**oŋe]. 이런 행동은 관찰되지 않는다.

ROTB는 기저표시에 대한 제한을 금지하는데, 이는 Ito and Mester로 하여금 이러한 제한이 갖는 효과에 근접하도록 하기 위해서 초기의 층위를 이용하는 다층위 OT 분석을 제안하기에 이른다. 아무런 제한을 받지 않는 제1 층위의 입력형은 어두 및 어중 위치에서 /g/와 /ŋ/를 모두 포함하지만, 제1 층위의 음운론이 모든 환경에서 /ŋ/를 [g]로 전사하여 이러한 잠재적 구분을 전멸시킨다: /saka-to**g**e/, /saka-to**ŋ**e/ → [saka-to**g**e]. 제1 층위의 출력형은 제2 층위의 입력형이 되는데, 여기서 어중의 [g]가 비음화한다: [saka-to**ŋ**e]. 입력형에 어중 /ŋ/를 가진 형태에서, 그 결과는 요크공

작식 도출이 된다(§2.2.3, §2.3.2, §3.2.3): /saka-toŋe/ → 층위-1 [saka-to**g**e] → 층위-2 [saka-to**ŋ**e]. 복합어 유성음화는 제1 층위 문법의 일부인데, 여기서 이 규칙은 /ŋ/를 [g]로 전사하는 탈비음화 규칙과 투명하게 상호작용한다. 다시 말해서, [toge]에 유성장애음이 포함되어 있기 때문에 /saka-toŋe/ → 층위-1 [saka-**t**oge]에는 복합어 유성음화가 적용되지 않는다.

OT-CC는 입력형이 /saka-toge/일 때에는 이 예와 관련하여 아무런 어려움이 없다. Ito and Mester(1986)를 따라, 복합어 유성음화가 부유자질(floating feature) 형태소 [+voice]의 실현이라고 가정하자. 그러면, 부유자질이 분절음에 정착할 것을 요구하는 MAX-SUBSEG(Zoll 1998)와 같은 제약에 의하여 복합어 유성음화가 강제로 적용되며, 또 한 어간 내에서 두 유성장애음의 공기를 금지하는 상위 등급순위의 제약에 의하여 복합어 유성음화가 봉쇄된다. /saka-toge/로부터 조화적으로 향상하는 유일한 연쇄는 불투명한 <sa.ka.to.ge, sa.ka.to.ŋe>와 투명한 *<sa.ka.to.ge, sa.ka.to.ŋe, sa.ka.do.ŋe>이다. (3-62)에 제시한 바와 같이, 만약 PREC(ID(voice), ID(nasal))이 MAX-SUBSEG를 지배한다면, 투명한 연쇄보다는 불투명한 연쇄가 선호된다. (이 도표에서는 혼잡을 피하기 위해서, 기저의 부유자질 [+voice]는 나타내지 않았다.)

(3-62) PREC(ID(voice), ID(nasal)) >> MAX-SUBSEG

/saka-toge/	PREC(ID(voice), ID(nasal))	MAX-SUBSEG
→ <sa.ka.to.ge, sa.ka.to.ŋe>	1	1
<sa.ka.to.ge, sa.ka.to.ŋe, sa.ka.do.ŋe>	W_2	L

그렇지만 만약 입력형이 /saka-toŋe/라면, 상위의 모든 제약을 만족시키며 완전히 투명한 연쇄인 <saka-toŋe, saka-doŋe>를 배제할 방법이 없을 것으로 보인다. OT-CC 분석은 /g/로부터 도출되었기 때문에 복합어 유성음화와 양립할 수 없는 표면의

[ŋ]와, /ŋ/로부터 도출되었기 때문에 복합어 유성음화와 양립하는 표면의 [ŋ] 사이에 존재하지도 않는 대립을 예측하는 것처럼 보인다. 앞서 언급한 바와 같이, Japanese에는 이러한 대립이 존재하지 않는다. Ito and Mester는 이런 상황을 '이음적 변장(allophonic masking)'이라고 부른다: 하나의 이음적 과정(여기서는 /g/-비음화)이 다른 과정(여기서는 복합어 유성음화)을 불투명하게 만든다. ROTB 하에서 이음현상에 잘 어울리는 입력형 불확정성(input indeterminacy)은 앞서 나온 감응이론(§2.3.4.3)이나 혼선표시이론(§2.3.4.1)과 같은, 불투명성에 대한 충실성기반 접근방식에서는 그만큼 문제거리이다.

Japanese 학습자에게 모든 표면형의 [ŋ]가 기저의 /g/로부터 도출된다는 결론을 어떻게 해서든지 강요할 수 있다면 이 문제가 해결된다. 바로 이런 효과를 나타내는 언어학습 알고리즘이 McCarthy(2005b)에 제안되어 있다. 비공식적으로 간단하게 말하면, 이 알고리즘은 언어학습자로 하여금 교체 현상을 비교체 형태로까지 일반화하는 시도를 요구한다. [go] ~ [oki-ŋo]와 같은 교체 현상에서 어떤 [ŋ]는 /g/로부터 도출된다는 결론을 내리는 언어학습자라면 모든 [ŋ]가 /g/로부터 도출된다는 가설을 시험하지 않을 수 없다. (이것을 '무임편승 (taking a free ride)'이라고 부른다 — [g]와 전혀 교체하지 않는 [ŋ]가 독자적인 근거가 있는 /g/ → [ŋ] 전사에 공짜로 편승한다.) 이 가정하에서 문법을 찾아낼 수 있다면, 언어학습자는 이에 따라서 기저표시를 재구성한다. 그러므로 이 알고리즘을 갖춘 언어학습자는 — 입력형에 제한이 있어서가 아니라, 학습 알고리즘이 작동하는 방식 때문에 — 어떤 형태소도 기저에 /ŋ/를 포함하지 않는다는 결론에 도달한다. 이것은 이음적 변장 문제에 대한 일반적인 해결 방안을 암시하는 것으로서, 순수 음운이론에서 나온 것이라기보다 언어학습 이론에서 나온 것이다.[40]

---

40) 복합어 유성음화와 비음화 간의 투명한 상호작용을 통하여 /k/가 [ŋ]로 바뀜으로써, /ori-kami/로부터 [ori-ŋami] 'paper folding'를 도출하는 것과 같은 예에서 문제가 발생한다. (3-24)에 의하여, Id(nasal)은 Prec(Id(voice), Id(nasal))을 지배하며, (3-62)에 의하여, Prec(Id(voice), Id(nasal))은 Max-Subseg를 지배한다. 그러면, 지배관계의 이행성에 의하여, Ident(nasal)은 Max-Subseg를

이 논제에 대하여 마치기 전에, 여기서 논의된 언어학습의 문제는 OT-CC 및 이와 유사한 불투명성 이론 특유의 소산이 아니라는 점을 언급할 필요가 있다. Ito and Mester의 분석과 같은 다층위 OT 분석에서는, 모든 /ŋ/가 [g]로 바뀌는 선행 층위의 제약위계를 언어학습자가 어떻게 발견하는지도 설명할 필요가 있다. Bermúdez-Otero(2004)에게는 예외가 아니겠지만, 표면이 아닌 다른 층위에서 제약의 등급순위를 찾아내는 언어학습 알고리즘이 효율적으로 작동하는 예는 알려진 바가 없다.

3.5.3 연쇄추이에서 충실성과 PREC 제약

연쇄추이(chain shifts)란 특별한 종류의 역급여순 불투명성이다. 연쇄추이에서는, 동일하거나 중복되는 환경에서 입력형 분절음 /A/는 출력형 [B]가 되고 입력형 /B/는 출력형 [C]가 된다. §2.3.3에서 살펴본 바와 같이, 만약 충실성이론이 충분히 강력하다면, 연쇄추이는 고전 OT의 한계 내에서 분석이 가능하다. 거기서 인용한 예는 Bedouin Arabic에서 온 것이다. /dafaʕ/ → [di.faʕ] 'he pushed'에서 모음 /a/는 [i]로 약화되지만 탈락하지 않는 반면에, /difiʕ/ → [dfiʕ] 'he was pushed'에서 모음 /i/는 탈락한다. 도표 (2-18)은 기저의 저모음 탈락을 금지하는 MAX-A 제약이 어떻게 /dafaʕ/ → *[dfaʕ]의 바라지 않는 전사를 배제하는 데 사용될 수 있는지를 보여 주었다.

지배한다. 이 등급순위는 상위의 등급순위에 있는 IDENT(nasal)을 (짐작건대) 위배하는 [oriŋami]보다, 하위의 등급순위에 있는 MAX-SUBSEG만 위배하는 *[ori**k**ami]를 잘못 택하게 된다.

사실은, /k/ → [ŋ] 전사가 IDENT(nasal)을 실제로 위배하는 것이 아니기 때문에, 여기서 문제가 되지 않는다. 보편적으로 무성폐쇄음은 비음화와 양립할 수 없기 때문에(cf. Piggott(1992)에서 유형 B 언어의 유성폐쇄음), 무성폐쇄음은 [nasal] 자질을 지니지 않는다. 이 상황은 [distributed] 자질과 설정성 간의 관계와 유사하다: 비설정음은 이 자질에 대하여 그야말로 자질값을 갖지 않는다(McCarthy 1988). Orgun(1996a)과 같이, [F]에 대하여 *상이한(distinct)* 자질값을 갖는 조응관계의 분절음에 의해서만 IDENT(F)가 위배된다고 가정한다면, /k/ → [ŋ] 전사는 실제로는 IDENT(nasal)을 위배하는 것이 아니다. (연쇄의 충실성은 항상 어느 중간단계가 아니라 입력형과 비교하여 결정되기 때문에(§3.2.1), [g]를 중간단계로 한 후보연쇄에서 이 전사가 이루어지는 것은 아무 상관이 없다.)

MAX-A와 같은 제약과 PREC 제약은 역급여순 불투명성에 대하여 서로 경쟁관계에 있는 설명을 제시한다. 이 두 가지가 모두 필요한가? 이 절에서는 이 질문에 대한 해답을 발전시킨다.

PREC 제약은 연쇄추이 유형이 아닌 모든 경우의 역급여순 불투명성을 분석하는 데 필요하다. §2.3.3과 §2.3.4.1에서, 충실성제약을 가지고 모든 유형의 역급여순 불투명성을 분석하다 보면 지나치게 막강한 충실성이론과 제대로 제한되지 않은 불투명성 이론으로 나아간다는 점을 논증한 바 있다. 예를 들어서, /gabr/ → [ga.bur]에 나타난 역급여순 상호작용을 설명하려면, 모음 바로 뒤에 오는 자음 뒤에서 모음삽입이 있을 경우 구체적으로 고모음화를 금지하는 충실성제약이 필요하다. 다소 기이한 이런 관점에서 보면, 삽입모음이 음절을 개방음절화하며, 그래서 고모음화의 환경이 형성된다는 사실은 전적으로 우연이다. 정말이지, 모음의 오른쪽이 아닌 왼쪽에 또 다른 모음이 삽입될 때, 개방음절에서 모음의 고모음화를 금지하는 충실성제약도 응당 있을 법하다. 역급여순 불투명성의 실제 사례는 절대로 이렇게 작용하지 않는다. 그렇기는 커녕, 음운 과정은 임의적이지 않은 방식으로 상호작용하는데, 이것이 바로 PREC 제약이 필요한 이유이다.

그러나 여기서 채택한 충실성에 대한 가정하에서 PREC 제약으로 취급할 수 없는 유형의 연쇄추이가 있다. 이것이 영으로 끝나는 연쇄추이(zero-terminating chain shift)인 /A/ → [B], /B/ → Ø이다. 이 유형이 왜 문제가 되는지에 대하여 간단히 설명하자면, /A/ → [B] 전사는 IDENT 제약을 위배하는 반면, /B/ → Ø 전사 및 금지된 /A/ → Ø 전사는 모두 IDENT가 아니라 MAX 제약을 위배한다. 자세히 설명하면 다음과 같다.

역급여순 불투명성에서 PREC 제약이 보통 어떻게 작동하는지를 상기하라. 예를 들어서, /gabr/ → [ga.bur]의 분석에서, PREC(ID(low), DEP) 제약은 투명한 연쇄 *<gab.r, ga.bur, gi.bur>에 있는 LUM의 연속상을 배제하며, 점진성 기준은 한꺼번에 여러 단계를 거친 연쇄 **<gab.r, gi.bur>를 무효로 한다. 그렇지만 /dafaʕ/ → [di.faʕ]

분석은 아주 다르다. 연쇄 *<dafaʕ, dfaʕ>는 Max를 위배하는 단일 LUM만 관련이 있기 때문에, 점진성 요건하에서 완벽하게 타당하다. 문제는 작동 가능한 어떤 Prec 제약도 적법한 어중모음탈락의 경우에 불리하게 작용하지 않으면서, 투명한 경쟁자인 *<dafaʕ, dfaʕ>를 제치고 내정된 승자 <dafaʕ, difaʕ>에 유리하게 작용하지 않는다는 점이다.

이 문제는 일관성 있게 영으로 끝나는 연쇄추이에서만 발생한다. 문제의 근원은 무위로 만족되는(vacuous-satisfaction) Ident 제약의 특성에 있다 (McCarthy and Prince 1995, 1999): Ident(F)는 입력형과 출력형에서 조응하는 분절음이 F의 자질값에 있어서 다르게 나타나는 것을 금지한다. 출력형 조응자가 없는 입력형 분절음에 의해서는 Ident(F)가 위배되지 않는다. 이것이 연쇄 <dafaʕ, dfaʕ>는 타당한 반면, **<dafaʕ, difaʕ, dfaʕ>는 타당하지 않은 이유이다.

영으로 끝나는 또 다른 연쇄추이는 Cairene Arabic에서 찾아볼 수 있다. Cairene에서, 어떤 환경의 고모음은 생략되지만, 장모음인 고모음은 동일한 환경에서 생략에 저항한다. 이 저항은 비강세음절의 단모음화 과정에 의해서 기저의 장모음으로부터 도출된, 표면형의 단고모음으로도 확대 적용된다: /ji-ʃiːl-uː-naː/ → [jiʃ**i**ˈluːna], *[jiʃˈluːna] 'they take us'. 그러므로 연쇄추이란 어떤 중복되는 환경에서 /Vː/ → [V]와 /V/ → Ø이다.

Bedouin 및 Cairene Arabic에서처럼 영으로 끝나는 연쇄추이는 Prec 제약으로는 분석이 불가능하지만, 돋들린(prominent) 요소에 대한 특정위치 충실성으로는 분석이 가능하다. (언어습득에서의 연쇄추이에 대하여 이와 유사하지만 독자적으로 발전된 제안서로 Jesney (2005)를 보라.) Bedouin Arabic 및 Cairene Arabic의 연쇄추이는 각각 기저의 저모음과 장모음이 탈락하지 않도록 보존한다. 저모음과 장모음이 이에 상응하는 비저모음이나 단모음보다 훨씬 더 돋들림(prominence)이 높다는 점과 연관이 있다—예를 들어서, 저모음과 장모음은 모두 지속시간과 진폭(amplitude)이 크며, 또 모두 강세를 유치하는 것으로 알려져 있다(de Lacy 2002, Gordon 1999,

Kenstowicz 1996b, Lehiste 1970). 이것은 특정위치 충실성이론의 핵심 논지와 일치한다: 더 돋들린 요소에 대해서 더 높은 충실성을 요구하는 제약이 존재한다(Beckman 1998, Casali 1999, Smith 2002 등). 그런 제약 가운데 하나가 기저의 장모음이 탈락하지 않도록 보호하는 MAX-V:이다(Gouskova 2003, McCarthy 2005a: 18). 다른 하나는 기저의 저모음에 대하여 동일한 보호를 제공하는 MAX-A이다. MAX-A는 고모음의 탈락을 장려하는 유표성제약보다 상위의 등급순위에 있으므로 /dafaʕ/로부터 [dfaʕ]를 제치고 올바로 [difaʕ]를 택한다.

MAX-A에 대하여 특정위치 충실성이론이 개념적 틀을 제공하지만, 유형론적인 견지에서도 이 제약에 충분한 근거가 있다는 점에 주목해야 한다. 비록 이러한 동향에 반대하는 유형론적인 주장도 있지만(Gouskova 2003: 240–245), 모음의 높이에 의하여 차별화된 MAX 제약의 필요성을 피력하는 일단의 유형론적인 연구가 있다(Davis and Zawaydeh 1997, Howe and Pulleyblank 2004, Kaneko and Kawahara 2002, Pulleyblank 1998, Tranel 1999). MAX-A에 대한 독자적인 유형론적 뒷받침 및 특정위치 충실성과의 연관관계로 볼 때, 이 제약은 완전히 충실성에 기반한 역급여순 불투명성이론에서 요구되는 유형론적으로 의심스러운 제약과는 확연하게 구분된다(§2.3.4.1을 보라). 이러한 이유로, MAX-A, MAX-V:, 그리고 이들과 유사한 제약들은 PREC을 보완할 수는 있겠지만 이를 대신하지는 못한다. 이 제약들은 PREC에 의해서 설명되는 유형의 불투명한 상호작용에는 도움이 안 되지만, 영으로 끝나는 연쇄추이는 설명할 수 있는데, 이는 PREC의 입장에서 난감한 일이다.[41]

---

41) 영으로 끝나는 연쇄추이를 PREC 제약으로 분석하는 방법이 있기는 하지만, 여기에는 지금까지 가정해 온 것과는 다소 상이한 충실성이론이 필요하다. 분절음의 특성에 대한 충실성은 IDENT 제약이 아니라 MAX-*feature* 제약의 소관이라는 제안이 있었다(Causley 1997, Lamontagne and Rice 1995, Lombardi 1998, 2001, McCarthy and Prince 1995, Walker 1997, 2001, Zoll 1998). /a/는 /i/보다 변별자질에 관하여 더 많은 내용물을 가지고 있어서, /a/를 탈락시키면 /i/를 탈락시키는 것보다 더 많은 MAX-*feature* 제약을 위배한다는 것이 그 개념이다. (이것은 분절음 표시에 관한 몇몇 분자기반 이론을 연상케 한다(예: Humbert 1995: 55, van der Hulst 1989: 281).) 이

영으로 끝나는 연쇄추이에 대한 이 접근방식은 일반적인 유형론적 예측을 내놓는다. /A/ → [B], /B/ → Ø 형태의 연쇄추이에서, /A/는 일반적인 특정위치 충실성이론에 부합하는 방식으로 돋들려야 하고, 동일한 돋들림 차원에서 /B/는 /A/보다 덜 돋들려야 한다. 이러한 예측이 나오는 것은 /A/가 탈락하지 않도록 보호하는 MAX-A 혹은 MAX-V:와 같은 제약이 /B/는 보호하지 않아야 하기 때문이다. 그러므로 특정위치 충실성이론에서 /A/를 돋들린 것으로 간주하게 하는 것이 무엇이든지 간에 /B/는 그 성질을 덜 가지고 있거나 아니면 전혀 가지고 있지 않아야 한다. 영으로 끝나는 연쇄추이에서 우리가 상상해 볼 수 있는 여러 연쇄추이는 이 기준을 충족시키지 못하며, 따라서 영으로 끝나는 연쇄추이에서 가능한 유형은 제한된다. 이러한 유형론적 예측에 대하여 필자가 알고 있는 반례는 없다.[42]

OT-CC의 맥락에서 볼 때 돋들림-기반 충실성에 대하여 있을 법한 개념적인 이의는, 이것이 불투명성을 다루는 데 있어서 PREC 제약 외에도, 부가적인 장치를 도입하는 것처럼 보인다는 점이다. 이 점에 대하여 두 가지 반응이 있다. 첫째로, 이것은 아무것도 '도입하지' 않는다는 점인데, 그 이유는 Beckman 및 여타의 연구에서 돋들린

관점에 따르면, **<da.faʕ, d.faʕ>는 단일 LUM 자리에서 한 개 이상의 MAX-*feature* 제약을 위배하였기 때문에 타당한 연쇄가 되지 못할 것이다. 그러면 급여순 연쇄인 *<da.faʕ, di.faʕ, d.faʕ>보다 역급여순 연쇄인 <da.faʕ, di.faʕ>에 유리하게 하기 위해서 PREC 제약을 끌어들일 수 있다. 관련된 논의는 McCarthy(2007b)를 참조하라.

42) 영으로 끝나는 연쇄추이가 좀 더 흔하다면 이러한 반례의 부재가 좀 더 인상적일 것이다. Bedouin Arabic의 경우가 영으로 끝나는 연쇄추이의 유일하고도 확고한 예로서, 이것은 Elliott Moreton이 연쇄추이에 대하여 자료를 편찬한 비출간 자료집에서 찾아볼 수 있다(미완성 상태의 목록은 Moreton and Smolensky 2002를 보라). 목록에 다른 두 사례가 포함되어 있지만, 그 어느 것도 그다지 설득력이 있는 것은 아니다. 이 중에서 하나는 Irish의 자음변화(mutation) 체계의 일부이므로, 이것이 형태론적인 것임은 의심의 여지가 없다. 다른 하나는 Mwera(Bantu, Tanzania)에 대하여 보고된 현상으로서, 비음 뒤에서 무성장애음의 유성음화 및 동일한 위치에서 유성장애음의 탈락에 관한 것이다(Kenstowicz and Kisseberth 1977: 157): /mp/ → [mb], /mb/ → [m]. 원전인 Harries(1950: 11-13, 20ff., 89-91)의 설명과 예에서 보면 어떤 비음 접두사만 이러한 교체를 유발하며, 이러한 접두사의 경우에도 결과는 때로 일관성이 없으므로, 이 연쇄추이도 형태화된 것일 수 있다. Harries의 문법이 대략적인 개요에 지나지 않으므로 실제 과정이 무엇인지에 대하여 보다 더 정확하게 말할 수는 없지만, 전반적으로 볼 때 이 예가 강력한 것은 아니다.

요소에 대하여 보다 높은 충실성이 필요하다는 증거가 불투명성과는 별도로 존재하기 때문이다. 다시 말해서, 독자적인 근거를 가지고 있는 특정위치 충실성이론의 주장 하에서는 MAX-A, MAX-V: 및 이와 유사한 제약들이 존재할 것으로 예측된다. 둘째, Ito and Mester(2003c)는 OT가 불투명성 현상과 정확하게 일치하는 어떤 단일 장치를 포함할 필요가 없음을 올바로 강조하고 있으며; 전형적으로 언어이론의 구조물은 현상에 대한 이론 이전 단계의 분류 형태와는 일대일의 관계에 있지 않다. 실제로, 불투명성에 대한 Kiparsky(1973)의 원래 정의에는 모든 중화과정을 불투명한 현상으로 분류하는 (2-6)의 (c) 조항이 포함되어 있지만, 불투명성에 대한 최근의 연구문헌을 보면 고전 OT에서 중화가 도전적인 과제가 아니기 때문에 중화 현상을 등한시하는 것이 보편적이다.

MAX-A와 MAX-V:에 대한 마지막 설명. 저모음과 장모음이 표면형에서 고모음화하거나 단모음화할 때조차, 이 두 제약은 *기저의* 저모음과 장모음이 탈락하지 않도록 보호한다. 이러한 행동은 §3.2.4.1의 제안과 부합하며, 또 이 제안 하에서는 이러한 행동이 실제로 예상된다: 특정위치 충실성제약은 완전히 충실한 연쇄초기형에 나타난 구조적 조건을 참조하는데, 이는 궁극적인 출력형에서 이 조건이 달라질 때에도 마찬가지이다.

3.6 다른 이론과의 비교

OT-CC는 규칙순을 포함하여 불투명성에 대한 종전의 몇몇 접근방식의 특성을 결합한 것이기는 하지만, 이 이론은 이들 각각의 이론과도 상당히 다르다. 이 장은 OT-CC의 주요 특질을 중심으로 한 비교로 구성되어 있다: 조화향상(§3.6.1), 점진성(§3.6.2), 그리고 PREC 제약(§3.6.3). 이 장은 §2.2.3(규칙순)의 논의와 §2.3.4(OT에서 종전의 불투명성 이론)의 논의를 보완하며, §3.2.3(후보연쇄의 전신)의 몇몇 특기할 사항을 발전시킨다.

3.6.1 조화향상

타당한 후보연쇄에서, 연속적인 형태들은 그 언어의 제약위계와 비교하여 조화적으로 향상해야 한다. 연쇄에 대한 점진성 요건과 결부될 때, 조화향상 요건에 여러 가지 값진 결과가 나온다: 이것은 PREC 제약에 기초한 불투명성 분석을 뒷받침하며(당연히, 주된 목표임), 후보집합의 크기를 제한하며(§3.2.2), 고전 OT가 가진 전국적 최적성화의 역량을 제한한다(§3.2.4.3).

고전 OT 문법이라면 조화향상이라는 내재적 특성을 갖는다(§2.3.1): 가장 조화적인 후보는 (i) 전적으로 충실한 후보이든가 아니면 (ii) 전적으로 충실한 후보보다 덜 유표적인 형태이어야 한다. 한 걸음 더 나아가, 전적으로 충실한 후보보다 더 조화적인 후보라면 *무엇이든지* 그것보다 덜 유표적이어야 한다고 말할 수 있다. OT-CC에서, 어떤 연쇄든지 초기형은 전적으로 충실하며, 연쇄의 두 번째 연결형은 첫 번째 형태보다 더 조화적인 동시에 점진성 요건을 만족시키는 형태이다. 일반적으로, 연쇄 <..., f_i, f_{i+1}, ...>에서 [f_{i+1}]이 [f_i]의 타당한 후행형이 되려면, 두 개의 원소를 가진 후보집합 {f_i, f_{i+1}}에 대한 고전 OT 평가에서 [f_{i+1}]이 승자가 되는 것이 (충분하지는 않아도) 필요하다.

조화향상은 OT-CC를 전통적인 규칙순 및 이에 상응하는 다층위 OT로부터 구분되게 한다. 문법에서 각 규칙은 전적으로 *독자적(sui generis)*이며, 규칙 A → B/C__D의 존재는 B → A/C__D를 포함하여, 동일한 문법에 다른 어떤 규칙이 들어있는지에 대하여 일체 언급하지 않는다(요크공작식 도출에 대해서는 §2.2.3, §2.3.2, 그리고 §3.2.3을 참조하라). 음운규칙은 도출 과정의 그 다음 단계에서 증발해 버릴 수도 있는 매우 일시적인 일반성을 기술한다. 그러므로 한 언어에 공존하는 다양한 과정들 간에 아무런 연관성이 없다는 의미에서, 규칙기반 음운론의 문법은 *일관성(coherence)*이 부족하다. 적어도 이론적인 차원에서는, 대여섯 개의 서로 다른 언어에서 무작위로 규칙을 표본채취하면 이것도 가능한 언어가 되어야 한다. 일찌감치 인식한 바와 같이, 특히 공모성에 대한 연구문헌을 보면(Kisseberth 1970, McCarthy

2002b: 53-55, 95-101의 논의도 보라), 이는 분명히 사실이 아니다. 이것은 규칙기반 음운론에 대한 OT의 주요 비평의 근간을 이룬다: 규칙기반 음운론에서 문법은 '공식적 규칙의 다소 임의적인 모듬'으로 여겨지며, 이때 문법은 문법이론의 영역 밖에 있는 자연성 요건의 지배를 받을지도 모른다(Prince and Smolensky 2004: 234).

다층위 OT는, 비록 그 정도가 조금 덜한 형태이기는 하더라도, 규칙기반 음운론의 이러한 특성을 공유한다. 단일 언어 내에서 각 층위의 등급순위가 얼마나 다르게 나타날 수 있는지에 대한 제약이라고 알려진 것은 아무것도 없으며(§2.3.4.2를 보라), 따라서 각 층위는 그야말로 CON을 아무렇게나 변환시켜 놓은 결과일 수도 있다. 개별 층위의 문법이 여느 고전 OT 문법과 동일한 방식으로 내재적으로는 일관성이 있다 하더라도, 그 언어의 음운체계 전체로 보면 일관성이 없다. 체계 차원의 일관성 결여라는 이러한 문제점은 두 가지 이유에서 규칙기반 음운론보다는 다소 덜 심각하다. 첫째, 모든 층위는 동일한 제약을 포함한다. 그러므로 층위 간에는 두 개의 OT 문법이 차이날 수 있는 정도로만 차이가 날 수 있으며, 이는 '공식적 규칙의 다소 임의적인 모듬'이라고 해야 할 정도로 제약이 가해지지 않은 상태는 아니다. 둘째로, 층위 *n*에 존재하는 형태소라면 이 층위 및 이에 후행하는 모든 층위의 음운론의 지배를 받는다. 이는 어근은 모든 층위의 음운론을 겪으며, 모든 형태소는 궁극적으로는 후어휘부 층위를 순회한다는 의미이다. 그렇지만, 어떤 다층위 OT 이론은 층위의 '경제성(economy)' 원칙을 주장하면서 이렇듯 아주 경미한 요건조차 부과하지 않는다는 점에 주목해야 하는데, 이 원칙에 의하면 층위 *n*에서 첨가된 형태소를 가진 형태만 층위 *n*의 음운론을 순회한다(Inkelas and Orgun 1995, Yu 2000: 122).

다층위 OT에서 불투명성 분석은 한 언어의 음운체계의 일관성 결여에 결정적으로 의존한다. 예를 들어서, Kiparsky(2001)의 다층위 OT에 의한 Yawelmani 분석은 단어 단위의 층위에서는 -[?]# 앞의 폐쇄음절 단모음화를 배치하면서((3-58)을 보라), 일반적인 폐쇄음절 단모음화는 후어휘부 층위 때까지 미루어 둔다. 그렇지만, 이 두 층위 간의 유사성은 전적으로 우연이며, 후어휘부 층위가 앞선 층위에서 시작된

폐쇄음절 단모음화 과정을 지속하고 확장해야 한다는 것은 이론의 어디에도 보장되어 있지 않다. 후어휘부에서, 장모음을 가진 폐쇄음절이 그대로 남아 있을 수도 있고, 그렇지 않으면 단모음화가 아니라 모음삽입이나 자음탈락에 의해서 처리될 수도 있는 문제이다.

§3.5.3에서, 기저의 풍부성이 불투명성 분석과 관련이 있음을 논의한 바 있다. 이것은 다층위 OT에 대한 평가에도 관련이 있다. 다층위 OT는 규칙기반 어휘음운론으로부터 형태부와 음운부가 나란히 발생한다는 전제를 물려받았다. 이는 어떤 형태소는 후기 층위 때까지 출현하지 않음을 의미한다. ROTB와 결부될 때, 이 전제는 있을 법하지 않은 예측을 내놓는다. 문법 ⟦*x >> FAITH(x)⟧가 층위1에 있다고 가정하자. 층위1의 입력형에 존재하는 x는 어느 것이나 불충실하게 처리되어서, 층위1의 출력형에는 x가 결여된다. ROTB는 층위2에서 추가된 형태소가 x를 포함할 수도 있음을 내포한다. 만약 층위2의 문법이 ⟦FAITH(x) >> *x⟧라면, 층위2의 출력형은 층위2의 형태소에 x를 포함할 수 있다는 결론이 나온다. 일반적으로, 기저의 풍부성을 인정하는 다층위 OT의 예측에 의하면, 후기 층위에서 추가된 형태소의 음소목록이 초기에 추가된 형태소의 음소목록의 (진포함집합이 아닐 가능성이 있는) 포함집합(superset)을 이룬다.[43] 필자가 아는 바로는, 현재 나와 있는 다층위 OT의 연구문헌은 이 명제가 옳은지 여부를 검토해 보지 않았다. 비공식적인 관찰은 이 명제가 옳지 않음을 시사한다.

3.6.2 점진성

OT-CC에서, 연쇄의 연속적 형태는 서로 간에 너무 차이가 나서는 안 된다. 연쇄를 시작하는 충실한 형태로부터 점진적 이탈이 일어난다. 국부적 불충실전사(localized unfaithful mapping: LUM)의 개념은 하나의 형태와 그 후행형 사이에 측정한 최대

43) 층위의 경제성 개념을 끌어들인 다층위 OT의 수정 이론이 제시하는 이와 유사한 예측에 대해서는 Fitzgerald(2002: 267-268)를 보라.

거리로 도입되었다.

연쇄에 대한 점진성 요건은 전통적인 음운도출에서 단계와 대강 유사하다. *SPE*는 규칙을 기술하는 데 필요한 공식화가 매우 강력하기 때문에, 도출 과정에 나타난 연속적 형태가 차이에 대한 제한은 있다고 하더라도 거의 없다. Archangeli and Pulleyblank(1994)의 매개변항 체계(parametric system)라든지 Prince(1983)의 Move-*x*와 같이, 보다 더 한정적인 규칙이론은 단일 규칙이 형태 간에 얼마만큼의 차이를 낼 수 있는가에 대하여 훨씬 더 엄격한 제한을 둔다. LUM은 규칙의 매개변항이 아니라 GEN의 작동과 CON의 충실성제약에 의하여 규정되는 것이지만, LUM은 SPE보다는 Archangeli and Pulleyblank의 개념과 더 가깝다.

OT-CC에서 역급여순 불투명성의 분석에 점진성이 필요하다는 것을 §3.3.4에서 살펴보았다. 점진성은 다중의 과정을 포함한 전사를 분석하는 데에도 영향을 미친다. 만약 *n*개의 LUM에 의하여 기저표시와 표면표시가 상이하다면, 연쇄에서 두 개의 LUM을 단일 연결형으로 통합하는 것이 점진성에 의해서 금지되기 때문에, 연쇄에는 틀림없이 *n*−1개의 중간형태가 존재한다. Yawelmani의 /cʔu:m-hin/ → [cʔom.hun]과 같이, 다중의 과정들이 불투명하게 상호작용할 때, (3-55)의 승자후보인 <cʔu:mhin, cʔu:mhun, cʔo:mhun, cʔomhun>의 경우처럼 PREC 제약은 LUM의 특정 순서를 강요하게 된다.

§2.3.4.3에서 기술한 몇 가지 불투명성 이론은 불투명한 다중 과정을 다루는 데 문제가 있다. 감응이론이 명백한 예이다. 감응후보란 지정된 충실성제약을 따르는 가장 조화적인 후보이다. 간단한 역출혈순 불투명성의 경우에, 감응후보는 도출이나 연쇄의 중간형태와 동일하다. 예를 들어서, Bedouin Arabic의 /ħa:kim-i:n/ → [ħa:kʲmi:n] 분석에서 감응후보는 MAX를 준수해야 하며, 또 그외에도 최대한 조화적이어야 한다. 따라서 *[ħa:kʲimi:n]이 감응후보가 된다((2-29)를 보라). 물론, 이것은 (2-5)에서 연속도출의 중간단계나 (3-27)에서 승자 후보연쇄 (d)의 중간형태와 동일하다. 한 언어에 몇 개의 불투명한 과정이 있을 수 있기 때문에 — Yawelmani와 Bedouin

Arabic이 가까운 대표적 사례이다 — 감응이론은 한꺼번에 한 개 이상의 지정된 (designated) 충실성제약과 한 개 이상의 감응후보를 허용해야 한다. 그러나 Kiparsky(2001)에서 제시하였고 (2-31)에서 살펴보았으며 또 아래 (3-63)에서 되풀이하는 바와 같이, 이런 행보는 불가능한 유형의 불투명한 상호작용을 용인한다.

(3-63) 감응의 바람직하지 않은 결과(= (2-31))

/pam/	DEP-C$_{DEP-V}$ (감응제약)	MAX-V$_{MAX-C}$ (감응제약)	NO-CODA	DEP-V (선택자)	MAX-C (선택자)
→ paə				1	1
a. pam	W$_1$	W$_1$	W$_1$	L	L
b. pamə (MAX-C에 의한 감응후보)	W$_1$			1	L
c. pa (DEP-V에 의한 감응후보)		W$_1$		L	1

(3-63)의 문제점은 단일 유표성제약인 NO-CODA가 두 개의 불충실한 전사인 탈락과 삽입을 유도한다는 것인데, 이 경우 이 둘 가운데 하나면 충분하다. NO-CODA는 감응 체계를 통하여 이를 수행하는데, 이 체계는 NO-CODA를 만족시키는 두 가지 방법 모두를 동시에 닮은 출력형을 선호한다. ONSET을 두 개의 감응제약 가운데 어느 하나보다 상위의 등급순위에 둠으로써 특정 언어에서 바람직하지 않은 승자 [pa.ə]를 피할 수도 있지만, 이는 핵심을 간과하는 일이다: 선택자 제약을 다중으로 가진 감응이론은 검증되지도 않았을 뿐더러 심지어는 기괴하기까지 한 유형의 불투명성을 예측해 낸다.

OT-CC는 이러한 예측을 하지 않는다. 점진성 기준에 의하여, /pam/ → [pa.ə]는 반드시 다음과 같은 추정적인 후보연쇄 가운데 하나를 통하여 진행되어야 한다:

<pam, pa.mə, pa.ə> 아니면 <pam, pa, pa.ə>이다. 만약 (3-63)과 같이, NO-CODA가 DEP-V와 MAX-C를 지배한다면, 두 연쇄 모두 초기의 부분연쇄에서 조화적으로 향상한다. 그러나 이 등급순위 하에서 각 연쇄의 다음 단계는 조화적으로 향상하지 않는다. 고전 OT에서와 마찬가지 이유로, OT-CC에서 NO-CODA는 불충실한 전사를 쓸데없이 덧붙이도록 강제할 수 없다: 이미 완전히 만족된 유표성제약에 대하여 유표성 수행력을 향상시킬 방법이 없는 것이다. 요약하면, 주어진 등급순위 하에서 /pam/에서 출발하여, [pa.ə]로 끝나는 연쇄 가운데 타당한 연쇄는 없다. PREC 제약이 존재하지도 않는 후보에 유리하게 작용할 수는 없기 때문에, PREC 제약이 존재한다고 해서 이 결과에 영향을 미치는 것은 아니다.

이 예로부터 좀 더 일반적인 교훈을 이끌어 낼 수 있겠다. 감응이론은 불투명성을 제약의 등급순위가 경미한 차이를 보이는 두 개 혹은 그 이상의 문법에 의한 *교차적(intersecting)* 효과로 간주하여 불투명성을 분석한다. 이 문법들 가운데 하나는 언어의 투명한 음운론에 근거한 기본 등급순위를 가지며, 다른 문법들은 각기 선택자 충실성제약을 제약위계의 최상위로 상향조정한다. 감응제약은 특정 선택자 문법이 출력형에 어떤 영향을 미칠지를 결정한다. 다층위 OT는 불투명성을 상이한 제약 등급순위를 가진 몇 개 문법의 연속적인 *누적(cumulative)* 효과로 간주하여 불투명성을 분석한다. 층위 간의 등급순위의 차이는 이론적으로는 무제한적이지만, 실제로는 비교적 경미하다. 충실성제약은 앞선 층위의 효과 중에서 어느 것이 누적되며 어느 것이 누적되지 않는지를 결정한다. 다층위 OT는 (3-63)에서 예시한 감응이론의 문제점을 공유하지 않는데, 이는 불투명성을 바라보는 올바른 관점이 교차성(intersection)이 아니라 누적성(cumulativity)임을 시사한다. 그러나 다층위 OT가 한 언어를 구성하는 구성소적 문법들 간에 나타날 수 있는 차이에 대하여 제한을 가하지 못한 점은 심각한 결손 요인이다.

OT-CC는 불투명성을 특수한 방식으로 사용된 단일 문법의 효과라고 보고 이를 분석한다. 문법은 — 즉, EVAL 및 단일 등급순위를 가진 CON은 — 후보를 평가할

뿐만 아니라 조화향상 요건을 통하여 후보 구축에도 영향을 미친다. 어떤 불충실한 전사의 효과가 역출혈순 불투명성의 경우에는 누적성을 갖고 역급여순 불투명성의 경우에는 반누적성을 가져야 한다는 요구조건이 PREC 제약에 의해서 제기될 경우에, 불투명성이 발생한다. OT-CC는 누적성 요건을 다층위 OT와 공유하기 때문에, 다층위 OT와 마찬가지로 OT-CC는 (3-63)과 같이 비정상적으로 비대한 역출혈순 불투명성을 생산하지 않는다. 그러나 OT-CC는 단일 문법으로부터 불투명성을 도출하기 때문에, 단일 음운체계의 하위구성 문법들 간에 무제한적인 차이가 발생하는 다층위 OT의 근본적인 유형론적 문제를 공유하지 않는다.

3.6.3 PREC 제약

PREC(A, B) 제약은 B를 위배하는 LUM 앞에 A를 위배하는 LUM이 오거나, 아니면 적어도 그 뒤에 A를 위배하는 LUM이 오지 않는 후보연쇄를 선호한다. (3-29)에서 Bedouin Arabic의 <ħa:.ki.mi:n, ħa:.kʲi.mi:n, ħa:kʲ.mi:n>과 같은 역출혈순 불투명성의 경우에, PREC 제약은 탈락만 적용된 것보다 탈락하기 전에 구개음화가 적용된 것을 선호한다. (3-37)에서 Bedouin Arabic의 <gabr, ga.bur>의 역급여순 불투명성의 경우에, PREC 제약은 모음삽입 이후에 고모음화가 적용된 형태에 불리하게 작용한다.

PREC 제약은 제대로 된 조건하에서 불충실한 전사를 유도하거나 방지할 수 있지만, 이 제약의 위력은 연쇄에 대한 조화향상 요건 및 등급순위 메타제약 (3-24)에 의해서 견제된다. 타당한 연쇄라면 조화적으로 향상해야 하기 때문에, PREC 제약의 잠재적 효과도 문법 전체에 의해서 제한된다. 문제의 언어에서 [y]가 [x]보다 더 유표적이면 어떤 PREC 제약도 /x/ → [y] 전사를 유도할 수 없다. 그리고 메타제약은 B가 PREC(A, B)보다 더 상위의 등급순위에 있어야 한다는 요건을 가지고 있기 때문에, PREC(A, B)는 A를 만족시킬 수 있고 또 만족시키는 데 영향을 미치는 것이 분명하지만, B를 만족시키는 데에는 영향을 미칠 수 없다.

불투명성에 대한 이러한 관점은 투명한 규칙순은 자연적인 것이어서 문법에서 기술할 필요가 없는 반면에, 불투명한 규칙순은 규칙적용에 대한 특수 조건의 효과라는 1970년대의 개념을 되짚어 보게 한다(논의 및 참고문헌은 §2.2.4, §2.2.5, 그리고 §2.3.4.4를 참조하라). 예를 들어서, Donegan and Stampe(1979: 147, 156-158)는 역급여순이 '하나의 과정을 다른 과정의 출력형에 적용하는 것을 금지하는' 효과를 가진 학습된 '제약' 때문이라고 본다. 많은 연구 가운데서도, 이 관점이나 Anderson (1974)의 관점에서 볼 때, 대부분의 규칙순은 규칙의 상호작용에 관한 기본 원칙에 따른 자동적인 결과이며, 특정 규칙순들만, 전형적으로는 불투명한 규칙순들이, 특별한 취급을 요한다. OT-CC와 닮은 점이 명백하다.

다층위 OT는 규칙순에 입각한 또 다른 불투명성 이론이지만, 그 성격은 1970년대의 이론이나 OT-CC와는 사뭇 다르다. 다층위 OT는 불충실한 전사의 순서를 이 전사가 발생하는 층위의 순서로부터 도출한다. 그러므로 /ħa:kim-i:n/ → [ħa:kʲmi:n]은 구개음화가 탈락보다 앞선 층위에서 일어나야 한다는 요건을 가지고 있고, /gabr/ → [gabur]는 고모음화가 모음삽입과 동일한 층위나 그보다 뒤에 오는 층위에서는 발생하지 않아야 한다는 요건을 가지고 있다. 그러면 암시적으로 주장하는 바는, 불충실한 전사가 일어나는 층위에 대하여 어떤 독자적인 증거가 있다면 이것이 불투명성에서 오는 증거와 상관관계가 있어야 된다는 것이다. 그렇지만 §2.3.4.2에서 살펴본 바와 같이, 일반적으로는 규칙기반 어휘음운론의 문헌에서, 그리고 구체적으로는 Bedouin Arabic에서 이 주장에 대한 반례를 찾아볼 수 있다. OT-CC에는 층위가 없으며, 따라서 이런 주장을 하지 않는다. 때로 제약이 소속한 층위를 지정함으로써 불투명한 상호작용을 임의로 규정하는 것처럼, Prec 제약도 불투명한 상호작용을 임의로 규정하는 정도에 그치는데, 어쩌면 이 임의규정이란 것이 할 수 있는 최선일지도 모르겠다.

OT-CC, 다층위 OT, 그리고 감응이론은 불투명성을 어떤 과정이 요구하거나 금지하는 상호작용으로 분석한다. OT의 다른 두 불투명성 이론인 국부제약결합과 대립보존은 아주 다른 방식으로 불투명성을 고찰한다. 제약결합은 서로 근접한 곳에서 두 충실성제약이 위배되는 것을 금지한다. 근접성(proximity)이란 결합에 명시된 범위로 정의되며, 충실성제약이라면 무엇이든지 이렇게 두 개가 결합될 수 있다. 예를 들어서, [ID(low)&DEP]$_{Adj\text{-}\sigma}$은 이 두 제약에 대한 각각의 위배가 인접한 음절에 포함되어 있기 때문에 *[gɨbur]를 봉쇄함으로써, /gabr/ → [gabur]에 나타난 역급여순 결과를 설명한다((2-20)을 참조하라). 대립보존은 불투명성이란 중화 과정에 따른 부작용으로서, 대립을 형태 내에서 다른 곳으로 옮겨 놓음으로써 합류를 회피한다고 주장한다. 예컨대, [ga.bur]에서 개방음절에 저모음이 존재한다는 것은 후행하는 모음이 삽입모음이라는 모음의 지위를 나타내는 것으로서, (가설적인) 기저의 /gabur/와의 합류를 회피한다. 이와 마찬가지로, [ħa:kʲmi:n]에서 구개음화된 연구개음이 존재한다는 것은 기저의 전설모음이 탈락했음을 표시하여, 기저의 /ħa:kimi:n/이 (역시 가설적인) 기저의 /ħa:kmi:n/과 합류되는 것을 회피한다.

§2.3.4.1과 §2.3.4.4에서, 제약결합과 대립보존은 음운 과정의 상호작용에 기반하지 않은 것이 이들의 취약점이라고 논증한 바 있다. 그릇된 제약을 결합하거나 그릇된 범위를 이용함으로써, 실제 역급여순 불투명성과는 전혀 다르며 어쩌면 불가능할지도 모르는 봉쇄 효과를 생산해 낼 가능성이 있다. 검증된 역급여순 불투명성의 사례는 '과정 A는 과정 B를 급여할 수 없다'로 기술할 수 있다. 이것은 제약결합이 예측하는 바, '과정 A는 과정 B와 아주 인접한 곳에서는 적용될 수 없다'라는 식의 검증되지 않은 형태와는 매우 다른 명제이다. 대립보존은 어디서 어떻게 대립이 보존될 수 있는지에 대하여 현재로서는 충분히 제한적이지 못한 이론을 제공하기 때문에, 불가능한 유형의 불투명한 상호작용도 예측해 낸다. 예를 들어서, /ħa:kim-i:n/ → [ħa:kʲmi:n]의 경우에, 대립보존은 대립을 보존하는 방식으로 구개음화된 연구개음을 탈락된 모음의 인접성, 전설성, 혹은 이 언어에서 구개음화 과정이 독자적으로 존재한다는 점과 연관짓지 못한다. (그렇지만 이 문제점에 대한 논의로서 관련이 있는 제안으로 Łubowicz(2003)을 참조하라.) 실제로, 반충실성(antifaithfulness) 제약(cf. Alderete 2001a, 2001b)에 의하여 생산되는 제약과 비슷하게, 대립은 원칙적으로는 유표성제약

을 완전히 전도시킨 제약에 의하여 보존될 수 있다.

OT-CC는 불투명성에 대한 *상호작용 중심(interactional)* 이론이며, 수렴연쇄를 다루는 것은 이 이론이 상호작용 중심이 되어야 하는 주된 이유 가운데 하나이다. (수렴에 대해서는 §3.3.1에 정의되어 있으며 §3.3.3에 예시되어 있다.) 만약 여러 연쇄가 동일한 출력형을 가지며 이들의 LUMSeq가 서로 간의 변환이라면, 연쇄가 수렴한다. 수렴연쇄 간에 나타난 LUM 순서의 차이는 아무 상관이 없으며 출력형에 영향을 미칠 수도 없다. 특정 출력형에 수렴하는 모든 연쇄가 확인이 되고 공통점이 나오면, 그 결과 발생하는 LUMSeq(rLUMSeq라고 지칭한다)는 모든 결정적인 순서와 오직 그 순서만 포함한다. PREC 제약은 나머지는 무시하고, 이 결정적인 순서에만 유의한다.

연쇄수렴은 결정적인 순서를 제외한 나머지 모든 것을 버리고, 과정들 간의 상호작용이 일어난 상황에 초점을 맞추는데, 그 이유는 상호작용하는 과정만이 불투명성과 관련이 있기 때문이다. /kætaki/ → [kʲætakʲ]에서 구개음화와 탈락의 불투명한 상호작용을 분석하기 위해서, 첫 번째 /k/에서 상호작용하지 않는 구개음화를 무시할 필요가 있다. (3-34)에서 살펴본 바와 같이, 연쇄수렴에는 이런 효과가 있다: 첫 번째 /k/의 구개음화와 연관이 있는 LUM이 마지막 /i/의 탈락과 연관이 있는 LUM보다 선행하는지 아니면 후행하는지에 상관없이 결과는 마찬가지이며, 따라서 순서에 관한 이 정보는 PREC 제약으로부터 감추어져야 하고 또 실제로 감추어져 있다. 수렴이 없으면, 불투명한 출력형 [kʲætakʲ]는 투명한 구개음화만 가지고 있는 *[kʲætak]에 조화적으로 종속된다. (3-32)의 수렴연쇄는 *[kʲætak]에 무엇이 잘못되었는지를 드러낸다: 이 형태는 연쇄수렴을 거치면서 살아남은 유일한 종류의 상호작용인 진정한 상호작용 대신에, 결정적이지 않은 LUM 순서를 가진 형태에서 찾아볼 수 있는 유사 상호작용을 보여준다.

OT-CC가 /kætaki/ → [kʲætakʲ]의 분석이나 이와 유사한 경우에 인접성에 대해서 일체 언급하지 않는다는 점을 인식하는 것이 중요하다. 첫 번째 /k/의 구개음화와 어말 /i/ 탈락의 LUM 순서는 연쇄수렴에 의해서 제거되는데, 그 이유는 간단히 말해서, 이 순서가 출력형에 영향을 미치지 않기 때문이다. 다른 /k/가 탈락한 /i/에 가깝다거나 구개음화가 인접한 분절음으로 국한된다거나 하는 등의 언급이 일체 없다. 비록 이 두 기술이 모두 분명한 사실이라고 할지라도, 이들은 불투명성 이론의 일부가 아니며 또 일부가 되어서도 안 된다. OT-CC의 이러한 양상은 제약결합 및 대립보존과 같은 접근방식에서 인접성 및 상호작용을 다루는 방법과 선명한 대조를 이루며, 또 그런 방법보다 더 우월하다고 주장할 수 있겠다.

제4장

두 사례 연구

4.1 이 장의 목표

OT-CC는 음운적 불투명성과는 별로 관계가 없거나 아니면 전혀 관계없는 몇 가지 결과를 제시하지만(특히 §3.2.2, §3.2.4.3, 그리고 McCarthy(2007a, 2007b)를 보라), 이 이론의 궁극적인 성패는 이론이 불투명성에 대한 충분한 이론인 동시에 충분히 제한적인 이론을 제공하는지의 여부에 달려 있다. 앞 장에서 제한성 문제에 대하여 검토하였으므로, 이 장에서는 OT-CC의 충분성을 예시하는 데 전력하기로 한다.

음운론 연구문헌에 나타난 방대한 영역의 불투명한 상호작용을 OT-CC의 용어로 재분석하려는 시도가 실용적이지 못한 것은 분명하다. 사실, 이러한 많은 상호작용은 형태화되거나 어휘화된 현상을 대상으로 음운론적인지 의심스럽도록 분석된 상태에 놓여 있기 때문에, 이렇게 하는 것이 괜찮은 발상이라고 보기도 어렵다. 그보다는, 불투명한 상호작용이 풍부한 언어의 음운 현상에 대하여 폭넓게 두 사례 연구를 제시하는 것을 이 장의 목표로 삼기로 한다. 이러한 사례 연구에는 그 음운적 지위가 의심스럽지 않은 음운 과정에 의한 불투명한 상호작용이 포함된다 — 아래에서 언급한 바와 같이, 대부분의 과정은 예외가 없고 생산적이며, 차용어, 외부연성(external sandhi) 혹은 언어 게임(language game)에 적용 가능한 것이다.

이 두 사례 연구에 Arabic의 지역어(varieties)가 포함되기 때문에, 회의론자라면 여기서 고찰하는 내용이 동일한 것에 대한 두 가지 사례이지, OT-CC가 작동하는 것을 보여 주는 두 개의 독자적인 예시가 아니지 않느냐라고 반문할 수도 있겠다. 이에 대한 해답은 Arabic의 두 '방언(dialects)'인 Levantine과 Arabian Bedouin은 실제로 다른 언어이며, 적어도 French와 Spanish만큼이나 다르다는 것이다. 소위 말하는 정착성(sedentary) 방언*(Ansässigendialekte)*은 Levantine을 포함하며, 아주 초기에 Bedouin 방언으로부터 분리되었는데, 이것은 650CE에 이슬람교가 Levant로 전파된 지 얼마 되지 않아서이다. 더욱 중요한 것은, 불투명한 상호작용에 포함된 현상이 이 두 지역어에서 아주 상이하다는 점이다. 특히 Bedouin 방언은 Levantine에는 없는 불투명성 환경을 여러 개 가지고 있다.

이 장의 일차적 목표는 논박을 위한 것이 아니다. 이따금씩 주제에서 이탈하기는 했지만, 이 장에서 제안한 분석이 규칙기반 음운론, 다층위 OT, 감응이론 혹은 다른 접근방식에서 달성할 수 있는 것보다 다소 우월하다는 것을 보여 주기 위하여 체계적인 노력을 기울이지는 않았다. 이론의 비교에 대해서는 §2.3.4와 §3.6을 보라.

4.2 Levantine Arabic

4.2.1 문제의 개관

Levant 지역에서 — Lebanon, Syria 및 Palestine — 사용되는 Arabic 지역어는 전형적으로 모음삽입, 강세할당, 그리고 어중모음탈락 간에 복합적인 불투명한 상호작용을 가지고 있다. (4-1)-(4-3)의 예는 Abu-Salim(1982a: 196ff.)과 Farwaneh (1995: 132ff.)에서 기술한 이러한 상호작용의 유형들을 예시한다.

(4-1)에서 (a)의 예는 보통 끝에서 두 번째 오는 중음절이 강세를 유치한다는 것을 보여 준다. 그러나 (b)의 형태에는 끝에서 두 번째 음절에 삽입모음이 있으며,

그 결과 강세는 끝에서 세 번째 음절에 온다. 그러니까, (b)의 형태는 강세와 삽입 사이의 불투명한 상호작용이 빚은 결과이다: 마치 삽입모음이 존재하지 않는 것처럼 강세가 할당되어 있다. 흥미로운 것은, (c)와 같이 끝에서 두 번째 음절의 삽입모음이 네 자음으로 구성된 자음군을 갈라놓을 경우, 강세와 삽입이 투명하게 상호작용하여, 강세가 끝에서 세 번째 음절로 후퇴하지 않는다는 것이다. (전체 논의에서, 이해를 돕기 위하여 삽입모음은 이탤릭체로 표시하기로 한다.)

(4-1) 강세-모음삽입 상호작용 I

a. 끝에서 두 번째 중음절에 강세가 온다.

/katab-na/	ka'tab.na	'we wrote'
/katab-l-ak/	ka'tab.lak	'he wrote to you(m. sg.)'

b. 그러나 끝에서 두 번째 음절의 모음이 삽입모음일 경우에는 그렇게 되지 않는다.

/katab-l-ha/	ka'ta.b*i*l.ha	'he wrote to her'

c. 삽입모음이 CCCC 자음군을 갈라놓을 경우에는 그렇게 된다.

/katab-t-l-ha/	ka.tab't*i*l.ha	'I wrote to her'

(4-2)의 예는 강세와 모음삽입 사이에 다른 불투명한 상호작용을 예시한다. (a)와 같이 끝에서 두 번째 음절에 경음절이 있는 단어는 보통 끝에서 세 번째 음절에 강세를 갖지만, 만약 (b)와 같이 끝음절에 삽입모음이 오면 강세는 끝에서 두 번째 음절에 할당된다. 이 경우, *[ka'tabt]에는 강세가 끝음절에 올 것으로 예측되므로, 여기서도 강세는 마치 삽입모음이 존재하지 않는 것처럼 할당된다.

(4-2) 강세-모음삽입 상호작용 II

a. 강세가 경음절을 건너뛴다.

/katab-u/ 'ka.ta.bu 'they wrote'

b. 어말음절에 삽입모음이 없을 경우에 그렇게 된다.

/katab-t/ ka'ta.b*i*t 'I wrote'

(4-3)의 상황은 (4-1)과 같이 강세의 불투명성을 포함하지만, 좀 더 복잡하다: 삽입이 어중모음탈락을 급여한다.

(4-3) 어중모음탈락과의 상호작용

a. 단고모음은 비어말 개방음절에서 탈락한다.

/fihim-it/ ˈfih.mit ‘she understood’

b. 결과적으로 발생하는 자음군에 모음삽입과 불투명한 강세가 요구되는 경우에도 단고모음이 탈락한다.

/ji-ktib-u/ ˈji.k*i*t.bu ‘they write’

이러한 예에서 보건대, Levantine Arabic의 음운론에 불투명성이 풍부한 것은 분명하다. 나아가, 관련된 음운 과정은 의심의 여지가 없는 일반성, 규칙성 및 생산성을 가지고 있으므로 이들을 과거 음운부의 형태화된 잔재라고 일축할 수는 없다(cf. §2.2.3). 실제로, 앞서 기술한 몇몇 상황에서 강세가 불투명한 점을 제외하면, 강세는 Arabic의 이 지역어 및 다른 지역어에서 사실상 예외가 없다.

OT-CC 분석의 핵심은 PREC(ID(stress), DEP-V)이다. 이 제약은 강세를 할당하는 LUM이 모든 삽입 LUM보다 선행하는 후보연쇄를 선호한다. PREC(ID(stress), DEP-V)와 다른 제약과의 상호작용은 (4-1)(§4.2.3을 보라), (4-2)(§4.2.4를 보라), 그리고 (4-3)(§4.2.5를 보라)에 나타난 불투명한 상호작용과 투명한 상호작용의 모든 유형을 설명한다. §4.2.6에서, 두 번째 PREC 제약에 대해서도 논의하게 되는데, 이것은 폐쇄음절 단모음화와 모음삽입 간의 불투명한 상호작용을 설명한다.

이러한 예나 이와 유사한 예들은 선행하는 음운론 연구문헌, 특히 Abdul-Karim (1980), Abu-Mansour(1991), Abu-Salim(1980, 1982a, 1982b), Broselow(1980, 1982, 1992), Broselow, Chen, and Huffman(1997), Farwaneh(1995), Gouskova (2003: 218ff.), Hayes(1995: 125-130), Ito(1989), Johnson(1979), Kager(1999b), Kenstowicz(1983, 1986), Kiparsky(2003), Łubowicz(2003), 그리고 Selkirk(1981a)

에서 통찰력 있는 분석과 이론화의 주제를 이루었다. (Aldrete (1999) 역시 관련이 있다.) 아래의 적절한 시점에서, 이러한 선행연구의 요소가 새로운 분석에 어떻게 수용되는지를 기술하기로 한다.

4.2.2 강세와 충실한 음절화

Levantine Arabic에서, CV 음절은 경음절(1모라)인 반면, CV:와 CVC는 보통 중음절(2모라)이다. 어말의 CVC 음절이 강세 목적으로는 경음절로 취급된다는 사실을 설명하기 위해서, 이 언어에서 어말 자음은 흔히 율격외적(extrametrical)이라고 기술된다(예: Hayes 1995: 125에 의하여).[1] 어말의 C를 율격외적으로 분석하지 말고 Broselow, Chen, and Huffman(1997)이 내린 결론의 견지에서, 단일 모라가 두 분절음에 연결된 모라공유 표시(shared-mora representation)를 채택하는 것이 더 합당하다. 이들은 CV:C 음절에 대하여 모라공유 표시를 채택해야 하는 음성적 증거를 제시한다: 이러한 음절은 2모라로서, ((4-4)의 (a)에 나타난 바와 같이) 단일 모라가 장모음의 후반부와 음절말음 양쪽에 할당된다. 여기에서, ((4-4)의 (b)와 (c)에 나타난 바와 같이) CVCC 음절과 어말의 CVC 음절에 대해서도 모라공유 표시를 가정한다.[2]

(4-4) 모라공유 표시(Broselow, Chen, and Huffman 1997: 57을 따라서)

a. CV:C 음절 b. CVCC 음절 c. 어말의 CVC 음절

1) 이 방언 및 다른 Arabic 방언에서 어말 CVC 음절의 경음절성은 어말의 CV:를 단모음화하는 일반적 과정과 관련이 있다(Abu-Salim 1982a: 134ff., McCarthy 2005a).

2) 음절추가자음(appendices), 무게 없는 음절말음(weightless coda), 음절외적(extrasyllabic) 자음 및 유사 개념에 대해서는, 여러 연구 가운데서도 Borowsky(1986), Clements(1990), Morén(1999), Selkirk (1982a), Sherer(1994)를 참고하며, 종합적인 검토와 참고문헌은 Vaux(출판 예정)을 참고하라.

Levantine Arabic의 강세 패턴은 Latin어와 같은 유형이다: 끝에서 두 번째 음절이 중음절이거나 단어가 2음절이면 강세는 끝에서 두 번째 음절에 오고, 그렇지 않으면 강세는 끝에서 세 번째 음절로 간다. (4-5)에 예가 주어져 있다.

(4-5) Levantine Arabic의 강세(Abu-Salim 1982a: 59ff.)

a. 끝에서 두 번째 중음절에 강세

daˈras.na	'we studied'
saˈmaː.na	'our sky'
kaˈtab.lak	'he wrote to/for you(m. sg.)'
maˈkaː.tib	'offices'
makˈtab.na	'our office'
ka.taˈbuː.ha	'they wrote it (f.)'

b. 2음절 단어에서 첫음절에 강세

ˈʔa.na	'I'
ˈka.tab	'he wrote'

c. 여타의 경우 끝에서 세 번째 음절에 강세

ˈka.ta.bu	'they wrote'
ˈmad.ra.sa	'school'
ˈʕal.la.mat	'she taught'
ʕalˈla.ma.to	'she taught him'

단어를 음보로 분석하는 과정은 (4-6)에 예시된 패턴을 따른다고 가정한다. (이러한 분석은 Hayes(1995: 125ff.)의 분석과 매우 유사하지만, 동일한 것은 아니다.) 모든 중음절은 그 자체로 하나의 음보를 이루며, 음보를 이루지 못한 채 남아 있어야 하는 어말 음절을 제외하고, 한 쌍의 경음절은 강약격(trochaic) 음보로 묶인다. 앞서 언급한 바와 같이, 어말 자음은 모라를 투사하지 않기 때문에, 어말의 CVC 음절은 (4-4)의 (c)와 같이 표시되는 경음절이다. 단어에는 여러 개의 음보가 포함될 수 있으며, 주강세는 마지막 음보에 할당된다.

(4-6) 율격분석이 이루어진 (4-5)의 예들

a.	daˈras.na	L(ˈH)L
	saˈmaː.na	L(ˈH)L
	kaˈtab.lak	L(ˈH)L
	maˈkaː.tib	L(ˈH)L
	makˈtab.na	(ˌH)(ˈH)L
	ka.taˈbuː.ha	(ˌLL)(ˈH)L
b.	ˈʔa.na	(ˈLL)
	ˈka.tab	(ˈLL)
c.	ˈka.ta.bu	(ˈLL)L
	ˈmad.ra.sa	(ˈH)LL
	ˈʕal.la.mat	(ˈH)LL
	ʕalˈla.ma.to	(ˌH)(ˈLL)L

이 언어에서 제2 강세는 보통 보고되지 않지만, (4-6)에서 주강세 아닌 강세 음보가 실제로 그 자리에 있다고 생각해야 할 근거는 충분하다. Abu-Salim(1982a: 112ff.)은 모음이 주강세 바로 앞에 오는 음절에서 단모음화함을 보여 주는 예를 제시한다: /baːb-eːn/ → [baˈbeːn] 'two doors'(cf. [ˈbaːb] 'door'). 장모음과 강세음절이 인접하지 않을 때에는 단모음화가 일어나지 않는다: [ʕaː.laˈmeːn] 'two worlds'. 강세 앞의 위치로 국한된 단모음화는 강세충돌(stress clash)을 회피하는 방편이라고 합리화할 수 있다. 충실한 *[(ˌbaː)(ˈbeːn)]에서 발생하는 강세충돌이 *[ba(ˈbeːn)]에서는 단모음화에 의해서 제거된다. 단모음화에 의해서 강세 앞의 음절을 중음절에서 경음절로 바꾸면 *Lapse(4-7)와 Weight-to-Stress(4-17) 제약 하에서 강세를 할당해야 할 필요성이 사라진다. 다소 놀랍지만, 이 분석은 강세 앞 음절의 장모음이 폐쇄음절에 있을 때에는 단모음화하지 않는다는 예측을 내놓는다: 폐쇄음절에서는 단모음화를 해도 여전히 중음절이 남게 되므로 강세충돌이 해소되지 않는다. 이 예측이 맞다: [ma ʃaːfˈniːʃ] 'he didn't see me'.

(4-6)과 같은 예는 음보 분석이 왼쪽에서 오른쪽으로 진행되는지 아니면 오른쪽에서 왼쪽으로 진행되는지를 드러내지 않는다: 마지막 음절을 제외한 세 개의 연속적인 음절이 경음절인 단어라야 이 질문에 대한 해답을 하는 데 도움이 되겠지만, 모국어 단어에는 그런 예가 없다. Hayes는 Palestine 화자가 발음하는 [ˈʃa.ʒa.ra.tun] 'a tree'과 같은 Classical Arabic 단어의 강세로부터 분석 방향이 왼쪽에서 오른쪽이라고 추론해 내지만(Kenstowicz 1981a), 이 증거는 문제가 없지 않으며[3] 하여간에 언어학습자에게 이용 가능한 종류의 증거가 못 된다.

(4-6)의 강세 패턴을 분석하기 위해서, Kager(2001)에서 제안하여 McCarthy (2003b)에서 논의한 율격분석의 리듬기반(rhythmically-based) 이론을 가정한다. 관련 제약((4-7), (4-8) 및 (4-9)를 보라)에 의해서 강세공백(stress lapse)의 출현 및 분포를 통제하는데, 강세공백이란 율격상 약한 요소의 연속으로 정의된다. Levantine Arabic과 같이 무게에 민감한(quantity-sensitive) 언어에서는, 율격 요소가 음절이 아니라 모라 단위이므로 여기서도 모라 단위의 공백을 일컫는다(cf. Elenbaas and Kager 1999: 295, Prince 1983: 57ff.).

(4-7) *LAPSE(*LPS)(모라 단위의 제약)
비강세 모라가 연속적으로 발생할 때마다 위배표시를 한 개 할당하라.

(4-8) LAPSE-AT-PEAK(LPSPK)(모라 단위의 제약)
강세정점에 인접하지 않은 비강세 모라가 연속적으로 발생할 때마다 위배표시를 한 개 할당하라.

---

3) Palestinian Arabic의 강세에 대한 증거로서 Classical Arabic의 [ˈʃaʒaratun]을 사용한 것과 관련해서 발생하는 문제는 이 예가 사실은 Cairene Arabic의 강세일지 모른다는 점이다. 카이로의 Al-Azhar 대학교에서 Mitchell(1960)이 [ˈʃaʒaratun] 강세 패턴을 접하게 되었는데, 이곳은 Arabic과 이슬람에 막대한 영향을 끼치는 주요 학습센터이다.

(4-9) Lapse-at-End(LpsEnd)(모라 단위의 제약)

비강세 모라가 비어말 위치에 연속적으로 발생할 때마다 위배표시를 한 개 할당하라.

중음절은 두 개의 모라를 포함하고 경음절은 한 개를 포함하므로, 비강세 경음절의 연속과 마찬가지로 비강세 중음절은 강세공백을 이루게 된다. 중음절에 강세가 할당될 때, 강세 돋들림의 위치는 첫 번째 모라이다(Kager 1993: 389, Prince 1983: 59-60). 예를 들어서, ˈHL의 연속에서 — 즉, 강세를 받는 중음절 뒤에 비강세 경음절이 후행하는 경우 — 돋들림은 세 모라 가운데 첫 번째에 나타나므로, 기술적으로는 중음절의 두 번째 모라 더하기 경음절의 모라로 구성된 강세공백이 발생한다.

리듬을 조정하는 공백 제약은 때때로 음보의 형태나 위치를 조정하는 제약과 마찰을 빚는다. 현재의 분석에서 가장 중요한 음보 제약은 Foot-Binarity(4-10)와 Nonfinality(4-11)이다. 등급순위 논증 (4-12)에 나타난 바와 같이, 이 두 제약은 모두 *Lapse의 위배를 강제한다. 이 도표와 아래에서, Hayes(1995)를 모델로 한 격자 표시법(grid notation)을 사용한다: 'x'는 돋들린 모라를, '.'은 약한 모라를, 그리고 괄호는 율격음보의 경계를 표시한다. 아울러 전체 논의에서 주강세의 위치가 가장 오른쪽에 위치한 음보라는 점이 다른 제약에 의하여 보장된다고 가정한다(제안서로 McCarthy 2003b를 보라).

(4-10) Foot-Binarity(FtBin)(모라 단위의 제약)(Prince 1980)

두 개 미만의 모라를 가진 음보마다 위배표시를 한 개 할당하라.

(4-11) Nonfinality(NF)

음운적 단어의 어말에 위치한 음보마다 위배표시를 한 개 할당하라.

(4-12) FOOT-BINARITY, NONFINALITY >> *LAPSE, LAPSE-AT-PEAK, LAPSE-AT-END

	FTBIN	NF	*LPS	LPSPK	LPSEND
/katabu/					
→ ˈkatabu (x .) .			1		
a. kaˈtabu . (x .)		W1	L		
/madrasa/					
→ ˈmadrasa (x.) . .			2	1	1
b. madˈrasa (x.)(x) .	W1		L	L	L
c. madˈrasa (x.)(x .)		W1	L	L	L

(4-12)에서, 승자인 [(ˈka.ta)bu]는 비강세의 연속적인 두 모라 [tabu] 때문에 초래된 위배인 *LAPSE만 위배한다. NONFINALITY가 *LAPSE를 지배하기 때문에, 이 후보는 어말 음보를 가지고 있으면서 강세공백이 없는 [ka(ˈta.bu)]를 패자로 만든다. 중음절에서 강세의 위치 및 강세공백에 대한 모라 계산법에 관한 현재의 가정에 의하면, 승자인 [(ˈmad)ra.sa]는 두 개의 중복되는 강세공백을 갖는다. 이 강세공백은 [d.ra]와 [ra.sa]인데, 첫 번째 것은 어말이 아니므로 LAPSE-AT-END를 위배하는 반면, 두 번째 것은 강세정점에 인접하지 않으므로 LAPSE-AT-PEAK를 위배한다. (b)와 (c)의 패자후보는 율격분석을 좀 더 가해서 강세공백을 제거하지만, 단일 모라 음보나 어말 음보를 설정함으로써 율격분석을 해 나가므로, 이러한 음보는 각각 FOOT-BINARITY와 NONFINALITY를 위배한다.

더 긴 단어에서는, *LAPSE 때문에 주강세가 아닌 음보가 반드시 필요하다. 돋들림이 없는 모라의 연속은 무조건 강세공백이기 때문에, 비어말에 위치한 모든 경음절의 연속은 반드시 강세를 지녀야 한다((4-13)을 보라).

(4-13) *LAPSE의 최소 위배

/katabu:ha/	*LPS	LPSPK	LPSEND
kata'bu:ha → (x .) (x.) .	1		
kata'bu:ha . . (x.) .	W_2		W_1

['ʔa.na]나 ['ka.tab]과 같은 2음절 단어((4-6)의 (b))와 ['ba:b] 'door'과 같은 1음절 단어에는 좀 더 주의를 기울여야 된다. 2음절 단어 분석에는 논리적으로 두 가지 방법이 있다: [('ʔa)na]에서처럼 FOOT-BINARITY를 위배하거나, [('ʔa.na)]에서처럼 NONFINALITY를 위배하는 것이다. 후자가 맞다. 논증은 단어최소성(word-minimality) 효과에 의존한다. 단어최소성의 기본적인 논리는 다음과 같다(Broselow 1982, McCarthy and Prince 1986/1996, Prince 1980): 주강세 음보가 음운적 단어(phonological word)의 머리(head)이기 때문에, HEAD(Word) 제약을 만족시키기 위해서 모든 단어는 적어도 한 개의 음보를 반드시 포함해야 한다((4-14)를 보라). 어말 자음은 자체적으로 모라를 투사하지 않기 때문에 단음절의 CVC는 단일 모라를 가지는데, 이는 단어가 너무 작아서 이분지 음보를 지탱할 수 없다는 뜻이다. 따라서 이 언어에는 CVC 구조의 내용어가 존재하지 않으며, *bus*와 같은 영어 차용어는 모음삽입(['ba.sˤi])이나 장음화(['ba:sˤ], ['basˤsˤ])에 의해서 분절음을 첨가해야 한다. 표면형은 절대로 FOOT-BINARITY를 위배하지 않으므로, 이 제약은 DEP-V와 같은 몇몇 해당 충실성제약보다 상위의 등급순위에 있어야 한다((4-15)를 보라). 반면에, ['ʔa.na]와 ['ka.tab]과 같은 2음절 단어와 ['ba:sˤ]와 같은 1음절 단어가 가능한 단어이므로, NONFINALITY는 DEP-V보다는 하위의 등급순위에 있어야 한다((4-16)을 보라)).

(4-14) HEAD(Word)(HD(Wd))(McCarthy and Prince 1986/1996, Selkirk 1980b)

모든 음운적 단어는 주음보(head foot)를 포함한다.

(4-15) HEAD(Word), FOOT-BINARITY >> DEP-V

	/ˈbasˤ/	HD(WD)	FTBIN	DEP-V	NF
→	ˈbasˤi (x .)			1	1
a.	ˈbasˤ (x)		W_1	L	1
b.	basˤ	W_1		L	L

(4-16) DEP-V >> NONFINALITY

	/katab/	HD(WD)	FTBIN	DEP-V	NF
→	ˈkatab (x .)				1
a.	ˈkatab (x).		W_1		L
b.	katab	W_1			L
c.	ˈkatabi (x .) .			W_1	L

NONFINALITY는 [baˈna:t] 'girls', [dukˈka:n] 'store', [ʔa.laˈme:n] 'two pens', 그리고 [maˈħall] 'place'와 같이, CV:C 혹은 CVCC로 끝나는 단어에 의해서도 위배된다. 어말의 CV:C와 CVCC 음절은 (4-4)의 (a)와 (b)에서 도식한 모라공유 표시를 갖는다: 이들은 두 번째 모라에 자음이 하나 더 추가된, 2모라의 중음절로 구성되어 있다. 이러한 예들은 어말 음절에 음보를 구성하지 말아야 하는 원칙보다 중음절에 강세를 할당해야 하는 원칙이 우선임을 보여 준다. 공식적으로 말하면, (4-18)에 나타난 바와 같이, WEIGHT-TO-STRESS(4-17)가 NONFINALITY보다 상위의 등급순위에 있다.

(4-17) WEIGHT-TO-STRESS(WTSTR)(cf. Prince 1990)
비강세 중음절마다 위배표시를 한 개 할당하라.

(4-18) Weight-to-Stress >> Nonfinality

	/dukka:n/	WtStr	NF
→	duk'ka:n (x .)(x .)		1
	'dukka:n (x .) . .	W_1	L

이것으로 강세와 무게에 관한 Levantine Arabic의 기본 체계에 대한 개관을 대체로 마무리한다. 등급순위는 (4-19)에 요약되어 있다. 지배적 등급순위에 있는 세 제약을 통하여 운율 구조에 대해서 위배 불가능한 제한들이 확립된다: 음보는 적어도 두 개의 모라를 포함하며, 모든 단어는 적어도 한 개의 음보를 포함하고, 모든 중음절은 강세를 받는다. 어말 음보는 피하지만 범주적으로 금지되는 것은 아니다. Foot-Binarity와 Nonfinality가 지배적 등급순위에 있음을 감안하여, 가급적이면 강세공백은 피한다. 비록 세부사항에서 차이가 나더라도, 이 분석은 이 방언 및 다른 Arabic 방언에 대한 선행연구의 설명과 많은 공통점을 지니고 있다.

(4-19) Levantine의 등급순위 요약 I

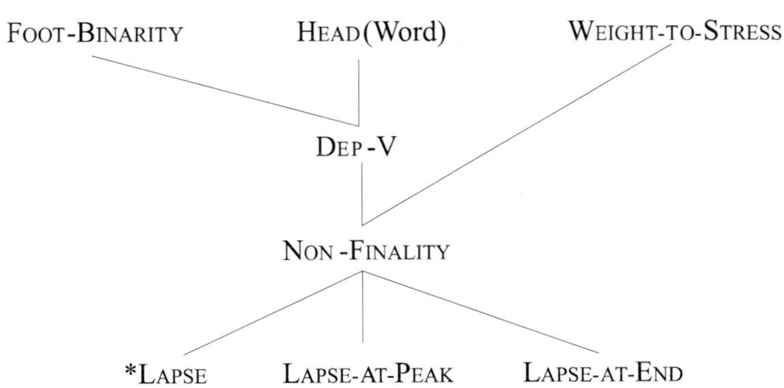

OT에서 강세를 논의할 때, 보통 충실성제약에 대한 언급이 없다. 이는 부당한 생략이다. 율격음운론의 연구문헌에는 일종의 어휘 표시를 설정함으로써 예외적이거나 예측 불가능하거나, 혹은 대립적인 강세와 액센트를 다루는 법에 대한 여러 제안서가 포함되어 있다. (몇몇 예로서 Hayes(1995: 112, 133, 144 및 여기저기)를 보라.) 이러한 개념을 OT에서 재구성하려면, 그 실체가 무엇이든지 간에, 어휘 표시에 대한 충실성이 있어야 한다. 그렇지 않으면 충실성제약의 부재로, 유표성제약은 중화를 강제하게 될 것이며, 보편적으로 대립 강세가 불가능하게 될 것이다(§3.2.4.1을 보라).

Alderete(2001b)는 강세 충실성에 대하여 특별한 개념을 옹호하는데, 여기서 이를 채택하고자 한다. 그는 두 가지 제약 MAX-PROM(MAX-PR)과 DEP-PROM(DEP-PR)을 구분하는데, 이들은 각각 음절머리(syllable-head)에서 돋들림을 제거하는 과정과 음절머리에 돋들림을 할당하는 과정에 불리하게 작용하는 제약이다. MAX-PROM이 필요한 것은, Russian과 같이 자유 강세를 가진 언어 혹은 규칙적인 강세 패턴에 대하여 어휘적으로 표시된 예외를 가진 언어에서, 어휘강세표시(lexical stress markings)를 보존하기 위해서이다. DEP-PROM은 Japanese에서처럼 어휘적으로 표시된 무액센트성을 보존하거나 Lakota에서처럼 어휘적으로 표시된 무강세성을 보존한다(Shaw 1980: 53ff.). 강세의 강도에 대한 충실성에 대해서는 증거가 훨씬 희박하므로 /patakama/ → [ˌpataˈkama]와 /patakama/ → [ˈpataˌkama] 간의 차이에는 충실성이 연관되지 않는다고 가정하기로 한다. 이런 자세한 가정은 그 어느 것도 결정적으로 중요하지는 않다. 유일한 핵심은 강세를 첨가하거나 제거하는 것이 불충실한 행동, 즉 하나의 LUM이 된다는 것이다.

Levantine Arabic에는 강세할당에 예외적으로 저항하는 형태소가 없기 때문에, DEP-PROM은 전혀 가시적으로 활성화되지 않는다. 이는 이 제약이 *LAPSE와 같이, 강세가 반드시 존재할 것을 요구하는 제약의 지배를 받고 있음을 의미한다((4-20)을 보라).

(4-20) *Lapse >> Dep-Prom

	/ʕallamato/	*Lps	Dep-Pr
→	ʕalˈlamato (x.)(x .) .	1	2
a.	ʕalˈlamato . . (x .) .	W_2	L_1
b.	ˈʕallamato (x.) . . .	W_3	L_1

그러나 Levantine Arabic의 어떤 지역어에는, 어휘강세를 보존하기 위하여 Max-Prom이 활성화되는 상황이 발생한다(Diem 1970, Fischer and Jastrow 1980: 182, McCarthy 1980). 이런 지역어에서는, (4-21)과 같이 끝에서 두 번째 경음절이 완결형 3인칭 여성 단수 주어와 일치하는 접미사 [-ət]이고, 그 앞에 중음절-경음절이 차례대로 오면, 강세가 예외적으로 끝에서 두 번째 경음절에 온다. 또한 (4-22)와 같이, 제VII급과 VIII급(Measures VII and VIII)으로 알려진 파생형태류의 어떤 동사형에서도 강세는 예외적으로 끝에서 두 번째 경음절에 온다. ((4-21)과 (4-22)의 예는 Damascus 방언에서 온 것이다(Cowell 1965: 20).)

(4-21) 예외 강세 I

ʕal.laˈmə.to	'she taught him'
kaː.taˈbə.to	'she wrote to him'
ʔak.raˈmə.to	'she honored him'

(4-22) 예외 강세 II

bjəʃˈtə.ɣəl	'he works'
bəfˈtə.kər	'I think'
bjənˈħa.ka	'it is told'
mutˈta.ħəd	'united'

(4-21)의 예는 현재 논의 중인 내용과 특별히 관련이 있다. 접미사 [-ət]가 어휘강세로 표시되어 있다고 가정하자: /-ˈət/. 이 강세는 끝에서 두 번째 경음절에 올 때에도 보존되기 때문에, MAX-PROM은 NONFINALITY를 지배해야 한다. 그러나 동일 접미사가 어말에 오면 강세를 받지 않기 때문에(예: [ˈʕal.la.met] 'she taught'), MAX-PROM은 FOOT-BINARITY의 지배를 받아야 한다. 제약의 등급순위에 대한 논증은 (4-23)에 주어져 있다. (이 예외적인 강세를 할당하기 위해서 그 앞에 HL의 연속적 음절이 왜 필요한지에 대해서는 McCarthy(1980)을 보라.)

(4-23) FOOT-BINARITY >> MAX-PROM >> NONFINALITY(Damascus 방언)[4]

		FTBIN	MAX-PR	NF
	/ʕallam-ˈət-o/			
→	ʕallaˈməto (x.) . (x .)			1
a.	ʕalˈlaməto (x.)(x .) .		W1	L
	/ʕallam-ˈət/			
→	ˈʕallamət (x.) . .		1	
b.	ʕallaˈmət (x.) . (x)	W1	L	W1

4.2.3 강세-모음삽입 상호작용 I: 어말 자음군

(4-2)에서 살펴본 바와 같이, 어말 자음군이 모음삽입에 의해서 갈라질 때, 마치 삽입모음이 실제로 존재하지 않는 것처럼 강세가 불투명해진다: /katab-t/ → [kaˈta.b*i*t], *[ˈkata.b*i*t] 'I wrote'. 이 패턴은 지극히 규칙적이다(Abu-Salim 1982b: 196ff.).

4) (4-23)의 도표에서, [ə]와 [e] 사이의 교체는 나타내지 않았다.

후보연쇄를 검토하기에 앞서, 모음삽입 과정을 확실히 이해할 필요가 있다. 삽입모음은 어말 자음군의 중간에 들어가는데 — [ka'ta.b*i*t]이지 *[ka'tab.t*i*]가 아니다 — 그 이유는 지배적 등급순위에 있는 ALIGN-R(Stem,Word)로 인해서 이 언어에서 어말에 삽입모음이 금지되기 때문이다(Farwaneh 1995: 61-66, McCarthy and Prince 1993a: 126-127). Levantine의 다양한 지역어는 어떤 어말 자음군을 갈라놓을 것이며 어떤 자음군을 용인할 것인지에 따라 차이가 난다(Abu-Salim 1982a: 198ff., Farwaneh 1995: 72ff., Haddad 1984: 34ff.). 예를 들어서, Haddad는 상대적 공명성에 의하여 모음삽입이 필요한지를 판가름하여 Beirut 방언을 기술하지만, 이 설명도 너무나 복잡하다: [mr]은 허용되지만 [ml]은 허용되지 않고, [lm]은 허용되지만 [rm]은 허용되지 않는다. 또 [rn]은 의문의 여지가 있고, 설정성 마찰음 자음군은 동일 조음위치가 아닌 마찰음 자음군보다 더 나쁘며, G가 후두(guttural) 자음일 때, 거의 모든 CG 자음군은 C나 G의 공명성과는 상관없이 모음삽입을 필요로 한다. 임시방편적인 제약의 대표 용어로서 CLUSTER-CONDITION(CL-CND)은, 예컨대 /ʔibn/ 'son'에서는 자음군을 동일음절로 분석하는 것을 선호하지 않으면서, /kalb/ 'dog'에서는 선호하는 다른 요인 및 공명성에 대한 제약들의 총체적 집합을 뜻한다. CLUSTER-CONDITION은 DEP-V를 지배한다((4-24)를 보라).

(4-24) CLUSTER-CONDITION >> DEP-V

	CL-CND	DEP-V
/ʔibn/		
→ ('ʔi.b*i*n)		1
('ʔibn)	W_1	L
/kalb/		
→ ('kalb)		
('ka.l*i*b)		W_1

타당한 후보연쇄라면 조화는 한결같이 증가해야 하고 충실성은 한결같이 감소해야 하며, 따라서 각 연쇄의 구성소는 선행형에 비하여 조화적으로 향상하며 선행형의 LUM을 모두 축적한다. 나아가, 특정 충실성제약에 대한 위배를 추가하는 데 있어서 몇 가지 상이한 방식이 있을 때, 가장 조화적인 것이 선택된다. /katab-t/ → [kaˈta.b*i*t]의 불투명한 전사를 분석하는 데 이러한 기본 원칙들이 모두 중요하다.

국부적 최적성 요건((3-1)의 (c))에 의하면, 후보연쇄는 문제의 언어의 문법에 의거하여 가장 조화적인 입력형에 대한 충실한 분석으로부터 시작된다. 강세할당과 모음삽입은 불충실한 전사이므로, 충실한 분석은 분절음을 음절구조로 할당하는 것에 국한된다. 방금 논의한 Cluster-Condition을 감안하면, /katab-t/의 가장 조화적인 충실한 분석은 아마도, [tabt] 음절이 (4-4) (b)와 같은 모라공유 표시를 갖는 2음절의 [ka.tabt]가 될 것이다. 그러므로 입력형 /katab-t/로부터 시작하는 최소 연쇄는 <ka.tabt>이다.

타당한 연쇄라면 그 두 번째 구성소는 [ka.tabt]보다 조화적으로 향상해야 하며, 단일 LUM의 추가로 인해서 불충실해야 한다. 단일 LUM을 추가하여 조화를 향상시키는 한 가지 방법은 어떤 음절에 강세를 할당하는 것이다. 강세할당은 Dep-Prom을 위배하는 LUM이다. 이것은 무강세 형태보다 조화적으로 향상된 표시인데, 그 이유는 이것이 Dep-Prom을 지배하는 Head(Word)와 *Lapse에 대해서 더 높은 만족을 주기 때문이다 ((4-20)을 보라). 강세를 [ka.tabt]의 어느 음절로 할당하든지 간에 Head(Word)와 *Lapse에 대한 성과가 향상될 것이며, 따라서 [kaˈtabt]와 [ˈka.tabt]는 모두 조화향상 요건을 만족시킨다. 그런데 연쇄의 국부적 최적성 요건의 다른 양상도 이와 관련이 있다: 하나의 형태에 몇 개의 상이한 LUM들이 가능하고, 각기 동일한 기본충실성제약을 위배한다면, 가장 조화적인 결과를 내놓는 것이 다른 것보다 우선적으로 선택된다. [kaˈtabt]와 [ˈka.tabt] 형태는 동일한 충실성제약 Dep-Prom을 위배하는 상이한 LUM을 가지고 있다. 이 둘 중에서 더 조화적인 것은 [ka.ˈtabt]인데, 이는 (4-25)에 제시한 바와 같이, Foot-Binarity와 Weight-to-Stress에 더 나은 만족을 주기 때문이다. (4-25)에서 패자 (a)를 선호하는 활성화된 제약으로 알려진 것은 없으며, 패자 (b)는 FOOT-BINARITY보다 하위의 등급순위에 있는 NONFINALITY에 의해서만 선호된다((4-15)를 보라). 그러므로 [ka('tabt)]가 연쇄를 이어 가기에 알맞은 형태이다: <ka.tabt, ka('tabt)>.

(4-25) DEP-PROM을 위배하는 LUM들의 상대적 조화

/katab-t/	FTBIN	WTSTR
→ ka'tabt . (x.)		
a. 'katabt (x .).		W_1
b. 'katabt (x). .	W_1	W_1

모음삽입은 연쇄에 단일 LUM을 추가하는 또 다른 방법을 제시한다. DEP-V를 위배하는 LUM을 추가함으로써 연쇄 <ka.tabt>를 확장할 수 있는데, 그렇게 하려면 그 결과가 조화적으로 향상해야 하고, 또 DEP-V를 위배하는 LUM을 추가하는 다른 어떤 방법보다도 더 조화적이어야 한다. 논리적으로 가능성이 있는 모음삽입 위치의 대부분은 조화적으로 향상하지도 않으므로(예: *[*i*.ka.tabt]), 이들은 고려 대상에서 제외된다. 그러나 두 곳은 CLUSTER-CONDITION에 대하여 향상된 성과를 제시한다: [ka.ta.b*i*t]와 [ka.tab.t*i*]. 형태 *[ka.tab.t*i*]가 [ka.ta.b*i*t]보다 덜 조화적인데, 그 이유는 앞서 언급한 바와 같이, 어말 삽입이 지배적 등급순위에 있는 정렬제약을 위배하기 때문이다. 그러므로 [ka.ta.b*i*t]를 추가함으로써 연쇄가 계속된다: <ka.tabt, ka.ta.b*i*t>. 무게를 지닐 수 있는 음절말음에서 무게를 지닐 수 없는 음절두음으로 [b]의 지위가 바뀌는 것은 각 단계에서 가장 조화적인 형태를 선택한 데 따른 자동적인 결과로 발생한다. 이것이 가능한 것은, 운율 분석에 대한 결정은 충실성과 관련되지 않으면 지속성이 없기 때문이며, 또 §3.2.4.2의 모라에 대한 가정하에서 보면 음절두음과

모라를 가진 음절말음 사이의 교체는 충실성의 문제가 아니기 때문이다. 연쇄는 한결같이 LUM들을 축적해 나가야 하지만, 음운표시의 이러한 양상, 특히 충실성제약에 의해서 보호받지 않는 음절화의 측면에서 보면, 연쇄에 한결성이 다분히 결여된 것 같다.

이제 조화를 향상시키는 다른 LUM들을 추가함으로써 두 개의 형태로 구성된 연쇄 <ka.tabt, ka(ˈtabt)>와 <ka.tabt, ka.ta.b*i*t>를 더 연장할 수 있는지 여부를 조사할 필요가 있다. 이 중에서 첫 번째 연쇄에 DEP-V를 위배하는 LUM을 추가하는 것이 한 가지 가능성이다. CLUSTER-CONDITION이 DEP-V를 지배하기 때문에, 형태 [ka(ˈta.b*i*t)]는 [ka(ˈtabt)]보다 조화적으로 향상한다. 그러므로 <ka.tabt, ka(ˈtabt), ka(ˈta.b*i*t)>는 후보연쇄 집합에 추가될 수 있다.

지배적 등급순위에 있는 HEAD(Word)는 무강세 단어에 강세를 할당하는 것이 항상 더 낫다고 하므로, <ka.tabt, ka.ta.b*i*t>에 DEP-PROM을 위배하는 LUM을 추가하면 조화에 있어서 분명히 또 다른 이점이 생긴다. 세 개의 경음절로 구성된 단어에서 보통 끝에서 세 번째 음절에 강세가 할당되므로, 이 LUM을 추가하는 데 있어서 가장 조화적인 방법은 [(ˈka.ta)b*i*t]이다. 그러므로 <ka.tabt, ka.ta.b*i*t, (ˈka.ta)b*i*t>도 후보연쇄 집합에 추가될 수 있다.

더 이상은 조화향상이 가능하지 않으며, 따라서 다른 연쇄도 존재하지 않는다. 예를 들어서, <ka.tabt, ka(ˈtabt)>에 DEP-PROM을 위배하는 또 다른 LUM을 추가하더라도 더 이상 조화향상을 산출하지 못하는데, 그 이유는 *[(ˌka)(ˈtabt)]의 어두 음보가 공연히 지배적 등급순위의 FOOT-BINARITY를 위배하기 때문이다. 이와 마찬가지로, <ka.tabt, ka.ta.b*i*t>에 DEP-V를 위배하는 또 다른 LUM을 추가하더라도 조화향상에 아무런 이득이 생기지 않는다. 앞서 할당한 강세를 이동시킨 **<ka.tabt, ka(ˈtabt), ka(ˈtab*i*t), (ˈkata)b*i*t)>와 같은 것은 타당한 연쇄가 아니다. 이것이 타당한 연쇄가 아닌 것은, 연쇄를 이어 가는 과정에서 취득한 LUM을 모두 누적하면서, 연쇄가 불충실성에 있어서 한결같이 증가일로에 있어야 한다는 요건에 부합하지 않기 때문이다.

(4-26)에 열거한 다섯 개의 연쇄가 후보연쇄의 총 집합을 구성한다. 지면은 아끼고 명료성은 배가하기 위해서, 애매모호할 위험이 없으면 언제라도 LUM에서 지수번호를 생략하였다.

(4-26) 입력형 /katabt/에 대한 타당한 연쇄와 이들의 LUMSeq

연쇄	LUMSeq	설명
a. <ka.tabt>	< >	충실한 분석
b. <ka.tabt, ka(ˈtabt)>	<Dep-Pr@4>	모음삽입 미적용, 강세할당
c. <ka.tabt, ka.ta.b*i*t>	<Dep-V>	모음삽입, 강세 미적용
d. <ka.tabt, ka(ˈtabt), ka(ˈtab*i*t)>✓	<Dep-Pr@4, Dep-V>	불투명한 승자
e. <ka.tabt. ka.ta.b*i*t (ˈka.ta)b*i*t>	<Dep-V, Dep-Pr@2>	투명한 패자

(4-26)에는 수렴연쇄가 없으며, 따라서 LUMSeq와 rLUMSeq가 동일하다. (d)의 출력형은 Nonfinality를 위배하지만 (e)의 출력형은 이를 위배하지 않기 때문에, 투명한 (e)는 불투명한 (d)보다 덜 유표적이다. 그럼에도 불구하고, Prec 제약이 Nonfinality 위배보다 우선이기 때문에, (d)가 최적형이다. 구체적으로 말하면, Prec(Dep-Pr, Dep-V)에는 rLUMSeq에서 Dep-V를 위배하는 모든 LUM이 Dep-Prom을 위배하는 LUM보다 후행해야지 선행해서는 안 된다는 요건이 있다. (실제로, 강세할당이 모음삽입보다 선행해야지 후행해서는 안 된다.) (e)와 공유되지 않는 (d)의 최악의 위배표시, 즉 (d)의 Nonfinality 위배보다 상위에 Prec(Dep-Pr, Dep-V)의 등급순위를 매김으로써, (4-27)과 같이 불투명한 승자 (d)의 승리가 확보된다. 이러한 등급순위에 덧붙여서, (3-24)의 등급순위에 관한 메타제약이 요구하는 바와 같이, 도표 (4-27)은 Dep-V가 Prec(Dep-Pr, Dep-V)를 지배함을 보여 준다.

(4-27) Prec(Dep-Pr, Dep-V) >> Nonfinality

	/katabt/	Cl-Cnd	Hd(Wd)	Dep-V	Prec(Dep-Pr, Dep-V)	NF	*Lps	Dep-Pr
d.→	ka(ˈtab*i*t) <Dep-Pr@4, Dep-V>			1		1		1
a.	ka.tabt < >	W_1	W_1	L		L	W_2	L
b.	ka(ˈtabt) <Dep-Pr@4>	W_1		L		1		1
c.	ka.ta.b*i*t <Dep-V>		W_1	1	W_1	L	W_2	L
e.	(ˈka.ta)b*i*t <Dep-V, Dep-Pr@2>			1	W_2	L	W_1	1

도표 (4-27)은 분석의 핵심이기 때문에 면밀히 살펴 볼 필요가 있다. 승자후보인 (d)는 (e) 줄에 있는 투명한 후보가 위배하지 않는 Nonfinality를 위배함으로써 불투명해진다. Prec(Dep-Pr, Dep-V)는 Nonfinality를 지배함으로써, 불투명한 후보가 승리하도록 만든다. Prec(Dep-Pr, Dep-V)는 Dep-V를 위배하는 LUM이 Dep-Prom을 위배하는 LUM보다 후행하지 않고/않거나 선행하는 연쇄에 위배표시를 할당한다. 투명한 연쇄 (e)는 이러한 두 가지 결점을 모두 가지고 있으므로 최적형이 못 된다. 다른 후보들 (a), (b), 그리고 (c)도 Cluster-Condition이나 Head(Word)와 같은 지배적 등급순위의 유표성제약을 위배하며, 따라서 이 경쟁에서 선발 후보가 못 된다.

이 경우의 불투명성은 OT-CC가 어떻게 작동하는지를 보여 주는 좋은 일례이다. §4.2.2에서 투명한 음운 현상에 대하여 충분히 근거 있는 분석으로 출발한 이래, 등급순위에 대하여 한 가지 새로운 임의 규정을 도입하였는데 — Prec(Dep-Pr, Dep-V)가 Nonfinality를 지배한다 — 이는 *[(ˈka.ta)b*i*t]보다는 [ka(ˈta.b*i*t)]에 유리하도록 만들기 위해서이다. 흥미롭게도, [(ˈka.tab)]과 같은 2음절 단어에 나타난 바와 같이, 이것이 이 언어에서 Nonfinality가 위배되는 유일한 상황은 아니다. [(ˈka.tab)]의 경우에 Foot-Binarity처럼, Prec은 Nonfinality의 위배를 강제할 수 있는, 등급순위 조정이 가능한 또 다른 제약에 불과하기 때문에, 불투명한 도출과 투명한 도출 간에 이런 종류의 구조적 유사성은 OT-CC에서 예기치 못한 바가 아니다. 그러므로 이 결과는 OT-CC의 중심 전제 가운데 하나와 일치한다: 불투명한 음운론과 투명한 음운론에 공히 책임이 있는 단일 문법 내에서 PREC 제약의 등급순위가 정해진다.

4.2.4 강세-모음삽입 상호작용 II: 어중 자음군

어중 자음군이 모음삽입에 의해서 해소될 때, 강세와의 상호작용은 어떤 상황에서는 불투명하고 또 어떤 상황에서는 투명하다. 세 개의 자음 $C_1C_2C_3$로 구성된 어중 자음군은 보통 C_1과 C_2 사이에 모음을 삽입함으로써 해소된다. 강세는 모음삽입에 의해서 조성된, 끝에서 두 번째 중음절을 건너뛰기 때문에 불투명하다: /katab-l-ha/ 'he wrote to her'는 *[ka.ta'b*i*l.ha]가 아니라 [ka'ta.b*i*l.ha]가 된다. 끝에서 두 번째 음절이 중음절이고 삽입모음이 아니라면, 끝에서 두 번째 음절의 강세가 표준이다: [da'ras.na]. 네 개의 자음 $C_1C_2C_3C_4$로 구성된 어중 자음군은 C_2와 C_3 사이의 모음삽입에 의해서 해소된다. 그러나 이 경우에, 강세는 끝에서 두 번째 중음절에 투명하게 할당된다: /katab-t-l-ha/ → [ka.tab't*i*l.ha].

이제 세 자음의 자음군과 네 자음의 자음군 간의 차이는 제약위계에서 PREC(DEP-PR, DEP-V)의 위치에 따른 결과임을 논증하고자 한다. PREC은 [ka('ta.b*i*l)ha]에서 WEIGHT-TO-STRESS의 위배를 강요할 만큼 상위의 등급순위에 있다. 그러나 *[ka('tab)t*i*l.ha]는 WEIGHT-TO-STRESS뿐만 아니라 그 이상으로 위배한다: 이 형태는 이 언어에서 절대로 허용되지 않는 지극히 유표적인 형태의 강세공백을 포함하고 있다. (중요한 것은, 모라 단위에서 볼 때, 강세가 단어 끝에서 너무 멀리 후퇴해 있다는 것이다.) 그러므로 PREC(DEP-PR, DEP-V)는 강세공백을 회피하려는 해당 제약보다 하위의 등급순위에 있다. 이제 이러한 분석의 상세한 내용을 검토하기로 한다.

입력형 /katab-l-ha/에서 비롯되는 모든 연쇄는 가장 조화적이고 충실한 분석으로 시작된다. 이것은 아마도 (4-4)의 (b)와 같이, [l]을 모라를 공유하는 복합 음절말음의 일부로 분석한, [ka.tabl.ha]가 될 것이다. 충실한 [ka.tabl.ha]는 가장 짧은 연쇄인 <ka.tabl.ha>를 구성한다.

Head(Word) 및 다른 제약들이 Dep-Prom을 지배하기 때문에, 어딘가에 강세가 있는 형태는 아무 데도 강세가 없는 동일한 형태보다 더 조화적이다. Dep-Prom을 위배하는 LUM을 최소 연쇄에 추가하는 가장 조화적인 방법은 [ka(ˈtabl)ha]이다. 국부적 최적성은 강세를 가장 조화적인 위치에 할당할 것을 요구하는데, [ka]나 [ha]에 강세를 할당하면 Foot-Binarity, Weight-to-Stress, 그리고 Nonfinality 제약 가운데 한 개 혹은 그 이상의 제약을 쓸데없이 위배할 것이기 때문에 이것은 분명히 덜 조화적이다: *[(ˈka.tabl)ha], *[(ˈka)tabl.ha], *[ka.tabl(ˈha)]. 그러므로 Dep-Prom을 위배하여 결과적으로 발생하는, 두 형태로 연결된 연쇄는 <ka.tabl.ha, ka(ˈtabl)ha>이다.

앞 절에서 어말 C_1C_2#에서의 모음삽입이 Cluster-Condition이라는 대표 제약에 구현된 공명성 및 그 외의 다른 요소에 대한 반응임을 제시한 바 있다. 이와 동일한 요소가 어중의 $C_1C_2C_3$에도 모음삽입 조건을 만든다(Abu-Salim 1982a: 199, Haddad 1984: 36). 그래서 /ʔibn/ → [ˈʔi.b*i*n]에 나타난 모음삽입은 /ʔibn-ha/ → [ˈʔi.b*i*n.ha] 'her son'에 나타난 모음삽입과 같으며, [ˈkalb]에서 모음삽입이 발생하지 않는 것은 [ˈkalb.na] 'our dog'에서 모음삽입이 발생하지 않는 것과 같다. 그러므로 모음삽입이 어말 C_1C_2#에 영향을 미칠지의 여부를 결정하는 동일한 등급순위, 즉 (4-24)의 ⟦Cluster-Condition >> Dep-V⟧는 모음삽입이 어중의 $C_1C_2C_3$에 영향을 미칠지 여부도 결정한다.

Cluster-Condition이 Dep-V를 지배하기 때문에, <ka.tabl.ha>에 Dep-V를 위배하는 LUM을 추가하면 연쇄가 조화적으로 향상한다. 국부적 최적성은 Dep-V 위배에 대하여 가장 조화적인 위치를 선택할 것을 요구하며, 여기에는 두 가지 가능성이 있는데, 그 어느 것이라도 Cluster-Condition을 만족시킨다: C_1과 C_2 사이에 모음삽입을 한 [ka.ta.b*i*l.ha]와, C_2와 C_3 사이에 모음삽입을 한 [ka.tab.l*i*.ha]가 그 두 가지이다. Arabic 방언은 Levantine, Maltese, 그리고 Iraqi와 같이 전자의 모음삽입 위치를 선호하는 언어와, Egyptian과 Saudi와 같이 후자를 선호하는 언어로 나뉜다 (Broselow 1992, Farwaneh 1995, Kiparsky 2003).

모음삽입의 위치를 결정하는 제약은 (4-38)의 WEAK<*i* 이다. 이 제약을 정당화해 줄 정보와 유형론에 대해서는 §4.2.5에서 상세히 논의하기로 한다. 중요한 것은, WEAK<*i*가 돋들림이 낮은 음절에서 공명성이 낮은 음절핵 [ə]를 요구한다는 점이다. 연쇄 <ka.tabl.ha, ka(ˈtabl)ha>를 이어가기 위해서는, DEP-V 위배가 발생할 수 있는 가장 조화적인 위치를 선정해야 한다. WEAK<*i*에 의하면, [ka(ˈtabl)ha]에 DEP-V를 위배하는 LUM을 추가하는 방식에 있어서 [ka(ˈta.b*i*l)ha]는 *[ka(ˈtab)l*i*ha]보다 더 조화적인데, 그 이유는 *[ka(ˈtab)l*i*ha]는 [l*i*] 음절 때문에 WEAK<*i*의 위배를 초래하는 반면, [ka(ˈta.b*i*l)ha]는 그렇지 않기 때문이다.

형태 [ka(ˈta.b*i*l)ha]로 연쇄 <ka.tabl.ha, ka(ˈtabl)ha>를 이어 가자면, 조화향상도 확보되어야 한다. 그러므로 [ka(ˈta.b*i*l)ha]는 [ka(ˈtabl)ha]보다 더 조화적이어야 한다. 도표 (4-28)에 나타난 바와 같이, 이는 CLUSTER-CONDITION이 WEIGHT-TO-STRESS보다 상위의 등급순위에 있어야 함을 요구한다. 타당한 연쇄에서는 이전에 할당된 강세를 이동하거나 삭제할 수 없기 때문에, **<ka.tabl.ha, ka(ˈtabl)ha, ka.ta(ˈb*i*l)ha>는 도저히 적법한 후보군에 들지 못한다.

(4-28) 연쇄 타당성에 근거한 CLUSTER-CONDITION >> WEIGHT-TO-STRESS

/katab-l-ha/	CLCND	WTSTR
→ kaˈtab*i*lha . (x . .) .		1
kaˈtablha . (x .) .	W1	L

첫 번째 LUM에 강세할당이 포함된 타당한 연쇄는 이것이 전부이다. 여기서 첫 번째 LUM이 모음삽입을 포함하는 연쇄의 가능성도 고려해 보아야 한다. 구성소가 하나인 연쇄 <ka.tabl.ha>에 모음삽입으로 연쇄를 이어 갈 수 있는 두 가지 논리적

가능성은 [ka.ta.b*i*l.ha]와 [ka.tab.l*i*.ha]이다. 이들은 똑같이 WEAK<*i*를 위배한다. 이 둘 중에서 어느 것이 더 조화적인지는 더 낮은 등급순위에 있는, 정체불명일 가능성이 있는 다른 유표성제약에 달려 있다. 여기서는 이러한 제약에 대한 추정을 논증의 기반으로 삼지 않고, DEP-PROM을 위배하면서 연쇄를 이어 가는 <ka.tabl.ha, ka.ta.b*i*l.ha, ka.ta(ˈb*i*l)ha>, <ka.tabl.ha, ka.tab.l*i*.ha, ka(ˈtab)l*i*.ha>, 그리고 <ka.tabl.ha, ka.ta.b*i*l.ha, ka.ta(ˈb*i*l)ha, (ˌka.ta)(ˈb*i*l)ha>와 마찬가지로, <ka.tabl.ha, ka.ta.b*i*l.ha>와 <ka.tabl.ha, ka.tab.l*i*.ha>가 모두 타당한 후보연쇄에 속하더라도, 올바른 결과를 얻을 수 있음을 보여 주고자 한다. (앞에서 DEP-PROM을 위배한 연쇄 가운데 마지막 연쇄는 DEP-PROM을 재차 위배한 LUM을 다른 위치에 추가한 결과이다. *LAPSE가 DEP-PROM을 지배하기 때문에 이 추가 단계는 조화적으로 향상한다.)

이것은 모든 유형의 타당한 연쇄를 총망라한 것이며, (4-29)에 그 결과를 한데 모아 놓았다. 내정된 승자는 (d)이며, 이것의 가장 조화적인 투명한 경쟁자는 (e) 혹은 (e′)과 (f)이다. 불투명한 승자와 투명한 패자 간의 차이점은 승자가 PREC(DEP-PR, DEP-V)를 만족시키는 반면, 투명한 패자는 그렇지 못하다는 점이다. WEIGHT-TO-STRESS가 패자에 유리하기 때문에, PREC(DEP-PR, DEP-V)는 WEIGHT-TO-STRESS를 지배해야 한다.

(4-29) 입력형 /katab-l-ha/에 대한 타당한 연쇄와 이들의 LUMSeq

a. <ka.tabl.ha> 충실한 분석
< >

b. <ka.tabl.ha, ka(ˈtabl)ha> 모음삽입 미적용
<DEP-PR@4>

c. <ka.tabl.ha, ka.ta.b*i*l.ha> 강세 미적용
<DEP-V@5>

c′. <ka.tabl.ha, ka.tab.l*i*.ha> 강세 미적용
<DEP-V@6>

d. <ka.tabl.ha, ka(ˈtabl)ha, ka(ˈta.b*i*l)ha>✓ 불투명한 승자
<DEP-PR@4, DEP-V@5>

e. <ka.tabl.ha, ka.ta.b*i*l.ha, kata(ˈb*i*l)ha> 투명한 패자
<DEP-V@5, DEP-PR@6>

e′. <ka.tabl.ha, ka.tab.l*i*.ha, ka(ˈtab)l*i*.ha> 투명한 패자
<DEP-V@6, DEP-PR@4>

f. <ka.tabl.ha, ka.ta.b*i*l.ha, ka.ta(ˈb*i*l)ha, (ˌka.ta)(ˈb*i*l)ha> 투명한 패자
<DEP-V@5, DEP-PR@6, DEP-PR@2>

도표 (4-30)은 PREC(DEP-PR, DEP-V)를 WEIGHT-TO-STRESS보다 상위의 등급순위에 두어야 하는 논증을 제시한다. 가장 중요한 후보에 대한 비교만 포함하였으므로, 후보 (a), (b), (c) 및 (c′)은 그 출력형이 지배적 위치의 유표성제약을 위배하기 때문에 도표에서 생략하였는데, 강세가 없는 (a), (c), 그리고 (c′)의 경우에는 HEAD(Word)가 위배되고, 모음삽입이 되지 않은 (b)의 경우에는 CLUSTER-CONDITION이 위배된다. (그렇지만 도표 (4-27)에서 이러한 제약의 효과를 살펴볼 수 있다.)

(4-30) PREC(DEP-PR, DEP-V) >> WEIGHT-TO-STRESS[5]

	/katab-l-ha/	WK < *i*	DEP-V	PREC	WTSTR	*LPS	DEP-PR
d.→	ka(ˈta.b*i*l)ha <DEP-PR@4, DEP-V@5>	1	1		1	2	1
e.	ka.ta(ˈb*i*l)ha <DEP-V@5, DEP-PR@6>	W_2	1	W_2	L	2	1
e′.	ka(ˈtab)l*i*.ha <DEP-V@6, DEP-PR@4>	W_2	1	W_2	L	2	1
f.	(ˌka.ta)(ˈb*i*l)ha <DEP-V@5, DEP-PR@6, DEP-PR@2>	1	1	W_2	L	L_1	W_2

5) 도표에 활자상 손쉬운 방법을 사용하고 있음을 §3으로부터 상기하라: $\mathcal{L}$-집합과 rLUMSeq는 두 개 이상의 연쇄가 수렴한 결과일 때에만 제시한다. 그렇지 않을 경우, 다루기가 조금 더 쉬운 LUMSeq를 제시한다. 그렇지만, (3-23)의 PREC 제약의 실제 정의는 LUMSeq가 아니라 $\mathcal{L}$-집합과 rLUMSeq를 참조한다는 점을 명심하라.

여기서 PREC 제약과 이 제약의 등급순위에 대한 논증은 도표 (4-30)에서 승자를 패자 (f)와 비교하는 것에서 나온다. (후보 (e)와 (e′)은 PREC(DEP-PR, DEP-V)와의 등급순위가 미정인 WEAK<*i*에 의해서도 선호되지 않기 때문에 이 후보들은 그다지 유용하지 않다.) 승자는 WEIGHT-TO-STRESS를 위배하지만, 패자 (f)는 그렇지 않다. PREC(DEP-PR, DEP-V)가 WEIGHT-TO-STRESS보다 상위의 등급순위에 있기 때문에, DEP-PROM을 위배하는 LUM이 DEP-V를 위배하는 LUM보다 선행하는 승자의 LUMSeq에 유리하게 작용하여, 승자가 승리한다.

이 분석은 서로 다른 원천의 등급순위 증거가 수렴함을 예시하기 때문에 주목할 만하다. 도표 (4-30)은 PREC(DEP-PR, DEP-V)가 WEIGHT-TO-STRESS를 지배함을 보여 준다. (3-24)의 등급순위에 관한 메타제약에 의해서, DEP-V는 PREC(DEP-PR, DEP-V)를 지배해야 하는데, 그러면 부분적인 제약위계인 ⟦DEP-V >> PREC(DEP-PR, DEP-V >> WEIGHT-TO-STRESS⟧가 나온다. 모음삽입 과정은 (4-24)와 같이 CLUSTER-CONDITION이 DEP-V를 지배함을 보여 준다. 이러한 제약 등급순위에 관한 결과를 종합하면, 보다 더 완전한 제약위계인 ⟦CLUSTER-CONDITION >> DEP-V >> PREC(DEP-PR, DEP-V) >> WEIGHT-TO-STRESS⟧를 얻을 수 있다(다이어그램은 (4-35)를 보라). 제약의 지배관계의 이행성에 의해서, CLUSTER-CONDITION이 WEIGHT-TO-STRESS를 지배해야 한다는 결론이 나온다. 이행성에 의해서 추론된 이 등급순위는 (4-28)에서 연쇄 타당성에 필요한 등급순위와 동일하다. OT-CC는 투명한 상호작용과 불투명한 상호작용이 단일 문법에 공존해야 함을 요구하기 때문에, 이와 같이 수렴적인 등급순위가 예상되며 서로 상반된 등급순위는 불가능하다는 예측이 나온다.

불투명한 두 가지 상황, 즉 어말의 C_1C_2#와 어중의 $C_1C_2C_3$를 비교해 보면, 등급순위의 수렴을 나타내는 또 다른 상황이 발생한다. 도표 (4-30)은, 승자인 [ka(ˈtab*i*l)ha]에서 최악의 유표성 문제가 끝에서 두 번째 음절에 무강세의 중음절이 있다는 것이기 때문에, 입력형 $C_1C_2C_3$를 가진 불투명한 강세는 PREC(DEP-PR, DEP-V)를 WEIGHT-TO-STRESS보다 상위의 등급순위에 둔 결과임을 보여 준다. WEIGHT-TO-STRESS가

NONFINALITY를 지배한다는 것은 독자적으로 보여 줄 수 있다((4-18)을 보라). 그러므로 제약위계는 ⟦PREC(DEP-PR, DEP-V) >> WEIGHT-TO-STRESS >> NONFINALITY⟧이다(다이어그램은 (4-35)를 보라). 그러면 이행성에 의해서, PREC(DEP-PR, DEP-V)가 NONFINALITY를 지배한다. 도표 (4-27)은, 승자인 [ka(ˈtab*i*t)]에서 최악의 유표성 문제가 어말 음보에 있기 때문에, 입력형 C_1C_2#를 가진 불투명한 강세는 PREC(DEP-PR, DEP-V)가 NONFINALITY보다 상위의 등급순위에 있어야 함을 보여 준다. 그러므로 PREC(DEP-PR, DEP-V)와 NONFINALITY 간의 등급순위 관계는 지배관계의 이행성과 직접적인 논증이 수렴하는 증거에 의하여 증명된다.

제약위계 ⟦PREC(DEP-PR, DEP-V) >> WEIGHT-TO-STRESS >> NONFINALITY⟧를 변환함으로써 몇 가지 흥미로운 유형적 예측을 도출할 수 있다. Levantine Arabic에서 PREC(DEP-PR, DEP-V)가 WEIGHT-TO-STRESS와 NONFINALITY를 모두 지배하기 때문에, $C_1C_2C_3$와 어말의 C_1C_2#의 두 입력형은 모두 강세와 모음삽입 사이에 불투명한 상호작용을 나타낸다. 그러나 만약 PREC(DEP-PR, DEP-V)가 WEIGHT-TO-STRESS의 바로 하위 등급순위에 있다면, C_1C_2# 입력형은 불투명한 강세를 가지더라도, 어중의 $C_1C_2C_3$ 입력형에서는 강세가 투명하게 될 것이다. 바로 이런 상황이 [kataˈb*i*lha] 같은 형태를 가진 Iraqi, Abu Dabi, 그리고 Omani 지역어에서 발견된다(Farwaneh 1995: 136-142). 그러므로 불투명한 강세와 투명한 강세 사이의 방언 간의 편차는 규칙순의 차이라든가 혹은 음운 과정의 층위 할당 간의 차이가 아니라, 제약 등급순위의 차이에서 빚어진 결과이다. 사실, Iraqi Arabic은 불투명한 강세와 투명한 강세 사이에 방언 *내적인(intra*dialectal) 변이(variation)를 가진 것으로 기술되어 있는데(Erwin 1963: 41), 이는 Iraqi가 PREC(DEP-PR, DEP-V)와 WEIGHT-TO-STRESS 사이에 가변적 등급순위(variable ranking)를 가지고 있음을 나타낸다.[6]

---

6) 언어 내적인 변이(within-language variation)의 원천으로 간주되는 제약의 가변적 등급순위에 대해서는, Boersma(1997)와 Boersma and Hayes(2001)뿐만 아니라 McCarthy(2002b: 233)의 참고문헌을 참조하라.

제약위계 ⟦PREC(DEP-PR, DEP-V) >> WEIGHT-TO-STRESS >> NONFINALITY⟧는 이와 연관된 예측으로 이어진다: WEIGHT-TO-STRESS가 NONFINALITY를 지배하는 Arabic 방언이라면, $C_1C_2C_3$ 입력형에 나타난 불투명한 강세는 C_1C_2# 입력형에 나타난 불투명한 강세를 함의하지만, 그 역은 성립하지 않는다. 다시 말해서, [ka'tab*i*lha]에서는 불투명한 강세를 가지고 있으면서 ['katab*i*t]에서는 투명한 강세를 가진 방언은 존재하지 않아야 한다. 이 예측의 논리는 다음과 같다. ⟦WEIGHT-TO-STRESS >> NONFINALITY⟧가 주어질 때, PREC(DEP-PR, DEP-V) 제약에 등급순위를 부여할 곳은 세 군데밖에 없다:

i) 만약 PREC(DEP-PR, DEP-V)가 WEIGHT-TO-STRESS보다 상위의 등급순위에 있다면, 결과는 C_1C_2#와 $C_1C_2C_3$에서 모두 불투명한 강세를 갖는 Levantine 패턴이 된다: [ka'tab*i*t], [ka'tab*i*lha].

ii) 만약 PREC(DEP-PR, DEP-V)가 WEIGHT-TO-STRESS와 NONFINALITY 사이의 등급순위에 있다면, 결과는 C_1C_2#에서는 불투명한 강세를 갖되 $C_1C_2C_3$에서는 그렇지 않은 Iraqi와 Gulf 패턴이 된다: [ka'tab*i*t], [kata'b*i*lha].

iii) 만약 PREC(DEP-PR, DEP-V)가 NONFINALITY보다 하위의 등급순위에 있다면, 강세는 어디서나 투명하게 된다: ['katab*i*t], [kata'b*i*lha]. 강세와 모음삽입이 투명하게 상호작용하는 다른 언어들이 존재하는 것이 분명하지만, 이 패턴은 Arabic 방언에서는 검증되지 않았다.

WEIGHT-TO-STRESS가 NONFINALITY를 지배하는 한, $C_1C_2C_3$에서 불투명한 강세를 받으면서 C_1C_2#에서는 불투명한 강세를 받지 않을 방법이 없는데, 그 이유는 PREC(DEP-PR, DEP-V)가 NONFINALITY를 지배하지 않으면서 WEIGHT-TO-STRESS보다 상위의 등급순위에 있을 방법이 없기 때문이다. 때마침, ⟦WEIGHT-TO-STRESS >> NONFINALITY⟧의 등급순위는 이미 충분히 알려진 강세 체계를 가지고 있는 Arabic 지역어에 편재하며, 또 이에 수반하여, $C_1C_2C_3$에서 불투명한 강세를 받으면서 C_1C_2#

에서는 불투명한 강세를 받지 않는 Arabic 지역어는 존재하지 않는다.

Levantine Arabic 및 다른 지역어에서 네 자음으로 구성된 자음군의 모음삽입은 강세와 투명하게 작용한다(Broselow 1992: 41, Farwaneh 1995: 151, Kenstowicz 1983, Kiparsky 2003: 163): /katab-t-l-ha/ → [ka.tabˈt*i*l.ha]. 설명: 지배적 등급순위의 유표성제약을 위배하지 않으면서 PREC(DEP-PR, DEP-V)를 만족시킬 방법이 없기 때문에, PREC(DEP-PR, DEP-V)는 불투명한 연쇄를 택할 수가 없으며, 그래서 투명한 강세가 실행 가능한 유일한 선택으로 남는다. 불투명한 *[ka(ˈtab)t*i*l.ha]의 문제는 주강세 모라에서 단어 끝에 이르는 긴 강세공백이다. 도식화하면, 이 형태는 *[. (x .) . . .]이며, 이것은 투명한 [. (x .)(x .) .](즉, [ka(ˌtab)(ˈt*i*l)ha])와 경쟁해서 이길 수가 없다.

Elenbaas and Kager(1999), Gordon(2003), 그리고 Steriade(1997: 35)는 세 개의 연속적인 비강세 율격 요소라고 정의된, *긴 공백(long lapses)*을 금지하는 제약을 제안하였다. 앞서 언급한 바와 같이, Kager(2001)는 일반적으로 강세공백을 회피하는 언어에서조차도 (짧은(short)) 공백은 어떤 위치에서 — 어말이나 강세 정점 근처에서 — 인허될 수도 있다고 논증한다((4-7)-(4-9)를 보라). Aden(2006)은 긴 공백도 위치에 따라 인허될 수 있음을 보여준다. Tripura Bangla(Das 2002)에서, 긴 공백은 어말을 제외하고는 모든 곳에서 금지된다: [ˈa.ra.sa.li] 'trouble-making', [ˈɔ.no.nuˌkɔ.ro.ni.jɔ] 'inimitable'. 그녀는 CON에 (4-31)의 기본제약 외에도 (4-32)의 제약이 (어쩌면 (4-33)도) 포함되어야 한다고 결론짓는다.

(4-31) *LONG-LAPSE(*LNGLPS)(cf. (4-7))(모라 단위의 제약)
세 개의 비강세 모라가 연속적으로 발생할 때마다 위배표시를 한 개 할당하라.

(4-32) LONG-LAPSE-AT-END(LNGLPSEND)(cf. (4-8))(모라 단위의 제약)
세 개의 비강세 모라가 비어말 위치에 연속적으로 발생할 때마다 위배표시를 한 개 할당하라.

(4-33) LONG-LAPSE-AT-PEAK (LNGLPSPK)(cf. (4-9))(모라 단위의 제약)
강세 정점(stress peak)에 인접하지 않은 세 개의 비강세 모라가 연속적으로 발생할 때마다 위배표시를 한 개 할당하라.

Levantine Arabic은 삽입모음이 있는 형태든 없는 형태든 모라 단위의 긴 공백을 허용한다: [ˈmad.ra.sa]/[(x .) . .], [ka(ˈta.b*i*l)ha]/[. (x . .) .]. 그러나 허용되는 긴 공백은 모두 정점과 단어 끝에 인접해 있어서, LONG-LAPSE-AT-END와 LONG-LAPSE-AT-PEAK를 모두 만족시킨다. *[ka(ˈtab)t*i*l.ha]/*[. (x .) . . .] 형태는 두 개의 (겹치는) 긴 공백을 포함하는데, 그 가운데 하나는 정점에 인접하고 다른 하나는 단어 끝에 인접한다: [b_μ.$ti_\mu l_\mu$]과 [$ti_\mu l_\mu$.ha_μ]. 그러므로 이 형태는 LONG-LAPSE-AT-END와 LONG-LAPSE-AT-PEAK를 모두 위배한다. 그러면, 이 두 제약 가운데 하나를 PREC(DEP-PR, DEP-V)보다 상위의 등급순위에 둘 경우, 투명한 [ka(ˌtab)(ˈt*i*l)ha]에 비해서 불투명한 *[ka(ˈtab)t*i*l.ha]가 결정적으로 불리해진다는 결론이 나온다. (4-34)의 등급순위 논증에서 임의로 LONG-LAPSE-AT-END를 상위의 등급순위 제약으로 선택하였다.

(4-34) LONG-LAPSE-AT-END >> PREC(DEP-PR, DEP-V)

	/katab-t-l-ha/	LNGLPSEND	PREC(DEP-PR, DEP-V)
→	katabˈt*i*lha . (x.)(x.) .		2
	kaˈtabt*i*lha . (x .) . . .	W_1	L

$C_1C_2C_3C_4$ 입력형을 가진 투명한 강세에 대한 이 설명은 Farwaneh(1995: 46ff.)와 Kiparsky(2003: 163)에 의한 제안과 비교해 볼 수 있다. 이들도, 처리해야 할 '여분의(extra)' 자음이 하나에 그치는 것이 아니라 두 개가 되므로, 연속적인 네 개의 자음을 분석한 결과에 따른 어떤 특수성 때문에 강세가 투명하다고 본다. 예를 들어서, Farwaneh의 분석에서, C_2와 C_3는 퇴행적(degenerate) 중음절의 음절두음과 음절말

음으로 음절화되는데, 이때 이 음절이 정상적인 방식으로 강세를 유치한다. Kiparsky의 다층위 OT 설명에서는, 어휘부 층위에서 음절에 소속되지 않은 자음이 보통 '준음절(semisyllables)'로 분석되는데, 준음절이란 모라 단위에서 개별적으로 인허된 음절화되지 않은 자음을 말한다. 모음삽입은 후어휘부 층위로 연기되며, 강세가 어휘부 층위에서 할당되기 때문에 강세는 음절화되지 않은 준음절을 무시한다. $C_1C_2C_3C_4$ 입력형의 특수한 지위는 어휘부 층위에서 활성화되는, 인접한 유사음절을 금지하는 제약에 기인하는데(Kiparsky 2003: 163), 이 제약은 Dep-V를 지배하여, [ka.tabˈt*i*l.ha]에서 강제로 어휘부 층위의 모음삽입이 일어나게 한다. [ka.tabˈt*i*l.ha]의 삽입모음이 어휘부 층위의 출력형에 존재하기 때문에, 이 모음은 강세할당에 있어서도 가시적이다.

Farwaneh와 Kiparsky의 두 분석은 모두 도출과정의 초기에 적용되는 음절화에 대한 제약에서 투명한 강세에 대한 설명을 찾아낸다. 이와는 대조적으로, 여기서 제안한 분석은 그 설명을 표면형에 적용되는 강세에 대한 제약, 즉 위배되지 않는 제약 Long-Lapse-at-End에서 찾아낸다. 강세가 투명한 것은, 유형론적으로 정당화된 보편적 제약에 의하면, 리듬적 차원에서 불투명한 강세를 지탱할 수 없기 때문이다.

다이어그램 (4-35)는 지금까지 발전시켜 온 등급순위에 대한 추가적 정보를 반영하기 위해서 (4-19)의 제약위계를 갱신한 것이다. (관련성이 덜한 몇몇 제약은 생략하였다.) Prec 제약을 둘러싸고 관심의 초점이 맞추어져 있다. (3-24)의 메타제약 때문에 Dep-V와, 따라서 Cluster-Condition이 Prec을 지배한다. 이 등급순위는 모음삽입을 억제하는 것만으로는 강세와 모음삽입 간의 투명한 상호작용을 달성할 수 없다는 것을 확실하게 해준다(§3.3.3을 보라). Long-Lapse-at-End도 Prec을 지배하는데, 이는 불투명한 상호작용으로 인해서 용인되지 않는 형태의 강세공백이 발생할 때 투명한 상호작용을 강제하는 효과를 나타낸다. Prec보다 하위에 Weight-to-Stress와 Nonfinality가 있는데, 이들은 불투명한 형태가 변칙적으로 나타나는 두 가지 방식을 규정하는 제약이다.

(4-35) Levantine의 등급순위 요약 II

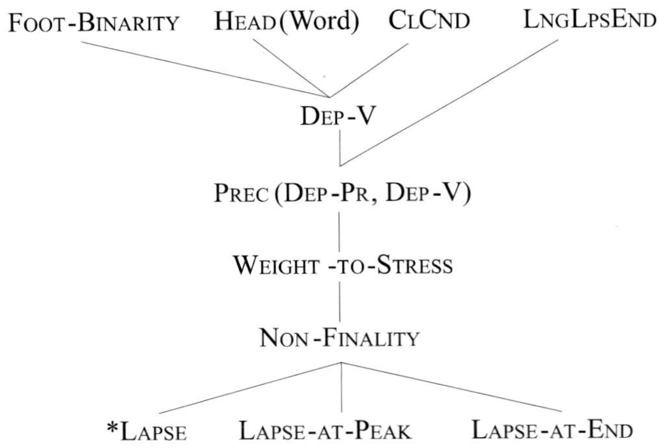

지금까지 Levantine Arabic에서 여러 유형의 강세/모음삽입 상호작용을 살펴보았다. WEIGHT-TO-STRESS와 NONFINALITY를 모두 지배함으로써, PREC(DEP-PR, DEP-V)는 [ka'ta.b*i*l.ha]에서 불투명한 방식으로 끝에서 두 번째 중음절이 강세를 받지 않는 것과, [ka'ta.b*i*t]에서 불투명한 방식으로 끝에서 두 번째 경음절이 강세를 받는 것을 설명한다. [ka.tab't*i*l.ha]의 투명한 강세는 결정적으로 LONG-LAPSE-AT-END가 PREC(DEP-PR, DEP-V)를 지배한 결과이다. 후보란 불충실한 전사의 연쇄로 구성된다는 OT-CC의 논제 하에서는, 제약의 등급순위가 — OT의 가장 근본적인 특성임 — 이처럼 꽤나 복잡한 불투명성 및 투명성 체계를 설명하는 데 충분하다.

4.2.5 어중모음탈락-모음삽입 상호작용

어중모음탈락(syncope)은 어중 자음군에서 모음삽입의 위치를 이해하는 것과 관련이 있으며([ka.ta.b*i*l.ha] vs. *[ka.tab.l*i*.ha]), 단모음화는 모음삽입과 불투명하게 상호작용한다. 잘 알려진 Levantine Arabic의 순환성(cyclicity) 효과에 대해서도 논의하기로 한다.

방언 간에 중요한 차이점이 있기는 하지만, 어중모음탈락은 구어체 Arabic에 만연해 있다. Levantine식 어중모음탈락이 (4-36)에 예시되어 있다: 겹자음이나 장모음이 선행하더라도, 단고모음이 비어말 개방음절에서 탈락된다. (b)와 같이, 겹자음이 아닌 자음군이 선행할 경우, 어중모음탈락이 CLUSTER-CONDITION의 위배를 초래할 잠재성을 가지고 있기 때문에, 탈락한 곳과는 다른 위치에서 일어나기는 하지만, 모음삽입이 발생한다. 어중모음탈락과 모음삽입을 종합하면 음위전환처럼 보이지만, 어중모음탈락과 모음삽입이 모두 독자적으로도 발생하므로 기본적 전사가 음위전환으로 보이지는 않는다. (삽입모음이 왜 고모음인지에 대해서는 Gouskova(2003)를 보라.)

(4-36) 어중모음탈락(Abu-Salim 1982a: 136, 162ff., Farwaneh 1995: 97ff.)

a.	/ʕi**mi**l-uː/	ˈʕim.lu	'they did/made'
	/ʕi**mi**l-it/	ˈʕim.lit	'she did/made'
	/ʕimil-naː/	ʕˈmil.na	'we did/made'
	/j-darr**i**s-uː/	jˈdarr.su	'they teach'
	/taːʒ**i**r-eːn/	taːʒˈreːn	'two merchants'
	/saːħ**i**b-uː/	ˈsaːħbu	'his friend (m.)'
b.	/ji-kt**i**b-uː/	ˈji.k*i*t.bu	'they write'
	/bi-ti-dr**u**s-iː/	bˈtu.d*u*r.si	'you (f. sg.) study'

몇몇 환경에서는 체계적으로 어중모음탈락이 발생하지 않는다. 기저의 장모음은 단모음화가 되더라도, 탈락에서 면제된다. 어중모음탈락이 일어나야 될 것처럼 보이는데도 일어나지 않은 단고모음이라면, 이것은 단모음화 과정에 따른 결과일 수도 있다. 잘 알려진 Levantine Arabic의 '순환(cyclic)' 강세는, 아래에서 논의된 바와 같이, 어중모음탈락으로부터 면제되는 또 다른 원천이다. 끝으로, $C_iC_i\_\_C_i$ 환경의 모음은 McCarthy(1986)에서 논의된 이유로 어중모음탈락을 겪지 않는다.

이러한 경우를 제외하면, 어중모음탈락의 순수 효과는 다음과 같은 표면적 일반성의 타당성을 확보하기 위한 것이다: 비강세의 비어말 개방음절에서 단고모음이 금지된다. 그러므로 어중모음탈락으로 제거되는 음절은 약음절 중에서도 가장 약한 음절이다(cf. Angoujard 1986). 이런 의미에서 보면, 음절이 약하다는 것은 주로 또는 전적으로 모음의 지속시간과 상관관계가 있다: 단모음은 분명히 장모음보다 짧고, 다른 조건이 같다면, 개방음절은 폐쇄음절보다 짧으며, 비강세 음절은 강세 음절보다 짧으며(Lehiste 1970: 36), 어중음절은 어말음절보다 짧다(어말 장음화로 인해서(Lindblom 1978)).[7] Levantine Arabic에서, 어중모음탈락을 겪는 음절은 이러한 모든 의미에서 짧다.

여러 언어 현상에 비추어 볼 때, 모음약화 과정은 음절의 지속시간 및 다른 양상의 돋들림에도 민감하다. Crosswhite(2000a)는 '극초-단음절(ultra-short syllables)'에 있는 모음에 영향을 미치는 모음약화 현상을 확인한 바 있는데, 이 현상은 이러한 모음을 공명성이 낮은 모음, 즉 전형적으로 약모음(schwa)이나 고모음으로 바꾸는 유형의 약화 현상이다. Bedouin Arabic에서(§4.3), 고모음의 어중모음탈락과 저모음을 고모음으로 약화하는 현상은 이와 정확하게 동일한 유형의 운율 환경에서 발생하는데, 이 모든 현상은 어중모음탈락이나 모음약화가 발생하지 않는 운율 환경보다 지속시간이 짧다는 점과 연관이 있다.

어중모음탈락과 모음약화에 나타난 지속시간의 효과에 관하여 여러 언어 간의 비교를 통한 완벽한 유형론은 여기서 추구하고자 하는 주된 목표를 벗어나 혼란을 초래하는 결과가 될 것이다. 그러므로 여기서는 다른 언어에서 찾아볼 수 있는 모든 유형의 광범위한 현상이 아니라, 이 장에서 논의된 예를 설명하기에 충분한 몇 가지 제약을 제안하기로 한다. 이 제약들은 임시변통이라기보다는 불완전하다: 이들은 어중모음탈락(Gouskova 2003), 모음약화(Crosswhite 1999, 2000a, 2000b), 그리고 공명성주도 강세(sonority-driven stress)(de Lacy 2002: 55ff.,

7) 어말의 CVC 음절에서만 단모음 /i/와 /u/ 사이의 대립이 유지되는 Syrian Arabic에서 어말 음절의 특수한 지위를 명확하게 살펴볼 수 있다(Ambros 1977: 17, Grotzfeld 1965: 12).

Kenstowicz 1996b)를 분석하는 데 필수적인, 광범위한 제약 가족의 대표 제약에 불과하다. 일반적으로 이와 동일한 선상에 있는 자세한 제안서로 상기 연구들을 참조하라.

제약의 정의를 내리는 데 있어서, 방금 언급한 바와 같이, 전반적으로 음절의 지속시간을 더 짧게 만드는 다음과 같은 모든 특성을 가지고 있으면 *약음절*로 간주한다: 음절은 개방음절이고, 모음은 단모음이며, 비강세이고, 비어말이라는 특성을 갖는다. (4-37)의 WEAK<*a*와 (4-38)의 WEAK<*i* 제약에 의하면, 약음절(weak syllables)은 공명성이 낮은 모음을 선호한다. 고모음은 저모음보다 공명성이 낮기 때문에, 이 두 제약은 엄격내포(stringency) 관계에 있다: WEAK<*a*에 대한 위배는 모두 WEAK<*i*에 대한 위배이기도 하지만, 그 역은 성립하지 않는다.

(4-37) WEAK<*a* (WK<*a*)
공명성이 [+low] 모음과 같거나 더 높은 음절핵을 가진 약음절마다 위배표시를 할당하라.

(4-38) WEAK<*i* (WK<*i*)
공명성이 [+high] 모음과 같거나 더 높은 음절핵을 가진 약음절마다 위배표시를 할당하라.

Levantine Arabic에서, WEAK<*i*는 /i/ 모음의 탈락을 강요하지만 /a/에 대해서는 강요하지 않는다. 약음절에서 [i]와 [a]는 똑같이 WEAK<*i*를 위배하기 때문에, /a/의 탈락은 저모음의 높은 내재적 돋들림에 민감한 충실성제약인, (4-39)의 MAX-A에 의해서 방지되어야 한다(MAX-A에 대해서는 §2.3.3과 §3.5.3을 참조하라. Cairene Arabic의 MAX-A에 대해서는 Davis and Zawaydeh(1997)을 참조하라). (4-41)에 나타난 바와 같이, MAX-A가 WEAK<*i*를 지배하므로 기저의 저모음이 보존된다. WEAK<*i* 자신은 (4-40)의 MAX-I를 지배하기 때문에, 약음절의 고모음은 탈락한다.

이행성에 의해서 MAX-A가 MAX-I를 지배하는데, 아마도 이것은 §3.5.3에서 제안한 MAX-A의 특정위치 충실성 해석 하에서 보편적으로 요구되는 등급순위일 것이다.[8]

(4-39) MAX-A

출력형에 조응자가 없는 입력형의 저모음마다 위배표시를 할당하라.

(4-40) MAX-I

출력형에 조응자가 없는 입력형의 비저모음마다 위배표시를 할당하라.

(4-41) MAX-A >> WEAK<*i* >> MAX-I

	MAX-A	WK<*i*	MAX-I
/ʕimil-it/			
→ ˈʕim.lit			1
a. ˈʕi.mi.lit		W_1	L
/katab-it/			
→ ˈka.ta.bit		1	
b. ˈkat.bit	W_1	L	W_1

/i/를 공명성이 좀 더 낮은 [ə]와 같은 모음으로 바꿈으로써 원칙적으로는 WEAK <*i* 제약을 만족시킬 수 있다. 그렇지만, Levantine의 모음체계에 /ə/가 포함되어 있지 않으므로, *[ˈʕimə lit]와 같은 후보는 최상위 등급순위의 유표성제약에 의해서 배제된다. 이와 마찬가지로, /a/를 공명성이 낮은 모음 /i/로 바꿈으로써 원칙적으

8) MAX-A와 WEAK<*i*의 등급순위 때문에 Arabic에서 '차별적 (differential)' 방언과 '비차별적 (nondifferential)' 방언이 구분된다. Cantineau(1939)가 그 출처인 이 용어는 어중모음탈락에서 고모음이 저모음과 차별화되는지의 여부를 가리킨다. 고모음만 어중탈락을 겪기 때문에 Levantine은 차별적 방언이다. 비차별적 방언에서는, MAX-A가 WEAK<*i*보다 하위의 등급순위에 있으므로, 두 유형의 모음이 모두 어중에서 탈락한다.

로는 WEAK<*a* 제약을 만족시킬 수 있다. 이러한 약화 과정은 Levantine Arabic에서 일어나지 않기 때문에(/katab-it/ → *[ˈka.t**i**.bit]), IDENT(+low)는 WEAK<*a*를 지배해야 된다. 이와 반대되는 Bedouin Arabic의 등급순위에 대해서는 (4-75)를 보라.

/ʕ**i**mil-na/로부터 [ʕˈmil.na]의 도출과 같이, 어중모음탈락은 어두 자음군을 만들어 낼 수도 있고, /taːʒ**i**reːn/으로부터 [taːʒˈreːn]의 도출과 같이, (4-4)와 같은 모라공유 표시를 생성할 수도 있다. 그러므로 WEAK<*i*는 이러한 구조에 의해서 위배되는 유표성제약을 지배해야 한다.

제약 WEAK<*i*는 모음삽입의 위치를 결정하는 데에도 책임이 있다. §4.2.4에서 언급한 바와 같이, 어중의 세 자음 자음군은 원칙적으로 두 번째 자음의 앞이나 뒤에 모음을 삽입함으로써 해소될 수 있다: [kaˈta.b*i*l.ha] vs. *[kaˈtab.l*i*.ha]. *[ka ˈtab.l*i*.ha]에는 투명한 강세라는 결정적인 이점이 있기 때문에, 이것에 불리하게 작용하는 어떤 제약이 [kaˈta.b*i*l.ha]의 최악의 비교 위배(comparative violation)인 WEIGHT-TO-STRESS보다 상위의 등급순위에 있어야 한다. 이 상위 제약의 정체가 비로소 명확해진다: 바로 WEAK<*i*이다. (4-42)에 제시된 바와 같이, 이 제약이 WEIGHT-TO-STRESS를 지배함으로써, 제대로 [kaˈta.b*i*l.ha]에 유리하게 작용한다.

(4-42) WEAK<*i* >> WEIGHT-TO-STRESS

/katab-l-ha/	WK<*i*	WTSTR
→ kaˈta.b*i*l.ha	1	1
kaˈtab.l*i*.ha	W$_2$	L

(4-3)에서 처음으로 살펴본 바와 같이, 한편에는 어중모음탈락, 다른 한편에는 강세와 모음삽입의 양자 간에 흥미로운 상호작용이 있다. 어중모음탈락은 어중의 세 자음 자음군을 생성할 수 있으며, 만약 그 결과가 CLUSTER-CONDITION을 위배하면, 불투명한 강세를 가진 모음삽입도 발생한다: /ji-kt**i**b-uː/ → [ˈji.k*i*t.bu],

/bi-ti-drus-iː/ → [bˈtu.d*u*r.si]. 삽입모음이 탈락모음과 색조(color)가 일치하기 때문에, 음위전환처럼 보일 수도 있지만, 실제로 기본 과정은 음위전환이 아니다. 이 언어에는 단모음 [i]와 [u] 사이에 대립이 미미하거나 존재하지 않으며(Haddad 1984: 256ff., Herzallah 1990: 146ff., Kenstowicz 1981b), [bˈtu.dur.si]에서 두 번째 고모음 [u]의 이음을 결정하는 요소는 [bˈtud.rus] 'she studies'에서 이음을 결정하는 요소와 동일하다.

음위전환이 아니더라도, /ji-ktib-uː/에서 [ˈji.k*i*t.bu]로 표면화되는 과정에 두 가지 논리적 가능성이 있다. 한 경로는 모음삽입을 한 후에 어중모음탈락을 겪는 것으로서 [ˈji.k*i*.ti.bu]를 거쳐서 가는 것이다. 이 연쇄의 문제점은, Levantine Arabic 문법의 나머지 부분을 고려할 때, [ˈjik.ti.bu]에서 [ˈji.k*i*.ti.bu]로의 변화가 조화적으로 향상하는 것이 아니라는 점이다. (즉, DEP-V보다 상위의 등급순위에 있는 어떠한 제약도 더 충실한 형태인 [ˈjik.ti.bu]보다 모음삽입을 한 [ˈji.k*i*.ti.bu]에 더 유리하게 작용하지 않는다.) 다른 경로는 모음삽입보다 어중모음탈락을 앞세워서, [ˈjikt.bu]를 거쳐서 진행하는 것이다. (4-43)에서 제시한 바와 같이, 만약 WEAK < *i*가 CLUSTER-CONDITION을 지배한다면, [ˈjik.ti.bu]에서 [ˈjikt.bu]로 바뀌는 것은 조화향상을 이룬다. 이러한 제약 순위에서는, /ji-ktib-uː/에서 [ˈjikt.bu]를 거쳐서 [ˈji.k*i*t.bu]로 타당한 연쇄가 존재할 수 있다. (이행성에 의해서 CLUSTER-CONDITION이 WEIGHT-TO-STRESS를 지배하기 때문에 ((4-35)를 보라), 이 등급순위가 (4-42)의 등급순위 결과와 일치한다는 점을 지적해 둔다.)

(4-43) 연쇄 타당성으로부터 도출된 WEAK < *i* >> CLUSTER-CONDITION

/ji-ktib-uː/	WK < *i*	CLCND
→ ˈjikt.bu		1
ˈjik.ti.bu	W1	L

이제 /ji-ktib-uː/ → [ˈji.k*i*t.bu]를 분석할 준비가 다 되었다. 연쇄의 숫자와 길이를

보다 용이하게 관리할 수 있도록 하기 위해서, 입력형이 /ji-ktib-u/인 것처럼 취급하여, 어말 모음의 단모음화는 무시하기로 한다. 이 입력형에서 시작하는 가장 짧은 연쇄는 충실한 <jik.ti.bu> (= (4-44)의 (a))이다. 이 연쇄에 강세를 추가하여 <jik.ti.bu, (ˈjik)ti.bu> (= (4-44)의 (b))를 만들면 조화향상이 가능하다. WEAK < *i*가 CLUSTER-CONDITION을 지배하기 때문에, 조화적으로 향상하는 다른 방법은 두 번째 음절에서 [i]를 탈락시켜 <jik.ti.bu, jikt.bu> (= (4-44)의 (c))를 형성하는 것이다. 수렴하는 두 연쇄 (= (4-44)의 (d))는 강세를 할당한 다음 어중모음탈락을 추가하여 <jik.ti.bu, (ˈjik)ti.bu, (ˈjikt)bu>를 산출하거나, 어중모음탈락을 먼저 적용하고 강세를 추가하여 <jik.ti.bu, jikt.bu, (ˈjikt)bu>를 산출한 것이다. 수렴하는 다른 두 연쇄(= (4-44)의 (e))는 어중모음탈락 다음에 모음삽입을 하여 나온 것으로서, CLUSTER-CONDITION이 DEP-V를 지배하기 때문에 조화향상을 이룬다. **<jik.ti.bu, jikt.bu, ji.k*i*t.bu, ji(ˈk*i*t)bu> 연속상은 조화적으로 향상하지 않으며, 따라서 연쇄로서 타당하지 못한데, 그 이유는 보다 낮은 등급순위의 CLUSTER-CONDITION에 대한 수행력을 향상시키기에 급급한 나머지, <..., jikt.bu, ji.k*i*t.bu, ...> 단계에서 WEAK < *i*의 위배를 불러오기 때문이다. 어두 음절이 모음삽입으로 인해서 개방음절이 되기 전에 어두 음절에 강세가 주어지기 때문에 (e)의 승자 연쇄에는 이런 문제가 없다.

(4-44) 입력형 /ji-ktib-u/에 대한 타당한 연쇄와 이들의 (r)LUMSeq

a. <jik.ti.bu> — 충실한 분석
   < >

b. <jik.ti.bu, (ˈjik)ti.bu> — 어중모음탈락 미적용
   <DEP-PR@2>

c. <jik.ti.bu, jikt.bu> — 강세 미적용
   <MAX-I>

d. <jik.ti.bu, (ˈjik)ti.bu,(ˈjikt)bu> — 모음삽입 미적용
   <jik.ti.bu, jikt.bu, (ˈjikt)bu>

ℒ= {Dep-Pr@2, Max- I }

rL= < >

e. <jik.ti.bu, (ˈjik)ti.bu, (ˈjikt)bu, (ˈjik*i*t)bu>✓ 불투명한 승자

<jik.ti.bu, jikt.bu, (ˈjikt)bu, (ˈji.k*i*t)bu>✓

ℒ= {(Dep-Pr@2, Dep-V, Max-I}

rL = {<Dep-Pr@2, Dep-V>, <Max- I , Dep-V>}

(4-44)의 불투명한 승자 (e)가 Prec(Dep-Pr, Dep-V)를 준수하지만, 승자로서의 입지는 그보다 훨씬 더 높은 등급순위에 있는 제약에 의해서 확보된다. (a)와 (c)의 후보에는 전혀 강세가 없고, 그래서 지배적 등급순위에 있는 Head(Word)를 위배하기 때문에 이 후보들은 배제된다. 후보 (b)는 Weak<*i*를 위배하며, (d)는 Cluster-Condition을 위배한다. 이로써 불투명한 (e)가 실행 가능한 유일한 후보로 남으므로, 올바른 전사 /ji-ktib-uː/ → [ˈji.k*i*t.bu]가 확보된다. 간단히 말해서, 이런 불투명성 사례를 수용하기 위해서 새로 언급해야 될 내용은 아무것도 없다.

아마도 Levantine Arabic에서 가장 잘 알려진 현상은 어중모음탈락에 대한 '순환' 강세의 효과일 것이다(Brame 1973, 1974). (4-45)의 예에 나타난 바와 같이, 목적어의 일치를 나타내는 접미사나 부정어는 주강세가 오른쪽으로 치환(displacement)되게 만든다. 그렇지만 주강세가 이동하더라도, 어두 음절에 있는 단고모음이 탈락하지 않는다: *[sˈmiʕ.kum]이 아니라 [siˈmiʕkum]이다. 주어의 일치를 나타내는 접미사가 추가될 경우에는 순환 효과가 나타나지 않는데, 그 결과 [fˈhim-na$_{Subj}$] 'we understood' 대 [fiˈhim-na$_{Obj}$] 'he understood us'와 같은 최소 대립이 나타난다.

(4-45) 어중모음탈락과 순환성

ˈsimiʕ	**si**ˈmiʕkum	'he heard'/'he heard you(pl.)'
ˈfihim	**fi**ˈhimna	'he understood'/'he understood us'
ˈʃirib	ʃ**i**ˈribha	'he drank'/'he drank it(f.)'
ma ʃ**i**ˈribiʃ		'he didn't drink'

이러한 사실에 대한 표준 분석은 [**si**ˈmiʕ.kum] 'he heard you(pl.)'이 순환적으로 도출된다는 것이다. 내부 순환에서 [ˈsi.miʕ] 'he heard'의 어두 음절에 강세가 먼저 할당되어서, 첫 번째 [i]를 어중모음탈락으로부터 보호한다. 외부 순환에서는 끝에서 두 번째 음절에 주강세가 재할당되는데, 선행 순환으로부터 물려받은 강세가 유지되기는 하지만 새로운 주강세보다 하위 강세가 된다: [ˌsiˈmiʕ.kum]. 이제 제2 강세가 된, 물려받은 강세는 외부 순환에서 어중모음탈락을 봉쇄하기에 충분하다.[9]

목적어의 일치를 나타내는 접미사만 순환 효과를 가져오는데, 그 이유는 이 접미사만 독립어간(free stems)에 첨가될 수 있기 때문이다. 주어의 일치는 필수적이기 때문에, 주어의 일치를 나타내는 접미사는 종속어간(bound stems)에 첨가되며, 종속어간은 순환 영역(cyclic domain)이 되지 못한다(Benua 1997, Brame 1973: 54-55, Inkelas 1989, Kager 1999a: 282, Kiparsky 1982, 1985). 다시 말해서, [[A]+B]에서 A가 순환 영역이 되려면, [A]가 자립어(free-standing word)가 되어서, 이것으로부터 [[A]+B]가 합성에 의해 도출되어야 하는데, 이렇게 되어야 하는 이유는 그렇지 않을 경우 [A]가 종속어간이기 때문이다. [siˈmiʕkum] 안에 있는 어간 [ˈsi.miʕ]는 자립어이며, 어간+접미사의 의미론적 관계는 합성적이다: [['he heard']+'you(pl.)']. 그러나 [sˈmiʕ.na] 'we heard' 안에 있는 어간은 합성적 관계에 있는 자립어가 아니므로 종속어간이다. ([ˈsi.miʕ]라는 형태는 자립어이지만, 'we heard'를 만들기 위해서 접미사 'we'의 의미와 'he heard'의 의미를 합성할 수는 없다.)

OT-CC는 순환 효과에 대한 특정 OT 이론과의 관련을 필요로 하지는 않지만, 이 이론이 불투명성에 대한 단일문법(single-grammar) 이론이므로, 자연히 다중문법(multi-grammar)을 가진 다층위 OT보다는, Benua(1997) 및 Kager(1999a)의 이론과 같이 단일문법을 가진 순환성 이론과 밀접한 관계에 있다. (다소 상이한 형태의 OT-CC 하에서 그야말로 순환적인 접근방식에 대해서는, §3.2.4.2의 끝부분을 보라.) Benua는 입력형-출력형(IO)과 출력형-출력형(OO) 충실성제약을 구분한다. 지금까

9) Brame(1974: 44)은 [ˌsiˈmiʕkum]에서 가설적인 제2 강세가 귀에 들리지 않을 수도 있음을 시인한다.

지 논의된 모든 충실성제약은 IO 형태였으며, 이들은 형태소의 어휘적 형태와 이들의 표면 지수 사이의 동일성을 요구한다. OO 충실성제약은 도출된 단어의 표면형과 좀 더 간단한 단어의 표면형 사이의 동일성을 요구하는데, 좀 더 간단한 단어가 존재한다면, 도출된 단어는 이것으로부터 합성에 의해서 도출된다. 그러니까, 만약 /A+B/가 /A/로부터 합성에 의해서 도출되고 또 [A]가 존재한다면, OO 충실성제약은 표면의 [[A]+B]가 표면형 [A]를 닮을 것을 요구한다. 종속어간이 아닌 자립어만 순환 영역이 될 수 있는 것은, 바로 OO 충실성제약이 자립적 출력형을 참조하기 때문이다. 정의에 의해서, 종속어간은 자립적 출력형을 갖지 못한다. (이 논증에 대한 최초의 설명으로는 Benua 1997: 199-205를 참조하라.)

Levantine Arabic에서, 활성화된 OO 제약은 주강세를 받는 모음의 보존을 요구하는, 일종의 특정위치 충실성제약이다: OO-MAX-ˈV. (Kiparsky(2003: 162-163)는 이러한 사실에 대한 자신의 다층위 OT 분석의 맥락에서 이와 유사한 제약을 제안한다.) (4-46)에 제시된 바와 같이, WEAK<*i*를 지배함으로써, OO-MAX-ˈV는 반드시 지켜야할 어중모음탈락을 무시하고, 이 제약이 아니라면 탈락할 것으로 예상되는 상황에서 단고모음의 보존을 요구한다. 해당 의미에서 볼 때 [sˈmiʕ.na]와 같이 주어의 일치를 가진 형태는 도출된 형태가 아니기 때문에, OO-MAX-ˈV는 [sˈmiʕ.na]에서 무위로 그저 만족된다. 나아가, OO-MAX-ˈV는 비도출형태의 비강세 모음에 대해서는 보호 효과를 갖지 않으므로, [ˈsim.ʕo] 'he heard him'에서 어중모음탈락은 아무런 방해를 받지 않고 적용된다.

(4-46) OO-MAX-ˈV >> WEAK<*i*

/s**i**miʕ-kum/	OO-MAX-ˈV (cf.[ˈsimiʕ])	WK<*i*
→ s**i**ˈmiʕ.kum		1
sˈmiʕ.kum	W1	L

다층위 OT에서, 순환성과 불투명성은 서로 깊은 연관이 있다: 양자 모두 OT의 다중 문법을 연속적으로 적용한 결과이다. OT-CC는 이러한 연관을 짓지 않는다: 불투명성은 연쇄에 대한 제약이 원인인 반면, 순환성에는 출력형-출력형 충실성과 같은 다른 근본 원인이 있다. 앞서 다층위 OT가 연관 짓는 관련성에 의구심을 품어야 할 이유를 살펴보았으며(§2.3.4.2를 보라), Levantine Arabic의 실제 자료는 다층위 OT와 양립할 수 있는 가능성은 있어도(Kiparsky(2003)에서 개략적으로 기술한 분석이 시사하는 바와 같이), 불투명성/순환성 간의 연관성을 뒷받침하는 내용을 제시하지 못한다. '순환' 효과란 실제로는 Weak<*i*가 결정적으로 지배됨으로써 어중모음탈락이 적용되지 않는 것을 일컫는다. 그런데 Levantine Arabic에서는 어중모음탈락이 전혀 불투명하지 않다. 현재의 분석적 용어로 나타내자면, 이는 Weak<*i*를 지배하는 관련 Prec 제약이 존재하지 않는다는 것이다.

4.2.6 단모음화-모음삽입 상호작용

강세처럼, 단모음화는 모음삽입과 불투명하게 상호작용한다(Abu-Salim 1982a: 112ff., Farwaneh 1995: 151ff.). (4-47)의 예는 폐쇄음절 단모음화라는 일반적인 과정이 존재하지 않음을 보여 준다. 그렇지만 어중의 세 자음 자음군과 어말의 두 자음 자음군 앞에서 모음이 단모음화하며, (4-48)에서처럼 모음삽입에 의해서 이러한 자음군이 갈라질 때조차도 단모음화한다. 이것은 일종의 역출혈순 불투명성이다: 모음삽입 때문에, (4-48)의 장모음이 단모음화할 필요가 없어야 하지만, 그런데도 하여간에 단모음화한다.

(4-47) 폐쇄음절에서 단모음화가 일어나지 않음

/ʒaːb-ha/	ˈʒ**aː**b.ha	'he brought her'
/ʒaːb-l-u/	ˈʒ**aː**b.lu	'he brought for him'[10]

10) [ʒaːb.lu] 형태는 Farwaneh의 Southern Palestinian 방언에서 온 것이다(Farwaneh 1995: 162).

(4-48) /CCC/ 앞에서와 /CC#/에서의 단모음화

/ʃa:f-l-ha/	ˈʃ**a**.fil.ha	'he saw for her'
/ʒa:b-l-ha/	ˈʒ**a**.bil.ha	'he brought for her'
/ma ʒa:b-ʃ/	maˈʒ**a**.biʃ	'he didn't bring'

CV:C 음절이 용인되기 때문에 /ʒa:b-ha/와 같은 입력형들은 단모음화나 모음삽입을 필요로 하지 않는다. 어쩌면 이러한 입력형의 (4-4)와 같은 모라공유 표시는 제약 등급순위가 너무 낮아서 문제가 되지 않는 어떤 유표성제약을 위배할지도 모르며, 이 입력형들은 동일음절 내에서 자음군을 가지고 있지 않기 때문에, CLUSTER-CONDITION을 준수한다. 그러나 /ʃa:f-l-ha/와 같은 입력형은, /l/을 음절에 붙여서 CV:CC 음절을 만들 수도 있고 혹은 /l/을 음운적 단어의 직접적인 구성소로 붙일 수도 있어서, /l/ 분석에 따른 더 큰 문제점을 제시한다.

분절음이 음운적 단어 마디의 직접적인 구성소가 될 때 위배되는 제약을 *WORD-APPENDIX(*WDAPP)라고 하자. 충실한 분석인 [ʃa:f⟨l⟩ha]는 이 제약을 위배한다. (여기서 각괄호는 분절음이 음절화되지 않았음을 나타내기 위해서 사용되었다.) 만약 (4-49)와 같이 *WORD-APPENDIX가 IDENT(long)과 CLUSTER-CONDITION을 지배한다면, 충실한 [ʃa:f⟨l⟩ha]에서 [ʃafl.ha]를 거쳐서 출력형 [ˈʃa.fil.ha]에 이르는 경로는 조화적으로 향상한다.

(4-49) 연쇄 타당성으로부터 도출된 *WORD-APPENDIX >> IDENT(long), CLUSTER-CONDITION

/ʃa:f-l-ha/	*WDAPP	ID(long)	CLCND
→ ʃafl.ha		1	1
ʃa:f⟨l⟩ha	W1	L	L

Abu-Salim은 단일 자음으로 구성된 접미사 [-l-] '여격/수혜격' 앞에서 단모음화가 적용된다고 보고한다: [ˈʒab.lu]. 아마 이것은 (4-48)에서 요구되는 단모음화를 여격/수혜격의 부분활용형을 갖는 모든 동사로 확대 적용하는, 활용통일성(paradigm uniformity) 효과일 것이다(cf. Downing, Hall, and Raffelsiefen(eds) 2005).

불투명한 [ˈʃa.fil.ha]와 경쟁 관계에 있는 연쇄인 동시에 투명한 주요 경쟁자들이 (4-50)에 제시되어 있다. 처음 두 연쇄는 수렴한다: 이들은 동일한 LUM의 서로 다른 위치 변환으로 동일한 출력형을 산출한다. 연쇄 (b), (c)와 (d)는 강세와 단모음화의 불투명성과 투명성의 다양한 조합을 드러낸다. 끝에서 두 번째 음절에 강세가 할당되는 것과 단모음화가 적용되지 않는 것은 표면구조에 나타난 가시적 특성과 일치하기 때문에, 이들은 두 개의 투명한 상황이다: 어두 음절은 개방음절이고 두 번째 음절은 폐쇄음절이다.

(4-50) /ʃa:f-l-ha/로부터 도출된 몇몇 연쇄와 이들의 (r)LUMSeq

a. <ʃa:f⟨l⟩ha, ʃafl.ha, ˈʃafl.ha, ˈʃa.fil.ha>✓ 불투명한 강세와 단모음화
<ʃa:f⟨l⟩ha, ˈʃa:f⟨l⟩ha, ˈʃafl.ha, ˈʃa.fil.ha>✓
ℒ = {Dep-Pr@2, Id(long), Dep-V}
rL = {<Id(long), Dep-V>, <Dep-Pr@2, Dep-V>}

b. <ʃa:f⟨l⟩ha, ʃa:.fil.ha, ʃa:ˈfil.ha> 투명한 강세, 단모음화 미적용
<Dep-V, Dep-Pr@4>

c. <ʃa:f⟨l⟩ha, ˈʃa:f⟨l⟩ha, ˈʃa:.fil.ha> 불투명한 강세, 단모음화 미적용
<Dep-Pr@2, Dep-V>

d. <ʃa:f⟨l⟩ha, ʃafl.ha, ʃa.fil.ha, ʃaˈfil.ha> 투명한 강세, 불투명한 단모음화
<Id(long), Dep-V, Dep-Pr@4>

Prec(Dep-Pr, Dep-V)는 (4-50)의 (b)와 (d)처럼, 삽입모음에 투명한 강세가 주어진 연쇄를 배제한다. 그러므로 흥미로운 패자는 (c)가 되는데, 이것은 불투명한 강세를 가지고 있지만 단모음화와 모음삽입 간에 투명한 상호작용을 보인다. (a)가 승자이기 때문에, (c)보다 (a)를 선택하려면 또 다른 Prec 제약이 필요하다. Prec(Id(long), Dep-V)는 모음삽입을 위한 LUM이 단모음화를 위한 LUM보다 후행하며 선행하지 않는 연쇄에 유리하게 작용한다. (a)의 연쇄로부터 도출된 rLUMSeq에서 이 제약이

만족된다. 그러나 연쇄 (c)는 모음삽입을 위한 LUM이 단모음화를 위한 LUM보다 후행하지 않기 때문에 이 제약을 위배한다. 원하는 효과를 얻기 위해서는, PREC(ID(long), DEP-V)는 (c)와 비교하여 (a)가 가진 최악의 위배보다도 상위의 등급 순위에 있어야 하는데, 이것이 IDENT(long)이다. 이러한 제약 등급순위의 결과는 (4-51)에서 확인할 수 있다.

(4-51) PREC(ID(long), DEP-V) >> IDENT(long)

	/ʃa:f-l-ha/	PREC(ID(long), DEP-V)	ID(long)
a. →	ˈʃa.fil.ha {DEP-PR@2, ID(long), DEP-V} {<ID(long), DEP-V>, <DEP-PR@2, DEP-V>}		1
c.	ʃa:ˈfil.ha <DEP-PR@2, DEP-V>	W_1	L

4.2.7 요약

PREC 제약이 가시적으로 활성화될 때, 불투명한 결과에 유리하게 작용한다. Levantine Arabic에서, PREC(DEP-PR, DEP-V)는 모음삽입을 위한 LUM이라면 강세를 할당하는 LUM보다 반드시 후행할 것을 요구한다. 이렇게 되면 이 제약은 강세와 모음삽입 사이의 불투명한 상호작용을 뒷받침하는데, [kaˈta.b*i*t]에서는 예상된 위치보다 오른쪽으로, 또 [kaˈta.b*i*l.ha]에서는 왼쪽으로 강세 위치가 이동한다. PREC 제약은 다른 OT 제약과 다른 종류가 아니기 때문에, 이 제약도 결정적으로 지배를 받을 가능성이 있으며, 그 결과 기본적으로 불투명한 패턴을 산출하는 가운데 투명성을 산출해 낸다. Levantine Arabic에는 이러한 현상도 발생하는데, 이것은 PREC(DEP-PR, DEP-V)가 불투명한 *[kaˈtab.t*i*l.ha]의 긴 강세공백에 저항하는 제약의 지배를 받기 때문에 [ka.tabˈt*i*l.ha]에서 투명한 방식으로 삽입모음에 강세가 할당되는 경우에 나타난다. 또 다른 제약, PREC(ID(long), DEP-V)는 모음삽입과 폐쇄음절 단모음화 간의 불투명한 상호작용의 원인이 되는 것으로서, 이로 인하여 /ʃa:f-l-ha/로부터 [ˈʃ**a**.fil.ha]가 도출된다. *WORD-APPENDIX와 협력하여, 이 제약은 [ˈʃ**a**.fil.ha]에서 표면의 개방음절에 단모음화가 일어난 이유와, 또 모순적이지만, /ʒa:b-l-u/로부터 도출되는 [ˈʒa:b.lu]에서 표면의 폐쇄음절에 단모음화가 일어나지 않은 이유를 설명해 준다.

Levantine Arabic에 대한 이러한 설명은 복잡하기는 해도 널리 알려진 일련의 불투명한 상호작용을 OT의 단일문법 안에서 분석하는 것이 가능함을 보여 준다. 다층위 OT나 감응이론과 같이 다중문법에 기반한 접근방식도, 또 규칙순에 기반한 규칙도 필요한 것 같지 않다. 현재의 분석에서 핵심은, 후보에는 단순히 출력형 및 입력형-출력형의 관계뿐만 아니라 그 이상의 정보가 포함된다는 인식인데, 후보들은 입력형을 출력형으로 전사하는 작용 과정의 순서도 정보화한다. 이 작용 순서를 조절함으로써, PREC 제약은 고전 OT의 투명성 지향적인 편향성을 근본적으로 통합하는 방식으로 불투명한 상호작용에 유리하게 작용할 수 있는 능력을 갖는다.

4.3 Bedouin Arabic

4.3.1 배경

Arabic에서 Bedouin 방언의 음운 현상은 Levantine과 같은 정착성 방언의 음운 현상과 매우 다르다. 개방음절에서 저모음의 고모음화나 __CVCV 환경에서 저모음의 탈락과 같이, 정착성 방언에서는 특이하거나 존재하지 않는 과정이 Bedouin 지역어에서는 널리 퍼져 있으며, 전형적으로 Bedouin의 강세는 강약격(trochaic)이 아니라 약강격(iambic)이다. Bedouin Arabic에는 불투명한 상호작용이 적지 않으며, Al-Mozainy (1976, 1981)는 이러한 상호작용에 대하여 깊은 통찰력을 가지고 철저하게 조사하였다. 이러한 현상 가운데 몇 가지는 이미 앞 장에서 사례로 채택하였으며, 보다 자세한 내용은 차후에 논의하기로 약속한 바 있다. 이 절에서 그 약정서를 이행하고자 한다.

Al-Mozainy는 Harb 부족의 Bani Sâlim 지파에 속한다. 그가 이 방언의 원어민 화자임에도 불구하고(실제로, 그의 구술에 의한 원전이 Ingham(1982: 112-115)에 출판된 바 있다), 그의 자료의 일차적 출처는 노년층 문맹 화자의 언어였는데, Standard Arabic이나 다른 방언으로부터의 바람직하지 않은 영향을 피하기 위해서 이 화자들을 선택하였다. 이 책에 나오는 모든 자료는 Al-Mozainy의 연구에서 인용한 것이며, 예에서 괄호 안의 쪽수는 Al-Mozainy(1981)의 어디에서 이 형태를 찾을 수 있는지를 표시한다. 논의 전반에 걸쳐서, 'Bedouin Arabic'에 부적격이라는 표시가 있으면, 이는 Al-Mozainy가 원어민 화자로서 기술한 지역어임을 뜻한다. 이미 출판된 자료에 덧붙여서, 추가로 다양한 형태들을 Al-Mozainy와 이메일로 점검했으며, 몇몇 자료의 출처는 Al-Mozainy, Bley-Vroman, and McCarthy(1985)이다. 다소 유사한 현상은 Abboud(1979), Johnstone(1967a, 1967b), 그리고 Prochazka(1988)에 의하여 기술된 방언과 같은 Arabian Bedouin의 다른 방언에서 찾아볼 수 있다. Blanc(1970), Irshied(1984), Irshied and Kenstowicz(1984), 그리고 Mitchell(1960)에 의하여 기술된 Levantine 및 North African Bedouin 방언들은 상당히 다르다.

이 책에서는 Al-Mozainy의 음성표기에서 몇 가지를 단순화하였다. [k]와 [g]의 구개음화나 [r]과 [l]의 인두음화는 표시하지 않는다. (Al-Mozainy는 구개음화를 표시하는 데 있어서 다소 일관성이 없다.) 비록 세부적인 분절음 환경에 따라서, [i] 모음의 실제 색조는 자동적으로 [i], [ɨ], 그리고 [u] 중에서 하나로 바뀌지만, 이 책에서는 고모음화 과정에 의하여 생산되는 고모음은 항상 [i]로 표기하기로 한다(Al-Mozainy 1981: 64ff). 보통 Al-Mozainy는 음성표기에서 저모음의 전설이음과 후설이음을 구분하지 않기 때문에, 이 책에서도 구분하지 않기로 한다.

Bedouin Arabic에 대한 논의는 주요 음운현상 및 이들 간의 상호작용을 중심으로 구성되어 있다. 약강격 강세를 뒷받침하는 논증과 __CVCV 환경에서 모음탈락에 대한 설명을 가지고 §4.3.2에서 분석의 토대를 마련한다. 대수롭지 않은 불투명한 상호작용은 지나치면서 잠시 다루었으나, 보다 중요한 것은, 연쇄에 대한 조화향상 요건이 동일한 사실에 대한 고전 OT 분석의 문제점을 어떻게 해결하며 또 율격구조를 개선하는 분절음의 교체현상에 대한 일반적인 문제점을 어떻게 해결하는지를 이 장에서 보여 준다는 점이다. 고모음의 어중탈락과 저모음의 고모음화라는 두 가지 약화 과정과, 강세 간의 불투명한 상호작용이 §4.3.3의 논제이다. §4.3.4에서 논의될 이유로 인해서 어중모음탈락, 고모음화, 그리고 강세는 모두 삽입과 불투명하게 상호작용한다. 고모음화, 어중모음탈락, 그리고 음위전환 과정 간의 불투명한 상호작용은 §4.3.5에서 분석한다. 끝으로, 이러한 예에 덧붙여서 어중모음탈락과 구개음화 간의 불투명한 상호작용이 논의되어야 하는데, 이는 §3.3.3에서 분석한 바 있다. 이 요약으로 보건대, Bedouin Arabic의 음운 현상에는 불투명한 상호작용이 많이 있으므로 이것이 OT-CC의 훌륭한 시험대가 될 것이 분명하다.

4.3.2 강세와 제3음절 탈락(trisyllablic deletion)

Arabic의 정착성 방언은 강약격(trochaic) 강세를 가지고 있지만, Bedouin Arabic 강세는 약강격(iambic)이다. 이 중요한 성찰은 Hayes(1995: 226ff.) 덕분에 이루어진 것으로서, 강세 패턴을 관찰해서는 전혀 알 수 없지만, 이것은 이런 강세 패턴이 아니라면 Bedouin Arabic 음운론에서 이해가 되지 않는 몇 가지 특징을 이해하는 데 도움을 준다. (4-52)에 기본 자료가 제시되어 있으며, 표면의 음절 유형별로 구성되어 있다.

(4-52) Bedouin Arabic의 강세

a. 1음절 단어

/kitib/	kˈtib	‘it was written’(149)
/ʃirib/	ʃˈrib	‘it was drunk’(151)

b. 끝에서 두 번째 음절이 경음절인 2음절 단어

/katab/	ˈki.tab	‘he wrote’(133)
/ʁazaː/	ˈʁa.za	‘he raided’(133)

c. 끝에서 두 번째 음절이 중음절인 경우

/ʃarib-at/ ˈʃar.bat ‘she drank’(141)

/maktuːf-ah/ makˈtuː.fah ‘tied (f. sg.)’(132)

d. 끝에서 세 번째 음절이 중음절이고 끝에서 두 번째 음절이 경음절인 경우

/maħkam-ah/ ˈmaħ.ku.mah ‘court’(187)

/ðˤarabt-kum/ ðˤaˈrab.tu.kum ‘I hit you (m. pl.)’(151)

e. 끝에서 세 번째와 두 번째 음절이 경음절인 경우

/ʔakal-at/ ʔaˈka.lat ‘she ate’(164)

/ʔakað-at/ ʔaˈka.ðat ‘she took’(146)

f. 경음절인 끝에서 두 번째 음절 앞에 퇴행적 음절이 오는 경우

/saħab-at/ sˈħa.bat ‘she pulled’[11](61)

/katab-at/ kˈti.bat ‘she wrote’(146)

/ʔinkasar-at/ ʔin.kˈsa.rat ‘it (f.) got broken’(153)

/ʔiftakar-aw/ ʔif.tˈka.raw ‘they (m.) remembered’(153)

g. CVːC 혹은 CVCC의 끝음절

/ðˤarab-t/ ðˤaˈrabt ‘I hit’(132)

/ja-χdim-uːn/ jχadˈmuːn ‘they (m.) serve’(175)

약강격의 [(ðˤaˈrab)tu.kum] 혹은 강약격의 [ðˤa(ˈrab)tu.kum] 중에서 어느 것이 올바른 율격분석인가? 대부분의 자료가 (c, d, g)와 같이 약강격과 강약격 강세와 모두 잘 맞는 것처럼 보이거나, 아니면 (a, f)와 같이 그 어느 유형과도 맞지 않는 것처럼 보이기 때문에, 강세의 분포를 관찰하는 것만으로는 그다지 도움이 되지 않는다. (e)와 같이 확연하게 약강격 강세를 보이는 단어도 있지만, 약강격 강세를 뒷받침하는 주요 논거는 강세 분포에서 오는 것이 아니라, (f)에 예시된 모음탈락 과정에서 온다.

(e)의 [ʔaˈka.lat]와 같이 [ʔ]로 시작하는 단어는 약강격으로만 분석될 수 있는

11) 이 형태는 Al-Mozainy, Bley-Vroman, and McCarthy(1985: 136)에서 인용한 것이다.

강세 패턴을 가지고 있다: [(ʔaˈka).lat]. 끝음절이 중음절이거나 혹은 단어가 2음절인 경우가 아니라면 Bedouin Arabic은 Levantine처럼 일관성 있게 NONFINALITY를 존중하기 때문에, *[ʔa(ˈka.lat)]와 같은 강약격 분석은 불가능하다. 물론, 약강격 강세는 (4-53)의 IAMB이 TROCHEE를 지배함을 보여 준다. NONFINALITY의 등급순위가 어디로 정해져 있든지 간에, 보통 약강격 체계에서 그러하듯이, NONFINALITY는 어말 강세인 *[ʔa(kaˈlat)]보다는 [(ʔaˈka).lat]의 분석을 선호한다. 이런 단어들이 항상 [ʔ]로 시작하는 이유를 곧 설명하기로 한다.

(4-53) IAMB

왼머리(left-headed) 구조를 가지지 않은 음보마다 위배표시를 할당하라.

[ʔaˈka.lat]와 같은 구조를 하면서도 다른 강세 패턴을 가진 몇 개의 단어들이 (4-54)에 열거되어 있다. 이런 단어들은 /ʔ/로 시작하는 어간을 가지고 있는데, 이 자음은 정관사 /ʔal/ 뒤에서 탈락한다(cf. [ˈʔa.sad] 'a lion' 등). 소박하게 생각하면 'the lion'이 [ʔaˈka.lat]처럼 두 번째 음절에 강세를 받으면서 [ʔaˈla.sad]로 발음될 것이라고 예상할 수 있다. 그렇지만, 실제 강세 패턴은 불투명하다: [ˈʔa.la.sad]는 (4-52)에서 (d)의 다른 [(ˈH)LL] 단어와 같이 마치 *[ˈʔal.ʔa.sad]인 것처럼 강세를 받는다. 이 경우 불투명한 강세는 투명한 경쟁자 *<ʔal.ʔa.sad, ʔa.la.sad, (ʔa.ˈla).sad> 보다는 불투명한 연쇄인 <ʔal.ʔa.sad, (ˈʔal)ʔa.sad, (ˈʔa.la)sad>에 유리하게 작용하기 위해서 PREC(DEP-PR, MAX-C) 제약을 필요로 한다. 약강격 음보인 *[(ʔa.ˈla).sad]에 비해서 [(ˈʔa.la)sad]는 강약격 음보를 가지고 있기 때문에, (4-55)에 나타난 바와 같이, PREC(DEP-PR, MAX-C)가 IAMB을 지배해야 한다. 등급순위의 메타제약인 (3-24)에 의하여, PREC(DEP-PR, MAX-C)는 MAX-C보다 낮은 등급순위에 있어야 하고, 또 VCʔV 연속음에 대한 충실한 분석을 방해하는 유표성제약이 무엇이 되든지 간에 MAX-C는 이 제약보다 낮은 등급순위에 있어야 한다. 이러한 추가적 등급순위 요건들

은 분석의 핵심에 하등의 영향을 미치지 않기 때문에, 이 문제로 더 이상 지체할 필요는 없겠다.

(4-54) 어두에 /ʔal-ʔ/를 가진 명사(Al-Mozainy 1981: 138)

/ʔal-ʔasad/	ˈʔa.la.sad	'the lion'
/ʔal-ʔaxu/	ˈʔa.lu.xu	'the brother'
/ʔal-ʔabu/	ˈʔa.li.bu	'the father'

(4-55) PREC(DEP-PR, MAX-C) >> IAMB

	/ʔal-ʔasad/	PREC(DEP-PR, MAX-C)	IAMB
→	<ʔal.ʔa.sad, (ˈʔal)ʔa.sad, (ˈʔa.la)sad> <DEP-PR@2, MAX-C@3>		1
	<ʔal.ʔa.sad, ʔa.la.sad, (ʔaˈla)sad> <MAX-C@3, DEP-PR@4>	W$_2$	L

약강격 운율을 뒷받침하는 주요 증거는 제3음절 탈락(trisyllabic deletion) 과정에서 온다. 기술상으로는, /a/ 모음은 비어말 경음절 앞에 오는 경음절에서 탈락한다: /saħab-at/ → [sˈħa.bat]. 이 과정은 지극히 일반적인 것이며, 실제로 이 과정에 대하여 어휘적 예외가 있다는 말을 들어본 적이 없다. 이 과정은 생산적이기도 한데, 예컨대 Al-Mozainy(1981: 85)는 원래 Jordanian Arabic인 [ʔal-ʕaqabah] 'Aqaba'에서 차용한 [ʔal-ʕgi.bah]를 인용하며, 보다 많은 증거는 (4-73)에 예시된 은어에서 만들어 낼 수 있다(주 16을 보라).

제3음절 탈락은 경음절에만 영향을 미치므로 장모음이나 폐쇄음절의 모음은 여기에 저촉되지 않는다. 나아가, 후행하는 음절도 경음절이어야 하므로, [ðˤaˈrab.tu.kum]의 어두 음절에서는 후행 음절이 중음절이기 때문에 탈락이 일어나지 않는다. 연속된 두 개의 경음절은 그 자체가 비어말 음절이어야 한다: /ʁa.za:/ → [ˈʁa.za], *[ʁˈza(:)].

'a → Ø / __CVCV'라는 규칙은 이런 모든 조건들을 단축해서 기술하지만, 이 조건들 가운데 어느 하나도 설명은 못하는 것이 분명하다. OT는 원인이 되는 유표성제약을 밝힘으로써 제3음절 탈락이 왜 발생하는지를 설명해야 한다고 요구한다. McCarthy (2003c)에서 필자가 제안한 바와 같이, 이 제약들은 율격이론에서 온다.

또 다른 언어에서 가져온 이와 유사한 예, 즉 영어의 제3음절 단모음화(trisyllabic shortening)로 분석을 시작한다. *ser**e**ne/ser**e**nity*, *gr**a**teful/gr**a**titude*, 그리고 *der**i**ve/der**i**vative*와 같은 쌍들은 기술적으로는, 비어말에 위치한 비강세 음절보다 앞에 올 때 장모음이 단모음화함을 보여 준다. 제3음절 단모음화의 표준 분석 (Chomsky and Halle 1968)은 'a → Ø / __CVCV'와 같이 복잡하고 비국부적인 환경을 가진 순전히 기술적인(descriptive) 규칙을 사용한다. 제3음절 단모음화에 대한 설명은 율격이론에서 온다. Myers(1987)와 Prince(1990)에 의하면, 제3음절 단모음화는 위에서 아래로의 방식으로(top-down fashion) 음보구조에 의하여 결정된다. 끝에서 두 번째 음절에 경음절이 있는 명사의 강세 패턴은 어말 음절에 율격외음절성(extrametricality)을 부여하여, 끝에서 두 번째와 세 번째에 걸쳐서 강약격 음보를 갖는다: se $(\textit{réni})_{\text{Ft}}$ ⟨*ty*⟩. 단모음화는 HL(heavy-light)의 강약격을 보다 더 조화적인 LL 강약격으로 교체함으로써, 강약격 음보의 적형성을 향상시킨다. Prince(1996)에서 강조한 바와 같이, 이 접근방식은 *왜* 하필이면 제3음절 단모음화인지에 대하여 해답을 준다. 왜 하필 단모음화이며, 예컨대 장모음화는 왜 발생하지 않는가? 그 이유는 단모음화를 하면 바람직한 음보구조인 2모라 음보와 일치하는 정도를 향상시키기 때문이다. 후행하는 음절은 왜 비강세 음절이어야 하는가? 그 이유는 후행하는 비강세 음절이 음보에 기반한 진정한 조건의 기술적 소산이기 때문이다 — 정의에 의해서, 강약격의 두 번째 음절은 비강세이다. 또 이 음절 뒤에 후행하는 또 다른 음절은 비국부적인 방식을 취하면서, 왜 존재해야 하는가? 이것은 영어에서 규칙적으로 나타나는 명사의 율격외음절 규칙 때문이다. 영어에서 강약격 음보 구조의 역할이 제대로 이해가 되어야 이러한 질문에 대한 해답이 명확하게 떠오른다.

이와 마찬가지로, Bedouin Arabic에서 제3음절 탈락을 이해하는 핵심은 *약강격 (iambic)* 강세 체계라는 환경에 이 과정을 투영하는 것이라고 제안하고자 한다. 약강격 음보는 무게와 관련된 강력한 요구조건의 지배를 받는다. 약강격/강약격 법칙(Iambic/Trochaic Law)(Hayes 1987, 1995: 80)이나 혹은 음보구성조화(Grouping Harmony)(Prince 1990)에 의하면 (아울러 Kager 1993, McCarthy and Prince 1986/1996을 참조하라), 약강격 음보는 돋들림에 의한 대립을 양적으로 강화하는 것을 선호하는 경향이 있으므로, LˈH 약강격은 LˈL 약강격보다 훌륭하다. 구체적으로 나타내기 위해서, GROUPING-HARMONY 제약이 (4-56)과 같이 정의된다고 가정하기로 한다.[12]

(4-56) GROUPING-HARMONY(GRPHARM)

음보 (x y)에서, |y|>|x|. (|α|≡α의 무게)

GROUPING-HARMONY 때문에, 많은 언어에 약강격 장음화 과정이 있는데, 이것은 두 번째 음절을 장음화함으로써 LL 약강격을 개선한다: /pakata/ → [(paˈkaː)ta] 혹은 [(paˈkat)ta]. GROUPING-HARMONY에 의하여 논리적으로 가능한 또 다른 결과는 약강격 음보의 비강세 음절을 약화시키는 것으로서, 강음절을 강화하는 것이 아니라 약음절을 약화시킴으로써 양적 대립을 강화하는 것이다. Hayes(1995: 213)는 이러한 현상이 Delaware에서 발생한다고 보고하는데, 이것은 Kager(1997)의 Macushi Carib 분석의 한 요소이다. Bedouin Arabic 과정이 바로 이런 것이다: 양적 대립을 증진하기

12) 돋들림을 언급하지 않는다는 점에서, (4-56)의 GROUPING-HARMONY의 정의는 Prince(1990)를 따른 것이다. 그러므로 이것은 특별히 약강격 음보에 대한 제약이라기보다는 음보 전반에 관한 제약으로서, 구성소의 끝 위치에 길이가 더 긴 장음을 선호한다. 그 이유는 비록 약강격 체계가 음보의 첫 음절을 줄이거나 두 번째 음절을 확장함으로써 GROUPING-HARMONY를 만족시키기는 하더라도, 약강격 음보를 강약격 음보로 이름을 바꿔 달아서 이 목적을 달성하는 일은 절대로 없는 것 같다. 구체적으로 약강격 음보로 국한된 음보구성 조화 제약이라면 절대로 있을 법하지도 않거니와, 검증되지도 않은 이 가능성을 예측하게 될 것이다.

위하여 (LˈL) 약강격 음보에서 비강세 음절을 약화시킨다.

/saħab-at/에 대하여 가장 조화적이고 분절적으로 충실한 약강격 분석은 [(saˈħa)bat]이다(다른 교체형 분석인 *[sa(ˈħa.bat)]와 *[sa(ħaˈbat)]는 NONFINALITY에 의해서 배제된다). 약강격 음보 [(saˈħa)]는 비강세 음절과 강세 음절이 모두 다 경음절이어서 동등한 무게를 가지는데, 약강격은 양이 차등적인 것을 선호하기 때문에, 이 음보는 GROUPING-HARMONY를 위배한다. 방금 언급한 바와 같이, 많은 언어들은 강세 음절을 장음화함으로써 이런 상황을 개선하지만, Bedouin Arabic에서는 IDENT(-long) 혹은 이에 버금가는 제약으로 인해서 이 선택이 배제된다. Bedouin Arabic에서는 첫음절이 음절핵을 상실함으로써 전혀 모라를 갖지 않는 약강격 음보를 상대로 (LˈL) 형태의 약강격 음보가 패자가 된다는 것이 필자의 주장이다. 모라가 없는 음절이나 '퇴행적(degenerate)' 음절은 분명 1모라 음절보다는 가벼우므로, 이런 행보는 GROUPING-HARMONY에 대한 수행력을 향상시킨다. (4-57)의 다이어그램은 어두에 퇴행적 음절을 가진 약강격 음보가 어떻게 표시되는지를 보여 준다. 앞으로는, 퇴행적 음절이 있다는 것을 표시하기 위해서 좀 더 간결한 표기인 [s.ħa]나 [(sˈħa)]를 사용하기로 한다. /ʔinkasar-at/에서 도출된 [ʔin(kˈsa)rat]에서처럼, 이 구조가 어중에서도 나타날 수 있다는 점에 주목해야 한다.

(4-57) 퇴행적 음절로 GROUPING-HARMONY를 만족시키는 표시[13]

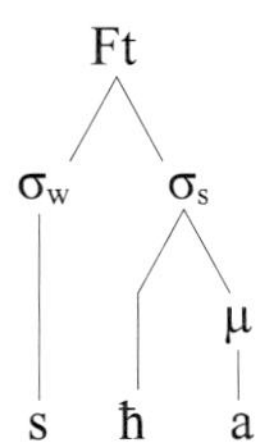

13) Arabic(Aoun 1979, Broselow 1992, Farwaneh 1995, Kiparsky 2003, McCathy and Prince 1990a, 1990b, Selkirk 1981a)에, 다른 언어(예: Cho and King 2003, Féry 2003)에, 그리고 모음삽입 분석(Hyman 1985, Piggŏtt 1995, Selkirk 1981a)에는, 퇴행적 음절이나 이와 유사한 개념에 대한 선행연구가 많이 있다.

도표 (4-58)에 나타난 바와 같이, GROUPING-HARMONY와 IDENT(-long)을 MAX-A보다 상위의 등급순위로 매김으로써, 이 탈락 과정에서 관찰되는 온갖 종류의 조건들, 즉 'a → Ø / __CVCV'의 규칙에서 임의 규정에 불과한 조건들을 설명할 수 있다. 경음절의 모음만 탈락하는데, 그 이유는 2음절로 구성된 약강격 음보는 절대로 중음절로 시작할 수 없으며, GROUPING-HARMONY는 2음절 음보에만 관련이 있기 때문이다. 영향을 받는 음절에 후행하는 음절도 경음절이어야 하는데, 그 이유는 만약 이 음절이 중음절이었다면, 더 이상 아무것도 하지 않아도 GROUPING-HARMONY가 이미 만족되어 있기 때문이다: [(ðˤaˈrab)tu.kum]. 규칙에서 끝에 CV가 있는 이유는 영향을 받는 경음절-경음절의 연속이 어말이 아님을 보장하기 위해서이다. 진정한 설명은, 어말에 경음절-경음절이 연속하는 단어는 NONFINALITY 때문에 항상 강약격으로 강세를 받는데(예: [ˈʁa.za]), 무게와 관련된 요구조건에 있어서 강약격 음보는 약강격 음보와는 다르다(Hayes 1995, Prince 1990)는 것이다. /a/ 모음만 이 과정에 의해서 탈락의 대상이 되는 것처럼 보인다는 사실은 약간의 설명이 필요한 분석상의 결과물이다: 아래에서 논의하겠지만, 고모음은 개념상 이질적인 과정에 의해서 탈락된다.[14]

(4-58) GROUPING-HARMONY, IDENT(-long) >> MAX-A

/saħab-at/	GRPHARM	ID(-long)	MAX-A
→ (sˈħa)bat			1
a. (saˈħa)bat	W1		L
b. (saˈħaː)bat		W1	L

[(ʔaˈka)lat]와 같이 [ʔ]로 시작하는 단어의 특이한 점은 이들이 약강격 강세를 갖는다

14) 왜 GROUPING-HARMONY가 고모음의 탈락을 강요하지 않는지를 설명하기 위해서 상위 등급순위의 MAX-I에 호소할 수는 없는데, 그 이유는 저모음이 고모음보다 돋들림이 더 크므로, 보편적으로 MAX-A가 MAX-I를 지배하기 때문이다. §3.5.3과 §4.2.5를 보라.

는 점이 아니라, 제3음절 탈락의 효과를 보이지 않는다는 점이다. 아마도 [ʔ]만으로 구성된 퇴행적 음절과 연관이 있는 어떤 곤란함 때문에, 예상되는 *[(ʔˈka)lat]가 배제되는 듯하다. 그러므로 (4-59)에 나타난 바와 같이, *[(ʔˈka)lat]가 위배하는 유표성제약은 — 여기서는 임시로 *[ʔ]$_{\sigma}$로 정하기로 한다 — Grouping-Harmony를 지배해야 한다.

(4-59) *[ʔ]$_{\sigma}$ >> Grouping-Harmony

/ʔakal-at/	*[ʔ]$_{\sigma}$	GrpHarm
→ (ʔaˈka)lat		1
(ʔˈka)lat	W$_1$	

(4-58)에 나타난 등급순위가 제3음절 탈락에 대한 설명에서 큰 부분을 차지하지만, 이것이 전부는 아니다. *[(ˈsaħ)bat] 형태는 적어도 (4-58)의 승자만큼 무표적이며 이보다 더 불충실하지는 않다. 1음절 음보 [(ˈsaħ)]는 [sˈħa]만큼이나 Grouping-Harmony를 잘 만족시킨다. 더욱더 곤란한 점은, 이 언어가 가급적이면 자음을 퇴행적 음절로 분석하기보다는 음절말음으로 분석하기 때문에, 틀림없이 [sˈħa]가 [(ˈsaħ)]보다는 더 유표적이라는 것이다. 이것은 *[(ˈsaħ)bat]가 실제 승자인 [(sˈħa)bat]보다 더 조화적이라는 잘못된 예측이 가능함을 의미한다.

[sˈħa.bat]가 더 조화적이라는 설명은 OT-CC에서 온다. 승자인 [sˈħa.bat]는 조화적으로 향상하는 타당한 후보연쇄의 마지막 지점이다: <sa.ħa.bat, (saˈħa)bat, (sˈħa)bat>. 이 연쇄는 조화적으로 향상하는데, 그 이유는 Levantine Arabic에서처럼 강세의 존재가 강세의 부재보다 더 조화적이기 때문이며, 또 Grouping-Harmony를 지키기 위해서 모음탈락을 허용하는 (4-58)의 등급순위 때문이다. 연쇄가 한결같이 LUM을 축적해 나가야 하기 때문에, 유사한 연쇄를 가지고는 *[(ˈsaħ)bat]에 도달할 길이 없다 — <sa.ħa.bat, (saˈħa)bat, (ˈsaħ)bat>와 같이 강세를 이동한 연쇄는 축적성이 없기 때문에 본질적으로 타당하지 않다. 그렇지만 *[(ˈsaħ)bat]로 가는 경로에서 두 가지

대안은 고려해 볼 필요가 있다.

*[(ˈsaħ)bat]에 도달하는 한 가지 가능한 방법은 강세를 받을 기회를 얻기 전에 끝에서 두 번째 음절의 모음을 탈락시키는 일련의 형태를 거치는 것이다: <sa.ħa.bat, saħ.bat, (ˈsaħ)bat>. 그렇지만 추정적인 이 연쇄는 초기의 /a/ 탈락 단계가 조화적으로 향상하지 않기 때문에 타당하지 않다. GROUPING-HARMONY나 MAX-A보다 상위의 등급순위에 있는 다른 어떤 유표성제약도 음보 구조가 존재하지 않는 상황에서 [saħa]보다 [saħ]를 선호하지는 못한다. *[(ˈsaħ)bat]에 도달하는 다른 가능한 경로는 강약격 강세를 할당하고 나서 비강세 음절을 탈락하는 과정을 포함한다: <sa.ħa.bat, (ˈsaħa)bat, (ˈsaħ)bat>. 강세는 어말을 제외하고는 약강격이므로, 강약격 강세는 DEP-PROM을 위배하는 LUM을 할당하는 데 있어서 가장 조화적인 방법이 못 되기 때문에, 이 연쇄는 타당하지 않다. 간단히 말해서, *[(ˈsaħ)bat]는 후보집합의 한 원소조차 못되므로, 아예 진정한 승자인 [sˈħa.bat]의 경쟁 대상이 못 된다.

이 논증은 특정한 이 예를 넘어서 중요한 의미를 갖는다. (아울러 연쇄가 조화적으로 향상할 것을 요구하는 다른 효과에 대해서는 §3.2.4.3을 보라.) Hayes(1995)와 같은 OT 이전의 강세에 대한 연구문헌에는 먼저 율격 음보를 할당하고 나서 율격분석을 '향상시키는' 효과를 가진 과정을 발동하는 통찰력 있는 분석으로 가득하다. 앞서 살펴본 바와 같이, 모음약화와 탈락이 이러한 과정에 속한다. 규칙기반 음운론에서 일반적으로 그러하듯이, 이런 분석은 공식화에 있어서 기본적인 문제점을 가지고 있을 수 있다: 향상이라는 개념이 분석 그 자체에 있지 않고 분석에 대한 원전적인 해석에 있을 위험이 도사리고 있다. OT는 향상이라는 개념에 명확한 정의를 제공함으로써 이러한 문제점을 해결하지만, 고전 OT는 그 자체의 문제도 제기한다: 어떻게 하면 강세규칙을 먼저 적용하고 나서, 그 결과 발생한 율격구조에 향상 규칙을 적용한 효과를 재생산할 수 있을까?

[(sˈħa)bat]와 *[(ˈsaħ)bat] 간의 경쟁은 이러한 문제점의 일례이다. 승자후보인 [(sˈħa)bat]는 분절적으로 충실한 형태인 [(saˈħa)bat]와 동일한 기본적인 강세 패턴을

가지고 있지만, *[(ˈsaħ)bat]는 상이한 강세 패턴을 가지고 있다. 규칙기반 음운론에서, 이것은 모음탈락보다 앞서서 강세를 적용한 (그리고 그 후에 강세를 이동하지 않는) 규칙순의 결과이다. 그러나 모든 과정의 효과가 병렬식으로 평가되는 고전 OT에서는, 경쟁 가능한 후보를 분절적으로 충실한 [(saˈħa)bat]의 강세 패턴을 공유하는 후보로 제한할 길이 없다. 고전 OT에 대한 이 문제점은 Kager(1997)에 의해서 처음으로 확인되었는데, 그는 강세에 민감한 모음탈락을 가진 두 언어인 Macushi Carib와 Southeastern Tepehuan에서 이 문제점을 어떻게 해결할 수 있을지에 대하여 몇 가지 방안들을 발전시켰다. 그러나 어떤 일반적인 해결책도 고전 OT의 기본 전제와 타협할 수 없기 때문에, 일반적인 해결 방안은 실효성이 없는 것으로 밝혀졌다.

Bedouin Arabic의 분석은 어떻게 해야 OT-CC가 분절음을 교체함으로써 율격구조를 최적화하는 과정에 대하여 매우 일반적인 설명을 제공할 수 있는지를 시사한다. 연쇄는 각 단계마다 조화향상을 나타내어야 하기 때문에, 탈락이나 장음화와 같은 과정이 율격 적형조건에 부응할 수는 있어도, 이 과정들이 적형조건을 예상하고 그럴 만한 이유가 있었다고 나중에 밝혀지게 될 변화를 미리 일으킬 수는 없다. 몇 단락 앞에서 언급한 바와 같이, *[(ˈsaħ)bat]는 <sa.ħa.bat, saħ.bat, (ˈsaħ)bat>와 같은 추정적인 연쇄에 의해서만 도출이 가능한데, 이 연쇄에서 모음이 탈락하는 LUM은 강세를 할당하는 LUM보다 선행한다. 그러나 율격구조가 아직 존재하지 않기 때문에, 부분연쇄인 <sa.ħa.bat, saħ.bat>에서 모음탈락이 당장 조화향상을 불러오지는 못한다. 한편으로, 고전 OT는 전국적으로(globally) 최적성화하기 때문에, 고전 OT의 분석은 [(ˈsaħ)bat]를 택하는 잘못을 범하고 마는데, 그 이유는 이 형태가 율격구조와 모음탈락 간에 가장 훌륭한 조합을 제시하기 때문이다. 다른 한편으로, OT-CC는 국부적으로(locally) 최적성화하므로 이런 종류의 전국적 효과를 생산할 수가 없다: 탈락이 먼저 발생하려면, 이것 스스로가 당장 조화향상을 제시해야 하며, 만약 탈락이 율격상의 적형성에 대한 응답이라면, 탈락이 발생할 때 이미 율격구조가 존재해 있어야 한다.

요약하면, 제3음절 탈락 과정은 (4-52)의 강세 패턴에 대한 약강격 분석의 맥락에서는 이해가 되지만, 강약격 분석에서는 이해가 되지 않는다. 앞에서 살펴본 바와 같이, 좀 명백하지는 않지만, [(sˈħa)bat]와 같은 단어는 공식 음보(modal foot)가 약강격임을 보여 준다. 제3음절 탈락이 봉쇄되는 [(ʔaˈka).lat]의 경우에는, 음보가 명시적으로 약강격이다.

Bedouin Arabic은 공식 음보가 약강격이지만, IAMB이 결정적으로 지배를 받는 조건하에서는 강약격 음보가 발생한다. (4-55)의 불투명한 강세가 그 일례이며, 또 다른 예는 [ˈsa.ħab]((4-52)의 (b))와 같은 2음절 단어의 강세 패턴이다. 어말에서 약강격 돋들림의 도치는 흔히 있는 예이며, 또 다른 예로는 McCarthy and Prince(1993b)의 Axininca Campa의 분석을 보라. 어말 도치는 (4-60)의 NONFINALITY(ˈσ)가 IAMB을 지배함을 보여 준다(도표 (4-61)을 보라). (Levantine Arabic처럼(§4.2.2), 어말의 CVC 음절은 경음절로 분석되고 어말의 CV: 음절은 단모음화한다고 가정한다.)

(4-60) NONFINALITY(ˈσ)(NF(ˈσ))

음운적 단어의 어말에 위치한 강세 음절마다 위배표시를 할당하라.

(4-61) NONFINALITY(ˈσ) >> IAMB[15]

/saħab/	NF(ˈσ)	IAMB
→ (ˈsa.ħab)		1
a. (saˈħab)	W1	L
b. (sˈħab)	W1	L

15) (4-56)에 정의된 바와 같이, [(ˈsaħab)]과 *[(saˈħab)] 모두 (LL) 음보를 가지고 있기 때문에 GROUPING-HARMONY는 그 어느 것에도 유리하게 작용하지 않는다. 그래서, 비록 나중에 GROUPING-HARMONY가 NONFINALITY(ˈσ)를 지배하게 되더라도((4-67)을 보라), (4-61)의 등급순위에 대한 논증은 여전히 타당하다.

(4-62)에 현재 상태의 제약위계가 요약되어 있다. ([ʔ]에 대한 임시 제약은 몇몇 상호작용을 명확하게 하기 위하여 포함하였다.) 음보는 보통 약강격 이지만, 두 가지 상황 하에서 강약격이 된다: Prec(Dep-Pr, Max-C)를 만족시키기 위해서 강약격 강세가 필요한 /ʔal-ʔasad/ → [ˈʔa.la.sad]와 같은 불투명한 도출이 그 하나이고, 다른 하나는 2음절 단어에서 어말에 강세 음절을 피하여 약강격 분석을 배제하는 경우이다. 이 체계의 다른 중요한 요소는 Grouping-Harmony와 Max-A 간의 상호작용인데, 이것이 앞에서 자세하게 검토한 제3음절 탈락 과정의 원인이다.

(4-62) Bedouin Arabic의 등급순위 요약 I

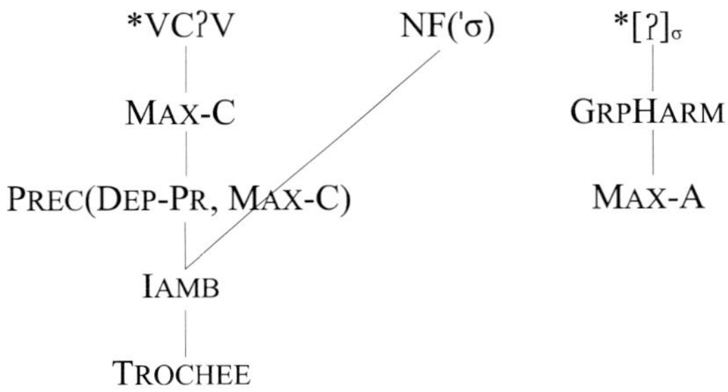

4.3.3 어중모음탈락과 고모음화

Levantine Arabic과 같이, Bedouin Arabic은 비어말 개방음절에서 단고모음을 탈락시킨다. (4-63)에 몇몇 예가 주어져 있으며, 생산적 규칙이라는 증거는 영어의 *cylinder*에서 온 [slinder]와 같은 차용어에서 온다(Al-Mozainy 1981: 84). Levantine 처럼, 이러한 예는 (4-38)의 Weak<*i*가 Max-I를 지배함을 보여 준다((4-64)를 보라).

(4-63) 고모음의 어중탈락, I부

/k**i**tib-t/	kˈtibt	'you (m. sg.) were written' (59)
/ti-rs**i**l-u:n/	tirsˈlu:n	'you (m. sg.) send' (46)

/ja-gʕ**u**d-uːn/	jagʕˈduːn	'you (m. pl.) sit' (46)
/ja-kt**u**b-in/	ˈjaktbin	'they (f.) write' (142)

(4-64) WEAK$<i$ >> MAX-I

/kitib-t/	WK$<i$	MAX-I
→ kˈtibt		1
kiˈtibt	W_1	L

그러나 (4-65)의 예에 나타난 바와 같이, Bedouin Arabic에서 어중모음탈락은 Levantine과는 사뭇 다르게 작용한다. Bedouin Arabic은 가만히 있었더라면 강세를 받았을 위치에서 고모음을 생략한다. 그래서 /kitib/는 *[ˈki.tib]가 아니라 [kˈtib]가 되며, 또 /ʃarib-at/는 *[ʃˈri.bat]가 아니라 [ˈʃar.bat]가 된다(cf. /katab-at/로부터 도출된 [kˈti.bat] 'she wrote').

(4-65) 고모음의 어중탈락, II부

/k**i**tib/	kˈtib	'it (m.) was written' (149)
/kit**i**b-at/	ˈkitbat	'it (f.) was written' (59)
/ʃar**i**b-at/	ˈʃarbat	'she drank' (147)

가만히 있었더라면 강세를 받았을 위치에서 일어난 고모음의 어중탈락은 강세와 어중모음탈락 간의 불투명한 역출혈순 상호작용의 증거이다. (4-65)에서 강세는 탈락하는 고모음에 대하여 아무런 방어 효과를 나타내지 않는데, 이는 MAX-I를 위배하는 LUM 순서가 DEP-PROM을 위배하는 LUM보다 앞서기 때문이다. 이 LUM 순서는 PREC(MAX-I, DEP-PR)에 의하여 요구되는 것으로서, 투명한 *[ˈk**i**tib]보다 불투명한 [kˈtib]에 유리하게 작용하기 위해서는 이 제약이 NONFINALITY(ˈσ)와 MAX-I를 모두 지배해야 한다((4-66)을 보라).

(4-66) Prec(Max-I, Dep-Pr) >> Nonfinality(ˈσ), Max-I

/kitib/	Prec(Max-I, Dep-Pr)	NF(ˈσ)	Max-I
→ <ki.tib, k.tib, (kˈtib)> <Max-I@2, Dep-Pr@4>		1	1
<ki.tib, (ˈki.tib)> <Dep-Pr@2>	W_1	L	L

분석이 더 진행되기 전에 (4-64)와 (4-66)의 새로운 등급순위 결과가 제약위계에 포함되어야 한다. (4-67)의 다이어그램을 단순화하기 위해서 앞에서 나온 (4-62)의 다이어그램에서 관련이 적은 몇 개의 제약은 생략하였다. Max-I보다 상위에 있는 Max-A의 등급 순위는 기본적인 유형론을 고려해서 나온 것이다(위의 §3.5.3, §4.2.5, 그리고 주 14를 보라).

(4-67) Bedouin Arabic의 등급순위 요약 II

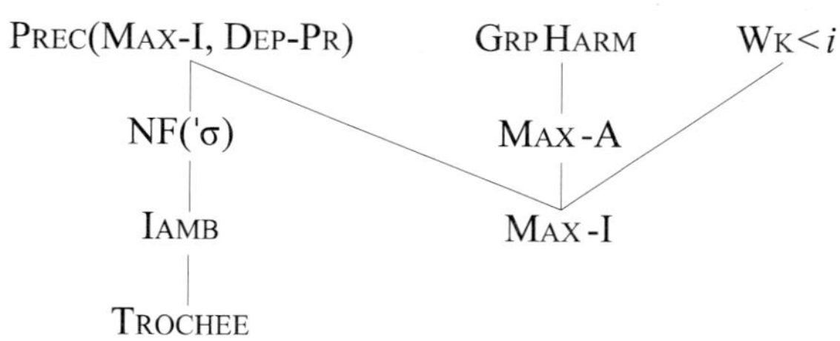

앞에서 고모음은 Weak<*i* 때문에 탈락하는 반면, 저모음은 Grouping-Harmony를 만족시키기 위해서 탈락한다는 것을 살펴보았다. 어간에 저모음과 고모음이 모두 포함되어 있고, 각 모음이 탈락하기 좋은 위치에 있다면 어떻게 될까? 적절한 예는 /ʃarib-at/ 'she drank'이다. 흥미로운 후보는 /i/ 탈락을 겪은 [ˈʃar.bat]와 /a/ 탈락을 겪은 *[ʃˈri.bat]이다. (두 개의 모음이 모두 탈락한 형태는

음절구조에 대한 상위 등급순위의 제약에 의하여 배제된다: *[ʃrbat].) 연쇄와 이들의 LUMSeq는 (4-68)에 제시되어 있다. 왜 (a)가 (b)보다 더 조화적인지를 설명하기 위해서 새로 필요한 등급순위는 없다: 실제로, 이미 한 가지 이상의 설명이 준비되어 있다. 첫째, (b)는 Max-A를 위배하고 (a)는 Max-I를 위배한다. 보편적으로 Max-A가 Max-I를 지배하기 때문에, (b)가 불리하다. 둘째로, 연쇄 (b)에는 Dep-Prom을 위배하는 LUM이 포함되어 있지만 Max-I를 위배하는 LUM이 선행하지 않기 때문에, Prec(Max-I, Dep-Pr)은 연쇄 (b)보다 연쇄 (a)를 선호한다.

(4-68) /ʃarib-at/로부터 도출된 연쇄와 이들의 LUMSeq

a.	<ʃa.ri.bat, ʃar.bat, (ˈʃar)bat>✓	<Max-I@4, Dep-Pr@2>
b.	<ʃa.ri.bat, (ʃaˈri)bat, (ʃˈri)bat>	<Dep-Pr@4, Max-A@2>

비록 저모음이 고모음과 동일한 환경에서 탈락하는 것은 아니더라도, 저모음은 고모음화라고 불리는 과정에 의하여 때때로 고모음으로 바뀐다. 고모음화가 발생하는 조건이나 발생하지 않는 조건은 그 자체로도 흥미롭지만, 나머지 다른 음운 과정과의 불투명한 상호작용으로 인해서도 고모음화가 중요하다. 고모음의 어중탈락과 마찬가지로, 고모음화는 강세할당에 의하여 출혈되지 않으므로, /samiʕ/ 'he heard'로부터 도출된 [ˈsimiʕ]에서 첫 음절의 모음은 고모음화와 강세할당을 모두 받는다. 나아가, 고모음화는 고모음의 어중탈락을 급여하지 않으므로, /samiʕ/는 *[sˈmiʕ]가 되지 않는다. 또한 고모음화는 개방음절을 생성하는 모음삽입이나 활음의 모음화(glide vocalization)와 같은 과정에 의해서도 급여되지 않는다: /badw/ → [ˈba.du], *[ˈbi.du] 'a Bedouin'.

(4-69)의 예에 나타난 바와 같이, 단저모음은 비어말 개방음절에서 고모음이 된다. 이러한 예들은 Al-Mozainy가 인용한 수백 개의 명사, 동사, 그리고 형용사 형태를 대표한다.

(4-69) /katab/의 어형변화표(58)

ˈkitab	‘he wrote’
kiˈtabt	‘you (m. sg.) wrote’
kiˈtabtum	‘you (m. pl.) wrote’
kiˈtabna	‘we wrote’
kˈtibat	‘she wrote’

/katab/의 둘째 음절의 모음은 [a]와 [i] 사이에 교체하므로, 둘째 모음의 기저표시로 /a/를 설정하는 것은 무리가 아니다. 나아가, 이 위치에서 기저의 /a/를 기저의 /i/의 행동과 구분할 필요가 있는데, 기저의 /i/는 /ʃarib-at/ ‘she drank’에서 도출된 [ˈʃar.bat]에서 탈락한다(Al-Mozainy 1981: 3-4). 그러나 /katab/에서 첫 음절의 모음은 [a]로 나타나는 법이 없는데, 이 모음은 [i]와 — 고모음화의 결과임 — 영 — 제3음절 탈락의 결과임 — 사이에 교체한다. 그렇다면, 기저에서 /katab/의 첫 음절에 /a/를 설정하는 기준은 무엇인가? Al-Mozainy는 이 질문에 대하여 아주 세심한 주의를 기울이는데, 여기서 그의 논증을 요약하기로 한다. (Bedouin Arabic의 고모음화를 다루는 다른 방법으로 Kirchner(1996), McCarthy(1993b, 1994a, 1994b), 그리고 Parkinson(1992)이 포함된다.)

우선, /katab/의 첫 음절에서 기저의 /a/는 기저표시에 대한 일상적인 논리에 의하여 정당화된다: 표면형의 교체에 나타난 상이한 패턴은 상이한 기저구조를 요구한다. 수동태 동사 [kˈtib]~[kˈtibt]~[ˈkit.bat] ‘he~you~she was written’에서 첫 음절의 모음은 이 동사의 능동태에 해당하는 [ˈki.tab]~[kiˈtabt]~[kˈti.bat] ‘he~you~she wrote’에서 첫 음절의 모음과 다르게 교체하기 때문에, 수동태 동사와 능동태 동사는 어두 음절에 다른 모음을 가지고 있어야 한다. [kˈtib]에서 탈락을 설명하려면 수동태는 기저에서 첫 음절에 /i/를 가지고 있어야 하기 때문에, 능동태는 쉽사리 탈락되지 않는 다른 모음을 가지고 있어야 한다 — 따라서 /a/이다.

기저에 /a/를 설정해야 하는 또 다른 논거는 자음 및/혹은 모음의 환경으로 인하여 때때로 고모음화가 봉쇄된다는 점이다. (4-70)의 예들은 고모음이 후행하지 않는 경우, 인접한 후음성(guttural) 자음으로 인하여 고모음화가 봉쇄됨을 보여 준다(McCarthy 1994b). (4-71)과 같이 그 다음 음절의 모음이 저모음이고 그 사이의 자음이 후음성 자음이거나 설정성 공명음인 경우에도, 고모음화가 봉쇄된다. 때때로 고모음화가 봉쇄되기 때문에, McCarthy(1979, 1981)의 의미에서 동일한 기저 모음 멜로디를 가진 여러 다른 단어에서 [a]~[i]의 교체 현상이 명시적으로 나타난다. [ˈk**i**.tab] 'he wrote'와 [ˈʕ**a**.bad] 'he worshiped'의 어두 음절의 모음은 기저에서 동일한 출처에서 나온 것이다: 완료형 능동태 동사의 모음 멜로디 형태소인 /a-a/가 그 출처이다. 이는 [g**ɨ**.waː.niːn] 'laws'(67)과 [g**a**ˈraː.jib] 'relatives'(195)에서도 마찬가지인데, 이들은 비연속성 복수 형판(broken plural template)의 /a-aː-i(ː)/의 멜로디 형태소를 공유한다(McCarthy and Prince 1990a).

(4-70) a. 인접한 후음성 자음으로 인하여 고모음화가 봉쇄되는 경우 (56, 68, 164)

ˈʕ**a**bad	'he worshiped'
ˈħ**a**kam	'he ruled'
ˈʁ**a**nam	'sheep'
ˈχ**a**daʕ	'he cheated'
ˈs**a**ħab	'he pulled'
ˈn**a**ʕas	'he dozed'
ˈn**a**χal	'palm trees'
ˈb**a**ʁal	'mule'

b. 고모음이 후행하여 고모음화가 봉쇄되지 않는 경우

ˈħ**i**lim	'he dreamt'
ˈʕ**i**tˤiʃ	'he became thirsty'
ˈf**i**him	'he understood'

(4-71) a. 설정성 공명음을 건너서 후행하는 [a]로 인하여 고모음화가 봉쇄되는 경우 (56, 68)

ˈs**a**rag ‘he stole’
ˈb**a**lah ‘dates’
ˈm**a**naʕ ‘he prohibited’

b. 후행하는 고모음으로 인하여 고모음화가 봉쇄되지 않는 경우

ˈk**i**rih ‘he disliked’

Al-Mozainy는 어근 자음의 음위치환을 통하여 만들어지는 은어를 바탕으로 기저 모음이 /a/ 라는 점을 — 또한 고모음화 과정의 생산성이 높다는 점을 — 주장하는 또 다른 논증을 발전시킨다. 어근을 음위치환한 결과 고모음화를 허용하든가 봉쇄하는 조건이 변경될 경우에, 예측한 대로 고모음화 과정이 적용되거나 적용되지 않는다 ((4-72)와 (2-8)을 보라). 이처럼 자연 발생적인 은어뿐만 아니라, Al-Mozainy의 증거는 첫 번째 모음 뒤에 [ħar] 음절을 접중사로 첨가하도록 고안한 인위적인 은어로까지 확장된다. 예측한 대로라면, 후음성 자음 더하기 [a]의 연속이 나타날 경우 선행하는 /a/의 고모음화가 봉쇄될 것인데, (4-73)과 같이 그의 언어 제보자의 응답에서 이 예측이 입증되었다.

(4-72) 자연발생적인 은어에 나타난 고모음화의 적용 및 봉쇄 (86ff.)

실제 언어	은어의 형태
ðˤ**a**rab ‘he hit’	r**i**baðˤ, b**i**ðˤar, r**i**ðˤab, ðˤ**i**bar b**a**raðˤ
ðˤr**i**bat ‘she hit’	rb**i**ðˤat, rðˤ**i**bat, br**i**ðˤat bðˤ**a**rat, ðˤb**a**rat
d**i**faʕ ‘he pushed’	f**i**daʕ, ʕ**a**daf, d**a**ʕaf, ʕ**a**fad, f**a**ʕad
ʒ**i**bal ‘mountain’	b**i**ʒal, l**i**ʒab ʒ**a**lab

(4-73) 인위적인 은어에 나타난 고모음화의 적용 및 봉쇄 (92ff.)[16]

k**i**tab 'he wrote'	k**a**ħartab
ktibat 'she wrote'	k**a**ħartibat
g**i**ba:jil 'tribes'	g**a**ħarba:jil

(4-74)의 예들은 차용어에서도 고모음화가 생산적인 과정임을 보여 준다. 이 과정을 뒷받침하는 지금까지 살펴본 다른 모든 증거를 고려할 때, 이는 예측하지 못한 바가 아니다.

(4-74) 차용어에 나타난 고모음화 (84ff.)

출처 단어	출처 언어	차용어	의미
kabak	Turkish	k**i**bak	'cufflink'
ʔalʕaqabah	Jordanian Arabic	ʔalʕg**i**bah	'Aqaba'
madrasah	Standard Arabic	madr**i**sah	'school'

기저의 모음으로서 /a/ 및 고모음화의 생산성을 주장하는 Al-Mozainy의 마지막 증거는 아이들의 철자법상의 오류에 대한 — 아니면 오히려 오류가 없는 데 대한 — 관찰에서 나온다. 아이들은 학교에서 표준(Standard) Arabic의 철자법을 배우는데, 표준 Arabic의 모음은 다른 지역어의 구어체 Arabic을 사용하는 어린이나 성인 화자가 흔히 겪는 어려움의 원천이다. 놀랍게도, Bedouin Arabic을 사용하는 이 어린이 화자들은 표준 Arabic 모음의 철자 표기에 오류를 거의 범하지 않는다. Al-Mozainy에 의하면, 이 어린이들에게는 표준 Arabic 모음의 철자법이 좀 더 쉬운데, 그 이유는 표준 Arabic 형태가 이들의 모국어의 내재적 표시와

16) /katabat/에서 도출된 [ktibat]의 은어 형태인 [k**a**ħartibat]도 제3음절 탈락이 생산적인 과정임을 보여 준다. [kaħartibat]의 첫 모음은 탈락하지 않는데, 그 이유는 후행하는 음절이 중음절이어서 이미 나무랄 데 없는 (L'H) 음보가 존재하기 때문이다. /katabat/의 첫 모음은 이런 보호를 누리지 못하며, 따라서 [ktibat]에서 탈락한다.

유사하기 때문이다. 예를 들어서, 기저의 /katab/는 표준 Arabic의 [kataba]와 유사하다.

이것은 고모음화 과정의 규칙성과 생산성, 그리고 이 과정에 전제된 기저표시를 뒷받침하는 일련의 놀라운 증거이다. 고모음화도 불투명하기 때문에, 이 증거는 모든 불투명성 사례가 이제 더 이상 생산성이 없는 음운 과정의 형태론적 유물이라고 설명할 수 있다는 주장을 반박한다(§2.2.3을 보라). Bedouin Arabic에서 고모음화는 분명히 살아 있고 활성화되어 있다. 이제 이 현상에 대한 자세한 내용 및 다른 음운 현상과의 상호작용에 대하여 고찰해 보기로 한다.

/i/의 어중탈락과 마찬가지로, /a/의 고모음화는 약화 현상이다. 고모음화가 일종의 모음약화라는 발상은 Russian과 같은 다른 언어의 유사한 현상에 의하여 뒷받침된다(Crosswhite(1999, 2000a) 및 §4.2.5의 이와 관련된 논의를 보라). 사실, 고모음화와 모음탈락은 정확하게 동일한 형태의 음절에 영향을 미친다: 즉, 비어말의 경음절이다. 고모음화는 어중모음탈락을 일으키는 제약과 동일한 가족의 유표성제약에 의해서 강제된다. (4-37)의 Weak<*a*는 약한 음절(= 비어말 음절이고 경음절이며 비강세 음절)에 위치하면서 공명성이 더 낮은 모음을 선호한다. (4-75)와 같이, Ident(+low)보다 상위에 Weak<*a*의 등급순위를 매김으로써, 저모음이 약음절에 나타날 때 저모음의 공명성을 강제로 낮춘다.

(4-75) Weak<*a* >> Ident(+low)

/katab-t/	Wk<*a*	Id(+low)
→ k**i**ˈtabt		1
k**a**ˈtabt	W1	L

모음약화가 어중모음탈락과 고모음화 사이의 유일한 유사성은 아니다. 어중모음탈락과 같이, 고모음화는 강세와 역출혈순으로 상호작용한다. 탈락되지 않았더라면

강세를 받았을 음절의 모음에 어중모음탈락이 영향을 미칠 수 있듯이, 고모음화도 결국 표면형에서 강세를 받게 되는 음절의 모음에 영향을 미칠 수 있다: [ˈ**ki**.tab], [ˈʃ**i**.rib] 등. PREC(ID(+low), DEP-PR) 제약은 고모음화하는 LUM이 강세를 할당하는 LUM보다 선행하는 연쇄를 선호한다. 이 제약은 IDENT(+low)를 지배하는데, 이로써 강세 때문에 모음약화가 불필요한 형태에서조차 이 제약은 모음약화에 유리하게 작용한다. 등급순위에 대한 논증은 (4-76)을 참조하고, 어중모음탈락과 관련하여 이와 유사한 논증으로는 (4-66)과 비교하라.

(4-76) PREC(ID(+low), DEP-PR) >> IDENT(+low)

	/katab/	PREC(ID(+low), DEP-PR)	ID(+low)
→	<ka.tab, ki.tab, (ˈki.tab)> <ID(+low)@2, DEP-PR@2>		1
	<ka.tab, (ˈka.tab)> <DEP-PR@2>	W_1	L

이 불투명성 분석은 고모음화가 강세에 의하여 출혈될 수 있는 모음약화 과정이라는 가정에 의존하므로, PREC(ID(+low), DEP-PR)은 역출혈순 상호작용을 강요한다. 고모음화를 약화로 보는 주요 논증은 두 가지이다: 앞서 언급한 바와 같이, 다른 언어에 존재하는 이와 유사한 약화 과정이 하나이고, 다른 하나는 다른 합리적인 대안의 부재이다. Kirchner(1996: 347)의 관점에서, 고모음화와 어중모음탈락은 '개방음절에서 단모음의 지속시간을 최소화해야 하는' 원칙에 부응하는 것이다 — 다시 말해서, 이들은 일종의 약화이다. Parkinson(1992: (19))의 관점에서, 고모음화는 인접한 음절에 놓인 두 개의 /a/ 가운데 첫 번째 것에 영향을 미치는 모음높이의 이화 과정이다: /katab/ → [ˈ**ki**.tab]. (그렇다면, 모음높이의 동화는 /ʃarib/ → [ˈʃ**i**.rib]에서 고모음화의 원인이 된다.) 이러한 접근방식의 문제점은 이화에서 왜 일관성

있게 두 개의 /a/ 가운데 첫 번째 것을 대상으로 삼는지, 그리고 왜 경음절일 때만 대상으로 삼는지를 설명할 수가 없다는 것이다. 왜 경음절일 때만 그럴까? 이유는 고모음화가 약화 현상이기 때문이다.

비록 고모음화가 강세와 불투명하게 상호작용하더라도, 보통 [ˈʕ**a**.bad]나 [ˈs**a**.ħab]와 같은 예에서 고모음화되지 않는 저모음의 보존에 원인이 되는 조건과는 투명하게 상호작용한다((4-70)과 (4-71)을 보라). 이 조건들이 모두 동화와 관련이 있다. 후음성 자음과 저모음은 음향적으로나 조음적으로 유사하며, 이는 어떤 자질값을 공통으로 가지고 있음을 나타낸다. 간단히 말하면, 이 자질값을 [+low]라고 할 수도 있겠지만, 좀 더 미묘한 견해는 McCarthy(1991, 1994b)를 참조하라. /ʕabad/가 *[ˈʕ**i**.bad]로 고모음화하지 않고 /saħab/가 *[ˈs**i**.ħab]로 고모음화하지 않는 이유는 [+low] 자음이 인접할 때 [+low] 모음이 선호되기 때문이다. 이런 요구조건을 가지고 고모음을 강제로 저모음화할 수는 없지만 — /samiʕ/ → [ˈsi.miʕ], *[ˈsi.m**a**ʕ]와 비교하라 — [ˈʕ**a**.bad]와 [ˈs**a**.ħab]에서 고모음화를 봉쇄할 수는 있다.

후음성 자음 옆에서 저모음을 선호하는 현상은 자음장소와 모음 자질 간의 상호작용에 대한 일반 이론에 포함된다(이에 대한 검토는 Clements and Hume 1995: 277ff.를 보라). 이 이론이 어떻게 구축되었든지 간에, 이 이론은 (4-77)의 Attract-Low의 효력을 가진 (아마도 (4-77)과 같은 공식화를 갖지는 않더라도) 제약을 포함하고 있어야 한다. Bedouin Arabic은 저모음화를 유발하지 않기 때문에, Attract-Low는 Ident(−low)보다 하위의 등급순위에 있지만, 고모음화를 봉쇄하기 때문에, Weak < *a*보다는 상위에 있다. 이러한 등급순위에 대한 논증은 (4-78)에 제시되어 있다.

(4-77) Attract-Low(AttrLo)

후음성 자음에 인접한 비저모음마다 위배표시를 할당하라.

(4-78) IDENT(-low) >> ATTRACT-LOW >> WEAK < *a* >> IDENT(+low)

	ID(-low)	ATTRLO	WK < *a*	ID(+low)
/ʕabad-na/				
→ ʕa'bad.na			1	
a. ʕi'bad.na		W_1	L	W_1
/samiʕ-na/				
→ si'miʕ.na		1		1
b. si'maʕ.na	W_1	L		1
c. sa'miʕ.na		1	W_1	L
d. sa'maʕ.na	W_1	L	W_1	L

고모음이 그 다음 음절에 후행할 때 인접한 후음성 자음의 저모음화 효과가 무효화된다. ATTRACT-LOW를 만족시킨다면, (4-70)의 ['ħi.lim]과 ['fi.him] 같은 형태는 *['ħa.lim]과 *['fa.him] 같은 표면형으로 나타날 것으로 예측된다. 저모음화에 대한 이러한 저항은 모음높이에 의한 조화의 일종이다. 현재 논의의 목적을 위해서는, 이 현상을 설명하기 위해서 **aCi*라는 임시 제약을 채택하는 것으로도 충분하다. 도표 (4-79)에 제시된 바와 같이, **aCi*는 ATTRACT-LOW보다 상위의 등급순위에 있으므로, 인접한 후음성 자음의 저모음화 효과를 봉쇄할 수 있다.

(4-79) IDENT(-low), **aCi* >> ATTRACT-LOW >> WEAK < *a* >> IDENT(+low)

	ID(-low)	**aCi*	ATTRLO	WK < *a*	ID(+low)
/ħalim-na/					
→ ħi'lim.na			1		1
a. ħa'lim.na		W_1	L	W_1	L
b. ħa'lam.na	W_1		L		L

(4-71)의 [ˈ**sa.ra**g]과 같은 예는 고모음화가 일어나지 않는 마지막 한 가지 조건을 예시한다: 이는 대상 모음 뒤에 설정성 공명음과 또 다른 저모음이 후행할 때이다. 이 현상도 일종의 모음조화이지만, 설정성 공명음만 유일하게 조화에 대하여 투명하게 행동하는 조화 현상이다. 이 조화 과정은 그 자체로도 매우 흥미롭지만, 현재 논의의 관심사와는 그다지 관련이 많지 않다. 다른 연구에서도 이에 대하여 논의된 바 있기 때문에(Gafos and Lombardi 1999, McCarthy 1994a, Parkinson 1992), 이 문제로 더 이상 지체하지 않기로 한다.

고모음화와 어중모음탈락에 대한 기본 내용을 이해하였으므로, 이제 앞 장에서 제기된 두 가지 문제로 돌아갈 수 있겠다. 하나는 영으로 끝나는 연쇄추이 분석과 관련하여, 고모음화와 어중모음탈락 간의 상호작용과 관련이 있고, 다른 하나는 음운구 단위의 어중모음탈락 및 다층위 OT와 관계가 있다. (4-84)의 제약위계 요약과 (4-86)-(4-93)에서 전체 작용 과정에 대한 몇 가지 예시로 이 절을 마무리한다.

고모음화와 어중모음탈락의 상호작용. §3.5.3에서 관찰한 바와 같이, 저모음의 고모음화와 고모음의 어중탈락은 역급여순 내지는 연쇄추이(chain-shift)의 관계에 있다. 규칙기반 음운론에서 이것이 의미하는 바는, 어중모음탈락 규칙이 고모음화 규칙보다 먼저 적용되므로, 고모음화의 출력형인 고모음이 어중모음탈락의 입력형 구실을 할 수 없다는 것이다. /s**a**miʕ-t/ → [s**i**ˈmiʕt], *[sˈmiʕt] 'I heard' 대 /s**i**miʕ-t/ → [sˈmiʕt] 'I was heard'와 같이, 이 역급여순 관계는 기저의 /a/~/i/ 대립을 표면의 [i]~Ø 대립으로 변형시킨다.

OT의 용어로 표현하면, 최적이 아닌 전사 /samiʕ-t/ → *[sˈmiʕt]는 Weak<*i*와 Weak<*a*를 모두 만족시키는 방법을 제공하는 반면, 최적의 전사 /samiʕ-t/ → [siˈmiʕt]는 Weak<*a*만 만족시킨다. 이런 이유로, (4-39)의 Max-A 제약이 요구되는데, 이 제약은 기저 저모음의 탈락을 금지한다. 만약 (4-80)과 같이, Max-A가 Weak<*i*와 Ident(+low)보다 상위의 등급순위에 있다면, 문제의 전사 /samiʕ-t/ → *[sˈmiʕt]

가 배제된다. OT-CC의 용어로 표현하면, 이는 추정적인 후보연쇄 **<sa.miʕt, s.miʕt, sˈmiʕt>가 조화적으로 향상하지 않기 때문에 타당하지 않음을 의미한다: 비록 초기의 부분연쇄 <sa.miʕt, s.miʕt>가 WEAK<*i*에 대한 수행력이 뛰어날지라도, 이것은 더 상위의 제약인 MAX-A에 대한 위배를 불러온다.

(4-80) MAX-A >> WEAK<*i*, IDENT(+low)

/samiʕ-t/	MAX-A	WEAK<*i*	ID(+low)
→ siˈmiʕt		1	1
sˈmiʕt	W1	L	L

Bedouin Arabic에서 고모음화와 어중모음탈락 간의 상호작용에 대하여 앞서 논의한 바 있다(§3.5.3을 보라). 왜 이러한 유형의 불투명한 상호작용이 — 영으로 끝나는 연쇄추이(zero-terminating chain shift)가 — PREC제약이 아니라 돋들림에 민감한(prominence-sensitive) 충실성제약으로 분석되어야 하는지를 설명하였다. 기법상의 자세한 내용을 보충해 가면서, 그 논증을 여기서 다시 검토하는 것이 시의적절하겠다.

고모음화와 어중모음탈락이 역급여순 관계에 있으므로, /samiʕ-t/ → *[sˈmiʕt]라든가 /katab-t/ → *[kˈtabt]와 같은 전사는 방지되어야 한다. 방금 살펴본 바와 같이, 이러한 전사를 초래할 연쇄가 조화적으로 향상하지 않는다는 점을 확실하게 함으로써 MAX-A가 이들을 배제한다. 그렇다면, MAX-A가 필요하다는 것을 보여 주기 위해서는, 만약 이 제약이 존재하지 않는다면 어떤 일이 발생할지를 반문해 보아야 한다.

MAX-A가 없다면, 조화적으로 향상하면서 /katab-t/에서 *[kˈtabt]로 전사되는 경로가 존재하게 될 것이다. 사실, 이런 경로가 두 개 존재할 텐데, (4-81)에 열거한 수렴연쇄들이 그것이다. MAX-A가 없다면, /a/의 탈락이 WEAK<*i*를 만족시키면서

조화적으로 향상하는 한 방법이 되기 때문에, 이 연쇄들이 타당하다(cf. (4-80)). 올바른 전사는 /katab-t/ → [kiˈtabt]이며, 이것도 (4-82)에 제시한 한 쌍의 수렴연쇄로부터 얻을 수 있다.

(4-81) Max-A가 없다면 타당한 /katab-t/ → *[kˈtabt]의 연쇄

<ka.tabt, k.tabt, k(ˈtabt)> <Max-A@2, Dep-Pr@4>

<ka.tabt, ka(ˈtabt), k(ˈtabt)> <Dep-Pr@4, Max-A@2>

$\mathcal{L}$={Max-A@2, Dep-Pr@4}

rL=Ø

(4-82) /katab-t/ → [kiˈtabt]의 연쇄

<ka.tab.t, ki.tab.t, ki(ˈtab)t> <Id(+low)@2, Dep-Pr@4>

<ka.tab.t, ka(ˈtab)t, ki(ˈtab)t> <Dep-Pr@4, Id(+low)@2>

$\mathcal{L}$={Id(+low)@2, Dep-Pr@4}

rL=Ø

만약 (4-81)의 연쇄가 타당하다면, 이들은 바람직한 결과로 나아가는 (4-82) 연쇄의 최적성을 위협하게 될 것이다. Prec(X, Dep-Pr) 형태의 제약에 호소할 수도 없다. 이 연쇄가 가지고 있는 공집합의 rLUMSeq가 모든 Prec(X, Dep-Pr) 제약을 똑같이 위배하기 때문에 이 제약은 이런 결정을 내리는 데 아무 소용이 없다. 더 심각한 문제는, 유표성제약 Weak<*i*가 /katab-t/ → *[kˈtabt] 전사를 선호한다는 것이다. 이는 (4-81)을 배제할 수 있는 것이 충실성제약뿐임을 의미한다. 앞서 살펴본 바와 같이, 이 제약이 Max-A이다.

이 결과는 OT-CC뿐만 아니라 충실성 이론의 결과이다. 역급여순 불투명성에서, B → C 전사로 인해서 초래되는 LUM이 A → B 전사에 의해서 초래되는 LUM보다 후행하는 연쇄에 벌점을 가함으로써, Prec 제약은 <A, B, C> 연쇄보다는 <A, B> 연쇄를 선호한다. 연쇄의 점진성 요건에 의해서 <A, C>가 배제되는데,

점진성 요건이 아니었던들 이것이 승자가 될 연쇄이다(§3.3.4를 보라). 그러나 탈락은 모든 IDENT 제약을 무위로 만족시키기 때문에(McCarthy and Prince 1995, 1999), 영으로 끝나는 연쇄추이에서 <A, Ø> 연쇄는 점진성에 의해서 금지되지 않는 반면, <A, B, Ø> 연쇄는 금지된다. 이것이 Bedouin Arabic에 MAX-A가 필요한 이유이다.

영으로 끝나는 연쇄추이에 대하여 이러한 결과로 이끌어 간 OT-CC의 원칙은 — PREC 제약의 정의와 등급순위에 관한 메타제약은 — 이 이론의 유형론적 예측에 중요하고도 바람직한 요소이다. (IDENT 제약이 갖는 무위 만족의 특성은 덜 핵심적이므로 OT-CC의 기본원리에 영향을 미치지 않고 수정이 가능하다.) §3.5.3에서 결과 그 자체도 바람직하다는 점을 시사한 바 있다. PREC 제약이 영으로 끝나는 연쇄추이를 설명할 수 없다는 점은, MAX-A와 같은 특정위치 충실성제약에 기반한 다른 대안적 접근방식을 택하도록 강요한다. 이 대안이 예측하는 바는, 영으로 끝나는 연쇄추이의 시작은 언제나 내재적 돋들림 때문에 MAX-A와 같은 제약을 통하여 탈락으로부터 보호를 받는 요소가 될 것이라는 점이다. 이 예측은 그 자체로서 중요한 결과이다 — 필자가 아는 한, 이는 올바른 결과이다.

구 단위의 어중모음탈락과 다층위 OT. §2.3.4.2에서, 어중모음탈락과 고모음화의 범위에 기반한 어휘음운론과 다층위 OT에 대하여 비판을 가하였다. Bedouin Arabic에서 어중모음탈락과 고모음화는 서로 다른 범위를 가지고 있다. 만약 단어 연접을 건너는 구 단위의 음절화에 의하여 음절이 약한 위치에 놓인다면, 이 음절은 어중모음탈락에 저촉된다((4-83)을 보라)). 그러나 동일한 환경에서 음절은 고모음화의 지배를 받지 않는다. 단어 연접을 건너 일어나는 음절화로 인해서 약한 위치에 놓인 음절에서 발생하는 고모음화의 일례로, Al-Mozainy(1981: 54)는 /ba:**ra**k alˤlˤah fi:k/ → [ba:.**ri**.k alˤ.lˤah.fi:k] 'may Allah bless you'와 같은 어휘화된 표현만 인용하였는데, 이 예가 유일한 예라는 것을 이메일을 통하여 필자에게 확증해 주었다. 그러므로 고모음화의 평상적인 행동은 [ʕa.**ba**.dalˤ.lˤah] 'he worshiped Allah'에 의해서 예시되는데, 여기서 /ʕab**a**d/의 두 번째 모음은 연접을 건너서 개방음절로 바뀐 음절에서 저모음으로 남아 있다.

(4-83) 구 단위의 어중모음탈락(= (2-7))

/ka:t**i**b al-ʒawa:b/	ka:t.bal.ʒu.wa:b *ka:.**ti**.bal.ʒu.wa:b	'writing the letter'
/tiʕtˤu:n**i**h al-muse:ʕi:di/	tiʕ.tˤu:n.hal.m.se:.ʕi:.di *tiʕ.tˤu:.**ni**.hal.m.se:.ʕi:.di	'you give it to the one from the clan of Musai`īd'

어중모음탈락과 고모음화 간의 이러한 차이점이 어휘음운론과 다층위 OT에서 문제가 된다. 어휘음운론에서, 한 과정의 범위는 그 과정이 할당되는 층위에 의하여 결정된다. 그렇다면, 절감이라는 이유에서, 어휘음운론은 운율음운론(Nespor and Vogel 1986, Selkirk 1980a)에서 매개변항에 의한 규칙의 영역처럼, 음운 과정의 영역을 명시하는 다른 기제를 가지고 있지 않아야 한다. 고모음화는 단어 단위에서 일어나고 어중모음탈락은 그렇지 않기 때문에, 고모음화는 어휘부 층위에 할당되어야 하며 어중모음탈락은 후어휘부 층위에 할당되어야 한다. 비록 어중모음탈락이 어휘부 층위에도 할당될 수 있더라도, 고모음화는 절대로 후어휘부 층위 때까지 지속되어서는 안 되는데, 그렇지 않을 경우, 후어휘부의 재음절화에 의해서 /ʕab**a**d/로부터 *[ʕa.b**i**.dalˤ.lˤah]와 같은 결과가 나오게 된다. 이 논리는 다층위 OT에도 똑같이 적용된다: 고모음화의 원인이 되는 어휘부의 등급순위인 〚WEAK<*a* >> ID(+low)〛가 후어휘부에서는 뒤바뀌어야 된다.

문제는 음운 과정을 층위에 할당하는 이 일이 고모음화/어중모음탈락에 의한 연쇄추이에 혼란을 가중시킨다는 것이다. 어휘부의 음운론에서 고모음으로 상승한 저모음이라면 후어휘부의 음운론에서 탈락 대상이 되는데, 이런 일이 발생하지 않도록 방지해 줄 수 있는 것은 아무것도 없다. 예를 들면, 어휘부의 음운론에서 /k**a**tab-t/는 [k**i**ˈtabt]로 전사될 것이며, 그 후에 어중모음탈락이 아직 활성화되어 있는 후어휘부의 음운론에서 후어휘부의 입력형 [kiˈtabt]는 최종 출력형 *[kˈtabt]로 바뀌게 될 것이다.

후어휘부의 어중모음탈락이 어휘부의 출력형/후어휘부의 입력형인 [kiˈtabt] 속에 끼어들 수 없는 이유를 설명하기 위해서, 규칙기반 어휘음운론은 어쩌면 엄밀순환(strict cycle) 혹은 이에서 유래한 후기 개념에 의존할 수도 있다(cf. Kiparsky 1993: 284-285). 그렇지만 필자가 아는 범위에서, 엄밀순환성(strict cyclicity)과 같은 그 어떤 것도 다층위 OT와 관련하여 제안된 적이 없으며, 고전 OT에서 엄밀순환성을 대체할 만한 것으로서 아직 남아 있는 유일한 제안서인 Łubowicz(2002)의 제안은 이 경우에 적용이 불가능하다. MAX-A 제약 역시 아무 소용이 없다: 탈락한 모음이 이 층위의 입력형에서 /a/가 아니기 때문에 이 제약은 후어휘부의 전사인 [kiˈtabt] → *[kˈtabt]를 배제하지 못한다. MAX-A로 하여금 원래의 입력형을 소급하여 참조할 수 있도록 허용하는 것은 다층위 OT의 기본 전제에 반하는 것이며 출력형-출력형 충실성에 대한 이 이론의 비판적 정신에 어긋난다: 다층위 OT에는 오직 한 가지 종류의 충실성밖에 없으며, 이는 한 층위의 입력형을 동일한 층위의 출력형과 관련짓는 일을 맡는다.

다층위 OT가 처한 곤경의 핵심은 이 이론이 불투명성과 층위 사이에 깊은 연관성을 설정한다는 데 있다. Bedouin Arabic의 예는 이 연관성이 지나치게 깊다는 것을 보여 준다: 다층위 OT의 예측과는 달리, B를 불투명하게 만드는 과정이 바로 A라고 할지라도 불투명한 과정 B가 과정 A보다 더 큰 범위를 가질 수 있다.

순환성이 출력형-출력형 충실성제약에 기인하기 때문에, OT-CC는 불투명성과 순환성 사이에 연관성을 강요하지 않는다(참고문헌 및 자세한 논의는 §2.3.4.2와 §4.2.5를 보라). 위에서 언급한 예의 경우에, /ʕab**a**d/로부터 도출된 *[ʕa.b**i**.dalˁ.lˁah]의 비적형성은 이 단어가 구 단위의 환경에 있을 때의 형태가 단독 형태의 출력형인 [ˈʕa.bad]에 충실하려고 한 충실성 때문에 빚어진 결과이다. (출력형-출력형 충실성을 구 단위의 음운론으로 확대 적용하는 것에 대해서는 McCarthy (2000b), Steriade(1999a, 1999b), Truckenbrodt(2002)를 참조하라.) 이러한 차원의 출력형-출력형 조응에 적합한 충실성제약 OO-Ident(+low)는 모든 환경에서 /ʕabad/의 형태가 단독 형태인 [ˈʕa.bad]에 나타난 저모음과 일치할 것을 요구한다. 이 충실성제약은 Weak<*a*보다 상위의 등급순위에 있으므로, *[ʕa.b**i**.dalˤ.lˤah]를 배제한다. 그렇지만, OO-Max-I는 Weak<*i*보다 하위의 등급순위에 위치하므로, 이 제약은 /ka:tib/에서 도출된 [ka:t.bal.ʒu.wa:b]가 단독 형태인 [ˈka:.**ti**b]와의 불일치를 감수하면서 어중모음탈락을 겪는 것을 설명해 준다. 이런 식으로, 출력형-출력형 충실성은 단어 영역으로 국한되는 과정이든 국한되지 않는 과정이든 음운 과정에 대한 일반 이론을 제시한다.

요약. (4-84)에 제약의 등급순위가 다시 한 번 요약되어 있다. 아직까지 증명되지 않은 등급순위 관계인 〚Max-A >> Weak<*a*〛가 이 다이어그램에 포함되어 있다. (4-78)의 /ʕ**a**bad-na/ → [ʕ**a**ˈbad.na]와 같이, Attract-Low가 활성화된 상호작용에서 이 등급순위가 필요하다. 이 등급순위가 없다면, *[ʕˈbad.na]는 Weak<*a*와 Attract-Low를 모두 만족시킬 수 있는 방법을 제시하는 반면, 실제 승자는 Weak<*a*를 위배하게 된다. 도표 (4-85)는 이 등급순위 논증을 증명해 준다.

(4-84) Bedouin Arabic의 등급순위 요약 Ⅲ

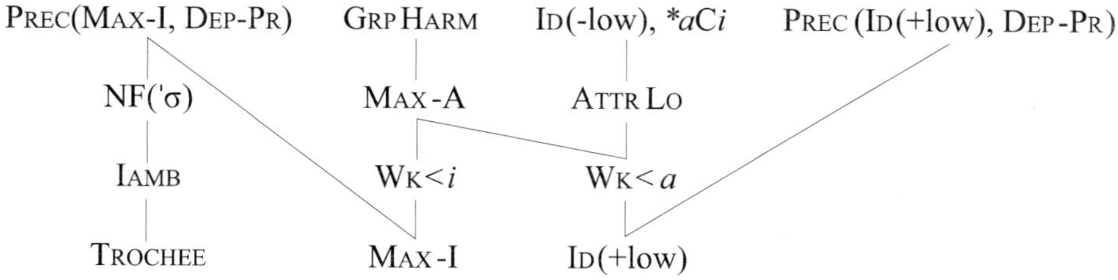

(4-85) Max-A >> Weak < *a*

/ʕabad-na/	Max-A	Id(-low)	AttrLo	Wk < *a*
→ ʕaˈbad.na				1
a. ʕˈbad.na	W_1			L
b. ʕiˈbad.na		W_1	W_1	L

(4-84)에 두 개의 Prec 제약이 있다. 그중 하나인 Prec(Max-I, Dep-Pr)은 강세와 어중모음탈락 사이의 역출혈순 상호작용의 원인이 되는 것으로서, 탈락하지 않았더라면 강세를 받았을 위치에서 고모음이 탈락한 것이다. 다른 하나인 Prec(Id(+low), Dep-Pr)은 강세와, 다른 약화 과정인 고모음화 사이의 역출혈순 상호작용의 원인이 된다. 이것은 표면형의 강세음절에 고모음화된 모음이 출현하는 현상을 설명해 준다.

여기서 몇몇 기본적인 교체 형태를 대상으로 이 분석을 시험해 봄으로써 전반적으로 분석이 제대로 이루어지는지를 점검해 보는 것도 시의적절할 것이다. /katab/ → [ˈki.tab]의 전사로 시작하기로 한다. (4-86)에 타당한 후보연쇄가 열거되어 있다. (여기서 및 앞으로, 강세를 할당하지 못하여 출력형이 Head(Word)를 치명적으로 위배하는 연쇄는 생략한다.) 연쇄 (a)에서, 강세와 고모음화가 투명하게 상호작용하며 — 강세가 고모음화를 출혈한다 — 그리고 연쇄 (b)에서는 이들이 불투명한 역출혈순 상호작용을 한다. 비록 (a)가 Ident(+low)를 준수함으로써 (b)보다 더 충실하더라도, Prec(Id(+low), Dep-Pr)이 (b)에 유리하게 작용하고 또 이 제약이 Ident(+low)를 지배하는데, 이는 (a)에게 치명적인 결과이다.

(4-86) /katab/로부터 도출된 연쇄와 이들의 LUMSeq

a. <ka.tab, (ˈka.tab)> <Dep-Pr@2>

b. <ka.tab, ki.tab, (ˈki.tab)> <Id(+low)@2, Dep-Pr@2>

더 복잡한 예는 /katab-at/ → [k'ti.bat]이다. (4-87)에 타당한 연쇄가 제시되어 있다. 앞에서 나온 경우보다 여기에 제시된 연쇄들이 더 다양한데, 이는 첫 두 음절에 모음약화나 탈락의 기회가 더 많기 때문이다. 그러나 수렴연쇄가 단일 후보로 통합되기 때문에, 평가 대상이 되는 후보들이 연쇄의 숫자만큼 많지는 않다. 도표 (4-88)은 후보들간에 서로 달리하고 있는 모든 제약을 기준으로 (4-87)의 여섯 개의 상이한 후보를 비교한다. (공간을 절약하기 위해서, 도표에서 연쇄 자체는 생략하였다.) 패자들은 모두 최상위 등급순위에 있는 PREC(ID(+low), DEP-PR)과 GROUPING-HARMONY 제약 가운데 하나 혹은 둘 다를 위배하여 배제된다. PREC 제약을 위배한 연쇄들은 /kat**a**b-at/에서 둘째 음절의 모음을 고모음화하지 못한 후보들이다. 이들이 이 모음을 고모음화하지 못한 것은 이들의 rLUMSeq에 포함된 DEP-PROM의 위배가 시기상조였기 때문이다. GROUPING-HARMONY를 위배한 연쇄들은 (L'L) 형태의 약강격 음보를 가진 출력형들이다. 이 두 제약을 모두 만족시키는 연쇄는 오직 하나뿐인데, 이것이 /katab-at/ → [k'ti.bat]의 올바른 전사를 생산하는 연쇄이다.

(4-87) /katab-at/로부터 도출된 연쇄와 이들의 LUMSeq

	연쇄	LUMSeq
a.	<ka.ta.bat, (ka'ta)bat>	<DEP-PR@4>
b.	<ka.ta.bat, (ka'ta)bat, (k'ta)bat>	<DEP-PR@4, MAX-A@2>
c.	<ka.ta.bat, (ka'ta)bat, (ki'ta)bat>	<DEP-PR@4, ID(+low)@2>
	<ka.ta.bat, ki.ta.bat, (ki'ta)bat>	<ID(+low)@2, DEP-PR@4>
d.	<ka.ta.bat, ka.ti.bat, (ka'ti)bat>	<ID(+low)@4, DEP-PR@4>
e.	<ka.ta.bat, ka.ti.bat, (ka'ti)bat, (k'ti)bat>✓	<ID(+low)@4, DEP-PR@4, MAX-A@2>
f.	<ka.ta.bat, ka.ti.bat, ki.ti.bat, (ki'ti)bat>	<ID(+low)@4, ID(+low)@2, DEP-PR@4>
	<ka.ta.bat, ka.ti.bat, ki.ti.bat, (ki'ti)bat>	<ID(+low)@2, ID(+low)@4, DEP-PR@4>

<ka.ta.bat, ka.ti.bat, (kaˈti)bat, (kiˈti)bat> <Id(+low)@4, Dep-Pr@4, Id(+low)@2>

(4-88) /katab-at/ → [kˈtibat]

/katab-at/	GrpHarm	Prec(Id(+low), Dep-Pr)	Prec(Max-I, Dep-Pr)	Max-A	Wk < *i*	Wk < *a*	Id (+low)
e → (kˈti)bat <Id(+low)@4, Dep-Pr@4, Max-A@2>			1	1			1
a. (kaˈta)bat <Dep-Pr@4>	W1	W1	1	L	W1	W1	L
b. (kˈta)bat <Dep-Pr@4, Max-A@2>		W1	1	1			L
c. (kiˈta)bat {Dep-Pr, Id(+low)@2} Ø	W1	W2	1	L	W1		1
d. (kaˈti)bat <Id(+low)@4, Dep-Pr@4>	W1		1	L	W1	W1	1
f. (kiˈti)bat {Id(+low)@4, Id(+low)@2, Dep-Pr} {<Id(+low)@4, Dep-Pr>}	W1		1	L	W1		W2

비록 (4-88)의 승자가 지배적 등급순위의 제약인 Prec(Max-I, Dep-Pr)을 위배하고 있는 것처럼 보일지라도, 실제로는 (3-24)의 등급순위에 관한 메타제약 때문에 어떤 Prec 제약도 지배적 등급순위에 있을 수가 없다. Prec(Max-I, Dep-Pr)은 Dep-Prom의 지배를 받으며, 따라서 이 제약은 Head(Word) 및 강세의 출현을 요구하는 다른 모든 제약에 의해서도 지배를 받는다. 상위의 등급순위에 있는 이러한 제약들에 의해서 <ka.ta.bat, ka.ti.bat, ki.ti.bat>와 같이 강세가 없는 후보연쇄가 배제되는데, 강세가 아니었던들 이 연쇄는 Prec(Max-I, Dep-Pr)을 무위로 만족시키게 된다 (§3.3.3과 §3.3.4를 보라).

Attract-Low가 Weak < *a*를 지배하기 때문에, 후음성 자음 [ħ]에 인접할 경우

고모음화는 조화적으로 향상하는 것이 아니다. 그래서 /katab-at/ 전사보다 /saħab-at/ → [sˈħa.bat]의 전사에 타당한 후보연쇄의 숫자가 적다. (4-89)에 두 개의 후보가 제시되어 있고, 도표 (4-90)은 이들을 비교한다.

(4-89) /saħab-at/로부터 도출된 연쇄와 이들의 LUMSeq

a. <sa.ħa.bat, (saˈħa)bat> <Dep-Pr@4>

b. <sa.ħa.bat, (saˈħa)bat, (sˈħa)bat>✓ <Dep-Pr@4, Max-A@2>

(4-90) /saħab-at/ → [sˈħabat]

	/saħab-at/	GrpHarm	Prec(Id(+low), Dep-Pr)	Prec(Max-I, Dep-Pr)	Max-A	Wk < *i*	Wk < *a*
b. →	(sˈħa)bat <Dep-Pr@4, Max-A@2>		1	1	1		
a.	(saˈħa)bat <Dep-Pr@4>	W_1	1	1	L	W_1	W_1

또 다른 흥미로운 전사는 /kitib-at/ → [ˈkit.bat]이다. 타당한 후보연쇄가 (4-91)에 열거되어 있다. (b)의 두 연쇄가 수렴하는데, 그 이유는 첫 번째 /i/의 탈락이 강세할당과 상호작용하지 않은 결과 rLUMSeq가 공집합이기 때문이다. 도표 (4-92)는 수렴연쇄의 취급 방법에 따라 승자의 결정적인 LUM 순서와 패자 (b)의 결정적이지 못한 순서가 어떻게 구분되는지를 보여 준다. (b)의 rLUMSeq는 공집합이지만 $\mathcal{L}$-집합에 Dep-Prom의 위배가 포함되어 있기 때문에, (b)는 Prec(Max-I, Dep-Pr)을 따른다고 볼 수 없다.

(4-91) /kitib-at/로부터 도출된 연쇄와 이들의 (r)LUMSeq

a. <ki.ti.bat, (kiˈti)bat> <Dep-Pr@4>

b. <ki.ti.bat, (kiˈti)bat, (kˈti)bat> $\mathcal{L}$ = {Dep-Pr@4, Max-I@2}

<ki.ti.bat, ktibat, (kˈti)bat>   rL= Ø

c. <ki.ti.bat, kitbat, (ˈkit)bat>✓   <Max-I@4, Dep-Pr@2>

(4-92) /kitib-at/ → [ˈkitbat]

	/kitib-at/	GrpHarm	Prec(Max-I, Dep-Pr)	Wk < *i*	Wk < *a*
c.→	(ˈkit)bat <Max-I@4, Dep-Pr@2>				1
a.	(kiˈti)bat <Dep-Pr@4>	W_1	W_1	W_1	L
b.	(kˈti)bat {Dep-Pr@4, Max-I@2} Ø		W_1		1

마지막으로 검토할 전사는 /ʃarib-at/ → [ˈʃar.bat]이다. 앞서 왜 [ˈʃar.bat]가 *[ʃˈri.bat]보다 더 조화적인가 하는 질문에 대하여 살펴보았다((4-68)을 보라). 더욱더 흥미로운 문제는 *[ˈʃir.bat] 형태에 의해서 제기되는데, 이것은 첫 음절의 모음이 고모음화된 형태이다. (4-93)에 후보연쇄가 열거되어 있다.

(4-93) /ʃarib-at/로부터 도출된 연쇄와 이들의 (r)LUMSeq[17]

a. <ʃa.ri.bat, (ʃaˈri)bat>   <Dep-Pr@4>

b. <ʃa.ri.bat, ʃar.bat, (ˈʃar)bat>✓   <Max-I@4, Dep-Pr@2>

c. <ʃa.ri.bat, (ʃaˈri)bat, (ʃˈri)bat>   <Dep-Pr@4, Max-A@2>

d. <ʃa.ri.bat, (ʃaˈri)bat, (ʃiˈri)bat> $\mathcal{L}$={Dep-Pr@4, Id(+low)@2}
<ʃa.ri.bat, ʃi.ri.bat, (ʃiˈri)bat>   rL=Ø

e. <ʃa.ri.bat, ʃi.ri.bat, ʃir.bat, (ˈʃir)bat>   <Id(+low)@2, Max-I@4, Dep-Pr@2>

17) (4-93)에서 후보 (e)는 포함된 정보면에서 동등한 rLUMSeq 대신에, LUMSeq를 사용하여 활자상 손쉬운 방법을 택한 것이다.

(4-93)에서 승자 후보연쇄는 어중모음탈락만 일어난 (b)이다. 이 연쇄의 주요 경쟁자는 고모음화가 일어난 다음에 어중모음탈락이 일어난 (e)이다. 연쇄 (e)는 두 개의 PREC 제약, PREC(ID(+low), DEP-PR)과 PREC(MAX-I, DEP-PR)을 모두 만족시키는 장점을 가지고 있다. 이와는 대조적으로, 승자는 PREC(MAX-I, DEP-PR)만 만족시킨다. 이는 승자 (b)에 의해서는 만족되면서 패자 (e)에 의해서는 위배되는 어떤 제약 C가 PREC(ID(+low), DEP-PR)을 결정적으로 지배하여, 이로써 /ʃarib-at/의 첫 음절에서 고모음화가 방지된다는 의미이다. C가 충실성제약일 리는 없는데, 그 이유는 이 두 후보를 구분해 주는 충실성제약이 IDENT(+low)이지만, 이 제약이 PREC(ID(+low), DEP-PR)보다 하위의 등급순위에 있어서 아무 소용이 없기 때문이다((4-76)을 보라). C는 PREC 제약일 리도 없다. 이런 상황에서 유용할 만한 유일한 PREC 제약이 PREC(MAX-I, ID(+low))인데, 이 제약은 (3-24)의 등급순위에 관한 메타제약 때문에 IDENT(+low)보다도 하위의 등급순위에 있어야 한다. 유용할 만한 잠재성을 가지고 있으면서도 지나치게 하위의 등급순위에 있어서 아무 도움이 안 되는 충실성제약과 PREC 제약을 모두 고려해 보건대, *[(ˈʃir)bat]보다 [(ˈʃar)bat]에 유리하게 작용하는 제약은 틀림없이 어떤 유형의 유표성제약이다. 구체적으로 말해서, C는 폐쇄음절에서 고모음을 금지하는 제약이다. 이 제약의 유형론적인 선례는 Saipanese Chamorro에서 찾아볼 수 있는데, 이 언어에는 강세를 받는 폐쇄음절에서 고모음을 중모음으로 비고모음화하는 과정이 있다(Chung 1983, Crosswhite 1998). C는 PREC(MAX-I, ID(+low))와 IDENT(+low)만 지배하면 되기 때문에, 이 제약으로 인해서 폐쇄음절의 모든 모음을 상대로 대규모의 비고모음화가 야기된다거나 혹은 여타의 분석 결과에 영향을 미칠 위험은 없다.

4.3.4 모음삽입

앞 절에서 어중모음탈락과 고모음화가 강세로 인해서 어떻게 불투명해지는지를 살펴보았다. 이 절에서는 어중모음탈락과 고모음화가 모음삽입으로 인해서도 어떻게 불투명해지는지에 대하여 기술하고자 한다. Levantine Arabic처럼, 모음삽입은 CLUSTER-CONDITION의 등급순위를 DEP-V보다 상위에 매긴 결과이다. (4-94)와 같은 예는 모음삽입에 의하여 개방음절이 된 음절에서 고모음이 탈락하지 않음을 보여 준다. 그 결과, /ħ**i**br/에서 도출되어 모음이 삽입된 [ˈħ**i**b*i*r]와 /k**i**tib/에서 도출되어 모음삽입이 일어나지 않은 [kˈtib] 사이에 표면형의 대립이 발생한다. 동일한 이유로, 기저의 /a/와 /i/ 사이의 대립이 중화된다: 모음삽입이 일어나지 않은 /g**a**dir/ 'he became able'은 고모음화에 의하여 [ˈg**i**.dir]로 전사되며, /g**i**dr/ 'pot'도 모음삽입에 의하여 [ˈg**i**.d*i*r]로 전사된다(Al-Mozainy 1981: 71). 이와 마찬가지로, (4-95)의 예는 모음삽입에 의하여 개방음절이 된 음절에서 저모음이 고모음화하지 않음을 보여 준다. 삽입모음에 선행하는 모음이 고모음화에 저항하는 현상은 /gabl/ 'before'에서 도출되어 모음삽입이 일어난 [ˈg**a**.b*i*l]과, /gabil/ 'he accepted'에서 도출되어 모음삽입이 일어나지 않은 [ˈg**i**.bil] 사이에 나타난 표면 대립의 원천이 된다.

(4-94) 모음삽입과 어중모음탈락 (47, 71-72, 123, 209)

/libn/	ˈ**li**b*i*n	'clay'
/gitˤn/	ˈ**git**ˤ*i*n	'cotton'
/ħibr/	ˈ**ħi**b*i*r	'ink'
/χibl/	ˈχ**i**b*i*l	'crazy'
/siʒn/	ˈ**si**ʒ*i*n	'prison'

(4-95) 모음삽입과 고모음화 (56, 70, 123)

/gabr/	ˈg**a**b*u*r	'grave'
/gabl/	ˈg**a**b*i*l	'before'

이 예에서 어떤 현상이 일어나고 있는지를 이해하고 이를 나머지 분석과 통합하기 위해서는, 이 전사들을 생산하여 경쟁을 벌이는 후보연쇄를 면밀히 살펴볼

필요가 있다. 그 예로서 /libn/ → [ˈli.b*i*n], *[lˈb*i*n]의 경우에 초점을 맞추겠지만, /gabl/ → [ˈga.b*i*l]을 집중적으로 논의해도 마찬가지일 것이다. 입력형 /libn/으로부터 도출된 타당한 후보연쇄가 (4-96)에 제시되어 있다. (일을 간소화하기 위해서, 반드시 있어야 되는 강세나 모음삽입을 결여함으로써 최상위의 유표성제약을 위배하기 때문에 가망이 없는 연쇄는 생략한다.) (a)의 두 연쇄는 rLUMSeq에 공집합을 이루며 수렴한다. 이는 NONFINALITY(ˈσ)에 의하여 강세의 위치가 결정되는 표면의 2음절 단어에서는 강세와 모음삽입의 순서가 상관이 없기 때문이다. 다른 연쇄인 (b)는 어중모음탈락과 모음삽입 간의 투명한 상호작용으로부터 예상되는 결과이다.

(4-96) /libn/으로부터 도출된 연쇄와 이들의 (r)LUMSeq

a. <libn, (ˈlibn), (ˈlib*i*n)> ✓ $\mathcal{L}$={DEP-PR@2, DEP-V@4}
<libn, lib*i*n, (ˈlib*i*n)>✓ rL=Ø

b. <libn, li.b*i*n, l.b*i*n, (lˈb*i*n)> <DEP-V@4, MAX-I@2, DEP-PR@4>

(a)의 승자 후보연쇄들은 PREC(MAX-I, DEP-PR)을 위배하는 rLUMSeq를 공유한다: 이들의 $\mathcal{L}$-집합인 {DEP-PR@2, DEP-V@4}에는 DEP-PROM을 위배하는 LUM이 포함되어 있으며, 공집합을 이루는 rLUMSeq에는 DEP-PROM의 위배보다 선행하여 MAX-I를 위배하는 LUM 순서가 존재하지 않는다. 패자 (b)는 PREC(MAX-I, DEP-PR)을 준수한다. 따라서, PREC(MAX-I, DEP-PR)은 (a)는 준수하는데 (b)는 위배하는 어떤 제약의 지배를 받고 있는 것이 틀림없다. 삽입모음이 개입되지 않은 전사 /kitib/ → [kˈtib], *[ˈki.tib] 때문에, (b)보다는 (a)에 유리하게 작용하는 유일한 충실성제약이나 유표성제약은 반드시 PREC(MAX-I, DEP-PR)보다 하위의 등급순위에 있어야 한다((4-66)을 보라). 이렇게 되면 오직 한 가지 가능성만 남는다: 결정적으로 (a)에 유리한 제약은 PREC 가족에서 온 것이다. 사실,

이 제약은 앞서 Levantine Arabic의 분석에서 살펴본 제약으로서, PREC(DEP-PR, DEP-V)이다.

Levantine Arabic에서, [ka'ta.b*i*l.ha]의 끝에서 두 번째 오는 비강세 삽입모음과 같이, PREC(DEP-PR, DEP-V)는 삽입모음과 인접한 모음에서 불투명한 강세의 원인이 된다((4-30)을 보라). 이 제약은 Bedouin Arabic에서 동일한 환경에서 활성화되어, (4-97)에서 강세와 모음삽입 사이에 불투명한 상호작용을 가져온다(cf. 여기에 해당하는 (4-44)의 Levantine Arabic의 예).

(4-97) PREC(DEP-PR, DEP-V)의 효과[18]

/ja-bruk-in/	'jab*u*rkin	'they (she-camels) kneel'
/ja-srug-in/	'jas*u*rgin	'they (f.) steal'

만약 PREC(DEP-PR, DEP-V)가 PREC(MAX-I, DEP-PR)보다 상위의 등급순위에 있다면, /libn/ → ['li.b*i*n] 및 (4-94)의 다른 예에 나타난 모음삽입-어중모음탈락 간의 상호작용에 대하여 올바른 결과를 얻을 수 있다. 등급순위 논증은 (4-98)에 제시되어 있다. 등급순위가 더 하위에 있는 제약에 대해서는, 출력형 ['li.b*i*n]을 생산하는 수렴연쇄가 *[l'b*i*n] 연쇄보다 성적이 부진한데, 그 이유는 ['li.b*i*n] 연쇄가 MAX-I는 위배하지 않으면서 DEP-PR을 위배하기 때문이다. 그러나 *[l'b*i*n] 연쇄에는 더 심각한 문제가 있다: 여기서 DEP-V 위배는 DEP-PROM 위배보다 후행하는 것이 아니라 선행한다. PREC(DEP-PR, DEP-V)의 등급순위가 더 상위에 있음을 감안할 때, 이것은 치명적이다. ['li.b*i*n] 연쇄도 이 제약을 위배하지만, rLUMSeq에 아무런 LUM 순서가 없기 때문에, 위배가 덜 심각하다.

18) 이 예들은 Al-Mozainy(1981: 228-229)에서 인용한 것으로서, 2005년 10월 25일자 이메일로 강세 위치에 대하여 그의 확증을 받은 것이다.

(4-98) Prec(Dep-Pr, Dep-V) >> Prec(Max-I, Dep-Pr)

/libn/	Prec(Dep-Pr, Dep-V)	Prec(Max-I, Dep-Pr)
a. → ('lib*i*n) {Dep-Pr@2, Dep-V@4} < >	1	1
b. (l'b*i*n) <Dep-V@4, Max-I@2, Dep-Pr@4>	W_2	L

이 논증은 곧바로 /gabl/ → ['**ga**.b*i*l]의 경우로 일반화된다. 모음삽입과 고모음화도 불투명하게 상호작용하기 때문에, Prec(Dep-Pr, Dep-V)는 Prec(Id(+low), Dep-Pr)도 지배해야 한다.

(4-98)의 도표는 기저의 /i/가 삽입된 모음 앞에서는 살아남고 기저모음 앞에서는 탈락하는 이유를 설명한다: /l**i**bn/ → ['li.b*i*n] 대 /k**i**tib/ → [k'tib]. 그 이유는 후보연쇄에 모음삽입이 있을 때에만 상위 등급순위의 Prec(Dep-Pr, Dep-V)가 활성화될 수 있으며, 모음삽입이 조화적으로 향상하고 있을 때에만 연쇄가 모음삽입을 가질 수 있기 때문이다. /libn/과 같이 입력형이 자음군으로 끝날 때, 모음삽입이 조화적으로 향상하고, Prec(Dep-Pr, Dep-V)가 활성화되며, Prec(Max-I, Dep-Pr)은 무효화된다. 간단명료하게 말하면, 형태 ['li.b*i*n]은 강세할당-모음삽입의 상호작용과 관련하여 불투명하기 위해서 강세할당-어중모음탈락의 상호작용과 관련해서는 투명하다.

도표 (4-98)은 이전에 본 적이 없는 유형의 등급순위를 보여 준다: 하나의 Prec 제약이 또 다른 Prec 제약을 결정적으로 지배한다. 이런 일이 발생하는 것은 놀라운 일이 아니다. Prec 제약은 서로 마찰을 빚을 수가 있으며, 마찰은 모든 직접적 등급순위 논증의 근간이 된다. 이때, 이와 같은 등급순위의 가능성은 OT-CC의 (그리고 OT의) 중심적 가정에서 비롯된 것이다.

4.3.5 음위전환

어떤 조건하에서, 동일음절에서 저모음 뒤에 후음성 자음이 연속해서 나타나면 음위전환(metathesis)이 일어나서, (4-99)와 같이 후음성 자음이 음절두음 위치에 놓이게 된다. 이와는 대조적으로, [ˈjiħ.mal] 'it is carried'과 같은 예들은 저모음만 음위전환에 가담할 수 있음을 보여 준다.

(4-99) [a]+후음의 음위전환(168, 184ff.)

/ja-χdim/	jˈ**χa**dim	'he serves'
/ja-χdim-uːn/	j**χa**dˈmuːn	'they serve'
/dahma/	dˈ**ha**ma	'dark red'
/laħm-ah/	lˈ**ħa**m-ah	'piece of meat'
/ma-ʕzuːm/	m**ʕa**ˈzuːm	'invited (m. sg)'
/ma-ħzuːm-ah/	m**ħa**ˈzuːmah	'tied (f. sg)'
/ʔista-ʕʒal/	ʔistˈ**ʕa**ʒal	'got in a hurry'
/ʔista-ʕzam/	ʔistˈ**ʕa**zam	'accepted an invitation'

음위전환은 G가 후음일 때 동일음절에 있는 [aG]와 [Ga] 사이의 차이를 청각적으로 구분하는 데 따르는 어려움에 대한 — 이는 Arabic을 배우는 학생이라면 낯익은 현상임 — 반응이라고 짐작된다(다른 견해로는 Hall 2003: 31, 87을 보라). 이런 인식상의 문제는 저모음과 후음 사이의 여러 음향적 유사성으로 인한 결과이다. 모음이 비저모음이거나 자음이 후음이 아닐 때에는, 조음 순서를 탐지하는 인식상의 어려움이 감소되며, 음위전환을 해야 할 동인이 존재하지 않는다. (4-100)의 임시 제약은 Boersma(1998)에 의하여 제안된 이론과 같은, 음운론의 인식기반(perceptuallybased) 유표성제약에 대한 진정한 이론의 대용물이다. 이 제약은 도표 (4-101)에 나타난 바와 같이, 반음위전환적(antimetathetic) 충실성제약인 LINEARITY(LIN) (McCarthy and Prince 1995, 1999)보다 상위의 등급순위에 있다.

(4-100) *aG]$_\sigma$ (임시 제약)

동일음절에서 저모음과 후음성 자음이 이 순서대로 연속해서 발생할 때마다 위배표시를 할당하라.

(4-101) *aG]$_\sigma$ >> LINEARITY

/ja-χdim/	*aG]$_\sigma$	LIN
→ jˈχa.dim		1
ˈjaχ.dim	W1	L

다양한 환경에서, *aG]$_\sigma$보다 상위의 등급순위에 있어야 하는 제약에 의하여 음위전환이 봉쇄된다. (4-102)와 같이 어간말 후음은 음위전환을 하지 않는데, 그 이유는 어간의 오른쪽 가장자리가 음절의 오른쪽 가장자리와 정렬되어야 하기 때문이다(McCarthy and Prince 1993a: 127). (4-103)에서는 성문 폐쇄음으로만 구성된 퇴행적 음절을 금지하는 *[ʔ]$_\sigma$ 제약이 음위전환을 봉쇄하는데, 이는 GROUPING-HARMONY가 활성화된 상황에서 이 제약이 모음탈락을 봉쇄하는 것과 마찬가지이다(cf. (4-59)).[19] (4-104)에서는 후음 겹자음 속으로 음위전환을 하는 것이 겹자음보전(geminate integrity)에 대한 위반으로 금지된다(Guerssel 1977, Hayes 1986). 그렇지만, 몇 개의 완전한 예외(예: [ˈ**gah**.wa] ‘he served coffee(188)’ vs. /gahwa/ ‘coffee’에서

19) /ʔa-ħmar/ ‘red’나 /ʔa-ħwal/ ‘cross-eyed’와 같이, 색상이나 신체적 결함을 나타내는 형용사에는, [ʔ]를 탈락시킴으로써 음위전환을 수용한 형태와, 모음을 복사(copying)하여 모음삽입을 허용한 형태 사이에 변이형이 존재한다: [ˈħamar] ~ [ʔaˈħamar], [ˈħawal] ~ [ʔaˈħawal].

도출된 [g'**ha**.wa])뿐만 아니라, 음위전환에 의한 몇몇 교체 현상(예: [m'**χa**.raʒ] 'exit (190)' ~ ['ma**χ**.ri.ʒi] 'my exit (187)')이 아직도 설명되지 않은 채 남아 있다는 점에 유의해야 한다. 그러므로 이 음위전환 과정에서 이끌어 낼 수 있는 불투명성과 OT-CC에 대한 증거는 이 장에서 논의한 다른 증거만큼 확고한 것은 아니다.

(4-102) 어간말 후음의 음위전환 금지(88-89)

'difa**ʕ**, *'difʕa	'he pushed'
di'fa**ʕ**t	'you(masc.sg.) pushed'
di'fa**ʕ**na	'we pushed'

(4-103) 음위전환에 대한 *[ʔ]$_{\sigma}$의 효과(187-188)

'ʔa**h**da, *ʔ'hada	'he gave a present'
'ʔa**χ**laf, *ʔ'χalaf	'he changed something'
'ʔa**ʕ**ta:d, *ʔ'ʕata:d	'I became used to'

(4-104) 후음 겹자음 속으로 음위전환 금지(187)

'ʃa**χ**χasˤ, *ʃ'χaχasˤ	'he dressed up'
'ʃa**ʁ**ʁal	'he made something work (started a car)'
'la**ħ**ħaf	'he covered up'

음위전환은 고모음화와 불투명한 역급여순 관계에 있다. 후음이 선행하는데도 불구하고, 만약 그 다음 음절의 모음이 고모음이라면, 통상적으로 개방음절에서 저모음이 고모음화하기 때문에, [j'χ**a**.dim]과 [m.ʕ**a**'zu:m]에서 [a] 모음은 예상 밖이다. 이 현상은 /'ħalim/ → ['ħ**i**.lim] 및 (4-70)의 다른 형태에 의해서 예시되었으며, 도표 (4-79)에서 그 원인이 임시 조화 제약 **aCi*에 있다고 설명하였다. 만약 음위전환과 고모음화의 상호작용이 불투명하지 않고 투명하다면, /ja-χdim/은 표면에 *[j'χ**i**.dim]으로 나타날 것으로 예상된다.

이 경우의 불투명성은 *aCi가 결정적으로 PREC(ID(+low), LIN) 제약의 지배를 받는다는 것을 보여 준다. 도표 (4-105)에 나타난 바와 같이, 선택은 불투명한 연쇄 <jaχ.dim, j.**χa**.dim, jˈχa.dim>과 이것의 투명한 경쟁자 *<jaχ.dim, j.**χa**.dim, j.χ**i**.dim, jˈχi.dim> 중에 하나를 택하는 것이다. 만약 *aG]$_σ$가 *aCi를 지배한다면, 두 연쇄 모두 타당하다. 두 연쇄 모두 PREC(ID(+low), LIN)을 위배하는데, 그 이유는 그 어느 연쇄에도 LINEARITY를 위배하는 LUM에 앞서 IDENT(+low)를 위배하는 LUM이 선행하지 않기 때문이다. 그러나 투명한 연쇄에는 이 LUM들이 정반대의 잘못된 순서로 되어 있기 때문에 PREC 제약에서 두 개의 위배를 초래하므로, 이 PREC 제약의 위배 정도에 있어서 투명한 연쇄가 더 심각하다. 이것은 OT-CC에서 역급여순 불투명성의 전형적인 예이다.

(4-105) PREC(ID(+low), LIN) >> *aCi

/jaxdim/	PREC(ID(+low), LIN)	*aCi
→ <jaχ.dim, j.χa.dim, jˈχa.dim> <LIN@2, DEP-PR@2>	1	1
<jaχ.dim, j.χa.dim, j.χi.dim, jˈχi.dim> <LIN@2, ID(+low)@2, DEP-PR@2>	W_2	L

음위전환과 관련하여 불투명한 상호작용이 하나 더 있다: 음위전환은 어중모음 탈락에 의하여 급여되지 않는다. 이 역급여순 상호작용은 전사 /jiʃtaʁ**i**lin/ → [jiʃˈ**taʁ**.lin], *[jiʃ.tˈ**ʁa**.lin] 'they(f.) work' (Al-Mozainy의 이메일, 11/25/05)에서 관찰된다. 이 상호작용의 원인이 되는 제약이 PREC(LIN, MAX-I)이며, 이것은 통상적으로 음위전환을 강요하는 유표성제약인 *aG]$_σ$를 결정적으로 지배한다. 이런 식으로, 연쇄 <jiʃ.ta.ʁ**i**.lin, jiʃ.taʁ.lin, jiʃˈtaʁ.lin>이 *<jiʃ.ta.ʁ**i**.lin, jiʃ.taʁ.lin, jiʃ.t.**ʁa**.lin, jiʃ.tˈʁa.lin>보다 선호된다.

음위전환과 관련된 이 두 불투명한 상호작용은 규칙순 혹은 이에 해당하는 개념에 기반한 불투명성 이론에서는 문제가 된다. 방금 논의된 증거에서 볼 때, 음위전환 규칙은 고모음화보다는 후행해야 하고 어중모음탈락보다는 선행해야 한다: 고모음화 → 음위전환 → 어중모음탈락. 규칙순은 기본적으로 이행적 관계에 있다고 간주되기 때문에(그렇지만 Anderson(1974)를 보라), 이렇게 정리하고 나면 고모음화가 어중모음탈락보다 선행한다는 뜻이 내포된다. 그러나 §4.3.3에서 살펴본 바와 같이, 고모음화와 어중모음탈락 사이의 역급여순 관계는 어중모음탈락 → 고모음화의 규칙순을 요구한다 — 이는 모순이다. 이와 유사한 문제점이 다층위 OT에서 발생하기 마련인데, 이 이론은 해당 의미에서 볼 때 표준생성음운론과 최소한의 차이밖에 나지 않는다.

규칙순에 대한 이러한 모순의 원천은 역급여순 상호작용을 한자리에 모아 놓은 데 있다: 고모음화가 어중모음탈락을 급여할 수 없으므로 어중모음탈락은 고모음화를 선행해야 한다. 음위전환이 고모음화를 급여할 수 없으므로 고모음화는 음위전환을 선행해야 한다. 그리고 어중모음탈락이 음위전환을 급여할 수 없으므로 음위전환은 어중모음탈락을 선행해야 한다. 여기서 제시한 분석에는 모순이 없다. 역급여순 상호작용이란 충실성제약(고모음화와 어중모음탈락)이나 혹은 Prec 제약(음위전환과 고모음화, 음위전환과 어중모음탈락)의 가시적 활성화로 인해서 나타난 결과이다. 검증된 모든 역급여순 상호작용과 일관성이 있는 과정들의 적용 순서를 — 혹은 이러한 과정들에 영향을 미치는 층위들의 순서를 — 찾아낼 필요가 없다.

4.3.6 요약

Bedouin Arabic에 대한 이 분석은 Levantine Arabic을 다룬 절의 끝부분에 제시한 요점을 확증하는 이상의 의미를 갖는다: OT-CC는 유형론적으로 정당화할 수 있는 합리적인 방법으로 복합적인 불투명성 음운론을 분석하는 수단을 가지고 있다. 사실, Bedouin Arabic에서 불투명성 음운론의 풍부함이나 복잡성은 Levantine Arabic을 훨씬 능가하는데, 그러면서도 불투명한 과정의 규칙성과 생산성이 충분히 뒷받침된다 — 이는 Al-Mozainy(1981)의 연구 덕분이다.

앞서 설명한 현상 가운데에는, 약화 과정이 — 어중모음탈락과 고모음화가 — 강세를 받았거나 혹은 받게 될 위치의 모음에 영향을 미칠 수 있는 현상이 있다. 이에 대한 설명은, Prec 제약이 모음약화나 탈락과 연관이 있는 불충실한 전사가 강세를 할당하는 전사보다 선행하도록 강요하며, 이것이 바로 불충실한 전사가 강세를 받은 (받게 될) 음절에 영향을 미치는 것처럼 보이는 방식이라는 것이다. 동일한 이 과정들은 모음삽입에 의하여 개방음절이 된 그 강세 음절에는 영향을 미치지 못하는데, 그 이유는 모음을 삽입하는 전사와 강세를 할당하는 전사의 순서가 상위 등급순위의 다른 Prec 제약에 의하여 정해져 있기 때문이다. 끝으로, 후음의 음위전환을 검토한 결과, 이 과정은 어중모음탈락의 급여를 받지 않으며 또 고모음화를 급여하지도 않는 것으로 나타났다. 이러한 상호작용들도 Prec 제약으로 설명할 수 있는데, 이들은 일렬로 나열한 규칙순이나 이에 상응하는 개념에 기반한 불투명성 이론과 양립할 수 있는 것처럼 보이지 않는다.

아울러 Bedouin Arabic의 분석은 §3.2.4.3의 요점을 뒷받침한다: 고전 OT와 비교할 때, 연쇄의 조화향상 요건은 문법이 수행할 수 있는 가능한 전사를 제한한다. 여기서 검토한 구체적인 문제점은 율격구조를 향상시키는, 탈락과 같은, 분절음에 관한 과정이 존재한다는 점이다. Bedouin Arabic의 분석은 고전 OT의 용어로는 이해하기 어려웠던 이와 같은 전통적 성찰을 OT-CC가 어떻게 재현할 수 있는지를 보여 준다.

후 기

이 책의 한 전제는 최적성이론이 모듈 구성의 변화를 통하여 이익을 얻을 수 있다는 것이다. 후보연쇄는 GEN과 EVAL 사이의 관계가 달라질 것을 요구하는데, 오로지 일방 통행만 가능한 관계가 아니라 양방향 통행이 가능한 관계를 필요로 한다. 이 변화는 Prince and Smolensky의 1993년 원고에서 처음으로 제의되었다. 십 수년이 지난 지금, 이 제안은 1993년에는 예상할 수도 없었던 결과를 산출하고 있다.

이 책의 또 다른 전제는 (일종의) 도출들이 서로 비교된다는 것이다. OT의 핵심 가정은 두 가지이다: 상대적 조화를 위해서 후보들이 비교가 되며, 비교는 등급순위가 정해진, 위배 가능한 제약에 의해서 이루어진다. 도출의 한 유형인 후보연쇄는 고전 OT에서 후보 출력형을 비교하는 데 사용된 것과 동일한 EVAL의 기본 장치에 의해서 비교된다. 가장 조화적인 도출이 최적의 후보연쇄이다. 후보연쇄가 최적이 되는 것은 도출을 거친 출력형을 평가하는 제약의 위계에 의거하고, 입력형에서 출력형으로 나아가는 경로에서 누적된 충실성 위배에 의거하며, 그리고 이러한 충실성 위배를 취득한 순서에 의거한다.

이 두 전제 간의 연관성은 §3.3 및 다른 장에서 설명하였다. GEN의 연쇄 형성에는 EVAL만이 제공할 수 있는 정보가 요구된다. 연쇄는 조화적으로 향상해야 하며, 연쇄의 각 구성소는 소규모 집합을 이루는 다른 대안적 형태보다 더 조화적이어야 한다. 연쇄 타당성에 대한 이러한 조건은 연쇄비교 이론이 성공을 거두는 데 필수불가결한 요소이다.

이 두 전제는 두 가지 주요 증거에 의하여 뒷받침된다. §3.2와 McCarthy (2007a)에서, 필자는 GEN-EVAL 사이의 양방향 관계가 어떤 유형의 전국적 최적성화에 필수적인 제한을 확보한다고 논증한 바 있다. 출력형 후보는 애초부터 완전히 갖추어진 형태로 GEN의 상층부에서 솟아나는 것이 아니다. 정확하게 말하면, 출력형 후보는 일련의 작용을 거쳐서 생산되는데, 각각의 작용은 선행형보다 더 조화적으로 향상하는 형태를 산출한다. 이 이론에서 배제되는 전국적 최적성화는 조화향상이 이루지기도 전에 여러 개의 작용이 필요한 것을 말한다.

다른 출처의 증거는 — 이 책의 주요한 경험론적 초점이기도 한데 — 음운론적 불투명성이다. 필자는 불투명성이 인간 언어의 진정한 특성임을 논증하고, 연쇄의 형태로 도출적 정보가 후보에 포함될 경우, 다양한 종류의 불투명한 상호작용을 OT에서 어떻게 분석할 수 있는지를 제시하였다. 필자는 연구문헌에서 불투명한 것으로 알려진 상호작용 가운데, 이러한 이론 틀에서 분석이 불가능한 상호작용이 존재한다는 것을 믿어 의심치 않는다. 또한 필자는 연구문헌에서 불투명한 것으로 알려진 여러 상호작용이 분석자가 지나치게 열중한 나머지 빚어낸 상상의 소산이라는 것도 믿어 의심치 않는다. 이것이 바로 §4에서 연구의 대상으로 삼은 불투명한 상호작용에서 이들의 체계적이고 완강한 특성을 확립하는 데 특별히 역점을 둔 이유이다.

다음 과제는 무엇인가? 음운론적 불투명성이라는 논제에 대해서는 언제라도 연구해야 할 과제가 산적해 있다: 광범위한 문헌자료에서 알곡과 겨를 가려내는 일과, 어떤 불투명한 상호작용이 불가능한 것인지 아니면 그저 희귀한 현상일 따름인지를 확립하는 일이 그것이다. 매우 기대되는 연구 방향은 — 아직 시작도 못한 일이지만 — 전국적 최적성화와 그 한계성 문제에 관한 것이다. 앞으로 이 주제에 관하여 더 많은 연구가 이루어지기를 기대하며 스스로도 이 논제에 대한 연구를 수행하고자 한다.

참고문헌

Abboud, Peter (1979) The verb in Northern Najdi Arabic. *Bulletin of the School of Oriental and African Studies* 42: 467-499.

Abdul-Karim, Kamal (1980) *Aspects of the Phonology of Lebanese Arabic*. Doctoral dissertation. Urbana, IL: University of Illinois.

Abu-Mansour, Mahasen Hasan (1991) Epenthesis in Makkan Arabic: Unsyllabifiable consonants versus degenerate syllables. In Mushira Eid and John J. McCarthy (eds) *Perspectives on Arabic Linguistics Ⅲ: Papers from the Third Annual Symposium on Arabic Linguistics* 137-159. Amsterdam: John Benjamins.

Abu-Salim, Issam M. (1980) Epenthesis and geminate consonants in Palestinian Arabic. *Studies in the Linguistic Sciences* 10: 1-11

Abu-Salim, Issam M. (1982a) *A Reanalysis of Some Aspects of Arabic Phonology: A Metrical Approach.* Doctoral dissertation. Urbana, IL: University of Illinois.

Abu-Salim, Issam M. (1982b) Syllable structure in Palestinian Arabic. *Studies in the Linguistic Sciences* 12: 1-28.

Aden, Paula S. (2006) *Ternary Stress*. BA honors thesis. Amherst, MA: University of Massachusetts Amherst.

Al-Mozainy, Hamza Q. (1976) *Vowel deletion and the segmental cycle in the Arabic dialect of Hijaz (Saudi Arabia)*. Master's thesis. Austin, TX: University of Texas, Austin.

Al-Mozainy, Hamza Q. (1981) *Vowel Alternations in a Bedouin Hijazi Arabic Dialect: Abstractness and Stress.* Doctoral dissertation. Austin, TX: University of Texas, Austin.

Al-Mozainy, Hamza Q., Bley-Vroman, Robert, and McCarthy, John J. (1985) Stress shift and metrical structure. *Linguistic Inquiry* 16: 135-144.

Albright, Adam (2002) *The Identification of Bases in Morphological Paradigms.* Doctoral dissertation. Los Angeles: UCLA. [Available at http://web.mit.edu/albright/www/AlbrightDiss.html.]

Alderete, John (1997) Dissimilation as local conjunction. In Kiyomi Kusumoto(ed.) *Proceedings of the North East Linguistic Society* 27 17-32. Amherst, MA: GLSA Publications.

Alderete, John (1999) Head dependence in stress-epenthesis interaction. In Ben Hermans and Marc van Oostendorp (eds) *The Derivational Residue in Phonological Optimality Theory* 29-50. Amsterdam: John Benjamins. [Available on Rutgers Optimality Archive, ROA-453.]

Alderete, John (2001a) Dominance effects as transderivational anti-faithfulness. *Phonology* 18: 201-253.

Alderete, John (2001b) *Morphologically Governed Accent in Optimality Theory*. New York & London: Routledge. [1999 Doctoral dissertation, University of Massachusetts, Amherst. Available on

Rutgers Optimality Archive, ROA-309.]

Alderete, John, Beckman, Jill, Benua, Laura, Gnanadesikan, Amalia, McCarthy, John J., and Urbanczyk, Suzanne (1999) Reduplication with fixed segmentism. *Linguistic Inquiry* 30: 327-364. [Available on Rutgers Optimality Archive, ROA-226.]

Ambros, Arne (1977) *Damascus Arabic*. Malibu, CA: Undena Publications.

Anderson, Stephen R. (1974) *The Organization of Phonology*. New York: Academic Press.

Anderson, Stephen R. (1979) On the subsequent development of the 'Standard Theory' in phonology. In Daniel A. Dinnsen (ed.) *Current Approaches to Phonological Theory* 2-30. Bloomington, IN: Indiana University Press.

Angoujard, Jean-Pierre (1986) Les hiérarchies prosodiques en arabe. *Revue québecoise de linguistique* 16: 11-38.

Aoun, Youssef (1979) Is the syllable or the supersyllable a constituent? *MIT Working Papers in Linguistics* 1: 140-148.

Archangeli, Diana (1984) *Underspecification in Yawelmani Phonology and Morphology*. Doctoral dissertation: Massachusetts Institute of Technology. [Published 1988, Outstanding Dissertations in Linguistics Series, Garland, New York.]

Archangeli, Diana (1985) Yokuts harmony: Evidence for coplanar representation in nonlinear phonology. *Linguistic Inquiry* 16: 335-372.

Archangeli, Diana and Pulleyblank, Douglas (1994) *Grounded Phonology*. Cambridge, MA: MIT Press.

Archangeli, Diana and Suzuki, Keiichiro (1996) Yokuts templates: Correspondence to neither input nor output. In Brian Agbayani and Naomi Harada (eds) *UCI Working Papers in Linguistics, Vol. 2: Proceedings of the South Western Optimality Theory Workshop* 17-28. Irvine, CA: Irvine Linguistics Students Association.

Archangeli, Diana and Suzuki, Keiichiro (1997) The Yokuts challenge. In Iggy Roca(ed.) *Derivations and Constraints in Phonology* 197-226. Oxford: Oxford University Press.

Bakovic, Eric (1999) Assimilation to the unmarked. In Jim Alexander, Na-Rae Han, and Michelle Minnick Fox (eds) *University of Pennsylvania Working Papers in Linguistics: Proceedings of the 24th Annual Penn Linguistics Colloquium*. Philadelphia: Department of Linguistics, University of Pennsylvania. [Available on Rutgers Optimality Archive, ROA-340.]

Bakovic, Eric (2000) *Harmony, Dominance, and Control*. Doctoral dissertation. New Brunswick, NJ: Rutgers University. [Available on Rutgers Optimality Archive, ROA-360.]

Becker, Michael. (2006) CCamelOT- An implementation of OT-CC's GEN and EVAL in Perl. Handout of talk presented at Linguistic Society of America, 80th Annual Meeting, Albuquerque, New Mexico.

Beckman, Jill (1997) Positional faithfulness, positional neutralization, and Shona vowel harmony. *Phonology* 14: 1-46.

Beckman, Jill (1998) *Positional Faithfulness*. Doctoral dissertation. Amherst, MA: University of Massachusetts Amherst. [Available on Rutgers Optimality Archive, ROA-234.]

Beechey, Timothy (2006) A non-representational theory of geminate inalterability and integrity.

Unpublished manuscript. Amherst, MA: University of Massachusetts Amherst.

Benua, Laura (1997) *Transderivational Identity: Phonological Relations between Words*. Doctoral dissertation. Amherst, MA: University of Massachusetts Amherst. [Available on Rutgers Optimality Archive, ROA-259. Published (2000) as *Phonological Relations Between Words*, New York: Garland.]

Bermúdez-Otero, Ricardo (1999) *Constraint Interaction in Language Change: Quantity in English and Germanic*. Doctoral dissertation. Manchester, UK: University of Manchester

Bermúdez-Otero, Ricardo (2001) Underlying nonmoraic coda consonants, faithfulness and sympathy. Unpublished manuscript. Manchester, England: University of Manchester. [Available at http://www.staff.ncl.ac.uk/r.bermudez-otero/DEP-mora.pdf.]

Bermúdez-Otero, Ricardo (2004) The acquisition of phonological opacity. Unpublished manuscript. Newcastle upon Tyne: University of Newcastle upon Tyne. [Available on Rutgers Optimality Archive, ROA-593.]

Bermúdez-Otero, Ricardo (forthcoming) *Stratal Optimality Theory*. Oxford: Oxford University Press.

Black, H. Andrew (1993) *Constraint-Ranked Derivation: A Serial Approach to Optimization*. Doctoral dissertation: University of California, Santa Cruz.

Blanc, Haim (1970) The Arabic dialect of the Negev Bedouins. In *Proceedings of the Israel Academy of Sciences and Humanities* 112-150. Jerusalem: Israel Academy of Sciences and Humanities.

Blevins, Juliette (1995) The syllable in Phonological theory. In John A. Goldsmith (ed.) *The Handbook of Phonological Theory* 206-244. Cambridge, MA, and Oxford, UK: Blackwell.

Blevins, Juliette (2004) A reconsideration of Yokuts vowels. *International Journal of American Linguistics* 70: 33-51.

Boersma, Paul (1997) How we learn variation, optionality, and probability. *Proceedings of the Institute of Phonetic Sciences of the University of Amsterdam* 21: 43-58. [Available on Rutgers Optimality Archive, ROA-221.]

Boersma Paul (1998) *Functional Phonology: Formalizing the Interaction Between Articulatory and Perceptual Drives*. The Hague: Holland Academic Graphics. [Doctoral dissertation, University of Amsterdam.]

Boersama, Paul and Hayes, Bruce (2001) Empirical tests of the gradual learning algorithm. *Linguistic Inquiry* 32: 45-86. [Available on Rutgers Optimality Archive, ROA-348.]

Booij, Geert (1996) Lexical phonology and the derivational residue. In Jacques Durand and Bernard Laks (eds) *Current Trends in Phonology: Models and Methods* 69-96. Salford, Manchester, UK: University of Salford.

Booij, Geert (1997) Non-derivational phonology meets lexical phonology. In Iggy Roca (ed.) *Derivations and Constraints in Phonology* 261-288. Oxford: Oxford University press.

Borg, Alexander (1997) Maltese phonology. In Alan S. Kaye (ed.) *Phonologies of Asia and Africa* 245-285. Winona Lake, IN: Eisenbrauns.

Borowsky, Toni (1986) *Topics in the Lexical Phonology of English*. Doctoral dissertation. Amherst, MA: University of Massachusetts Amherst.

Brame, Michael (1972) On the abstractness of phonology: Maltese ʕ. In Michael Brame (ed.)

Contributions to Generative Phonology 22-61. Austin:University of Texas Press.

Brame, Michael (1973) On stress assignment in two Arabic dialects. In Stephen R. Anderson and Paul Kiparsky (eds) *A Festschrift for Morris Halle* 14-25. New York: Holt, Reinhart and Winston.

Brame, Michael (1974) The cycle in phonology: Stress in Palestinian, Maltese and Spanish. *Linguistic Inquiry* 5: 39-60.

Bromberger, Sylvain and Halle, Morris (1989) Why phonology is different. *Linguistic Inquiry*. 20: 51-70.

Bromberger, Sylvain and Halle, Morris (1997) The contents of phonological signs: A comparison between their use in derivational theories and in optimality theories. In Iggy Roca (ed.) *Derivations and Constraints in Phonology* 93-124. Oxford: Oxford University Press.

Broselow, Ellen (1980) Syllable structure in two Arabic dialects. *Studies in the Linguistic Sciences* 10: 13-24.

Broselow, Ellen (1982) On predicting the interaction of stress and epenthesis. *Glossa* 16:115-132.

Broselow, Ellen (1992) Parametric variation in Arabic dialect phonology. In Ellen Broselow, Mushira Eid, and John J. McCarthy (eds) *Perspectives on Arabic Linguistics* 7-45. Amsterdam and Philadelphia: John Benjamins.

Broselow, Ellen, Chen, Su-I, and Huffman, Marie (1997) Syllable weight: Convergence of phonology and phonetics. *Phonology* 14: 47-82.

Burzio, Luigi (2002) Surface-to-surface morphology: When your representations turn into constraints. In Paul Boucher (ed.) *Many Morphologies* 142-177. Somerville, MA: Cascadilla Press. [Available on Rutgers Optimality Archive, ROA-341.]

Bye, Patrik (2001) *Virtual Phonology: Rule Sandwiching and Multiple Opacity in North Saami*. Doctoral dissertation. TromsØ, Norway: University of Tromso. [Available on Rutgers Optimality Archive, ROA-498.]

Bye, Patrik (2003) Opacity, transparency, and unification in the phonology of Tiberian Hebrew. In Makoto Kadowaki and Shigeto Kawahara (eds) *Proceedings of NELS 33* 475-494. Amherst, MA: GLSA. [Available at http://www.hum.uit.no/a/bye/Papers/hebrew.pdf.]

Campbell, Lyle (1973) *Extrinsic Order Lives*. Bloomington, IN: Indiana University Linguistics Club Publications.

Campos-Astorkiza, Rebeka (2004) Faith in moras: A revised approach to prosodic faithfulness. In Keir Moulton and Matthew Wolf (eds) *Proceedings of the North East Linguistics Society 34* 163-174. Amherst, MA: GLSA.

Cantineau, Jean (1939) Remarques sur les parlers sédentaires syro-libano-pales-tiniens. *Bulletin de la Societé de Linguistique de Paris* 40: 80-88.

Carpenter, Angela (2002) Noncontiguous metathesis and adjacency. In Angela Carpenter, Andries Coetzee, and Paul de Lacy (eds) *University of Massachusetts Occasional Papers in Linguistics 26: Papers in Optimality Theory II* 1-26. Amherst, MA: GLSA. [Available on Rutgers Optimality Archive, ROA-489.]

Casali, Roderic F. (1996) *Resolving Hiatus*. Doctoral dissertation. Los Angeles: UCLA. [Available on Rutgers Optimality Archive, ROA-215.]

Casali, Roderic F. (1997) Vowel elision in hiatus contexts: Which vowel goes? *Language* 73: 493–533.

Cassimjee, Farida and Kisseberth, Charles (1999) A conspiracy argument for Optimality Theory :Emakhuwa dialectology. In Jim Alexander, Na–Rae Han, and Michelle Minnick Fox (eds) *UPenn Working Papers in Linguistics 6(1)* 81–96. Philadelphia: Department of Linguistics, University of Pennsylvania.

Cathey, James E. and Demers, Richard A. (1970) On establishing linguistic universals: A case for in–depth synchronic analysis. *Language* 52: 611–630.

Causley, Trisha (1997) Identity and featural correspondence: The Athapaskan case. In Kiyomi Kusumoto (ed.) *Proceedings of the North East Linguistics Society* 27 93–105. Amherst, MA: GLSA Publications.

Causley, Trisha (1999) Faithfulness and contrast: The problem of coalescence. In Kimary N. Shahin, Susan J. Blake, and Eun–Sook Kim (eds) *The Proceedings of the West Coast Conference on Formal Linguistics 17* 117–131. Stanford, CA: CSLI Publications.

Chafe, Wallace (1968) The ordering of phonological rules. *International Journal of American Linguistics* 24: 115–136.

Chen, Matthew (1999) Directionality constraints on derivations? In Ben Hermans and Marc van Oostendorp (eds) *The Derivational Residue in Phonological Optimality Theory* 105–127. Amsterdam: John Benjamins. [Available on Rutgers Optimality Archive, ROA–453.]

Cho, Young–mee Yu (1995) Rule ordering and constraint interaction in OT. In *Proceedings of the Berkeley Linguistics Society 21* 336–350. Berkeley, CA: Berkeley Linguistics Society.

Cho, Young–mee Yu and King, Tracy Holloway (2003) Semisyllables and universal syllabification. In Caroline Féry and Ruben can de Vijver (eds) *The Syllable in Optimality Theory* 183–212. Cambridge: Cambridge University Press.

Chomsky, Noam (1964) *Current Issues in Linguistics Theory*. The Hague: Mouton.

Chomsky, Noam (1965) *Aspects of the Theory of Syntax*. Cambridge, MA: MIT Press.

Chomsky, Noam (1968) *Language and Mind*. New York: Harcourt Brace Jovanovich.

Chomsky, Noam (1995) *The Minimalist Program*. Cambridge, MA: MIT Press.

Chomsky, Noam and Halle, Morris (1968) *The Sound Pattern of English*. New York: Harper & Row.

Chung, Sandra (1983) Transderivational relationships in Chamorro phonology. *Language* 59: 35–66.

Clements, G. N. (1986) Syllabification and epenthesis in the Barra dialect of Gaelic. In Koen Bogers, Harry van der Hulst, and Maarten Mous (eds) *The Phonological Representation of Suprasegmentals* 317–336. Dordrecht: Foris.

Clements, G. N. (1990) The role of the sonority cycle in core syllabification. In John Kingston and Mary Beckman (eds) *Papers in Laboratory Phonology 1: Between the Grammar and Physics of Speech* 283–333. New York: Cambridge University Press.

Clements, G. N. (1991) Vowel height assimilation in Bantu languages. In K. Hubbard (ed.) *BLS 17S: Proceedings of the Special Session on African Language Structures* 25–64. Berkeley: Berkeley Linguistics Society.

Clements, G. N. (1997) Berber syllabifications: Derivations or constraints? In Iggy Roca (ed.) *Derivations and Constraints in Phonology* 289–330. Oxford: Oxford University Press.

Clements, G. N. and Ford, K. C. (1979) Kikuyu tone shift and its synchronic consequences. *Linguistic Inquiry* 10: 179–210.

Clements, G. N. and Hume, Elizabeth (1995) The internal organization of speech sounds. In John A. Goldsmith (ed.) *The Handbook of Phonological Theory* 245–306. Cambridge, MA, and Oxford, UK: Blackwell.

Cohn, Abigail and McCarthy, John J. (1994/1998) Alignment and parallelism in Indonesian phonology. *Working Papers of the Cornell Phonetics Laboratory* 12: 53–137 [Available on Rutgers Optimality Archive, ROA–25.]

Cole, Jennifer S. and Kisseberth, Charles (1995) Restricting multi–level constraint evaluation: Opaque rule interaction in Yawelmani vowel harmony. Unpublished manuscript. Urbana, IL: University of Illinois. [Available on Rutgers Optimality Archive, ROA–98.]

Cowell, Mark (1965) *A Reference Grammar of Syrian Arabic*. Washington, DC: Georgetown University Press.

Crosswhite, Katherine (1998) Segmental vs. prosodic correspondence in Chamorro. *Phonology* 15: 281–316.

Crosswhite, Katherine (1999) *Vowel Reduction in Optimality Theory*. Doctoral dissertation. Los Angeles: UCLA.

Crosswhite, Katherine (2000a) The analysis of extreme vowel reduction. In Adam Albright and Taehong Cho (eds) *Papers in Phonology 4 [UCLA Working Papers in Linguistics 4]* 1–12. Los Angeles: Department of Linguistics, UCLA.

Crosswhite, Katherine (2000b) Sonority driven reduction. Unpublished manuscript. Rochester, NY: University of Rochester. [Available on Rutgers Optimality Archive, ROA–591.]

Das, Shyamal (2002) *Some Aspects of the Phonology of Tripura Bangla and Tripura Bangla English*. Doctoral dissertation. Hyderabad, India: Central Institute of English and Foreign Languages, University of Hyderabad.

Davis, Stuart (1995) Emphasis spread in Arabic and Grounded Phonology. *Linguistic Inquiry* 26: 465–498.

Davis, Stuart (1997a) The flowering of Optimality Theory: Ponapean nasal substitution and the problem of intermediate forms. Unpublished manuscript. Bloomington, IN: Indiana University.

Davis, Stuart (1997b) A sympathetic account of nasal substitution in Ponapean. In Rachel Walker, Motoko Katayama, and Daniel Karvonen (eds) *Phonology at Santa Cruz* 15–28. Santa Cruz, CA: Linguistics Research Center, University of California.

Davis, Stuart and Zawaydeh, Bushra (1997) Output configurations in phonology: Epenthesis and syncope in Cairene Arabic. In Stuart Davis (ed.) *Optimal Viewpoints* 45–67. Bloomington, IN: Indiana University Linguistics Club.

de Haas, Wim (1988) *A Formal Theory of Vowel Coalescence: A Case Study of Ancient Greek*. Dordrecht: Foris.

de Lacy, Paul (1998) Sympathetic stress. Unpublished manuscript. Amherst, MA: University of

Massachusetts Amherst. [Available on Rutgers Optimality Archive, ROA-294.]

de Lacy, Paul (2002) *The Formal Expression of Markedness*. Doctoral dissertation. Amherst, MA: University of Massachusetts, Amherst. [Available on Rutgers Optimality Archive, ROA-542.]

Dell, François (1973) *Les règles et les sons*. Paris: Hermann, Collection Savoir.

Diem, Werner (1970) Die unreglemässigen Formen der 3. Person Feminin Singular Perfekt in den Dialekten der Sesshaften des syrisch-libanesisch-palästinischen Sprachgebietes. *Orbis* 19: 346-359.

Dinnsen, Daniel A., McGarrity, Laura w., O'Connor, Kathleen, and Swanson, Kim (1998) On the role of sympathy in acquisition. Unpublished manuscript. Bloomington, IN: Indiana University.

Donegan, Patricia J. and Stampe, David (1979) The study of natural phonology. In Daniel A. Dinnsen (ed.) *Current Approaches to Phonological Theory* 126-173. Bloomington, IN: Indiana University Press.

Downing, Laura J., Hall, T. Alan, and Raffelsiefen, Renate (eds) (2005) *Paradigms in Phonological Theory*. Oxford: Oxford University Press.

Elenbaas, Nine and Kager, René (1999) Ternary rhythm and the Lapse constraint. *Phonology* 16: 273-330.

Elfner, Emily (2006) Contrastive syllabification in Blackfoot. In Donald Baumer, David Montero, and Michael Scanlon (eds) *Proceedings of the 25th West Coast Conference on Formal Linguistics* 141-149. Somerville, MA: Cascadilla Press.

Erwin, Wallace M. (1963) *A Short Reference Grammar of Iraqi Arabic*. Washington, DC: Georgetown University Press.

Farwaneh, Samira (1995) *Directionality Effects in Arabic Dialect Syllable Structure*. Doctoral dissertation. Salt Lake City, UT: University of Utah.

Féry, Caroline (2003) Onsets and nonmoraic syllables in German. In Caroline Féry and Ruben van de Vijver (eds) *The Syllable in Optimality Theory* 213-237. Cambridge: Cambridge University Press.

Fischer, Wolfdietrich and Jastrow, Otto (eds) (1980) *Handbuch der Arabischen Dialekte*. Wiesbaden: Otto Harrassowitz.

Fitzgerald, Colleen M. (2002) Tohono O'odham stress in a single ranking. Phonology 19: 253-271.

Flemming, Edward (1995) *Auditory Representation in Phonology*. Doctoral dissertation. Los Angeles: UCLA.

Fodor, Jerry A., Bever, Thomas G., and Garrett, Merrill (1974) *The Psychology of Language*. New York: McGraw Hill.

Fukazawa, Haruka (1999) *Theoretical Implications of OCP Effects on Features in Optimality Theory*. Doctoral dissertation. College Park, MD: University of Maryland. [Available on Rutgers Optimality Archive, ROA-307]

Fukazawa, Haruka and Miglio, Viola (1998) Restricting conjunction to constraint families. In Vida Samiian (ed.) *Proceedings of the Western Conference on Linguistics 9 (WECOL 96)* 102-117. Fresno, CA: Department of Linguistics, California State University, Fresno.

Gafos, Adamantios (1998) Eliminating long-distance consonantal spreading. *Natural Language and*

Linguistic Theory 16: 223–278.

Gafos, Adamantios (1999) *The Articulatory Basis of Locality in Phonology*. New York: Garland.

Gafos, Adamantios and Lombardi, Linda (1999) Consonant transparency and vowel echo. In Pius N. Tamanji, Mako Hirotani, and Nancy Hall (eds) *Proceedings of the North East Linguistic Society 29, vol. 2: Papers from the Poster Sessions* 81–95. Amherst, MA: GLSA Publications.

Gnanadesikan, Amalia (1997) *Phonology with Ternary Scales*. Doctoral dissertation. Amherst, MAL: University of Massachusetts at Amherst. [Avaliable on Rutgers Optimality Archive, ROA–195.]

Gnanadesikan, Amalia (2004) Markedness and faithfulness constraints in child phonology. In René Kager, Joe Pater, and Wim Zonneveld (eds) *Constraints in Phonological Acquisition* 73–108. Cambridge University Press. [Originally circulated in 1995. Avaliable on Rutgers Optimality Archive, ROA–67.]

Goldrick, Matthew (2000) Turbid output representations and the unity of opacity. In Masako Hirotani (ed.) *Proceedings of the North East Linguistics Society 30* 231–246. Amherst, MA: GLSA Publications.

Goldrick, Matthew and Smolensky, Paul (1998) Opacity = turbidity + myopia? Unpublished manuscript. Baltimore, MD: Johns Hopkins University. [Handout annotated as 'Draft of October 11, 1998'.]

Goldsmith, John (1976a) *Autosegmental Phonology*. Doctoral dissertation. Cambridge, MA: MIT. [Published by Garland Press, New York, 1979.]

Goldsmith, John (1976b) An overview of autosegmental phonology. *Linguistic Analysis* 2: 23–68

Goldsmith, John (1993a) Harmonic phonology. In John Goldsmith (ed.) *The Last Phonological Rule: Reflections on Constraints and Derivations* 21–60. Chicago: University of Chicago Press.

Goldsmith, John (1993b) Introduction. In John Goldsmith (ed.) *The Last Phonological Rule: Reflections on Constraints and Derivations* 1–20. Chicago: University of Chicago Press.

Goldsmith, John (1996) Tone in Mituku: How a floating tone nailed down an intermediate level. In Jacques Durand and Bernard Laks (eds) *Currrent Trends in Phonology: Models and Methods* 267–280. Manchester, England: European Studies Research Institute, University of Salford.

Gorden, Matthew (1996) Balto–Fennic–Sámi consonant gradation as fortition. In Chai–Shune Hsu (ed.) *UCLA Working Papers in Phonology 1* 107–124. Los Angeles: Department of Linguistics, UCLA.

Gorden, Matthew (1999) *Syllable Weight: Phonetics, Phonology, and Typology*. Doctoral dissertation. Los Angeles, CA: UCLA.

Gorden, Matthew (2003) The puzzle of onset–sensitive stress: A perceptually driven approach. In Gina Garding and Mimu Tsujimura (eds) *WCCFL 22: Proceedings of the 22nd West Coast Conference on Formal Linguistics* 217–230. Somerville, MA: Cascadilla Press.

Gouskova, Maria (2003) *Deriving Economy: Syncope in Optimality Theory*. Doctoral dissertation. Amherst, MA: University of Massachusetts Amherst. [Available on Rutgers Optimality Archive, ROA–610.]

Green, Antony Dubach (2004) Opacity in Tiberian Hebrew: Morphology, not phonology. *ZAS Papers in Linguistics* 37 (December): 37–70. [Papers in phonetics and phonology, edited by S. Fuchs and S. Hamann. Available on Rutgers Optimality Archive, ROA-703.]

Grimshaw, Jane (1994) Minimal projection and clause structure. In Barbara Lust, Margarita Suñer, and John Whitman (eds) *Syntactic Theory and First Language Acquisition: Cross-Linguistic Perspectives, vol. I: Heads, Projections, and Learnability* 75-83. Hillsdale, NJ: Lawrence Erlbaum.

Grotzfeld, Heinz (1965) *Syrisch-Arabische Grammatik*. Wiesbaden: O. Harrassowitz.

Guerssel, Mohammed (1977) Constraints on phonological rules. *Linguistic Analysis* 3: 267-305.

Gussmann, Edmund (1976) Recoverable derivations and phonological change. *Lingua* 40: 281-303.

Haddad, Ghassan (1984) *Problems and Issues in the Phonology of Lebanse Arabic*. Doctoral dissertation. Urbana, IL: University of Illinois.

Hagstrom, Paul (1997) Contextual metrical invisibility. In Benjamin Bruening (ed.) *PF: Papers at the Interface [=MIT Working Papers in Linguistics 30]* 113-181. Cambridge, MA: Department of Linguistics and Philosophy, MIT. [Available at http://www.bu.edu/linguistics/UG/hagstrom/papers/CMI-MITWPL.pdf.]

Hale, Kenneth (1973) Deep-surface canonical disparities in relation to analysis and change: An Austrailian example. In Thomas Sebeok (ed.) *Current Trends in Linguistics* 401-458. The Hague: Mouton.

Hale, Mark and Kissock, Madelyn (1998) The phonology-syntax interface in Rotuman. In Matthew Pearson (ed.) *Recent Papers in Austronesian Linguistics: Proceedings of the Third and Fourth Meetings of the Austronesian Formal Linguistics Society, UCLA Occasional Papers in Linguistics #21* 115-128. Los Angeles: Department of Linguistics, UCLA.

Hale, Mark, Kissock, Madelyn, and Reiss, Charles (1998) Output-output correspondence in Optimality Theory. In Emily Curties, James Lyle, and Gabriel Webster (eds) *The Proceedings of the West Coast Conference on Formal Linguistics 16* 223-236. Stanford, CA: CSLI Publications. [Available on Rutgers Optimality Archive, ROA-202.]

Hall, Nancy (2003) *Gestures and Segments: Vowel Intrusion as Overlap*. Doctoral dissertation, Amherst, MA: University of Massachusetts, Amherst.

Halle, Morris and Idsardi, William (1997) *r*, hypercorrection, and the Elsewhere Condition. In Iggy Roca (ed.) *Derivations and Constraints in Phonology* 331-348. Oxford: Clarendon Press.

Harries, Lyndon (1950) *A Grammar of Mwera*. Johannesburg: Witwatersrand University Press. [Bantu Grammatical Archives 1.]

Harrikari, Heli (1999) The inalterability of long vowels in Finnish. Handout from GLOW, Nanzan University, Nagoya, Japan.

Harris, Zellig (1946) From morpheme to utterance. *Language* 22: 161-183.

Hayes, Bruce (1986) Inalterability in CV phonology. *Language* 62: 321-351.

Hayes, Bruce (1987) A revised parametric metrical theory. In Joyce McDonough and Bernadette Plunkett (eds) *Proceedings of the North East Linguistic Society 17* 274-289. Amherst: GLSA Publications.

Hayes, Bruce (1989) Compensatory lengthening in moraic phonology. *Linguistic Inquiry* 20: 253-306.

Hayes, Bruce (1990) Precompiled phrasal phonology. In Sharon Inkelas and Draga Zec (eds) *The*

Phonology-Syntax Connection 85-108. Chicago: University of Chicago Press.

Hayes, Bruce (1995) *Metrical Stress Theory: Principles and Case Studies*. Chicago: The University of Chicago Press.

Hermans, Ben and van Oostendorp, Marc (eds) (1999) *The Derivational Residue in Phonological Optimality Theory*. Amsterdam: John Benjamins.

Herzallah, Rukayyah (1990) *Aspects of Palestinian Arabic Phonology: A Nonlinear Approach*. Doctoral dissertation: Cornell University. [Distributed as Working Papers of the Cornell Phonetics Laboratory No.4.]

Hewitt, Mark and Crowhurst, Megan (1996) Conjunctive constraints and templates in Optimality Theory. In Jill Beckman (ed.) *Proceedings of the North East Linguitstic Society 26* 101-116. Amherst, MA: GLSA Publications.

Hockett, Charles F. (1973) Yokuts as testing-ground for linguitstic methods. *International Journal of American Linguistics* 39: 63-79.

Hogg, Richard M. (1978) The Duke of York gambit: A variation. *Lingua* 44: 255-266.

Hooper[Bybee] (1976) An Introduction to Natural Generative Phonology. New York: Academic Press.

Hooper [Bybee], Joan (1979) Substantive principles in natural generative phonology. In Daniel Dinnsen (ed.) *Current Approaches to Phonological Theory* 106-125. Bloomington: Inidiana University Press.

Horwood, Graham (2002) Precedence faithfulness governs morpheme position. In Line Mikkelsen and Christopher Potts (eds) *Proceedings of the 21st West Coast Conference on Formal Linguistics* 166-179. Cambridge, MA: Cascadilla Press. [Avaliable on Rutgers Optimality Archive, ROA-527.]

Horwood, Graham (2004) *Order without Chaos: Relational Faithfulness and Position of Exponence in Optimality Theory*. Doctoral dissertation. New Brunsewick, NJ: Rutgers University.

Howe, Darin and Pulleyblank, Douglas (2004) Harmonic scales as faithfulness. *Canadian Journal of Linguistics* 49: 1-49. [Avaliable at http://www.fp.ucalgary.ca/howed/PerceptualFaith.pdf.]

Humbert, Helga (1995) *Phonological Segments: Their Structure and Behavior*. The Hague: Holland Academic Graphics. [Doctoral dissertation, University of Leiden.]

Hume, Elizabeth (1998) Metathesis in phonological theory: The case of Leti. *Lingua* 104: 147-186. [Available on Rutgers Optimality Archive, ROA-180.]

Hume, Elizabeth (2001) Metathesis: Formal and functional considerations. In Elizabeth Hume, Norval Smith, and Jeroen Van de Weijer (eds) *Surface Syllable Structure and Segment Sequencing* 1-25. Leiden: Holland Institute of Linguistics (HIL). [Available at http://www.ling.ohio-state.edu /~Eehume/papers/hume_metathesisS5.pdf.]

Hyman, Larry (1985) *A Theory of Phonological Weight*. Dordrecht: Fortis.

Hyman, Larry (1988) Underspecification and vowel height transfer in Esimbi. *Phonology* 5: 255-273.

Hyman, Larry(1993) Problems for rule ordering in phonology: Two Bantu test cases. In John Goldsmith (ed.) *The Last Phonological Rule: Reflections on Constraints and Derivations* 195-222. Chicago: University of Chicago Press.

Idsardi, William (1997) Sympathy creates chaos. Unpublished manuscript. Newark, DE: University of Delaware. [Available at http://www.ling.udel.edu/idsardi/work/1997sympathy.pdf.]

Idsardi, William (1998) Tiberian Hebrew spirantization and phonological derivations. *Linguistic Inquiry* 29: 37-73.

Ingham, Bruce(1982) *Northeast Arabian Dialects*. London: Kegan Paul International.

Inkelas, Sharon (1989) *Prosodic Constituency in the Lexicon*. Doctoral dissertation. Stanford, CA: Stanford University. [Published 1990, Outstanding Dissertations in Linguistics Series, Garland Press, New York.]

Inkelas, Sharon and Orgun, C. Orhan (1995) Level ordering and economy in the lexical phonology of Turkish. *Language* 71: 763-793.

Irshied, Omar (1984) *The Phonology of Bani-Hassan Arabic, a Bedouin Jordanian dialect*. Doctoral dissertation. Champaign, IL: University of Illinois at Champaign-Urbana.

Irshied, Omar and Kenstowicz, Michael (1984) Some phonological rules of Bani-Hassan Arabic, a Bedouin dialect. *Studies in the Linguistics Sciences* 14: 109-147.

Ito, Junko (1986) *Syllable Theory in Prosodic Phonology*. Doctoral dissertation: University of Massachusetts Amherst. [Published 1988. Outstanding Dissertations in Linguistics series. New York: Garland.]

Ito, Junko (1989) A prosodic theory of epenthesis. *Natural Language and Linguistic Theory* 7: 217-259.

Ito, Junko and Mester, Armin (1986) The phonology of voicing in Japanese: Theoretical consequences for morphological accessibility. *Linguistic Inquiry* 17: 49-73.

Ito, Junko and Mester, Armin (1997a) Featural sympathy: Feeding and counterfeeding interactions in Japanese. In Rachel Walker, Motoko Katayama, and Daniel Karvonen (eds) *Phonology at Santa Cruz* 29-36. Santa Cruz, CA: Linguistics Research Center, University of California.

Ito, Junko and Mester, Armin (1997b) Sympathy theory and German truncations. In Viola Miglio and Bruce Morén (eds) *University of Maryland Working Papers in Linguistics 5. Selected Phonology Papers from Hopkins Optimality Theory Workshop 1997/ University of Maryland Mayfest 1997* 117-139. [Available on Rutgers Optimality Archive, ROA-211.]

Ito, Junko and Mester, Armin (1998) German coda conditions: Sympathy meets freedom of the input. Handout from The Syllable: Typology and Theory, Tuebingen, Germany.

Ito, Junko and Mester, Armin (1999) Realignment. In René Kager, Harry van der Hulst, and Wim Zonneveld (eds) *The Prosody-Morphology Interface* 188-217. Cambridge: Cambridge University Press.

Ito, Junko and Mester, Armin (2001) Structure preservation and stratal opacity in German. In Linda Lombardi (ed.) *Segmental Phonology in Optimality Theory* 261-295. Cambridge: Cambridge University Press.

Ito, Junko and Mester, Armin (2003a) *Japanese Morphophonemics: Markedness and Word Structure*. Cambridge, MA: MIT Press.

Ito, Junko and Mester, Armin (2003b) Lexical and postlexical phonology in Optimality Theory: Evidence from Japanese, *Linguistische Berichte* Sonderheft 11: Resolving conflicts in grammars:

183–207. [Available at http://people.ucsc.edu/~ito/PAPERS/lexpostlex.pdf.]

Ito, Junko and Mester, Armin (2003c) On the sources of opacity in OT: Coda processes in German. In Caroline Féry and Ruben van de Vijver (eds) *The Syllable in Optimality Theory* 271–303. Cambridge: Cambridge University Press. [Available on Rutgers Optimality Archive, ROA-347.]

Iverson, Gregory K. (1974) *Ordering Constraints in Phonology*. Doctoral dissertation: University of Minnesota.

Iverson, Gregory K. (1976) A guide to sanguine relationships. In Andreas Koutsoudas (ed.) *The Application and Ordering of Grammatical Rules* 22–35. The Hague: Mouton.

Iverson, Gregory K. (1995) Rule ordering. In John A. Goldsmith (ed.) *The Handbook of Phonological Theory* 609–614. Cambridge, MA, and Oxford, UK: Blackwell.

Jensen, John (1995) Constraints and opaque interactions. *Cahiers linguistiques d'Ottawa* 23: 1–9.

Jesney, Karen (2005) *Chain Shift in Phonological Acquisition*. MA Thesis. Calgary, Alberta: University of Calgary.

Johnson, C. Douglas (1979) Opaque stress in Palestinian. *Lingua* 29: 153–168.

Johnstone, T. M. (1967a) Aspects of syllabication in the spoken Arabic of `Anaiza. *Bulletin of the School of Oriental and African Studies*. Oxford: Oxford University Press.

Johnstone, T. M. (1967b) *Eastern Arabian dialect studies*. Oxford: Oxford University Press.

Joos, Martin (1942) A phonological dilemma in Canadian English. *Language* 18: 141–144.

Joos, Martin (ed.) (1957) *Reading in Linguistics I*. Chicago and London: University of Chicago Press.

Jun, Jongho (1999) Generalized sympathy. In Pius N. Tamanji, Mako Hirotani and Nancy Hall (eds) *Proceedings of the North East Linguistics Society 29* 121–135. Amherst, MA: GLSA Publications.

Kager, René (1993) Alternatives to the iambic-trochaic law. *Natural Language and Linguistic Theory* 11: 381–432

Kager, René (1997) Rhythmic vowel deletion in Optimality Theory. In Iggy Roca (ed.) *Derivations and Constraints in Phonology* 463–499. Oxford: Oxford University Press.

Kager, René (1999a) *Optimality Theory*. Cambridge: Cambridge University Press.

Kager, René (1999b) Surface opacity of metrical structure in Optimality Theory. In Ben Hermans and Marc van Oostendorp (eds) *The Derivational Residue in Phonological Optimality Theory* 207–245. Amsterdam: John Benjamins.

Kager, René (2001) Rhythmic directionality by positional licensing. Handout of talk presented at Fifth HIL Phonology Conference (HILP 5), University of Potsdam. [Available on Rutgers Optimality Archive, ROA-514.]

Kahn, Daniel (1976) *Syllable-based Generalizations in English Phonology*. Doctoral dissertation. Cambridge, MA: MIT. [Published by Garland Press, New York, 1980.]

Kaisse, Ellen M. and Hargus, Sharon (1993a) Introduction. In Sharon Hargus and Ellen M. Kaisse (eds) *Studies in Lexical Phonology* 1–19. San Diego: Academic Press.

Kaisse, Ellen M. and Hargus, Sharon (eds) (1993b) *Studies in Lexical Phonology*. San diego: Academic Press.

Kaisse, Ellen M. and Shaw, Patricia (1985) On the theory of lexical phonology. *Phonology* 2: 1-30.

Kaneko, Ikuyo and Kawahara, Shigeto (2002) Positional faithfulness theory and the emergence of the unmarked: The case of Kagoshima Japanese. *ICU English Studies* 5: 18-36.

Karvonen, Daniel and Sherman [Ussishkin], Adam (1997) Sympathy, opacity, and u-umlaut in Icelandic. In Rachel Walker, Motoko Katayama, and Daniel Karvonen (eds) *Phonology at Santo Cruz* 37-48. Santo Cruz, CA: Linguistics Research Center, University of California.

Karvonen, Daniel and Sherman [Ussishkin], Adam (1998) Opacity in Icelandic revisited: a Sympathy account. In Pius N. Tamanji and Kiyomi Kusumoto (eds) *Proceedings of the North East Linguistic Society 28* 189-201. Amherst, MA: GLSA Publications.

Katayama Motoko (1998) *Optimality Theory and Japanese Loanword Phonology*. Doctoral Dissertation: University of California, Santa Cruz.

Kaye, Jonathan (1974) Opacity and recoverability in phonology. *Canadian Journal of Linguistics* 19: 134-149.

Kaye, Jonathan (1975) A functional explanation of rule ordering in phonology. In *Papers from the Parasession on Functionalism* 244-252. Chicago, IL Chicago Linguistic Society.

Keer, Edward (1999) *Geminates, the OCP, and the Nature of* CON. Doctoral dissertation. New Brunswick, NJ, Rutgers University. [Available on Rutgers Optimality Archive, ROA-350.]

Kenstowicz, Michael. (1981a) The metrical structure of Arabic accent. Handout of talk presented at UCLA-USC Conference on Nonlinear Phonology, Lake Arrowhead, CA.

Kenstowicz, Michael. (1981b) Vowel harmony in Palestinian Arabic. *Linguistics* 19: 449-465.

Kenstowicz, Michael. (1983) Parametric variation and accent in the Arabic dialects. In A. Chukerman, M. Marks, and J. F. Richardson (eds) *Papers from CLS 19* 205-213. Chicago: Chicago Linguistic Society.

Kenstowicz, Michael. (1986) Notes on syllable structure in three Arabic dialects. *Revue guèbecoise de linguistique* 16: 101-128.

Kenstowicz, Michael. (1994) Syllabification in Chukchee: A constraints-based analysis. In Alice Davison, Nicole Maier, Claucia Silva, and Wan Su Yan (eds) *Proceedings of the Formal Linguistics Society of Mid-America 4* 160-181. Iowa City: Department of Linguistics, University of Iowa. [Available on Rutgers Optimality Archive, ROA-30.]

Kenstowicz, Michael. (1995) Cyclic vs. non-cyclic constraint evaluation. *Phonology* 12: 397-436. [Available on Rutgers Optimality Archive, ROA-31.]

Kenstowicz, Michael. (1996a) Base-identity and uniform exponence: Alternatives to cyclicity. In Jacques Durand and Bernard Laks (eds) *Current Trend in Phonology: Models and Methods* 363-393. Paris-X and Salford: University of Salford Publication. [Available on Rutgers Optimality Archive, ROA-103.]

Kenstowicz, Michael. (1996b) Quality-sensitive stress. *Rivista di Lingustica* 9: 157-187.

Kenstowicz, Michael and Kisseberth, Charles (1971) Unmarked bleeding orders. *Studies in the Linguistic Sciences* 1: 8-28.

Kenstowicz, Michael and Kisseberth, Charles (1977) *Topics in Phonological Theory*. New York:

Academic Press.

Kenstowicz, Michael and Kisseberth, Charles (1979) *Generative Phonology: Description and Theory*. New York: Academic Press.

Kicuchi, Seiichiro (1999) Opacity and transparency in Spanish plurals: A sympathetic approach. In *On'in Kenkyu [Phonological Studies]* 61-68. Tokyo: Kaitakusha. [Edited by Nihon On'inron Gakkai (The Phonological Society of Japan).]

Kiparsky, Paul (1968) Linguistic universals and linguistic change. In Emmon Bach and Robert Harms (eds) *Universals in Linguistic Theory* 170-202. New York: Holt, Rinehart and Winston.

Kiparsky, Paul (1971) Historical linguistics. In W. O. Dingwall (ed.) *A survey of Linguistic Science* 576-642. College Park, MD: University of Maryland Linguistics Program.

Kiparsky, Paul (1973) Phonological representations. In O. Fujimura (ed.) *Three Dimensions of Linguistic Theory* 3-136. Tokyo: TEC.

Kiparsky, Paul (1976) Abstractness, opacity, and global rules. In Andreas Koutsoudas (ed.) *The Application and Ordering of Phonological Rules* 160-184. The Hague: Mouton.

Kiparsky, Paul (1982) Lexical phonology and morphology. In I. S. Yang (ed.) *Linguistics in the Morning Calm* 3-91. Seoul: Hanshin.

Kiparsky, Paul (1983) Word formation and the lexicon. In F, Ingemann (ed.) *Proceedings of the Mid-America Linguistics Conference* 3-29. Lawrence: University of Kansas.

Kiparsky, Paul (1984) On the lexical phonology of Icelandic. In C. C. Elert, I. Johansson, and E. Stangert (eds) *Nordic prosody Ⅲ* 135-164. Umeå: University of Umeå.

Kiparsky, Paul (1985) Some consequences of Lexical Phonology. *Phonology* 2: 85-138.

Kiparsky, Paul (1993) Blocking in non-derived environments. In Sharon Hargus and Ellen Kaisse (eds) *Studies in Lexical Phonology* 277-313. San Diego: Academic Press.

Kiparsky, Paul (1997) LP and OT. Handout from LSA Summer Linguistic Institute, Cornell university.

Kiparsky, Paul (2000) Opacity and cyclicity. *The Linguistic Review* 17: 351-367.

Kiparsky, Paul (2001) Stratal OT or sympathy? Handout of talk presented at University of Massachusetts, Amherst, MA.

Kiparsky, Paul (2003) Syllables and moras in Arabic. In Caroline Féry and Ruben van de Vijver (eds) *The Syllable in Optimality Theory* 147-182. Cambridge: Cambridge University Press.

Kiparsky, Paul (to appear) *Paradigmatic Effects*. Stanford, CA: CSLI Publications.

Kirchner, Robert (1996) Synchronic chain shifts in Optimality theory. *Linguistic Inquiry* 27: 341-350. [Available on Rutgers Optimality Archive, ROA-66.]

Kirchner, Robert (1997) Contrastiveness and faithfulness. *Phonology* 14: 83-111. [Available on Rutgers Optimality Archive, ROA-51.]

Kisseberth, Charles (1969) On the abstractness of phonology: The evidence from Yawelmani. *Papers in Linguistics* 1: 248-282.

Kisseberth, Charles (1970) On the functional unity of phonological rules. *Linguistic Inquiry* 1:209-306.

Kisseberth, Charles (1973) Is rule ordering necessary in phonology? In Braj B. Kachru, Robert B. Lees, Yakov Malkiel, Angelina Pietrangeli, and Sol Saporta (eds) *Issues in Linguistics:*

Papers in Honor of Henry and Renée Kahane 418–441. Urbana, IL: University of Illinois Press.

Kisseberth, Charles (1976) The interaction of phonological rules and the polarity of language. In Andreas Koutsoudas (ed.) *The Application and Ordering of Phonological Rules* 41–54. The Hague: Mouton.

Klokeid, Terry (1976) *Topics in Lardil Grammar*. Doctoral dissertation. Cambridge, MA: MIT.

Koontz-Garboden, Andrew J. (2003) Tiberian Hebrew spirantization and related phenomena in stratal OT. Unpublished manuscript. Stanford, CA: Stanford University. [Available on Rutgers Optimality Archive, ROA-607.]

Koutsoudas, Andreas (1976) Unordered rule hypotheses. In Andreas Koutsoudas (ed.) *The Application and Ordering of Grammatical Rule*s 1–21 The Hague: Mouton.

Koutsoudas, Andreas, Sanders, Gerald, and Noll, Craig (1974) On the applcation of phonological rules. *Language* 50: 1–28.

Kurisu, Kazutaka (2001) *The Phonology of Morpheme Realization*. Doctoral dissertation. Santa Cruz, CA: University of California, Santa Cruz. [Available on Rutgers Optimality Archive, ROA-490.]

Kuroda, S.-Y. (1967) *Yawelmani Phonology*. Cambridge, MA: MIT Press.

Laferriere, Martha (1975) Rule exceptions, functionalism, and language change. *Canadian Journal of Linguistics* 20: 161–182.

Lakoff, George (1993) Cognitive phonology. In John Goldsmith (ed.) *The Last Phonological Rule: Reflections on Constraints and Derivations* 117–145. Chicago: University of Chicago Press.

Lamontagne, Greg and Rice, Keren (1995) A correspondence account of coalescence. In Jill Beckman, Laura Walsh Dickey, and Suzanne Urbanczyk (eds) *University of Massachusetts Occasional Papers in Linguistics* 18 211–224. Amherst, MA. GLSA Publications.

Lee, Minkyung (1999) A case of sympathy in Javanese affixation. In Karen Baertsch and Daniel A. Dinnsen (eds) *Indiana University Working Papers in Linguistics I* 31–36. Bloomington, IN: Indiana University Linguistics Club Publications.

Lehiste, Ilse (1970) *Suprasegmentals*. Cambridge, MA: MIT Press.

Levi, Susannah V (2000) Modern Hebrew: A challenge for sympathy. *University of Washington Working paper in Linguistics* 19: 1–14. [Available on Rutgers Optimality Archive, ROA-758.]

Liberman, Mark (1975) *The Intonational System of English*. Doctoral dissertation. Cambridge, MA: MIT. [Distributed by Indiana University Linguistics Club Publications.]

Libeman, Mark and Prince, Alan (1977) On stress and linguistic rhythm. *Linguistics Inquiry* 8: 249–336.

Lindblom, Björn (1978) Final lengthening in speech and music. In E. Gårding, G. Bruce, and R. Bannert (eds) *Nordic Prosody: Papers from a Symposium* 85–101 Malinö: Department of Linguistics and Phonetics, Lund University.

Lombardi, Linda (1998) Evidence for MaxFeature constraints from Japanese. In Haruka Fukazawa, Frida Morelli, Caro Struijke, and Yi-Ching Su (eds) *University of Maryland Working Papers in Linguistics*. College Park, MD: Department of Linguistics, University of Maryland. [Available on Rutgers Optimality Archive, ROA-247.]

Lombardi, Linda (2001) Why Place and Voice are different: Constraint-specific alternations in Optimality Theory. In Linda Lombardi (ed.) *Segmental Phonology in Optimality Theory constraints and Representations* 13-45. Cambridge: Cambridge University Press. [Available (1995) on Rutgers Optimality Archive, ROA-105.]

Lowenstamm, Jean and Kaye, Jonathan (1986) Compensatory lengthening in Tiberian Hebrew. In L. Wetzels and E. Sezer (eds) *Studies in Compensatory Lengthening* 97-146. Dordrecht: Foris.

Łubowicz, Anna (2002) Derived environment effects in Optimality Theory. *Lingua* 112: 243-280. [Available on Rutgers Optimality Archive, ROA-103.]

Łubowicz, Anna (2003) *Contrast Preservation in Phonological Mappings*. Doctoral dissertation. Amherst, MA: University of Massachusetts Amherst. [Available on Rutgers Optimality Archive, ROA-554.]

Łubowicz, Anna (2006) Locality of conjunction. In John Alderete, Chung-hye Han, and Alexei Kochetov (eds) *Proceedings of the 24th West Coast Conference on Formal Linguistics* 254-262. Somerville, MA: Cascadilla press.

Malone, Joseph L. (1993) *Tiberian Hebrew Phonology*. Winina Lake, IN: Eisenbrauns.

McCarthy, John J. (1979) *Formal Problems in Semitic Phonology and Morphology*. Doctoral dissertation. Cambridge, MA: MIT [Published by Garland Press, New York, 1985.]

McCarthy, John J. (1980) A note on the accentuation of Damascene Arabic. *Studies in the Linguistic Sciences* 10: 77-·98.

McCarthy, John J. (1981) A prosodic theory of nonconcatenative morphology. *Linguistic inquiry* 12: 373-418.

McCarthy, John J. (1986) OCP Effects: Gemination and antigemination. *Linguistic inquiry* 17: 207-263.

McCarthy, John J. (1988) Feature geometry and dependency: A review. *Phonetica* 43: 84-108.

McCarthy, John J. (1991) Semitic gutturals and distinctive feature theory. In Mushira Eid and Bernard Comrie (eds). *Perspectives on Arabic Linguistics* 63-91. Philadelphia: John Benjamins.

McCarthy, John J. (1993a) A case of surface constraint violation. *Canadian Journal of Linguistics* 38: 169-195.

McCarthy, John J. (1993b) Containment, consistency, and alignment. Handout from Rutgers Optimality Workshop I, New Brunswick, NJ.

McCarthy, John J. (1994a) On coronal 'transparency'. Handout of talk presented at TREND, Santa Cruz, CA. [Available at http://people.umass.edu/jjmccart/coronal_transparency.pdf.]

McCarthy, John J. (1994b) The phonetics and phonology of Semitic pharyngeals. In Patricia Keating (ed.) *Phonological Structure and Phonetic From: Paper in Laboratory Phonology Ⅲ* 191-233. Cambridge: Cambridge University Press.

McCarthy, John J. (1996) Remarks on phonological opacity in Optimality Theory. In Jacqueline Lecarme, Jean Lowenstamm, and Ur Shlonsky (eds) *Studies in Afroasiatic Grammar: Papers from the Second Conference on Afroasiatic Linguistics, Sophia Antipolis,* 1944 215-243. The Hague: Holland Academic Graphics.

McCarthy, John J. (1999) Sympathy and phonological opacity. *Phonology* 16: 331-399.

McCarthy, John J, (2000a) Harmonic serialism and parallelism. In Masako Hirotani (ed.) *Proceeding of the North East Linguistics Society 30* 501- 524. Amherst, MA: GLSA Publications. [Available at http://people.umass.edu/~jjmccart/.]

McCathy, John J. (2000b) The prosody of phase in Rotuman. *Natura Language and Linguistic Theory* 18: 147-197.

McCarthy, John J. (2002a) Comparative markedness [long version]. In Angela Carpenter, Andries Coetzee, and Paul de Lacy (eds) *University of Massachusetts Occasional papers in Linguistic 26: Papers in Optimality Theory Ⅱ* 171~246. Amherst, MA: GLSA. [Available on Rutgers Optimality Archive, ROA-489.]

McCarthy, John J. (2002b) *A Thematic Guide to Optimality Theory*. Cambridge: Cambridge University Press.

McCarthy, John J. (2003a) Comparative markedness. *Theoretical Linguistics* 29: 1-51.

McCarthy, John J. (2003b) OT constraints are categorical. *Phonology* 20: 75-138. [Available at http://people.umass.edu/jjmccart/categorical.pdf.]

McCarthy, John J. (2003c) Sympathy, cumulativity, and the Duke-of-York gambit. In Caroline Féry and Ruben van de Vijver (eds) *The Syllable in Optimality Theory* 23-76. Cambridge: Cambridge University Press.

McCarthy, John J. (2003d) What does comparative markedness explain, what should it explain, and how? *Theoretical Linguistics* 29: 141-155.

McCarthy, John J. (2005a) The length of stem-final vowels in Colloquial Arabic. In Mohammad T. Alhawary and Elabbas Benmamoun (eds) *Perspective on Arabic Linguistics XⅦ - XⅧ : Papers from the Seventeenth and Eighteenth Annual Symposia on Arabic Linguistics* 1-26. Amsterdam: Benjamins. [Available on Rutgers Optimality Archive, ROA-616.]

McCarthy, John J. (2005b) Taking a free ride in morphophonemic learning. *Catalan Journal of Linguistics*. [Special issue on Phonology in morphology edited by Maria-Rosa Lloret and Jesús Jiménez. Available on Rutgers Optimality Archive, ROA-683.]

McCarthy, John J. (2007a) Restraint of analysis. In Sylvia Blaho, Patrik Bye, and Martin Kraemer (eds) *Freedom of Analysis*. The Hague: Mouton.

McCarthy, John J, (2007b) Slouching toward optimality: Coda reduction in OTCC. *phonological studies* (*Journal of the phonological society of japan*) 7.

McCarthy, John J and Prince, Alan (1986/1996) Prosodic Morphology 1986. Report. New Brunswick, NJ: Rutgers University Center for Cognitive Science. [Available at http://ruccs.rutgers.edu/pub/papers/pm86all.pdf.]

McCarthy, John J and Prince, Alan (1990a) Foot and word in prosodic morphology: The Arabic broken plural. *Natural Language and Linguistic Theory* 8: 209-283.

McCarthy, John J. and Prince, Alan (1990b) Prosodic morphology and templatic morphology. In Mushira Eid and John J. McCarthy (eds) *Perspectives on Arabic Linguistics Ⅱ: Paper from the Second Annual Symposium on Arabic Linguistics* 1-54. Amsterdam: John Benjamins.

McCarthy, John J. and Prince, Alan (1993a) Generalized Alignment. In Geert Booij and Jaap van Marle (eds) *Yearbook of Morphology* 79-153. Dordrecht: Kluwer. [Available on Rutgers

Optimality Archive, ROA-7.]

McCarthy, John J. and Prince, Alan (1993b) Prosodic Morphology: Constraint Interaction and Satisfaction. Report. New Brunswick, NJ: Rutgers University Center for Cognitive Science. [Available on Rutgers Optimality Archive, ROA-482.]

McCarthy, John J. and Prince, Alan (1994) The emergence of the unmarked: Optimality in prosodic morphology. In Mercè Gonzàlez (ed.) *Proceedings of the North East Linguistic Society 24* 333-379. Amherst, MA: GLSA Publications. [Available on the Rutgers Optimality Archive, ROA-13.]

McCarthy, John J. and Prince, Alan (1995) Faithfulness and reduplicative identity. In Jill Beckman, Laura Walsh Dickey, and Suzanne Urbanczyk (eds) *University of Massachusetts Occasional Papers in Linguistics 18* 249-384. Amherst, MA. GLSA Publications. [Available on Rutgers Optimality Archive, ROA-103.]

McCarthy, John J. and Prince, Alan (1999) Faithfulness and identity in Prosodic Morphology. In René Kager, Harry van der Hulst, and Wim Zonneveld (eds) *The Prosody-Morphology Interface* 218-309. Cambridge: Cambridge University Press.

McGarrity, Laura Wilbur(1999) A sympathy account of multiple opacity in Wintu. In Karen Baertsch and Daniel A. Dinnsen (eds) *Indiana University Working papers in Linguistics I* 93-107. Bloomington, IN: Indiana University Linguistics Club Publications.

McMahon, April (2000) *Chance, Chance, and Optimality*. Oxford: Oxford University Press.

McRobbie, Zita (1999) *Quantity in the Skolt Lappish (Saami) Language: An Acoustic Analysis*. Bloomington, IN: Indiana University Research Institute for Inner Asian Studies.

Merchant, Jason (1997) Sympathetic devoicing and continuancy in Catalan. In Rachel Walker, Motoko Katayama, and Daniel Karvonen (eds) *Phonology at Santa Cruz* 57-62. Santa Cruz, CA: Linguistics Research Center, University of California.

Michelson, Karin (1988) *A Comparative Study of Lake Iroquoian Accent*. Dordrecht: Kluwer.

Mielke, Jeffrey, Hume, Elizabeth, and Armstrong, Michael (2003) Looking through opacity, *Theoretical Linguistics* 29 123-139.

Mitchell, T. F. (1960) Prominence and syllabication in Arabic. *Bulletin of the School of Oriental and African Studies* 23: 369-389.

Mohanan, K. P. (1982) *Lexical Phonology*. Doctoral dissertation. Cambridge, MA: MIT. [Distributed by Indiana University Linguistics Club Publications.]

Morén, Bruce (1999) *Distinctiveness, Coercion and Sonority: A Unified Theory of Weight*. Doctoral dissertation. College Park, MD: University of Maryland [Available on Rutgers Optimality Archive, ROA-346.]

Moreton, Elliott (2003) Non-computable functions in Optimality Theory. In John J. McCarthy (ed.) *Optimality Theory in Phonology: A Reader* 141-163. Malden, MA, and Oxford, UK: Blackwell. [Available on Rutgers Optimality Archive, ROA-364.]

Moreton, Elliott and Smolensky, Paul (2002) Typological consequences of local constraint conjunction. In Line Mikkelsen and Christopher Potts (eds) *Proceedings of the 21th West Coast Conference on Formal Linguistics* 306-319. Cambridge, MA: Cascadilla Press. [Available on

Rutgers Optimality Archive, ROA-525.]
Myers, Scott (1987) Vowel shortening in English. *Natural Language and Linguistic Theory* 5: 485-518.
Myers, Scott (1991a) Persistent rules *Linguistic Inquiry* 22: 315-344.
Myers, Scott (1991b) Structure preservation and the Strong Domain Hypothesis. *Linguistic Inquiry* 22: 319-385.
Myers, Scott (1997) OCP effects in Optimality Theory. *Natural Language and Linguistic Theory* 15: 847-892.
Nespor, Marina and Vogel, Irene (1986) *Prosodic Phonology*. Dordrecht: Foris.
Newman, Stanley (1944) *Yokuts Language of California*. New York: Viking Fund.
Ní Chiosáin, Máire and Padgett, Jaye (2001) Markedness, segment realization, and locality in spreading. In Linda Lombardi (ed.) *Segmental Phonology in Optimality Theory: Constraints and Representations* 111-156. New York: Cambridge University Press. [Available on Rutgers Optimality Archive, ROA-503.]
Norton, Russell J. (2003) *Derivational Phonology and Optimality Theory. Formal Comparison and Synthesis*. Doctoral dissertation. Colchester, Essex: University of Essex. [Available on Rutgers Optimality Archive, ROA-613.]
Noske, Roland (1984) Syllabification and syllable changing processes in Yawelmani. In Harry van der Hulst and Norval Smith (eds) *Advance in Non-Linear Phonology* 335-362. Dordrecht: Foris.
Noyer, Rolf (1997) Attic Greek áccentuation and intermediate derivational representations. In Iggy Roca (ed.) *Derivations and Constraints in Phonology* 501-528. Oxford: Oxford University Press.
Odden, David (1991) Vowel geometry. *Phonology* 8: 261—289.
Odden, David (1997) Epenthesis, minimality, and degenerate syllables in Zinza. Handout from The Third Mid-Continental Workshop on Phonology, Indiana University, Bloomington, IN.
Orgun, C. Orhan (1996a) Correspondence and identity constraints in tow-level Optimality Theory. In Jose Camacho, Lina Choueiri, and Maki Watanabe (eds) *The Proceedings of the West Coast Conference on Formal Linguistics 14* 399—413. Stanford, CA: CSLI Publications. [Available on Rutgers Optimality Archive, ROA-62.]
Orgun, C. Orhan (1996b) *Sign-based Morphology and Phonology, with Special Attention to Optimality Theory*. Doctoral dissertation: University of California, Berkeley. [Available on Rutgers Optimality Archive, ROA-171.]
Padgett, Jaye (1995) Feature classes. In Jill Beckman, Laura Walsh Dickey, and Suzanne Urbanczyk (eds) *University of Massachusetts Occasional Papers in Linguistics 18* 385—420. Amherst, MA: GLSA Publications. [Available on Ruthers Optimality Archive, ROA-112.]
Padgett, Jaye (2002) Constraint conjunction versus grounded constraint subhierarchies in Optimality Theory. Unpublished manuscript. Santa Cruz, CA: University of California, Santa Cruz. [Available on Rutgers Optimality Archive, ROA-530.]
Padgett, Jaye (2003) Contrast and post-velar fronting in Russian. *Natural Language and Linguistic Theory* 21: 39—87.

Paradis, Carole (1988) On constraints and repair strategies. *The Linguistic Review* 6: 71—97.

Paradis, Carole (1997) Non-transparent constraint effects in Gere: From cycles to derivations. In Iggy Roca (ed.) *Derivations and Constraints in Phonology* 529—550. Oxford: Oxford University Press.

Parker, Steve (1998) Disjoint metrical tiers and positional markedness in Huariapano. Unpublished manuscript. Amherst, MA: University of Massachusetts Amherst.

Parkinson, Frederick (1992) The feature pharyngeal in Rwaili Arabic: A case for long distance multiple linking. In Elizabeth Hume (ed.) *The Ohio State University Working Papers in Linguistics*. Comlumbus, OH: Department of Linguistics, The Ohio State University. [Volume 41, Papers in Phonology.]

Pater, Joe (1996) *NC. In Jill Beckman (ed.) *Proceedings of the North East Linguistics Society 26* 227—239. Amherst, MA: GLSA Publications.

Pater, Joe (1999) Austronesian nasal substitution and other NC effects. In René Kager, Harry van der Hulst, and Wim Zonneveld (eds) *The Prosody Morphology Interface* 310—343. Cambridge: Cambridge University Press. [Available on Rutgers Optimality Archive, ROA-160.]

Pater, Joe (2000) Nonuniformity in English secondary stress: The role of ranked and lexically specific constraints. *Phonology* 17: 237—274. [Available on Rutgers Optimality Archive, ROA-107]

Payne, David L. (1981) *The Phonology and Morphonology and of Axininca Campa*. Arlington. TX: The Summer Institute of Linguistics and University of Texas at Arlington.

Piggott, G. L. (1992) Variability in feature dependency: The case of nasality. *Natural Language and Linguistic Theory* 10: 33—78.

Piggott, G. L. (1995) Epenthesis and syllable weight. *Natural Language and Linguistic Theory* 13: 283—326.

Piggott, G. L. and Singh, Rajendra (1985) The phonology of epenthetic segments. *Canadian Journal of Linguistics* 30: 415—451.

Poser, William (1982) Phonological representations and action-at-a-distance. In Harry van der Hulst and Norval Smith (eds) *The Structure of Phonological Representations* 121—158. Dordrecht: Foris.

Potter, Brian (1994) Serial optimality in Mohawk prosody. In Katharine Beals, Jeannette Denton, Robert Knippen, Lynette Melmar, Hisami Suzuki, and Erica Zeinfeld (eds) *Proceedings of the Thirtieth Annual Regional Meeting of the Chicago Linguistics Society* 347—361. Chicago, IL: Chicago Linguistic Society.

Prince, Alan (1975) *The Phonology and Morphology of Tiberian Hebrew*. Doctoral dissertation. Cambridge, MA: MIT.

Prince, Alan (1980) A metrical theory for Estonian quantity. *Linguistic Inquiry* 11: 511—562.

Prince, Alan (1983) Relating to the grid. *Linguistic Inquiry* 14: 19—100.

Prince, Alan (1987) Planes and copying. *Linguistic Inquiry* 18: 491—510.

Prince, Alan (1990) Quantitative consequences of rhythmic organization. In M. Ziolkowski, M. Noske, and K. Deaton (eds) *Parasession on the Syllable in Phonetics and Phonology* 355—398. Chicago: Chicago Linguistic Society.

Prince, Alan (1996) A letter from Alan Prince. *Glot International* 6(2).

Prince, Alan (1997) Paninian relations. Handout of talk presented at University of Massachusetts Amherst, Amherst, MA.

Prince, Alan (2002) Arguing optimality. In Angela Carpenter, Andries Coetzee, and Paul de Lacy (eds) *Papers in Optimality Theory II (= University of Massachusetts Occasional Papers 26)* 269—304. Amherst, MA: GLSA. [Available on Rutgers Optimality Archive, ROA-562.]

Prince, Alan and Smolensky, Paul (2004) *Optimality Theory: Constraint Interaction in Generative Grammar*. Malden, MA, and Oxford, UK: Blackwell. [Revision of 1993 technical report, Rutgers University Center for Cognitive Science. Available on Rutgers Optimality Archive, ROA-537.]

Prochazka, Theodore (1988) *Saudi Arabian dialects*. London: Kegan Paul International.

Pulleyblank, Douglas (1998) Yoruba vowel patterns: Deriving asymmetries by the tension between opposing constraints. Unpublished manuscript. Vancouver, BC: University of British Columbia.

Pullum, Geoffrey (1976) The Duke of York gambit. *Journal of Linguistics* 12: 83—102.

Roca, Iggy (ed.) (1997a) *Derivations and Constraints in Phonology*. Oxford: Oxford University Press.

Roca, Iggy (1997b) Derivations or constraints, or derivations and constraints? In Iggy Roca (ed.) *Derivations and Constraints in Phonology* 3—42. Oxford: Oxford University Press.

Rosenthall, Sam (1994) *Vowel/Glide Alternation in a Theory of Constraint Interaction*. Doctoral dissertation. Amherst, MA: University of Massachusetts Amherst. [Available on Rutgers Optimality Archive, ROA-126.]

Rubach, Jerzy (1997) Extrasyllabic consonants in Polish: Derivational Optimality Theory. In Iggy Roca (ed.) *Derivations and Constraints in Phonology* 551—582. Oxford: Oxford University Press.

Rubach, Jerzy (2000) Glide and glottal stop insertion in Slavic languages: A DOT analysis. *Linguistic Inquiry* 31: 271—371.

Sanders, Nathan (1997) On sympathetic correspondence. In Rachel Walker, Motoko Katayama, and Daniel Karvonen (eds) *Phonology at Santa Cruz* 91—102. Santa Cruz, CA: Linguistics Research Center, University of California.

Sanders, Nathan (2002) Preserving synchronic parallelism: Diachrony and opacity in Polish. In *CLS 37—1: The Main Session* 501—516. Chicago: Chicago Linguistic Society.

Sanders, Nathan (2003) *Opacity and Sound Change in the Polish Lexicon*. Doctoral dissertation: University of California, Santa Cruz. [Available at http://wso.williams.edu/~nsanders/diss.html.]

Sapir, Edward and Swadesh, Morris (1978) *Nootka Texts: Tales and Ethnological Narratives, with Grammatical Notes and Lexical Material*. New York: AMS Press.

Schane, Sanford (1968) *French Phonology and Morphology*. Cambridge, MA: MIT press.

Schane, Sanford (1974) How abstract is abstract? In Anthony Bruck, Robert A. Fox, and Michael W. LaGaly (eds) *Papers from the Parasession on Natural Phonology* 297—317. Chicago: Chicago Linguistic Society.

Scobbie, James, Coleman, John, and Bird, Steven (1996) Key aspects of Declarative Phonology. In Jacques Durand and Bernard Laks (esd) *Current Trends in Phonology: Models and Methods*

685—709. Manchester, England: European Studies Research Institute, University of Salford. [Available at http://www.phon.ox.ac.uk/~jcoleman/scob962.pdf.]

Selkirk, Elisabeth (1980a) Prosodic domains in phonology: Sanskrit revisited. In Mark Aronoff and M.-L. Kean (eds) *Juncture* 107—129. Saratoga, CA: Anma Libri.

Selkirk, Elisabeth (1980b) The role of prosodic categories in English word stress. *Linguistic Inquiry* 11: 563—605.

Selkirk, Elisabeth (1981a) Epenthesis and degenerate syllables in Cairene Arabic. In Hagit Borer and Joseph Aoun (eds) *Theoretical Issues in the Grammar of the Semitic Languages (MIT Working Papers in Linguistics 3)* 111—140. Cambridge, MA: Department of Linguistics and Philosophy, MIT.

Selkirk, Elisabeth (1981b) On the nature of phonological representation. In J. Anderson, J. Laver, and T. Meyers (eds) *The Cognitive Representation of Speech* 379—388. Amsterdam: North Holland.

Selkirk, Elisabeth (1982a) The syllable. In Harry van der Hulst and Norval Smith (eds) *The Structure of Phonological Representations* 337—383. Dordrecht: Foris.

Selkirk, Elisabeth (1982b) *The Syntax of Words*. Cambridge, MA: MIT Press.

Selkirk, Elisabeth (1996) The prosodic structure of function words. In James L. Morgan and Katherine Demuth (eds) *Signal to Syntax: Bootstrapping from Speech to Grammar in Early Acquisition* 187—214. Mahwah, NJ: Lawrence Erlbaum Associates.

Sezer, Engin (1985) An autosegmental analysis of compensatory lengthening in Turkish. In Leo Wetzels and Engin Sezer (eds) *Studies in Compensatory Lengthening* 227—250. Dordrecht: Foris.

Shaw, Patricia (1980) *Dakota Phonology and Morphology*. New York: Garland.

Sherer, Tim (1994) *Prosodic Phonotactics*. Doctoral dissertation. Amherst, MA: University of Massachusetts Amherst.

Smith, Jennifer (2002) *Phonological Augmentation in Prominent Positions*. Doctoral dissertation. Amherst, MA: University of Massachusetts Amherst.

Smolensky, Paul. (1995) On the structure of the constraint component Con of UG. Handout of talk presented at UCLA, Los Angeles, CA. [Available on Rutgers Optimality Archive, ROA-86.]

Sommerstein, Alan (1973) *The Sound Pattern of Ancient Greek*. Oxford: Blackwell.

Spring, Cari (1990) *Implications of Axininca Campa for Prosodic Morphology and Reduplication*. Doctoral dissertation. Tucson, AZ: University of Arizona.

Sprouse, Ronald (1997) A case for enriched inputs. Handout from TREND, Berkeley, CA.

Sprouse, Ronald (1998) Encriched input sets as a source of opacity in OT. Handout from GLOW, Tilburg.

Stahlke, Herbert. (1976) Segment sequences and segmental fusion. *Studies in African Linguistics* 7: 44—63.

Stallcup, Kenneth L. (1980) Noun classes in Esimbi. In *Noun Classes in the Grassfields Bantu Borderland* 139—153. Los Angeles: Dept. of Linguistics, University of Southern California. [*Southern California Occasional Papers in Linguistics (SCOPIL) 8*.]

Steriade, Donca (1986) Yokuts and the vowel plane. *Linguistic Inquiry* 17: 129—146.

Steriade, Donca (1997) Lexical conservatism and its analysis. Unpublished manuscript. Los Angeles: UCLA. [Available at http://www.linguistics.ucla.edu/people/steriade/papers/Korea_lexical_conservatism.pdf.]

Steriade, Donca (1999a) Alternatives to syllable-based accounts of consonantal phonotactics. In Osamu Fujimura, Brian Joseph, and B. Palek (eds) *Proceedings of the 1998 Linguistics and Phonetics Conference* 205—242. Prague: Karolinum Press. [Available at http://www.linguistics.ucla.edu/people/steriade/papers/Alternatives_to_Syllables.pdf.]

Steriade, Donca (1999b) Lexical conservatism in French adjectival liaison. In J.-Marc Authier, Barbara Bullock, and Lisa Reid (eds) *Formal Perspectives* on Romance Linguistics 243—270. Amsterdam John Benjamins.

Tesar, Bruce (1995a) *Computational Optimality Theory*. Doctoral dissertation. Boulder, CO: University of Colorado. [Available on Rutgers Optimality Archive.]

Tesar, Bruce (1995b) Computing Optimal Forms in Optimality Theory: Basic Syllabification. Report. Boulder, Co: Department of Computer Science, University of Colorado. [Available on Rutgers Optimality Archive.]

Tesar, Bruce and Smolensky, Paul (1998) Learnability in Optimality Theory. *Linguistic Inquiry* 29: 229—268. [Available on Rutgers Optimality Archive, ROA-155.]

Tesar, Bruce and Smolensky, Paul (2000) *Learnability in Optimality Theory*. Cambridge, MA: MIT Press.

Tranel, Bernard (1999) Optional schwa deletion: On syllable economy in French. In Jean-Marc Authier, Barbara E. Bullock, and Lisa A. Reed (eds) *Formal Perspectives on Romance Linguistics: Selected papers from the 28th Linguistic Symposium on Romance Languages (LSRL XXVIII), University park, 16—19 April 1998* 271—288. Amsterdam: Benjamins.

Truckenbrodt, Hubert (2002) Variation in p-phrasing in Bengali. *Linguistic Variation Yearbook* 2: 259—303.

van der Hulst, Harry (1989) Atoms of segmental structure: Components, gestures and dependency. *Phonology* 6: 253—284.

Vaux, Bert (to appear) The appendix. In Eric Raimy and Charles Cairns (eds) *Contemporary Views on Architecture and Representations in Phononological Theory*. Cambridge, MA: MIT Press. [Available at http://web.gc.cuny.edu/Linguistics/events/phonology_symposium/appendix.doc.]

Vennemann, Theo (1972) Phonological uniqueness in natural generative grammar. *Glossa* 6: 105—116.

Vennemann, Theo (1974) Phonological concreteness in natural generative grammar. In Roger W. Shuy and C.-J. Bailey (eds) *Towards Tomorrow's Linguistics*. Washington, DC: Georgetown University Press.

Walker, Rachel (1997) Faith and markedness in Esimbi feature transfer. In Rachel Walker, Motoko Katayama, and Dan Karvonen (eds) *Phonology at Santa Cruz* 103—115. Santa Cruz, CA: Linguistics Research Center, UC Santa Cruz.

Walker, Rachel (1998) *Nasalization, Neutral segments, and Opacity Effects*. Doctoral dissertation.

Santa Cruz, CA: University of California, Santa Cruz. [Available on Rutgers Optimality Archive, ROA-405.]

Walker, Rachel (2001) Positional markedness in vowel harmony. In Caroline Féry, Antony Dubach Green, and Ruben van de Vijver (eds) *Proceedings of HILP 5* 212—232. Potsdam, Germany: University of Potsdam. [Linguistics at Potsdam 12. http://www-rcf.usc.edu/~rwalker/HILP5.pdf.]

Walker, Rachel (2003) Reinterpreting transparency in nasal harmony, In Jeroen van de Weijer, Vincent J. van Heuven, and Harry van der Hulst (eds) *The Phonological Spectrum, Part I: Segmental Structure* 37—72. Amsterdam: John Benjamins. [Available on Rutgers Optimality Archive, ROA-306.]

Wetzels, Leo and Sezer, Engin (eds) (1986) *Studies in Compensatory Lengthening*. Dordrecht: Foris.

Wheeler, Deirdre and Touretzky, David (1993) A connectionist implementation of cognitive phonology. In John Goldsmith (ed.) *The Last Phonological Rule: Reflections on Constraints and Derivations* 146—172. Chicago: University of Chicago Press.

Wiese, Richard (2001) The structure of the German vocabulary: Edge marking of categories and functional considerations. *Linguistics* 39: 95—115.

Wilbur, Laura (1998) Convergent sympathy. Handout from Linguistic Society of America annual meeting.

Wilkinson, Karina (1988) Prosodic structure and Lardil phonology. *Linguistic Inquiry* 19: 325—334.

Wilson, Colin (2000) *Targeted Constraints: An Approach to Contextual Neutralization in Optimality Theory*. Doctoral dissertation. Baltimore, MD: Johns Hopkins University.

Wilson, Colin (2003) Unbounded spreading in OT (or, Unbounded spreading is local spreading iterated unboundedly). Handout from SWOT 8, Tucson, AZ.

Wilson, Colin (2004) Analyzing unbounded spreading with constraints: Marks, targets, and derivations. Unpublished manuscript. Los Angeles: UCLA.

Yu, Alan C. L. (2000) Stress assignment in Tohono O'odham, *Phonology* 17: 117—135.

Zec, Draga (1995) Sonority constraints on syllable structure. *Phonology* 12: 85—129.

Zoll, Cheryl (1993) Directionless syllabification and ghosts in Yawelmani. Unpublished manuscript. Berkeley, CA: University of California. [Available on Rutgers Optimality Archive, ROA-28.]

Zoll, Cheryl (1998) *Parsing Below the Segment in a Constraint-based Framework*. Stanford, CA: CSLI Publications. [1996 Doctoral dissertation, University of California, Berkeley. Available on Rutgers Optimality Archive, ROA-143.]

Zoll, Cheryl (2004) Positional asymmetries and licensing. In John J. McCarthy (ed.) *Optimality Theory in Phonology: A Reader* 365—378. Malden, MA, and Oxford, UK: Blackwell.

찾아보기(한영)

진한 볼드체의 쪽수는 해당 주제가 주로 논의된 곳을 표시한다. 제약은 특별히 관련이 있거나 중요한 경우에만 여기에 나열하였다.

찾아보기(영한)

진한 볼드체의 쪽수는 해당 주제가 주로 논의된 곳을 표시한다. 제약은 특별히 관련이 있거나 중요한 경우에만 여기에 나열하였다.

Hidden Generalizations: Phonological Opacity in Optimality Theory
By John J. McCarthy
Published in English in May 2007

감추어진 일반성: 최적성이론의 음운론적 불투명성

찍은날 2009년 8월 10일 | **펴낸날** 2009년 8월 16일
지은이 John J. McCarthy | **옮긴이** 손형숙
펴낸이 노동일 | **펴낸곳** 경북대학교출판부
출판등록 1973년 10월 10일 ㉑97호 | **주소** 대구광역시 북구 산격동 1370번지
전화 053-950-6741~3 | **팩스** 053-953-4692 | **E-mail** press@knu.ac.kr
Homepage http://knupress.com

정가 23,000원
ISBN 978-89-7180-270-0 93740

※파본은 바꾸어 드립니다.